Antonio José de Mattos Neto

Curso de Direito Agroambiental Brasileiro

Antonio José de Mattos Neto

Curso de Direito Agroambiental Brasileiro

saraiva jur

Av. Paulista, 901, Edifício CYK, 4º andar
Bela Vista – São Paulo – SP – CEP 01310-100

sac.sets@saraivaeducacao.com.br

Diretoria executiva	Flávia Alves Bravin
Diretoria editorial	Ana Paula Santos Matos
Gerência de produção e projetos	Fernando Penteado
Gerência de conteúdo e aquisições	Thais Cassoli Reato Cézar
Gerência editorial	Livia Céspedes
Novos projetos	Aline Darcy Flôr de Souza Dalila Costa de Oliveira
Edição	Iris Ferrão
Design e produção	Jeferson Costa da Silva (coord.) Giselle Cristina da Silva Honorio Guilherme Salvador Lais Soriano Rosana Peroni Fazolari Tiago Dela Rosa Verônica Pivisan
Planejamento e projetos	Cintia Aparecida dos Santos Daniela Maria Chaves Carvalho Emily Larissa Ferreira da Silva Kelli Priscila Pinto
Diagramação	Rafael Cancio Padovan
Revisão	Bárbara Peroni Fazolari
Capa	Tiago Dela Rosa
Produção gráfica	Marli Rampim Sergio Luiz Pereira Lopes
Impressão e acabamento	A.R. Fernandez

DADOS INTERNACIONAIS DE CATALOGAÇÃO NA PUBLICAÇÃO (CIP)
ELABORADO POR VAGNER RODOLFO DA SILVA - CRB-8/9410

M444c Mattos Neto, Antonio Jose de

Curso de direito agroambiental brasileiro / Antonio Jose de Mattos Neto. - 2. ed. - São Paulo : Saraiva Jur, 2024.

392 p.

ISBN: 978-85-5362-146-0

1. Direito. 2. Direito ambiental. 3. Direito agroambiental. I. Título.

CDD 341.347

2023-3141 CDU 34:502.7

Índices para catálogo sistemático:

1. Direito ambiental 341.347
2. Direito ambiental 34:502.7

Data de fechamento da edição: 14-11-2023

Dúvidas? Acesse www.saraivaeducacao.com.br

CÓD. OBRA 623849 CL 607965 CAE 847797

Às gerações de discentes do ontem, do hoje e do amanhã,
por creditação de um sopro de esperança.

SUMÁRIO

Prefácio XIII
Introdução XV

Capítulo I
TEORIA GERAL DO DIREITO AGROAMBIENTAL

1.1. Antecedente Histórico ao Moderno Direito Agroambiental 1
1.2. Conceito 2
1.3. Autonomia 6
1.3.1. Autonomia Científica 7
1.3.2. Autonomia Legislativa 10
1.3.3. Autonomia Didática 11
1.3.4. Autonomia Jurisdicional 12
1.4. Fontes do Direito Agroambiental 16
1.4.1. A Lei 16
1.4.1.1. Constituição Federal 16
1.4.1.2. Estatuto da Terra 17
1.4.1.3. Legislação Complementar 17
1.4.1.4. Legislação Margeante 18
1.4.2. O Costume 19
1.4.3. A Jurisprudência 20
1.4.4. A Doutrina 20
1.5. Princípios Gerais do Direito Agroambiental Brasileiro 20
1.5.1. Princípio da Função Social da Propriedade 21
1.5.2. Princípio de Proibição de Retrocesso Socioambiental 26
1.5.3. Princípio da Proteção Especial ao Pequeno Empreendimento Agrário 31
1.5.4. Princípio de Acesso e Distribuição da Terra ao Cultivador Direto e Pessoal 34
1.5.5. O Princípio da Dimensão Familiar Mínima ou Área Mínima do Imóvel Rural 35

1.5.6. Princípio de Rigor Especial com a Propriedade Improdutiva 36
1.5.7. Princípio de Coincidência Entre a Propriedade e a Empresa 38
1.5.8. Princípio da Conservação dos Recursos Ambientais 39
1.6. O Direito Agroambiental e sua Relação com Outros Ramos do Direito e Ciências Afins 41

CAPÍTULO 2
HISTÓRICO DA PROPRIEDADE TERRITORIAL RURAL NO BRASIL

2.1. Formação da Propriedade Agrária 45
2.1.1. Período Pré-Sesmarial 45
2.1.2. Período Sesmarial 47
2.1.2.1. A Legislação Sesmarial 48
2.1.2.2. O Latifúndio Sesmarial 50
2.2. Regime de Posses 52
2.3. Regime da Lei de Terras n. 601/1850 53
2.4. Sistema Jurídico do Código Civil de 1916 56
2.5. Sistema Legal do Estatuto da Terra 57
2.6. Regime Fundiário a Partir da Constituição Federal 60
2.6.1. A Reforma Agrária 61
2.6.2. A Propriedade Agrária e a Questão Ambiental 64

CAPÍTULO 3
TERRAS PÚBLICAS

3.1. Definição e Classificação de Bens Públicos 71
3.2. Características 72
3.3. Terras Devolutas 72
3.4. Terras de Faixa de Fronteira 75
3.5. Terras de Preservação Ambiental 79
3.6. Terras Indígenas 81
3.7. Terras Quilombolas 88
3.8. Terras de Marinha e Acrescidos de Marinha 92
3.9. Terras Marginais 94
3.10. Grilagem de Terras Públicas 95

CAPÍTULO 4
POSSE AGRÁRIA

4.1. Noção do Instituto 99
4.2. Insuficiência das Teorias Possessórias Tradicionais Para Explicar o Novo Fenômeno da Posse Agrária 100
4.3. Teoria da Posse Agrária 101
4.3.1. A Atividade Agrária 105
4.4. Características da Posse Agrária 108
4.4.1. Conteúdo Social e Democrático 109
4.4.2. Exploração Direta, Pessoal e Imediata 110
4.4.3. Conceito de Poder de Fato Diverso da Posse Civil 112
4.4.4. Enfoque de Boa-Fé Específico 112
4.4.5. Independência de Justo Título 114
4.4.6. Racionalidade da Atividade Possessória 114
4.5. Finalidade da Posse Agrária 115
4.6. Definição de Posse Agrária 116
4.7. A Posse Agrária na Amazônia 116
4.7.1. A Posse Agroecológica 121
4.7.2. Uma Experiência Regional da Posse Agrária: A Posse Agroextrativista 123

CAPÍTULO 5
IMÓVEL RURAL E SUAS FORMAS DE ACESSO

5.1. Definição de Imóvel Rural: Critérios 125
5.2. Formas de Acesso À Propriedade Rural 132
5.2.1. No Estatuto da Terra 133
5.3. Regularização Fundiária na Legislação Federal 135
5.3.1. Legislação Amazônica 139
5.4. Assentamentos Federais 149
5.5. Usucapião Agrária 151
5.5.1. Requisitos 152
5.5.2. Outros Caracteres da Posse Usucapível 161
5.5.3. Procedimento Judicial 161
5.6. Aquisição de Imóveis Rurais por Estrangeiros 163

Capítulo 6
A DISCRIMINATÓRIA DE TERRAS DEVOLUTAS

6.1. A Discriminatória Administrativa 170
6.2. A Discriminatória Judicial 175

Capítulo 7
REFORMA AGRÁRIA E DESAPROPRIAÇÃO POR INTERESSE SOCIAL PARA FINS DE REFORMA AGRÁRIA

7.1. Reforma Agrária 184
7.1.1. Conceito 184
7.1.2. Características 185
7.1.3. Objetivos 187
7.1.4. Beneficiários 188
7.1.5. Instrumentos Legais de Transferência das Parcelas aos Beneficiários 193
7.2. Desapropriação por Interesse Social para Fins de Reforma Agrária 198
7.2.1. Escorço Histórico 198
7.2.2. Conceito 201
7.2.3. Exigência do Cumprimento da Função Social da Propriedade Agrária 203
7.2.4. Imóveis Insuscetíveis de Desapropriação 206
7.2.5. Imóveis Suscetíveis de Desapropriação 211
7.2.6. A Indenização da Terra e das Benfeitorias Desapropriadas 214
7.2.6.1. Os Títulos da Dívida Agrária (TDAs) ... 217
7.2.7. Fase Administrativa: Preparatória à Judicial 220
7.2.8. Procedimento Judicial da Desapropriação 225

Capítulo 8
POLÍTICA AGRÁRIA

8.1. Definição de Política Agrária (Agrícola) 233
8.2. Fundamentos da Política Agrícola 236
8.3. Objetivos da Política Agrícola 237
8.4. Instrumentos da Política Agrícola 239

8.5. Crédito Rural 239
8.6. Incentivo Fiscal 247
8.7. Seguro Agrícola 249
8.8. Outros Instrumentos de Política Agrícola 251
8.8.1. Planejamento Agrícola 251
8.8.2. Assistência Técnica e Extensão Rural 251
8.8.3. Habitação Rural 253
8.8.4. Eletrificação Rural 254
8.8.5. Educação Rural 254
8.8.6. Pesquisa Agrícola Tecnológica 255
8.8.7. Crédito Fundiário – Programa Nacional de Crédito Fundiário 256
8.8.8. Política de Garantia de Preços Mínimos dos Produtos Agrícolas 256

CAPÍTULO 9
CADASTRO E IMPOSTO TERRITORIAL RURAL

9.1. Cadastro Rural 259
9.2. Escorço Histórico do Imposto Territorial Rural 270
9.3. Hipótese de Incidência Tributária 270
9.4. Sujeitos e Domicílio da Relação Tributária 277
9.5. Base de Cálculo e Alíquotas 279
9.6. Imunidades e Isenções 281
9.7. Lançamento do ITR 283

CAPÍTULO 10
CONTRATOS AGRÁRIOS

10.1. Escorço Histórico e Arcabouço Legal 285
10.2. Definição 286
10.3. Princípios Comuns aos Contratos Agrários 286
10.4. Tipos de Contratos 290
10.5. Partes Contratantes 294
10.6. Arrendamento Rural 295
10.7. Parceria Rural 309

Capítulo 11
COLONIZAÇÃO RURAL

11.1. Escorço Histórico e Conceituação 319
11.2. Tipos de Colonização Rural 323
11.2.1. Colonização Oficial 325
11.2.1.1. Estrutura Organizacional 328
11.2.1.2. Os Parceleiros: Escolha, Direitos e Deveres 330
11.2.2. Colonização Particular 334

Capítulo 12
COOPERATIVISMO RURAL

12.1. Origem Histórica e Previsão Legal 339
12.2. Aspectos Importantes do Código Civil e da Lei n. 5.764/71 342
12.3. Cooperativas Integrais de Reforma Agrária (CIRA) 347

Capítulo 13
JUSTIÇA AGROAMBIENTAL

13.1. Antecedentes no Direito Brasileiro 351
13.2. A Justiça Agrária na Constituição Federal 352
13.3. A Justiça Agrária nos Estados-Membros 355
13.4. A Conveniência de o Juiz Tratar Conjuntamente a Matéria Agrária e a Ambiental 360
13.5. Modelo de Justiça Agroambiental Contemporânea 362

Referências 367

PREFÁCIO

A prática jurídica brasileira vive um momento de transição paradigmática, construção que advém do aprofundamento das exigências da sociedade contemporânea em face do Estado, que, além de democrático de direito, também deve ser social e atento às exigências de sustentabilidade agroambiental.

Essa arquitetura sobre o papel do Estado vem seguidamente sendo atualizada, especialmente para a inclusão de novos valores a serem protegidos e incentivados.

Atualmente, é a concepção do Estado agroambiental de direito que domina os debates acadêmicos quando envolve a problemática específica agroambiental, cuja construção dispõe sobre um Estado que se preocupe com temas fundamentais da ordem constitucional, sempre em busca de harmonização de interesses, e tendo por substrato a solidariedade econômica e social para alcançar um desenvolvimento humano agroambiental orientado a buscar a igualdade entre os cidadãos.

O direito agroambiental é ramo jurídico que carece de estudos sistematizados de temas que lhe são essenciais. Isso porque os cursos de graduação das faculdades de Direito, no Brasil, se ressentem de um acervo bibliográfico nessa área que abrace todos os temas possíveis do agroambientalismo brasileiro, acompanhado de amplo debate de ideias no assunto.

Maior ressentimento é, ainda, um livro acadêmico de doutrina de direito agroambiental que seja enriquecido complementarmente com as decisões dos tribunais superiores sobre a matéria respectiva discorrida na obra.

Pois bem. Esta obra que é posta nas mãos das escolas de Direito e dos demais foros da seara jurídica chega com o objetivo de suprir essa carência, tanto quanto possível.

A profunda e ampla investigação realizada nos escaninhos das doutrinas nacional e estrangeira e da melhor jurisprudência restou compilada no estudo sistemático e orgânico que ora vem a lume, norteada pela constante preocupação de coletar o que de mais atual e de vanguarda o assunto pudesse comportar.

A problemática objeto do estudo é, de fato, a agroambiental. No mundo contemporâneo, não se pode conceber o agrário sem que embrionariamente esteja vinculado ao ambiental. O assunto agrário caminha de mãos dadas com o ambiental. Daí, então, resulta a matéria agroambiental.

Preocupado com a completude do saber agroambiental, a fim de não deixar de discorrer sobre todos os temas, imbricou-se o agrário ao ambiental no tratamento doutrinário, de tal arte que restou construída uma obra de direito agroambiental organizada sistematicamente em formato de curso para estudantes e estudiosos da questão.

Os assuntos escolhidos para figurar na obra partem desde os mais tradicionais até os escassamente agregados ao agroambientalismo jurídico, por exemplo, a política agrária, o cooperativismo etc.

Imbuído desse espírito, o *Curso de direito agroambiental brasileiro* versa tanto sobre a teoria geral como o direito aplicado, retratado, por exemplo, na reforma agrária, desapropriação por interesse social para fins de reforma agrária ou tributação, sem deixar de passar por matéria correlata ao agrarismo, tal qual a colonização.

Este livro não seria possível tornar-se realidade não fosse a essencial colaboração da pesquisa acadêmica levada a cabo pelo advogado e meu orientando no Mestrado, linha de pesquisa Direitos Humanos e Meio Ambiente, área de concentração Direitos Humanos, do Curso de Pós-graduação em Direito da Universidade Federal do Pará, o jovem Felipe Jales, a quem, agradecendo penhoradamente, divido os créditos dos acertos da obra, para reservar exclusivamente a mim os eventuais pontos de vista acadêmicos equivocados.

De hoje em diante, certamente, não haverá mais ensino ou pesquisa universitários, peça processual, sentença ou acórdão nos tribunais, nem outras obras doutrinárias jurídico-agroambientais que não vão buscar na presente o recurso doutrinário primeiro de fundamentação para suas argumentações e justificativas. Nesse perfil, este *Curso* torna-se indispensável para o conhecimento e o aperfeiçoamento em direito agroambiental para alunos, professores, advogados, juízes, membros do Ministério Público e demais profissionais, bem assim qualquer interessado nas questões agroambientais brasileiras.

Sejam bem-vindos!

Antonio José de Mattos Neto
Professor Titular da Universidade Federal do Pará
Professor Titular da Universidade da Amazônia

INTRODUÇÃO

O regime constitucional inaugurado em 5 de outubro de 1988 brindou a sociedade brasileira com uma autêntica Constituição agrária, cujos elementos não se restringem ao quadrante do Título VII (Da Ordem Econômica e Financeira), Capítulo II (Da Política Agrícola e Fundiária e da Reforma Agrária), do art. 184 ao 191, da Constituição Federal, mas se espraiam por todo o Texto Magno, por exemplo, nos dispositivos normativos dos arts. 5º, XXIII, XXVI; 153, VI, § 4º; 225, entre outros, somados às normas principiológicas constitucionais que orientam a ordem jurídica brasileira.

Anteriormente à Constituição Republicana de 1988, a sociedade brasileira já dispunha de aparato legislativo e aparelhamento estatal que regulava a matéria agrária. O Estatuto da Terra – lei básica do agrarismo nacional – é de 30 de novembro de 1964 e já contemplava os institutos agraristas versados pela Constituição. Todavia, a Lei Magna trouxe valores novos que arejaram a precedente legislação agrária. O Estatuto Constitucional impregnou axiologicamente a lei agrária de respeito à democracia, aos direitos humanos, à ética, à dignidade à pessoa, à cidadania, à função socioambiental da propriedade, à qualidade de vida ao homem do campo, à sustentabilidade e outros valores mais, que estavam adormecidos na sociedade brasileira.

A partir desse cenário, começou-se a desenhar os esteios para a configuração de um Estado de direito agroambiental. Sim, agroambiental, e não apenas agrário, uma vez que os novos ares constitucionais deixaram evidente que o agrário é indissociável do ambiental, porquanto o meio rural só se conserva se houver respeito ao meio ambiente, sendo a ele umbilicalmente jungido.

Foi exatamente a construção desse Estado de direito agroambiental que possibilitou a realização desta obra, onde se pode identificar cada capítulo como um componente seu, na contemporaneidade. Com efeito, a preocupação foi trazer para a comunidade jurídica, universalmente pensada – estudantes, advogados, membros da magistratura e do Ministério Público e demais carreiras jurídicas –, e, por que não dizer, carreiras profissionais não jurídicas, mas a elas afins – por exemplo, ambientalistas, sociólogos, economistas, ecólogos, biólogos, agrônomos, cientistas sociais, cientistas políticos, enfim –, um leque de temas centrais e indispensáveis à matéria agroambiental que urgem ser ventilados na sociedade.

Para a elaboração desta obra foram analisados os programas curriculares da disciplina objeto deste livro de todas as universidades brasileiras que a lecionam, pois o objeto do projeto acadêmico pretendia alcançar o mais amplo terreno possível sobre o assunto, uma vez que é realidade a escassez de obras de direito agroambiental no mercado brasileiro e, mesmo, mundial.

Com base nos temas coletados das universidades, pesquisou-se a melhor doutrina e a mais abalizada jurisprudência dos tribunais brasileiros, preferencialmente os superiores, para que a obra restasse enriquecida e fosse apresentada como fonte valiosa para saciar a necessidade de todos que recorram ao tema.

O capítulo introdutório versa sobre a teoria geral do direito agroambiental sob a perspectiva universal, não apenas brasileira. Traz os princípios e os conceitos que alicerçam o ordenamento jurídico e que são interpretados pela doutrina e aplicados pelos tribunais.

Canalizando para a experiência nacional, o segundo capítulo trata da historiografia brasileira da propriedade territorial rural, a partir dos documentos históricos conhecidos e incontestavelmente aceitos, mas sob a mira de um olhar crítico. Constrói-se a evolução da propriedade imobiliária agrária nacional desde suas origens até a atualidade.

Em seguida, o capítulo 3 estuda a terra pública como objeto do Direito, enfrentando as políticas públicas implementadas ao longo da história fundiária nacional, mas sem deixar de analisar seus tortuosos problemas.

O capítulo seguinte expõe a construção jurídica de um objeto de estudo agroambiental nuclear – a posse agrária. Apresenta a formulação teórica de sua tese, sendo que os demais capítulos servem como uma espécie de prova de verificação da existência jurídica da posse agrária.

O quinto capítulo versa sobre o tratamento jurídico dispensado pela lei ao imóvel rural e os modos de acesso à propriedade e posse imobiliárias, destinando uma seção ao regionalismo amazônico, por se distinguir no trato do imóvel rural subjugado ao império dos desígnios da floresta.

O capítulo 6 analisa a discriminatória de terras devolutas. A ação discriminatória é instrumento jurídico indispensável para o verdadeiro saneamento fundiário nacional, daí seu estudo ser de extrema importância.

O capítulo 7 discorre sobre um tema agrário central: a reforma agrária e a desapropriação por interesse social para fins de reforma agrária. Dada a essencialidade temática, é feita percuciente análise, adentrando aspectos específicos, mas muito importantes, para o deslinde de problemas, e muito pouco disponível no mercado de livros agrários.

O capítulo seguinte aborda a política agrária a partir dos instrumentos catalogados na Constituição Federal. Faz-se estudo aprofundado sobre cada um quanto aos aspectos legais nacionalmente válidos, adentrando localismos somente quando a política agrária for nota de distinção por atender, efetivamente, às necessidades do homem/empreendedor do campo.

O capítulo 9 estuda o cadastro rural e o imposto territorial rural. Expõe os tipos de cadastro existentes no país, servindo de radiografia diagnóstica para ser um dos fatores a subsidiar a cobrança de tributos.

O capítulo 10 trata dos contratos agrários, negócio jurídico fundamental para a economia rural, devido a seu alto grau de utilização, pois é por meio deles que há a circulação econômica dos produtos rurais e torna-se possível chegar o alimento à mesa do consumidor.

O capítulo a seguir analisa a colonização rural, tanto a pública quanto a particular, evidenciando ser mecanismo útil para o povoamento de fronteiras agrícolas.

O capítulo 12 é voltado para o cooperativismo rural. O associativismo no campo é caminho de grande valia para incrementar a economia agrícola, pois auxilia o rurícola a superar suas dificuldades de mercado. O empreendedor rural, desde o microempreendedor, tem lançado mão do cooperativismo para sobreviver aos seus negócios.

Por fim, o derradeiro capítulo, o 13, versa sobre a justiça agroambiental no Brasil e no mundo. Quanto à experiência brasileira, não poderia deixar de ser feita sob uma perspectiva crítica, construtiva, com vistas a colaborar para eventuais medidas prospectivas.

Assim construída, a obra tem o objetivo de ser de grande utilidade social não somente no meio acadêmico, mas igualmente na aplicação e na prática do direito agroambiental, a todos os atores que necessitarem do saber jurídico.

Capítulo 1
TEORIA GERAL DO DIREITO AGROAMBIENTAL

O direito agroambiental da contemporaneidade tem sua consolidação com o caminhar da evolução da humanidade. Desde priscas eras, o homem esteve voltado para a agricultura e para a pesca, porque assim lograva meios de subsistência.

Entretanto, somente a partir do Iluminismo, com o surgimento do racionalismo científico, pode-se dizer que o direito agroambiental tem suas origens, segundo é concebido na atualidade. Mas para chegar a esse início, indispensável a compreensão dos fatos históricos precedentes.

As bases históricas deram condições para chegar à paulatina construção da teoria do direito agroambiental. O estudo da estrutura teórica do direito agroambiental é fundamental para sua afirmação no saber jurídico.

1.1. ANTECEDENTE HISTÓRICO AO MODERNO DIREITO AGROAMBIENTAL

Historicamente, a terra e seu aproveitamento têm sido básicos na vida dos povos. Nas sociedades primitivas, o poder sobre a terra supõe um vínculo mítico, com participação ou integração entre os possuidores e a terra possuída ou dominada, que afeta intimamente a própria vida, inclusive até depois da morte.

Na Grécia antiga, a formação da família implica relação íntima com a propriedade, de sorte que produz indissociável união entre a família e a terra que se torna indispensável para a sobrevivência daquela.

Na Roma antiga, a propriedade da terra se associa intimamente à família, como comunidade natural e política, e à religião, com sucessivas regulações da terra por meio de leis agrárias e intervenção no cultivo, fora do *Ius Civile*, considerando-se este o conjunto de normas reguladoras das relações comuns.

A partir da Roma, na fase do Império, passando pela Idade Média, o aspecto privado da propriedade da terra soma-se ao caráter público do senhorio feudal. No feudalismo medieval, a propriedade funde-se com a soberania, atribuindo ao senhorio feudal o direito de exercer a justiça e impor tributos, visto que a estrutura feudal e o próprio poder nobiliário fundam-se no poder sobre a terra.

Com a Revolução Francesa e seu ideário abriram-se novos tempos com releitura das ideias romanistas e do jusnaturalismo, de sorte que, mesmo antes da Codificação, o direito civil tornou viva a vida campesina. Extinguiu-se a propriedade feudal e surgiu a propriedade privada individual e inviolável, estendendo-se ao campo as disposições do direito comum criado para a circulação econômico-jurídica de bens na cidade.

A Revolução Industrial e o subsequente processo de industrialização aliado ao direito de propriedade individual exclusivo geraram distorções econômica, social e política, progredindo durante o século XIX e proliferando no século XX. O desenvolvimento do capitalismo promoveu o fenômeno da concentração de riquezas, entre estas, a fundiária.

Consolidando a concepção burguesa de propriedade sobre os bens, inclusive a terra, a Codificação, máxime o Código Napoleão, tem como centro de inspiração o direito de propriedade privada assumido como manifestação de liberdade patrimonial, com os caracteres jusnaturalistas de sagrado, inviolável, absoluto e exclusivo.

No século XIX, as ideias socialistas da escola de Karl Marx fizeram surgir reação capitalista quanto à exploração do capital sobre o ser humano, desdobrando em relativizar o hígido conceito absoluto, perpétuo e exclusivo de propriedade.

No início do século XX, a introdução da função social da propriedade cunhou o direito de propriedade de caráter social. Como resultado das ideias socialistas, as novidades trazidas na Constituição do México, em 1917, na Constituição soviética de 1918 e na Constituição de Weimar de 1919 imprimiram ao proprietário deveres cuja natureza é eminentemente social e cujo direito, para ser legitimo e válido, deve promover o bem-estar da coletividade.

1.2. CONCEITO

Pode-se conceituar o saber jurídico agrário a partir de sua sistematização científico-jurídica ocorrida no início do século XX, quando as ciências humanas tiveram grande incentivo.

Os acontecimentos históricos mundiais impulsionaram o desenvolvimento e a consolidação do direito agrário como disciplina jurídica.

Assim, em decorrência da dizimação da agricultura na Europa causada pela Primeira Guerra e consequente implementação de políticas agrícolas dos governos europeus para incrementar esse setor da economia, os primeiros estudiosos do direito agrário, Arcangeli e Giangastone Bolla, na Itália, compreenderam ser o direito da agricultura – o *ius proprium* da agricultura –, pois conceituaram como

> o complexo de normas, sejam de Direito Privado ou de Direito Público, que regulam os sujeitos, os bens, os atos e as relações jurídicas pertencentes à agricultura, das normas que têm por objeto imediato e direto as relações jurídicas da agricultura[1].

Em 1942, em plena Segunda Guerra, houve a introdução do novo Código Civil italiano, que trouxe a novidade de fazer a distinção entre propriedade e empresa, bem como conceituou a figura do empresário e do pequeno empresário, no qual incluiu o cultivador direto do imóvel rural, cujos conceitos muito influenciaram o Direito ocidental em geral.

Nesse quadro, houve renovação do debate científico, e, na Espanha, Alberto Ballarín Marcial identificou inicialmente que "o Direito Agrário é o direito das empresas agrárias". Todavia, depois passou a adotar a concepção subjetivista de direito agrário por entender que

> é o sistema de normas, tanto de direito privado quanto de direito público, especialmente destinadas a regular o estatuto do empresário, sua atividade, uso e posse da terra, as unidades de exploração e produção agrícola em seu conjunto, segundo os princípios gerais, peculiares a este ramo jurídico[2].

O próprio Bolla que havia centrado a discussão do direito agrário na terra, no imóvel rural, já agora adaptou sua teoria, considerando a empresa agrária a partir de seu conceito de imóvel rural, concebendo-o como unidade de produção[3].

---

1 ARCANGELI, Ageo. **Istituzioni di diritto agrario**. Parte generale. Roma: Società Editrice del "Foro Italiano", 1936, p. 1.

2 MARCIAL, Alberto Ballarin. **Derecho agrario**. Madrid, [s.ed.],1965, p. 244.

3 BOLLA apud LUNA SERRANO. La formación dogmática del concepto de derecho agrario. **Temas de derecho agrario europeu y latinoamericano**. San Jose: Editorial de la Fundación Internacional de Derecho Agrario comparado, 1982, p. 73.

Deslocando o foco do empresário – sujeito de direito – para a atividade agrária – objeto de direito –, na Argentina, Rodolfo Ricardo Carrera definiu o direito agrário como direito da atividade agrária, pois lecionou que "o Direito Agrário é a totalidade das normas que disciplinam as relações que se constituem o exercício da atividade agrária". Carrera inovou com a construção da teoria da atividade agrária e intuiu o direito agrário a partir dessa perspectiva[4].

Já para Jordano Barea, na Espanha, o direito agrário é visto como direito do empresário agrícola (do agricultor profissional), porquanto propôs ser "a atividade profissional do titular de elementos organizados com o fim da produção agrícola"[5].

Luna Serrano, também espanhol, filia-se à concepção subjetivista do direito agrário, por entender que na moderna especialidade das profissões deve-se levar em conta o sujeito do exercício da atividade profissional agrária – o empresário rural, caracterizado por "uma atividade profissional consistente na exploração agrária exercida sobre bens privados produtivos de prevalente interesse social"[6].

A fim de obter produção e produtividade rurais, equitativa divisão de terras e os benefícios socioeconômicos do meio agrário, é necessário identificar na empresa a célula principal, como tal a atividade profissional do titular dos elementos organizados visando à produção agrícola, sendo o imóvel rural ou a atividade agrária meros instrumentos para aquela obtenção empreendida pelo empresário agrícola.

Diferentemente da visão concebida pelos pensadores europeus, que, de uma forma ou de outra, plasmavam o direito agrário como saber jurídico voltado para o crescimento da produção e produtividade agrícolas, principalmente depois das Grandes Guerras, na América Latina do século XX, o direito agrário exsurge dos estudos jurídicos feitos sobre as políticas públicas de modificação das estruturas injustas de propriedade, uso e posse da terra, tendo como instrumento principal a reforma agrária.

---

4 CARRERA, Rodolfo Ricardo. El derecho agrario y el desarollo económico de los pueblos de Latino America. In: **Atti della seconda assemblea. Istituto di Diritto Agrario Internazionale e Comparato**. Firenzi: Giuffrè, 1964, p. 613.

5 BAREA, Jordano apud LUNA SERRANO. Op. cit., p. 75.

6 LUNA SERRANO. Loc. cit.

O jurista venezuelano Román José Duque Corredor desenha o direito agrário como a ciência voltada para ajustar as relações jurídicas agrárias aos ditames da justiça social, com o objetivo de facilitar e criar condições necessárias para implementar uma autêntica reforma agrária integral, ou seja, para lograr um aumento da produção agrícola e para realizar uma justa e equitativa distribuição da propriedade agrária[7].

Em Colômbia, Peru, Bolívia, México, Cuba, Chile, entre outros, o direito agrário nasceu jungido ao fenômeno político-econômico-social da reforma agrária. Na América Latina, o direito agrário surgiu como resposta doutrinária a uma exigência de transformação social, econômica e política no meio rural.

No Brasil, o Estatuto da Terra (Lei n. 4.504/64) normatiza o ideário científico dos debates agrários da época, que estavam centrados na reforma agrária e no desenvolvimento rural, tendo o professor da Universidade de São Paulo, Fernando Pereira Sodero, como um dos expoentes que conduziu os estudos.

Aos pioneiros agraristas brasileiros, o gaúcho Joaquim Luís Osório e o paulista Francisco Malta Cardoso, a agricultura era a atividade que melhor identificava a matéria rural[8]. Como é atividade tipicamente rústica, nesse período, no Brasil, preferia-se a denominação direito rural para mencionar esse saber jurídico, talvez por influência do Uruguai e da Argentina, que também adotavam tal expressão.

Os precursores adaptaram a concepção de direito agrário aos conceitos civilistas. Assim, "o Direito Rural, ou o Direito Agrário, é o conjunto de normas reguladoras dos direitos e obrigações concernentes às pessoas e aos bens rurais"[9].

Reagindo a essa perspectiva e visando entabular o conceito sem intromissão de outros ramos jurídicos, o jurista baiano Raymundo Laranjeira leciona que

> o Direito Agrário é o conjunto de princípios e normas que, visando a imprimir função social à terra, regulam relações afeitas à sua pertença e uso,

---

7 CORREDOR, Roman Jose Duque apud LARANJEIRA, Raymundo. **Propedêutica do direito agrário.** 2. ed. São Paulo: LTr, 1981, p. 57.

8 Cf. CARDOSO, Francisco Malta. **Tratado de direito rural brasileiro:** introdução; parte geral. 1º vol. São Paulo: Saraiva, 1953, p. 37.

9 OSÓRIO, Joaquim Luiz. **Direito rural.** Rio de Janeiro: Konfino, 1948, p. 9.

> e disciplinam a prática das explorações agrárias e da conservação dos recursos naturais[10].

Na mesma linha de visão, o jusagrarista paulista Fernando Pereira Sodero doutrinou que o "Direito Agrário é o conjunto de princípios e normas, de direito público e de direito privado, que visa a disciplinar o uso da terra, bem como as atividades agrárias e as relações dela emergentes, com base na função social da propriedade"[11].

Ocorre que a partir dos novos ares do Direito contemporâneo e seus paradigmas de democracia e direitos humanos, o direito agrário assumiu nova roupagem e passou a ser compreendido juntamente com o direito ambiental, por se perceber que a atividade agrária está intrinsecamente vinculada aos bens ambientais, tais como terra, água, ar, solo, subsolo.

Daí, então, melhor ser denominado direito agroambiental e entendido como um conjunto de normas jurídicas, sob o olhar constitucional dos direitos humanos, com o fim de regular o uso da terra, a atividade agrária e suas relações, com base no princípio da função social da propriedade, no contexto do Estado democrático de direito.

1.3. AUTONOMIA

Na história do direito agroambiental, um dos pontos mais interessantes é o debate sobre a autonomia. A discussão reside em saber se o direito agroambiental tem autonomia, independentemente de outra disciplina, ou se é uma especialidade de um tronco maior, o direito civil.

Para gozar de autonomia, o direito agroambiental tem que se distinguir claramente dos demais saberes jurídicos, apresentando princípios, objeto, institutos e método próprios. Já a especialidade reconhece particularidades em suas normas que o fazem suscetível de tratamento jurídico em particular, todavia inserido como parte de uma área maior do Direito.

Classicamente, o debate se situa a partir da fundação da *Rivista di Diritto Agrario*, na Itália, em 1922, por Giangastone Bolla. A profunda discussão se desenrolou nos anos de 1928 a 1931, capitaneada, de um

---

10 LARANJEIRA, Raymundo. **Propedêutica do direito agrário.** 2. ed. São Paulo: LTr, 1981, p. 58.

11 SODERO, Fernando Pereira. **Direito agrário e reforma agrária.** São Paulo: Livraria Legislação Brasileira, 1968, p. 32.

lado, por Bolla, que inaugurou a chamada "escola técnico-econômica", concebendo a autonomia do direito agroambiental como o *jus proprium* da agricultura; e de outro, Ageo Arcangeli, com a "escola jurídico-formal", a qual compreende o direito agroambiental apenas como especialidade, sendo um capítulo especial incorporado ao sistema de direito privado.

Atualmente, prevalece a corrente autonomista à qual se filia esta obra.

Metodologicamente, pode-se dizer que o direito agroambiental possui autonomia de quatro ordens: científica, legislativa, jurisdicional e didática. Vejamos cada uma delas.

1.3.1. Autonomia científica

A libertação científica do direito agrário foi uma grande conquista, vez que restava acorrentado às amarras formalistas do direito civil, impregnado dos princípios e conceitos do direito romano.

As lições de Giangastone Bolla preconizam que a atividade agrícola se distingue da de direito comum, por ter por objeto de estudo o solo e o empreendimento/empresa rural (chamado *azienda agricola*) como unidade econômica e fator essencial sobre o qual se modelam todas as relações, tanto técnicas quanto jurídicas[12]. Veja-se que nesse conceito centra-se o direito agroambiental na atividade agrária praticada na terra explorada economicamente por meio de empreendimento agrário.

Superado esse entendimento, impõe-se o critério biológico construído por Antonio Carrozza, em 1972, com a teoria da agrariedade, que busca elementos extrajurídicos ao fenômeno agrário consistente no

> desenvolvimento de um ciclo biológico vegetal ou animal vinculado direta ou indiretamente à exploração das forças ou dos recursos naturais, com o objetivo econômico de obter frutos, vegetais ou animais, destinados ao consumo direto, sejam como tais ou como matéria-prima para uma ou múltiplas transformações[13].

---

12 BOLLA, G. apud CARROZZA, Antonio; ZELEDÓN, Ricardo Zeledón. **Teoría general e institutos de derecho agrario.** Buenos Aires: Editorial Astrea, 1990, p. 49.

13 CARROZZA, Antonio. La noción de lo agrario (agrarietà): fundamento y extensión. **Jornadas ítalo-españolas de derecho agrario**, Valladolid, Universidades de Valladlid y Salamanca, 1976, p. 321.

Com Carrozza descortina-se a base para a construção da teoria geral do moderno direito agroambiental operada pela escola autonomista.

A resposta à autonomia científica só será dada se houver o recorte teórico do *objeto* e do *método* específicos. Somente assim pode-se estudar convenientemente uma disciplina.

O objeto pode ser tomado em dois sentidos: o formal e o material. Uma ciência se distingue da outra pelo objeto formal, que é a maneira ou forma pela qual a matéria é estudada, esta o objeto material. Nessa perspectiva, uma mesma matéria é apreciada sob várias formas, cada qual sob sua respectiva ciência[14]. Assim, vejam-se quais os objetos material e formal do direito agroambiental.

Nossa compreensão é a de que, por circunstâncias e contingências históricas da humanidade, o saber científico se especializa. O direito comum atomiza-se, desintegra-se. Desmembra-se para dar lugar a um fragmento revestido da realidade específica que passa a ser objeto de estudo da nova especialidade. É um fato, antes de mais nada, histórico, que ocorre não devido ao querer humano, mas por causa de um acontecimento histórico irreversível. É o próprio desenvolvimento natural da história que propicia a especialização de uma disciplina fragmentária de outra mais geral. Nesse sentido, a especialidade do direito agroambiental é resultado do processo empírico e sistemático do saber jurídico em sua dinâmica de responder às necessidades humanas.

A consolidação científica teve como pressuposto a ideia de que o direito agroambiental está voltado para o real, para os fatos, para a realidade econômico-social. Volta-se para o vulgo, para o homem do campo. Nessa linha de pensamento, é relegado a segundo plano o classicismo, o formalismo típico da mensagem romana, primando para olhar o vulgar, a realidade, a prática social, e focando na factualidade.

O conceito civilista de propriedade é importante na medida em que os direitos nela contidos – usar, gozar e dispor – são exercitados no mundo da realidade. Factualmente, o direito de propriedade está presente porque suas funções social, econômica e ambiental são cumpridas.

---

14 MAIA, Altir de Souza. Origem e evolução do direito agrário brasileiro como legislação e como ciência. In: Congresso Internazionale Dell'Unione Mondiale Degli Agraristi Universitari, 1, 1990, Pisa. **Anais**... Pisa: Edizione ETS, 1992, p. 382.

As funções da propriedade são exercidas tendo o trabalho como força motriz. No direito agrário, o valor do trabalho tem suprema relevância axiológica. O trabalho humano faz desenvolver um ciclo agrobiológico de produção agrária, animal ou vegetal, vinculado aos recursos naturais, com o fim de obter produtos agrícolas, destinados ao consumo humano[15]. O trabalho desempenhado na terra consolida o direito da propriedade agrária. Assim, é da dialética terra-trabalho que a factualidade se firma nos fundamentos científicos do direito agrário.

A fundamentação ontológica da nova disciplina não se restringe ao campo jurídico, mas deve ser buscada em outros saberes, tais como ecologia, sociologia, economia, ciências sociais etc. Sob tal perspectiva, o direito agrário liberta-se e constrói, a partir dos pressupostos que lhe são peculiares, seu objeto, seus princípios, institutos e normas que vão reger a prática agrária.

Nesse olhar, o objeto material constitui as coisas, os bens e a atividade agrária desenvolvida não apenas na terra, mas também na água e até mesmo de forma suspensa, ou seja, no meio rural, cuja ambiência pode ser denominada ruralidade[16].

O objeto formal do direito agroambiental é a norma jurídica expressa das mais variadas formas, quais sejam: escrita, costumeira, jurisprudencial etc.

O método, assim entendido o caminho para a captação do objeto de determinada ciência, é o dedutivo, preferencialmente por ser o método utilizado pela ciência jurídica em geral[17].

A validação da nova disciplina está amparada pelo conteúdo de direitos humanos que apresenta. Sua inteireza científica está justificada na promoção da dignidade humana no meio rural, na medida em que fomenta a justiça, a paz, a democracia e o desenvolvimento sustentável no vigente Estado agroambiental de direito.

---

15 Conceito obtido a partir do jusagrarista italiano Antonio Carrozza com sua teoria agrobiológica da agrariedade. Cf. CARROZZA, Antonio. **Lezioni di diritto agrario**: elementi di teoria generali. v. I. Milano: Giuffrè, 1988, p. 10.

16 Expressão cunhada por Raymundo Laranjeira, mas atrelada à ideia de espaço fundiário. Cf. LARANJEIRA, Raymundo. Op. cit., p. 36.

17 MAIA, Altir de Souza. Op. cit., p. 382-383.

1.3.2. Autonomia legislativa

A autonomia legislativa, por excelência, ocorre quando no país há um código agrário e um código de processo agrário, o que se ressente no Brasil.

Na Europa, há países com códigos agrários, embora não tratem de todos os institutos de direito agrário, mas apenas de determinado assunto do meio rural, a depender da realidade de cada um. Assim, há o Código rural francês, o Código rural da Suécia e Finlândia, bem como da Grécia. Na América Latina, o pioneirismo deve-se à Argentina, que editou o Código Rural da Província de Buenos Aires, em 1865, sendo hoje vigente outro, a partir de 1970. Cada província tem o próprio código agrário. Costa Rica, Uruguai, Peru e México também têm seu código agrário.

No Brasil, historicamente, a primeira legislação agrária constitui as Ordenações Manuelinas para a aplicação do sistema de sesmaria, trazido pela Coroa portuguesa, aquando da chegada de Cabral. Durante trezentos anos de vigência do regime sesmarial, inúmeros comandos normativos foram expedidos tratando da matéria agrária, especialmente sobre propriedade, posse, uso do solo e demais bens naturais.

No Império, foi aprovada a Lei de Terras de 1850, que teve a missão maior de regular a terra devoluta imperial. Com a República, tem-se a Constituição dos Estados Unidos do Brasil de 1891, que transferiu aos Estados a atribuição de regular as devolutas que lhes foram transferidas anteriormente do extinto domínio imperial. O Código Civil de 1917 focou atenção na propriedade privada, de caráter individual, absoluta, exclusiva e perpétua, ao estilo do Código Civil francês.

A Constituição de 1934 trouxe preocupações sociais relativamente à matéria agrária, outorgando competência à União para legislar sobre o direito rural. A Constituição seguinte, de 1937, não avançou no tema. A Constituição Republicana de 1946 inovou, ao exigir que o uso da propriedade seja exercido em consonância com o bem-estar social.

Todavia, a autonomia legislativa somente se iniciou a partir da Emenda Constitucional n. 10, de 10 de outubro de 1964, que acresceu o direito agrário, entre os ramos do Direito já existentes, na alínea *a* do inciso XV do art. 5º da Constituição Federal de 1964, para ser objeto de competência privativa da União para legislar, cuja competência, atualmente, está consignada no art. 22, I, da Constituição Federal de 1988.

Ainda que alguns agraristas entendam que a autonomia legiferante do direito agrário deve ser tida como autonomia constitucional[18], é certo compreender como autonomia legislativa, uma vez que a autonomia constitucional não passa de uma faceta da legislativa[19].

Ainda em 1964, o Estatuto da Terra consolidou os temas relativos à matéria agrária, o que muitos entenderam ser um código agrário, o que, em verdade, não é. A Constituição de 1967 e sua Emenda Constitucional n. 1/69 mantiveram essas disposições constitucionais da Lei Magna anterior.

A Constituição Federal de 1988 ampliou o conteúdo constitucional da matéria agrária, reservando-lhe título específico.

Embora o Estatuto da Terra não seja propriamente um código rural, a autonomia legislativa do direito agroambiental brasileiro se dá pela existência de inúmeros regramentos infraconstitucionais e sua respectiva congruência aos princípios que regem a matéria.

1.3.3. Autonomia didática

A autonomia sob o aspecto didático é confirmada a partir da inclusão da disciplina Direito Agrário em cursos de graduação e pós-graduação nas universidades e faculdades de todo o país, bem como com a construção de trabalhos monográficos, dissertações de mestrado, teses de doutorado e livros doutrinários relativamente ao direito agroambiental.

Com o advento da Resolução n. 3, de 25 de fevereiro de 1972, do Conselho Federal de Educação, órgão do então Ministério da Educação e Cultura, foi reformado o currículo mínimo exigido para as instituições de ensino superior do Brasil, no qual se introduziu o direito agrário como disciplina optativa (facultativa) nas escolas de Direito. Não havia, entretanto, uma diretriz uniforme no país quanto à metodologia ou aos percursos curriculares dos cursos de graduação.

---

18 O autor mexicano Lucio Mendieta e o espanhol Francisco Cerrillo sustentaram esse posicionamento em obra conjunta. Cf. CERRILLO, Francisco; MENDIETA, Lucio. **Derecho agrario.** Barcelona: Bosch, 1952, p. 8.

19 LARANJEIRA, Raymundo. Op. cit., p. 105.

Pode-se afirmar que a partir da normativa referida, a disciplina agrarista ganhou força, ampliando-se e sendo objeto de inúmeros congressos, encontros, simpósios, seminários, palestras e discussões acerca dos temas envolvendo a relação homem-terra, promovidos pelo Instituto Nacional de Colonização e Reforma Agrária (Incra), destacando-se o 1º Congresso Latino-Americano de Direito Agrário, realizado em Porto Alegre/RS, em 1971, bem como o I Seminário Ibero-americano de Direito Agrário e o I Seminário Nacional de Direito Agrário, realizado em Cruz Alta/RS, em 1975, bem como o desenvolvimento de teses e dissertações nos cursos de pós-graduação do país.

Atualmente, o percurso curricular do curso de graduação em Direito é fornecido pelas diretrizes curriculares nacionais instituídas na Resolução CNE/CES n. 9, de 29 de setembro de 2004, do Ministério da Educação, que permite às faculdades de Direito introduzir outras disciplinas para fazer parte da grade curricular, entre as quais, direito agroambiental.

É inegável o fato de que a autonomia didática do direito agrário permitiu a formação de mestres e doutores nos temas envoltos nessa disciplina, possibilitando a literatura de material especializado e inédito, com doutrina e artigos científicos.

1.3.4. Autonomia jurisdicional

A autonomia jurisdicional, por excelência, implica a existência de um Poder Judiciário com jurisdição especializada para a apreciação e a solução de conflitos agrários.

Na França, há os Tribunais Paritários de Bens Rurais, que são compostos por Comissões Paritárias, formadas por um juiz de direito e mais quatro cidadãos, sendo dois da classe dos proprietários rurais e dois da categoria de agricultores locadores de imóvel rural que exploram a atividade agroambiental.

Na Inglaterra, País de Gales e Escócia, as controvérsias agrárias são de atribuição de árbitros e órgãos especiais, que são os Agricultural Land Tribunals, na Inglaterra e País de Gales, e o Scottish Land Court, na Escócia.

Na experiência latino-americana, a República Dominicana foi precursora em criar um Poder Judiciário Agrário, em 1947. Atualmente, existem Tribunais da Terra e um Tribunal Superior de Terra, mas com competência constitucional específica para processar e julgar feitos relativos apenas à propriedade imobiliária. Todas as demais matérias dizem respeito à jurisdição comum.

No Peru há um Foro Privativo Agrário, constituído por Juizados da Terra distribuídos pelo país, e um Tribunal Agrário localizado em Lima. Em Costa Rica, na primeira instância há Juizados Agrários, e, para a segunda instância, um Tribunal Superior Agrário com recurso à Sala de Cassação, Primeira da Corte Suprema de Justiça, como terceira instância. Na Colômbia, há Juizados Agrários com jurisdição territorial específica no território colombiano, e servem de segunda instância as Salas Agrárias dos Tribunais Superiores de Distrito Judicial.

O México tem jurisdição agrária especializada para conhecer e resolver as controvérsias relacionadas a direitos e obrigações estabelecidos na legislação agrária, formada por 56 Tribunais Unitários Agrários com jurisdição territorial circunscrita a distritos específicos, e um Tribunal Superior Agrário, em âmbito nacional.

Alguns países não têm jurisdicional especializada para a matéria agroambiental, mas sim administrativa, na qual os órgãos da administração pública têm competência administrativa para processar e decidir sobre matéria específica. Os demais assuntos ficam sem jurisdicional administrativa, restando apenas diretamente a via judicial para resolver a controvérsia agrária.

No Brasil, a primeira tentativa de criar a justiça agrária ocorreu timidamente, em São Paulo, por meio da Lei n. 1.869, de 10 de outubro de 1922, que determinou a criação do Tribunal Agrário naquele Estado, competente para a apreciação e o julgamento de contratos de locação dos serviços agrícolas[20].

Em 1941, o Decreto-lei n. 3.855 criou as Comissões de Conciliação e Julgamento do Estatuto da Lavoura Canavieira, e em 1963, após o advento da Lei n. 4.214 (revogada pela Lei n. 5.889/73), surgiram os Conselhos Arbitrais do Estatuto do Trabalhador Rural.

A Constituição Republicana de 1988 outorgou aos tribunais de justiça dos Estados a competência para designar juízes de direito de

---

20 Lei n. 1.869/22, art. 1º: "Fica creado em cada comarca um tribunal rural, para conhecer e julgar as questões, até o valor de quinhentos mil réis (500$000), decorrentes da interpretação e execução dos contractos de locação de serviços agricolas". Cf. SÃO PAULO. **Lei n. 1.869, de 10 de outubro de 1922**. Disponível em: http://www.al.sp.gov.br/repositorio/legislacao/lei/1922/lei-1869-10.10.1922.html. Acesso em: 3 set. 2023.

entrância especial para dirimir conflitos fundiários, cujo dispositivo constitucional está acrescido de parágrafo único, assim enunciado: "sempre que necessário à eficiente prestação jurisdicional, o juiz far-se-á presente no local do litígio" [21].

Após acirradas críticas sobre o Texto Constitucional[22], foi promulgada a Emenda Constitucional n. 45, que modificou, entre outros artigos constitucionais, o *caput* do art. 126, que passou a recomendar a criação de varas especializadas pelos tribunais de justiça, com competência exclusiva para tratar de questões agrárias[23].

A instituição de um segmento especializado do Poder Judiciário – chamado Justiça Agrária – com tribunais e juízes agrários está na ordem do dia na luta promovida pelos agraristas, por meio de encontros, seminários e congressos[24].

---

21 Redação original do art. 126, *caput* – "Para dirimir conflitos fundiários, o Tribunal de Justiça designará juízes de entrância especial, com competência exclusiva para as questões agrárias". Cf. BRASIL. **Constituição da República Federativa do Brasil**. Disponível em: http://www.planalto.gov.br/ccivil_03/constituicao/constituicaocompilado.htm. Acesso em: 3 set. 2023.

22 Algumas críticas: (a) o que significaria "entrância especial"? Alguns Estados da Federação têm a Capital como entrância especial dentro de sua organização judiciária, o que gerou grande confusão. É evidente que o constituinte quis referir-se a uma entrância especializada, mas não especial; (b) a CF reza que os Tribunais de Justiça podem criar varas com competência para dirimir conflitos fundiários. O correto seria mencionar conflitos agrários, pois fundiário implica conflito de terra, enquanto agrário significa toda matéria relativa ao direito agroambiental. E as varas agrárias não julgam apenas conflitos de terra mas também qualquer matéria agrária, respeitando-se a competência da Justiça Federal; (c) descomprometido com a realidade do meio rural brasileiro, com a continentalidade do país e seus acidentes geográficos, e as consequentes dificuldades de mobilidade que tal realidade impõe, o artigo da CF recomenda que o magistrado se faça presente ao local do conflito, sempre que necessário.

23 "Art. 126. Para dirimir conflitos fundiários, o Tribunal de Justiça proporá a criação de varas especializadas, com competência exclusiva para questões agrárias. Parágrafo único – Sempre que necessário à eficiente prestação jurisdicional, o juiz far-se-á presente no local do litígio." BRASIL. **Constituição da República Federativa do Brasil**. Disponível em: http://www.planalto.gov.br/ccivil_03/constituicao/constituicaocompilado.htm. Acesso em: 3 set. 2023.

24 Nessa luta, destacam-se a Carta de Cruz Alta, de 1975, elaborada no I Seminário Brasileiro de Direito Agrário, I Seminário Ibero-Americano de Direito

Urge a especialidade de magistrados agrários, a fim de que a interpretação, a integração e a aplicação da norma sejam feitas por jurista com mentalidade agrarista[25].

Na atual realidade do Poder Judiciário ainda está em desenvolvimento a criação das varas agrárias, tanto que há somente varas especializadas em onze tribunais de justiça[26] e em dois tribunais regionais federais[27], refletindo o desafio para os juristas e estudiosos do direito agrário.

Agrário e I Conferência sobre Alimentação, cuja Carta recomenda: JUSTIÇA AGRÁRIA – A criação e implantação de justiça agrária, setor especializado que dirimirá os conflitos oriundos das atividades agrárias e das relações que delas emergem. Na reformulação do Poder Judiciário, agora em estudo, torna-se oportuno reencetar os relativos à especialização agrária, a exemplo do que se faz no Peru e em outros países, tanto latino-americano como europeu. Cf. MIRANDA, Alcir Gursen de. Justiça Agrária no Brasil. O caminho para a cidadania no campo e na cidade. **X Seminário Nacional de Direito Agrário**. Brasília, 2002. Disponível em: http://www.abda.com.br/texto/GursendeMiranda2.pdf. Acesso em: 3 set. 2023.

25 Alcir Gursen Miranda ainda avisa que, "Se existe o civilista, o penalista, o tributarista, o trabalhista, o constitucionalista, nada mais justo que haja o juiz agrarista. O alerta é oportuno de um Pontes de Miranda, para quem, antes de ser especialista, o jurista precisa ser um generalista, conhecer a teoria geral do Direito". Cf. MIRANDA, Alcir Gursen de. **Justiça Agrária**: criar ou não criar? Eis a questão! Conselho da Justiça Federal realizada em Costa do Sauípe (Bahia), 2004. Disponível em: http://wwwh.cnj.jus.br/portalcnj/images/justia_agrria_-_criar_ou_no_criar_- _eis_a_questo.pdf. Acesso em: 3 set. 2023.

26 Na Justiça estadual, já possuem varas agrárias os Tribunais de Justiça de Alagoas (TJAL), Amazonas (TJAM), Bahia (TJBA), Distrito Federal (TJDFT), Minas Gerais (TJMG), Mato Grosso (TJMT), Pará (TJPA), Piauí (TJPI), Paraíba (TJPB), Rondônia (TJRO) e Santa Catarina (TJSC). Informações disponíveis em: http://www.cnj.jus.br/noticias/cnj/61158-onze-tjs-e-dois-trfs-possuem-varas--especializadas-em-questoes-agrarias. Acesso em: 3 set. 2023.

27 Na Justiça federal, instalaram varas agrárias as seções judiciárias de Amazonas, Bahia, Maranhão, Minas Gerais, Mato Grosso, Pará e Rondônia, todas do Tribunal Regional Federal da 1ª Região (TRF1), e a seção judiciária do Rio Grande do Sul, que integra o Tribunal Regional Federal da 4ª Região (TRF4). Informações disponíveis em: http://www.cnj.jus.br/noticias/cnj/61158-onze-tjs-e-dois--trfs-possuem-varas-especializadas-em-questoes-agrarias. Acesso em: 3 set. 2023.

1.4. FONTES DO DIREITO AGROAMBIENTAL

Particularmente no âmbito do direito agrário brasileiro, as normas jurídicas caracterizadas como fontes imediatas para a solução de conflitos são a lei e o costume. Essas duas instâncias mantêm importância sobre as demais, sendo a elas que o juiz imediatamente deve recorrer para dirimir a lide agrária. Assumindo papel secundário, há a doutrina e a jurisprudência.

1.4.1. A lei

A lei tem imediatidade na relação das fontes formais do Direito. É a norma jurídica por excelência e tem importância fundamental no ordenamento jurídico brasileiro, devido pertencer à família romano-germânica de Direito, também denominada *Civil Law*. Entre os países do sistema jurídico da *Common Law*, o precedente judiciário é a fonte imediata. Mas as comunidades internacionais de integração econômico-política formadas por países, cujo maior expoente é a União Europeia, mesmo para os membros que adotam o precedente judiciário como fonte imediata, têm seguido normas formais escritas acordadas coletivamente na comunidade política integradora. Assim, os países integradores da União Europeia obedecem aos tratados que a formam, os quais, por sua própria natureza, são normas escritas[28].

No arcabouço escrito do direito agroambiental brasileiro temos que considerar a Constituição Federal, o Estatuto da Terra, a legislação complementar e a legislação margeante.

1.4.1.1. Constituição Federal

A Constituição Federal de 1988 inovou, trazendo um capítulo especifico sobre a matéria agrária, denominado "Da Política Agrícola

28 Os tratados que definem a União Europeia são: o Tratado da Comunidade Europeia do Carvão e do Aço (CECA), o Tratado da Comunidade Econômica Europeia (CEE), o Tratado da Comunidade Europeia da Energia Atômica (EURATOM) e o Tratado da União Europeia (UE), assinado em Maastricht, a 7 de fevereiro de 1992, que estabelece fundamentos da futura integração política, no qual se destacam acordos de segurança e política exterior, como também a confirmação de uma Constituição Política para a União Europeia e a integração monetária, por meio do euro.

e Fundiária e da Reforma Agrária". Contudo, a normatização constitucional sobre o direito agroambiental não se esgota nesse capítulo. Em outras passagens do Texto Magno são tratados assuntos de interesse agrário, tais como, entre outros, o art. 24, VI, que manda os entes federados legislarem concorrentemente sobre florestas, caça, pesca, fauna, conservação da natureza, defesa do solo e dos recursos naturais, proteção do meio ambiente e controle da poluição; e os arts. 231 e 232, que versam sobre a questão indígena.

Formalmente, a Constituição Republicana delineia as bases, a plataforma sobre a qual se assenta a legislação ordinária.

1.4.1.2. Estatuto da Terra

O Estatuto da Terra – Lei n. 4.504/64 – é a mais importante fonte legislativa agrária, depois da Constituição Federal.

Os princípios informativos do estatuto agrário são orientados no sentido de emprestar à propriedade rural a função social, econômica e ambiental, aproveitável ao rurícola e à sociedade. Pela norma estatutária, o Estado proporciona a propriedade da terra àquele que dela faz seu sustento. A terra deve ser dada àquele que nela trabalha, emprestando-lhe caráter economicamente proveitoso, socialmente útil e ambientalmente saudável.

O Estatuto da Terra dispõe, ainda, sobre mecanismos que viabilizam, proporcionam e perseguem a justiça social no campo. Assim, regula sobre a reforma agrária, a colonização, o imposto territorial rural, a intervenção estatal nos contratos agrários de arrendamento e parceria, política creditícia etc.

Objetiva o Estatuto da Terra melhor distribuição fundiária, produtividade maior e, por fim, o bem-estar econômico e social do trabalhador rural e sua família, atingindo, em última análise, a justiça social.

1.4.1.3. Legislação complementar

Por mais previdente que seja, o legislador estatuário não ordena todas as hipóteses a serem reguladas, e as previstas, não o faz minuciosamente. Por isso, urge legislação complementar ao Estatuto, de sorte a tornar mais viável sua aplicação.

Conforme requer a realidade agrária, são elaboradas normas complementares ao Estatuto da Terra, explicitando o já previsto a fim de tornar possível a consecução dos objetivos agraristas. Essas normas, assim, complementam e, criadas *a posteriori*, visam dar força, avivar, renovar os fins estatutários. É, assim, todo um complexo legislativo que tem o intuito de complementar diretamente o Estatuto da Terra ou que disponha sobre instituto tipicamente rural consentâneo aos princípios do diploma estatuário.

Nesse quadro, encontram-se: o Decreto n. 55.891/65 e o Decreto n. 56.792/65, ambos explicitando detalhadamente princípios e definições, e regulamentando alguns institutos consagrados no Estatuto; o Decreto n. 59.566/66, que regulamenta os contratos agrários; a Lei n. 5.709/71 e seu regulamento, o Decreto n. 74.965/74, que dispõem sobre a aquisição de imóvel rural por pessoas físicas e jurídicas estrangeiras; a Lei Complementar n. 76/93, que dispõe sobre o procedimento contraditório especial, de rito sumário, para o processo de desapropriação de imóvel rural, por interesse social, para fins de reforma agrária; a Lei n. 8.629/93, que dispõe sobre a regulamentação dos dispositivos constitucionais relativos à reforma agrária; e a Lei n. 6.969/81, que dispõe sobre a aquisição, por usucapião especial, de imóveis rurais particulares.

Há uma gama de leis, decretos e antigos decretos-leis que visam complementar o Estatuto da Terra seja no tocante à fixação de preços mínimos agrícolas, ao controle da produção pecuária, à facilitação do crédito agrícola, à política tributária. Enfim, um conjunto de normas atinentes a vários institutos rurais e que se torna praticamente impossível a enumeração exaustiva, até mesmo devido à dinamicidade e à constante criação de leis visando reger a realidade agrária.

1.4.1.4. Legislação margeante

A legislação agrária margeante, diferentemente da complementar, pode ser anterior ou posterior ao Estatuto da Terra e abrange um conjunto legislativo que não incide diretamente sobre os objetivos estatuários. São fontes que pertencem a outros ramos jurídicos, mas que apresentam carga informativa e conceitual que vêm ao encontro dos princípios agraristas, fornecendo conceitos fundamentais com reflexo na problemática rural.

Assim, vamos encontrar o Código Civil, com seus arts. 79 e seguintes, que versam sobre as diferentes classes de bens, assim como o Livro III, capitulado ao direito das coisas, donde temos conceitos sobre posse e propriedade, sua aquisição, divisão ou perda, e alguns outros dispositivos que interessam à matéria agrária. Administrativamente, há a

Lei n. 6.383/76, que regula o processo discriminatório de terras devolutas da União; o Código de Águas (Decreto n. 24.643/34); o Código de Pesca (Lei n. 11.959/2009); o Código de Caça (Lei n. 5.197/67); o Código de Mineração (Decreto-lei n. 227/67); o Código Florestal (Lei n. 12.651/2012)[29]; a Lei n. 6.938/81, que cria a Política Nacional do Meio Ambiente; entre tantos outros diplomas legais, por iguais, não tipicamente agrários, que auxiliam o magistrado a solucionar a lide agrária.

1.4.2. O costume

Ao longo da experiência jurídica brasileira, o costume já foi fonte imediata do Direito, por inexistir lei escrita que desse amparo jurídico a determinada situação de fato: a posse de terras imperiais no período de 1822 a 1850[30].

O costume complementa, interpreta ou supre a lei. Com a codificação do Direito, muitos princípios consuetudinários foram incorporados pela escrituração, tal como, por exemplo, a regra do art. 40, I, do Decreto n. 59.566/66, que rege ser o arrendador, no contrato de arrendamento rural, obrigado a entregar ao arrendatário o imóvel rural objeto do contrato, na data estabelecida ou segundo os usos e os costumes da região.

Outras leis tomam o costume como modelo de comportamento para pautar uma conduta no meio rural.

---

29 O Código Florestal foi objeto da Ação Declaratória de Constitucionalidade (ADC) 42 e das Ações Diretas de Inconstitucionalidade (ADIs) 4901, 4902, 4903 e 4937, cujos julgamentos conjuntos foram concluídos em 28 fevereiro de 2018, pelo Plenário do Supremo Tribunal Federal. Disponível em: http://www.stf.jus.br/arquivo/informativo/documento/informativo892.htm#C%C3%B3digo%20Florestal%20e%20constitucionalidade%20-%203. Acesso em: 20 set. 2023.

30 Em 1822 foi suspensa a concessão de terras dadas em sesmarias, por meio da Resolução 76, de 17 de julho. Com tal medida do Príncipe Regente D. Pedro I, houve uma avalanche de exploração da terra conseguida por meio da posse, de modo que a este período historicamente convencionou-se chamar regime de posse ou "período áureo da posse". Somente em 1850 foi promulgada a Lei n. 601, que tratou sobre as terras devolutas do Império. Portanto, inexistindo lei escrita sobre a matéria durante 28 anos (1822-1850), o costume – o apossamento de terras – foi fonte imediata do direito para garantir a fixação do homem ao solo. Cf. LIMA, Ruy Cirne. **Pequena história territorial do Brasil**: sesmarias e terras devolutas. Porto Alegre: Livraria Sulista, 1954, p. 53.

1.4.3. *A jurisprudência*

No Direito brasileiro, a jurisprudência como fonte de solução de conflitos agrários é precária devido a não haver a justiça especializada agrária. As varas agrárias de alguns Estados e as poucas da Justiça Federal são incipientes como fonte de Direito, porque a decisão superior (do Superior Tribunal de Justiça) ou suprema (do Supremo Tribunal Federal) que firmará o entendimento jurisprudencial é dada por tribunal não especializado.

A despeito dessa realidade, aqui e acolá, o STF e o STJ se pronunciam harmonicamente aos paradigmas do direito agroambiental. Na verdade, como tomam por princípios a supremacia dos direitos fundamentais, decidem em consonância com os direitos humanos e reconhecem os direitos agroambientais.

1.4.4. *A doutrina*

Como fonte formal do direito agrário, a doutrina apresenta eficácia restrita.

O trabalho dos jurisperitos fornece manancial informativo e sugestivo ao legislador, caracterizando-se, nesse caso, como fonte material do Direito. O legislador só positiva legalmente um caso *a posteriori*, e, para orientar-se na elaboração legislativa, vai buscar nos ensinamentos dos jusagraristas os seus conceitos e fundamentos. Também, na faina hermenêutica, o juiz utiliza-se da doutrina para informar e formar sua convicção.

Nesses termos, a doutrina agrária exerce sua atividade no trabalho de construção não só de pressupostos e institutos rurais, mas também no auxílio material ao legislador e no mister interpretativo.

1.5. PRINCÍPIOS GERAIS DO DIREITO AGROAMBIENTAL BRASILEIRO

O direito agroambiental, assim como os demais ramos jurídicos, tem base nos seus peculiares princípios informadores que variam de acordo com o ordenamento jurídico a considerar. Isso porque, na Europa, os princípios integradores do direito agroambiental não são necessariamente os mesmos que informam a matéria agrária na América Latina. Esta é sensível à reformulação da estrutura agrária por meio da política pública de reforma agrária, o que não se faz presente no continente europeu, tendo em vista que não há distorções em suas estruturas agrária e fundiária. As políticas agrárias a serem implementas em cada continente também são diversas, pois atendem à satisfação de suas realidades regionais.

Com isso, os doutrinadores são tendenciosos a eleger os princípios de direito agroambiental consoante o sistema jurídico do país. Entretanto, há princípios que são comuns a todos, por exemplo, a função social da propriedade, o incentivo e a valorização da empresa agrária, a preservação dos bens ambientais, entre outros.

No Brasil, didaticamente, pode-se afirmar que há o reconhecimento dos seguintes:

1.5.1. Princípio da função social da propriedade

Que todas as coisas têm um fim útil ao ser humano é proposição que vem desde Aristóteles, cristalizado por Santo Tomás de Aquino, no século XIII, em sua *Summa contra gentiles*, ao sentenciar que "cada coisa alcança sua colocação ótima, quando é ordenada para seu próprio fim"[31].

Durante séculos, isso foi esquecido, até que o filósofo e sociólogo francês Augusto Comte, em 1850, lançou a fórmula intervencionista do Estado sobre a propriedade privada dos bens de produção, ao atribuir-lhe uma função social. Tal ideário comtiano surgiu como resposta aos excessos do capitalismo com seu ideário individualista e concentrador da propriedade, vindo a resultar em distorções econômicas e sociais.

A Igreja também se pronunciou, buscando afirmar uma doutrina com base cristã: em 1891, o Papa Leão XIII emitiu a encíclica *Rerum Novarum: sobre a condição dos operários*, que combate as ideias materialistas de Marx e os excessos do capitalismo, bem como defende o direito dos operários à propriedade como retribuição de seu trabalho (esforço produtivo) e procura reavivar o sentido cristão do direito de propriedade.

Em 1911, León Duguit pronunciou na Faculdade de Direito de Buenos Aires conferências posteriormente publicadas sob o título *As transformações gerais do direito privado desde o Código de Napoleão*, nas quais deu tratamento jurídico ao princípio da função social da propriedade,

---

31 Cf. SODERO, Fernando Pereira. **O Estatuto da Terra.** Brasília: Fundação Petrônio Portella, 1982, p. 25 (Curso de direito agrário, 2).

propondo a tese de que cada vez mais a propriedade deixa de ser um direito subjetivo e passa a ser uma função social do possuidor da riqueza.

Na era contemporânea, revestido de elementos adequados impostos pela realidade, o princípio da função social da propriedade apresenta três aspectos: econômico, social e ambiental. A terra, como meio de realização da dignidade do trabalhador do campo e porção necessária para as atividades produtivas, apresenta axiologicamente tais dimensões.

Sob o aspecto econômico, os bens podem ser entendidos como consumíveis, de uso ou de produção, sendo que o primeiro é destruído imediatamente após seu uso, podendo ser destinado juridicamente à alienação. O segundo, também denominado bem de capital, é considerado como aquele que possui durabilidade maior que os bens consumíveis, compreendendo os móveis, os imóveis e as máquinas, por exemplo. Por último, os bens de produção são os destinados à confecção final de um produto, sendo denominados, também, intermediários.

Nessa classificação, a terra é bem econômico de produção porque destinada naturalmente à atividade agrária, à produção de outros bens, especialmente os alimentos.

Sob o aspecto social, a propriedade agrária é meio de sobrevivência para seu titular e àqueles que nela trabalham. O proprietário tem o dever de favorecer o bem-estar de seus colaboradores, dos trabalhadores rurais, de cumprir com a normas trabalhistas e previdenciárias. Enfim, tem o dever de respeitar as normas que dignificam a pessoa.

Outra premissa de satisfação da função social da propriedade é sob a perspectiva ambiental, porquanto o proprietário tem o dever constitucional de conservar os recursos naturais, não esgotando o solo, nem desmatando ou poluindo o ambiente. Enfim, praticar atos que garantam a qualidade saudável do meio ambiente para as presentes e as futuras gerações.

A Constituição Federal, no art. 186, disciplina a função social da propriedade agrária, mas o Estatuto da Terra, desde 1964, no Capítulo I – reservado às definições e aos princípios estatutários –, em seu art. 2º, § 1º, estabelece a explicitação pelo que se deve compreender por função social da propriedade.

Preceitua o Texto Magno que a função social da propriedade rural é cumprida quando o proprietário agrário atende, simultaneamente, a critérios de aproveitamento racional e adequado da terra, dos recursos ambientais e de preservação do meio ambiente, bem como a observância das disposições que regulam as relações de trabalho e a exploração que favoreça o bem-estar dos proprietários e dos trabalhadores.

A norma do art. 186 citado deve ser interpretada com outros dispositivos constitucionais, tais como o art. 170, que, inserido no capítulo dos princípios gerais da atividade econômica, manda que o labor agrário seja fundado na valorização do trabalho humano e na livre-iniciativa, para assegurar a todos existência digna, conforme os ditames da justiça social. Também, deve ser interpretada combinada com o art. 3º, que rege os objetivos fundamentais do Brasil, quais sejam a construção de uma sociedade livre, justa e solidária, a garantia do desenvolvimento nacional, a erradicação da pobreza e da marginalização, com redução das desigualdades sociais e regionais, e a promoção do bem de todos, sem distinção.

A Lei n. 8.629, de 25 de fevereiro de 1993, obediente à Constituição Federal, dispõe sobre a regulamentação da reforma agrária e reproduz, no art. 9º, o conteúdo normativo do art. 186 constitucional referido, com detalhamento de cada requisito essencial ao cumprimento da função social da propriedade, estipulando que:

a) O uso racional e adequado é aquele no qual o aproveitamento atinge critérios de utilização da terra (GUT) e de eficiência na exploração dos recursos (GEE), segundo a sistemática seguinte: o grau de utilização da terra deve ser igual ou superior a 80%, calculado conforme relação percentual entre a área efetivamente utilizada e a área aproveitável total do imóvel.

Já o grau de eficiência na exploração da terra deve ser igual ou superior a 100%, e é obtido de acordo com os seguintes termos: (i) para os produtos vegetais, divide-se a quantidade colhida de cada produto pelos respectivos índices de rendimento estabelecidos pelo órgão competente do Poder Executivo, para cada Microrregião Homogênea; (ii) para a exploração pecuária, divide-se o número total de Unidades Animais (UA) do rebanho, pelo índice de lotação estabelecido pelo órgão competente do Poder Executivo, para cada Microrregião Homogênea; ou, ainda, (iii) a soma dos resultados obtidos nas fórmulas (i) e (ii) previstas anteriormente, dividida pela área efetivamente utilizada e multiplicada por 100.

b) Quanto à adequada utilização dos recursos naturais disponíveis, a exploração deve se fazer respeitando a vocação natural da terra, de modo a manter o potencial produtivo da propriedade, de acordo com cada porção de terra.

c) A preservação do meio ambiente, por sua vez, obtém-se com a manutenção das características próprias do meio natural e da qualidade dos recursos ambientais, na medida adequada à manutenção do equilíbrio ecológico da propriedade e da saúde e qualidade de vida das comunidades vizinhas.

d) Já as relações de trabalho restam cumpridas quando houver o respeito às leis trabalhistas e aos contratos coletivos de trabalho, e às disposições que disciplinam os contratos de arrendamento e parceria rurais.

e) A exploração que favorece o bem-estar dos proprietários e trabalhadores rurais é a que objetiva o atendimento das necessidades básicas dos que laboram a terra, observa as normas de segurança do trabalho e não provoca conflitos nem tensões sociais no imóvel.

A função social, com a respectiva valoração dos potenciais produtivos sob as óticas social, econômica e ambiental da terra, constitui ao proprietário, possuidor ou posseiro agrário obrigação constitucional da trato continuado. Ao deixar de cumpri-la, pela simples desobediência a um dos índices de utilização e eficácia do uso da terra ou a qualquer um dos requisitos ora estampados na Constituição (de produtividade, social ou ambiental), o proprietário arcará com a possibilidade da sanção de desapropriação por interesse social para fins de reforma agrária[32].

Nessa linha, a função social é cumprida se o imóvel rural for explorado adequadamente – GEE igual a 100% e GUT superior a 80% –, utilizando apropriadamente os recursos naturais e preservando o meio ambiente, observadas as normas de relação de trabalho e sem mão de obra sob condição análoga à de escravo, e a exploração da terra objetivar o bem-estar dos trabalhadores e proprietários.

Nessa perspectiva, os elementos de exploração racional, utilização adequada dos recursos naturais, preservação do meio ambiente, respeito às legislações trabalhista e previdenciária e bem-estar social constituem condicionantes para o cumprimento da função social da propriedade. Cada elemento é parte do todo que constitui o concei-

---

32 Cf. Tribunal Federal da Primeira Região. TRF-1. Apelação Cível 0038355-25.2011.4.01.3300/BA, rel. Des. Fed. Mario Cersar Ribeiro, Juiz Fed. Leão Aparecido Alves (juiz conv.), Terceira Turma, julgado em 17-7-2018, *e-DJF1* 8-8-2018. Disponível em: https://arquivo.trf1.jus.br/PesquisaMenuArquivo.asp?p1=00383552520114013300. Acesso em: 15 set. 2023.

to de função social da propriedade, de tal sorte que, na falta de um, não se está a cumpri-la. Consequentemente, o comando constitucional impõe ao Estado o dever de infligir a desapropriação-sanção.

O Estado não se compadece com situações jurídicas que burlem a lei. Assim o Texto Maior, chegando às últimas consequências em todos os raios de ação na responsabilização do ilícito, podendo, mesmo, atingir a todos que façam parte da cadeia de pessoas que se vinculam à ilicitude, inclusive com a imputação de responsabilidade solidária. Nesse sentido, em julgado que tenha por foco a responsabilidade objetiva de dano ambiental com condenação de responsabilidade a mais de um agente poluidor, o Supremo Tribunal Federal tem aplicado a solidariedade[33].

---

33 Cf. Ação cível originária. Constitucional e Ambiental. 2. Projeto de Despoluição do Rio Tietê. Obras de rebaixamento e alargamento da calha. 3. Disposição de material não inerte na lagoa de Carapicuíba. Área de Proteção Ambiental (APA – Lei Estadual paulista n. 5.598/1987) e Área de Proteção Permanente (APP – art. 2º do antigo Código Florestal e Resoluções Conama n. 4/1985 e 302/2002). 4. Preliminares. Ilegitimidades ativa e passiva. Carência de ação. Inépcia da inicial. Rejeição. Teoria da asserção. 5. Cumulação de pedidos. Possibilidade de junção de pedidos, em ação civil pública *ambiental*, que contenham obrigação de fazer e pagamento de indenização por *danos* materiais e morais. Súmula 629 do Superior Tribunal de Justiça. 6. Incompetência superveniente desta Corte. Preclusão *pro judicato*. *Perpetuatio jurisdictionis*. Competência desta Corte firmada na Reclamação n. 2.454, Rel. Min. Cezar Peluso, *DJe* 3.2.2010. Prejuízo das alegações de incompetência da Justiça Federal. Afastamento de todas as preliminares. 7. Pedido de produção probatória. Indeferimento. Matéria suficientemente documental e jurídica. Desnecessidade de produção de outras provas (arts. 374, II e III, e 472, c/c incisos II e III do § 1º do art. 464, todos do CPC). Julgamento antecipado da lide, em virtude de o deslinde do feito dispensar outras provas (art. 355, I, do CPC). 8. Mérito. Descumprimento da Licença de Instalação n. 224, antes e depois da revisão pela Cetesb. Disposição de materiais não inertes, sem o devido tratamento e de forma inadequada, em localidade protegida ambientalmente como APP e APA. Pedidos de recuperação da lagoa, de declaração de nulidade da revisão da licença de instalação, além de indenização por danos materiais e morais coletivos, entre outros. 9. Existência de acordo celebrado entre os réus integrantes da Administração Pública, junto à Câmara de Conciliação e Arbitragem da Administração Federal (CCAF), e a União (coautor e colegitimado). Aquiescência do Ministério Público Federal (autor originário) quanto à autocomposição, à exceção do dano moral coletivo e da destinação da área para fins de centro de logística e de heliporto. Possibilidade de homologar acordo de parte da lide, com fundamento no art. 166 do CPC e na aplicação analógica do art. 3º, § 1º, da Lei 13.140/2015. 10. Dano moral coletivo. Presença dos elementos que ensejam a responsabilidade ambiental objetiva e solidária. Condenação de todos os

A função social passa a formar a estrutura conceitual da propriedade, perante a Constituição Federal, e a ser elemento de seu regime jurídico. Sob tal olhar, procedente considerar que o cumprimento da função social da propriedade privada, por ser expresso por atos positivos não só de exploração racional dos recursos naturais, mas também atos de obediência às leis sociais e de preservação do meio ambiente, implica responsabilidade objetiva do proprietário. Ou seja, o proprietário tem que praticar atos (por ação e inação) e conduzir-se de maneira que cumpra o dever constitucional da função social da propriedade[34].

Se, de um lado, o proprietário, o possuidor ou o posseiro agrário tem o dever fundamental de cumprir a função social da propriedade, por outro, o Estado tem o dever de proporcionar ao titular do imóvel rural todas as condições de infraestrutura necessárias e suficientes para que este possa desempenhar aquele encargo constitucional (Estatuto da Terra, art. 2º, § 2º).

1.5.2. Princípio de proibição de retrocesso socioambiental

O socioambientalismo é movimento surgido no Brasil, na segunda metade dos anos 1980, a partir de articulações políticas entre movimentos sociais e movimentos ambientalistas e sem paralelo no ambientalismo internacional[35]. O novel movimento é fruto da redemocratização do Brasil, iniciado com o fim do regime militar, em 1988, e consolidado com a Constituição Federal de 1988, que inaugurou uma nova página da história político-jurídica do país, ao tomar

---

requeridos, com exceção do Município de Carapicuíba. 11. Juros de mora, desde a citação, e correção monetária a partir do arbitramento judicial, na forma do Manual de Cálculos da Justiça Federal e do art. 3º da Emenda Constitucional n. 113/2021. 12. Ação julgada procedente em parte. Ausência de condenação em honorários (art. 18 da Lei n. 7.347/1985). 13. Fase de cumprimento de sentença a ser processada perante o Juízo Federal de 1º grau. (ACO 1527/SP-São Paulo, rel. Min. Gilmar Mendes, Tribunal Pleno, julgado em 3-11-2022, *DJe*-237 23-11-2022. Disponível em: https://jurisprudencia.stf.jus.br/pages/search/sjur472361/false:. Acesso em: 15 set. 2023.)

34 PINTO JÚNIOR, Joaquim Modesto; FARIAS, Valdez Adriani. **Função social da propriedade**: dimensões ambiental e trabalhista. Brasília: Núcleo de Estudos Agrários e Desenvolvimento Rural, 2005, p. 12 (Série Debate Nead, 2).

35 SANTILLI, Juliana. **Socioambientalismo e novos direitos**: proteção jurídica à diversidade biologia e cultural. São Paulo: Peirópolis, 2005, p. 31.

como paradigma os direitos humanos e a democracia, e fundando o Estado democrático de direito brasileiro.

Em seguida, o movimento socioambientalista tomou corpo e forma com a Conferência das Nações Unidas sobre Meio Ambiente e Desenvolvimento, no Rio de Janeiro, em 1992 (a Eco-92), graças a conceitos socioambientais que foram inseridos nos documentos emanados da reunião internacional e da edição de normas legais[36].

O socioambientalismo é princípio que indica o rumo de integrar políticas públicas agroambientais às comunidades locais ou às comunidades tradicionais, incluindo-as e envolvendo-as como sujeitos de direito nos programas de ação, em respeito a seus conhecimentos e práticas de manejo ambiental. Sob tal perspectiva, as políticas públicas agroambientais só têm eficácia social e sustentabilidade política se incluírem as comunidades locais ou comunidades tradicionais e proporcionarem a repartição socialmente justa e equitativa dos benefícios originados da exploração agroambiental.

Esclareça-se que não há consenso sobre a definição de populações tradicionais, nem em termos legais, nem quanto aos estudiosos na matéria. Para os fins do princípio agroambiental do socioambientalismo, adere-se aos elementos comuns da nomenclatura técnico-legal para formar o conceito de população tradicional[37].

---

36 Ibid., loc. cit.

37 Seguem-se as várias definições legais de comunidade local e população tradicional: a Lei n. 9.985, de 18-7-2000, que instituiu o Sistema Nacional de Unidade de Conservação da Natureza (SNUC) traduz o conceito de população tradicional, ao definir a Reserva de Desenvolvimento Sustentável em seu art. 20: A Reserva de Desenvolvimento Sustentável é uma área natural que abriga populações tradicionais, cuja existência baseia-se em sistemas sustentáveis de exploração dos recursos naturais, desenvolvidos ao longo de gerações e adaptados às condições ecológicas locais e que desempenham um papel fundamental na proteção da natureza e na manutenção da diversidade biológica; Lei n. 11.284, de 2-3-2006, art. 3º, X – comunidades locais: populações tradicionais e outros grupos humanos, organizados por gerações sucessivas, com estilo de vida relevante à conservação e à utilização sustentável da diversidade biológica; Lei n. 11.428, de 22-12-2006, art. 3º, II – população tradicional: população vivendo em estreita relação com o ambiente natural, dependendo de seus recursos naturais para a sua reprodução sociocultural, por meio de atividades de baixo impacto ambiental; Decreto n. 6.040, de 7-2-2007, art. 3º – Povos e Comunidades Tradicionais: grupos culturalmente diferenciados e que se reconhecem como tais, que possuem formas próprias de organização social, que ocupam e usam territórios e recursos natu-

Assim, para o direito agroambiental, população ou comunidade tradicional é sinônimo de comunidade local, e significa grupo social distinto da sociedade envolvente, com autoidentificação, que ocupa determinado espaço territorial por meio da posse comunal e da gestão compartilhada dos recursos naturais, valendo-se de atividades de subsistência com práticas sustentáveis de exploração dos bens ambientais, que produzem baixo impacto e contribuem para a proteção da diversidade biológica, cujo grupo é dependente, para sua reprodução física e cultural, da natureza, e transmite o conhecimento por meio da tradição comunitária intergeracional, geralmente de tradição oral[38].

O socioambientalismo, no espaço do Estado democrático de direito, sob o bafejo dos direitos humanos, ampara a proteção incondicional das comunidades/populações tradicionais, porque interagem equilibradamente com o meio ambiente e o têm como integrante de seu modo de vida e de seu saber, com sustentabilidade ambiental para as gerações futuras.

A Constituição Federal de 1988 traz o caráter de jusfundamentalidade explícito do socioambientalismo a partir da consagração do direito humano ao meio ambiente ecologicamente equilibrado, e o contempla transversalmente ao longo do Texto Magno. A proteção às comunidades indígenas e quilombolas é explícita na Constituição Federal, qualificando-as com direitos fundamentais inerentes a elas, e revela a influência do multiculturalismo. Sob os ditames de clara manifestação de constitucionalismo fraterno e

---

rais como condição para sua reprodução cultural, social, religiosa, ancestral e econômica, utilizando conhecimentos, inovações e práticas gerados e transmitidos pela tradição; Lei n. 13.123, de 20-5-2015, que dispõe sobre o acesso ao patrimônio genético, sobre a proteção e o acesso ao conhecimento tradicional associado e sobre a repartição de benefícios para conservação e uso sustentável da biodiversidade, art. 2º, IV – comunidade tradicional – grupo culturalmente diferenciado que se reconhece como tal, possui forma própria de organização social e ocupa e usa territórios e recursos naturais como condição para a sua reprodução cultural, social, religiosa, ancestral e econômica, utilizando conhecimentos, inovações e práticas geradas e transmitidas pela tradição.

38 LEUZINGER, Márcia Dieguez. Populações tradicionais e conhecimentos associados aos recursos genéticos: conceitos, características e peculiaridades. In: KISHI, Sanra Akemi Shimada; KLEBA, John Bernhard (coord.). **Dilemas do acesso à biodiversidade seus conhecimentos tradicionais**: direito, política e sociedade. Belo Horizonte: Fórum, 2009, p. 234.

solidário, o princípio do socioambientalismo brasileiro baliza a legislação infraconstitucional.

O avanço e a conquista da garantia do núcleo essencial do direito de proteção à integridade da sociodiversidade e da biodiversidade, numa palavra, do meio ambiente já realizado e efetivado por medidas legislativas não podem ser aniquilados por medidas estatais, por garantir o mínimo de existência condigna inerente ao respeito pela dignidade da pessoa humana. É o que se chama de proibição de retrocesso socioambiental. O direito de tutela jurídica ao núcleo fundamental do socioambientalismo não pode ser reduzido ou maculado, exceto se houver modificações trazidas por uma nova ordem constitucional. Este princípio decorre diretamente do princípio maior de proibição de retrocesso social[39].

O direito agroambiental brasileiro imprescinde desse princípio. A legislação de regularização fundiária brasileira e, por extensão, a das regularizações das terras públicas estaduais protegem os interesses da sociodiversidade, cuja comunidade está fixada nas terras públicas a serem regularizadas. Há, em termos constitucionais e infraconstitucionais, um compromisso socioambiental[40].

O Brasil ratificou a Convenção 169 da Organização Internacio-

---

39 Cf. AÇÃO DIRETA DE INCONSTITUCIONALIDADE. MEDIDA PROVISÓRIA N. 558/2012. CONVERSÃO NA LEI N. 12.678/2012. INÉPCIA DA INICIAL E PREJUÍZO DA AÇÃO QUANTO AOS ARTS. 6º E 11 DA MEDIDA PROVISÓRIA N. 558/2012 E AO ART. 20 DA LEI N. 12.678/2012. POSSIBILIDADE DE EXAME DOS REQUISITOS CONSTITUCIONAIS PARA O EXERCÍCIO DA COMPETÊNCIA EXTRAORDINÁRIA NORMATIVA DO CHEFE DO EXECUTIVO. AUSÊNCIA DOS PRESSUPOSTOS DE RELEVÂNCIA E URGÊNCIA. ALTERAÇÃO DA ÁREA DE UNIDADES DE CONSERVAÇÃO POR MEDIDA PROVISÓRIA. IMPOSSIBILIDADE. CONFIGURADA OFENSA AO PRINCÍPIO DA PROIBIÇÃO DE RETROCESSO SOCIOAMBIENTAL [...]. CONFIGURADA OFENSA AO PRINCÍPIO DA PROIBIÇÃO DE RETROCESSO SOCIOAMBIENTAL. AÇÃO PARCIALMENTE CONHECIDA E, NESSA PARTE, JULGADA PROCEDENTE, SEM PRONÚNCIA DE NULIDADE. (Ação Direta de Inconstitucionalidade n. 4.717-DF, Plenário, rel. Min. Cármen Lúcia, julgado em 5-4-2018. Disponível em: http://portal.stf.jus.br/processos/downloadPeca.asp?id=15339518257&ext=.pdf. Acesso em: 14 set. 2023.)

40 SEFER, Ricardo Nasser. **Princípios informadores da legislação sobre regularização fundiária na Amazônia**. Belém, Pará. Dissertação de Mestrado, Universidade Federal do Pará, 2010, p. 94 e segs.

nal do Trabalho (OIT), que garante o direito à terra de todas as populações tradicionais, incluindo os remanescentes de quilombolas e indígenas, e obriga o Estado brasileiro a garanti-lo. Em cumprimento à norma do compromisso internacional, a Constituição Federal outorga proteção especial aos territórios de comunidades, com modos tradicionais de criar, fazer e viver.

> Os quilombolas se enquadram, assim como os índios, na categoria de comunidades tradicionais, uma vez que o traço essencial de sua caracterização é a preservação de uma cultura distinta da majoritária, mantendo uma relação com a terra que é mais que posse ou propriedade. É uma relação de identidade[41].

A orientação socioambientalista aponta para um modelo que tenha em consideração as grandes diversidades cultural (sociodiversidade) e biológica (biodiversidade) na formulação e na realização de políticas públicas. Tome-se como exemplo de concretização do socioambientalismo o reconhecimento das reservas extrativistas, originalmente criadas pelo Decreto Presidencial n. 98.897/90, hoje contemplado pela lei que trata do Sistema Nacional de Unidades de Conservação da Natureza (SNUC) – Lei n. 9.985/2000[42]. A Lei do SNUC constitui típico modelo de inspiração socioambientalista, por-

---

41 Excerto do voto do Ministro Edson Fachin, como relator da ADI 4.269, decisão do Plenário do Supremo Tribunal Federal, em 18-10-2017. Cf. Ementa: AÇÃO DIRETA DE INCONSTITUCIONALIDADE. DIREITO CONSTITUCIONAL E ADMINISTRATIVO. REGULARIZAÇÃO FUNDIÁRIA DAS TERRAS DE DOMÍNIO DA UNIÃO NA AMAZÔNIA LEGAL. IMPUGNAÇÃO AOS ARTIGOS 4º, § 2º, 13, 15, INCISO I, §§ 2º, 4º E 5º, DA LEI N. 11.952/2009. PREJUÍZO PARCIAL DA AÇÃO. ALTERAÇÃO SUBSTANCIAL E REVOGAÇÃO DE DISPOSITIVOS PROMOVIDA POR LEI SUPERVENIENTE. ADEQUADA PROTEÇÃO ÀS TERRAS QUILOMBOLAS E DE OUTRAS COMUNIDADES TRADICIONAIS AMAZÔNICAS. INCONSTITUCIONALIDADE DA INTERPRETAÇÃO QUE CONCEDE ESSAS TERRAS A TERCEIROS. INTERPRETAÇÃO CONFORME À CONSTITUIÇÃO. Disponível em: https://redir.stf.jus.br/paginadorpub/paginador.jsp?docTP=TP&docID=749032559. Acesso em: 20 set. 2023.

42 A Lei do SNUC, no seu art. 18, define reserva extrativista como a área utilizada por populações extrativistas tradicionais, cuja subsistência baseia-se no extrativismo e, complementarmente, na agricultura de subsistência e na criação de animais de pequeno porte, e tem como objetivos básicos proteger os meios de vida e a cultura dessas populações, e assegurar o uso sustentável dos recursos naturais da unidade.

que valoriza axiologicamente as populações tradicionais, exaltando a valorização econômica regional.

A política de reforma agrária também tem de levar em consideração a pluralidade social de culturas e etnias a fim de ser sustentável. Aliás, a concepção da reserva extrativista foi calcada na ideia de que a reforma agrária na Amazônia deveria seguir um modelo que contemplasse a sociodiversidade e a biodiversidade, por ser inadequado o modelo clássico de assentamento implementado pelo Incra[43].

Outra proteção jurídica às populações tradicionais é a imunidade do Imposto Territorial Rural conferida às comunidades indígenas[44], porquanto o sentimento telúrico inerente à cultura indígena não é de valor econômico, mas um elemento de cultura étnica indispensável à manutenção da espécie, e significa entidade cósmica às suas crenças e mitos.

Assim, o novo paradigma de desenvolvimento preconizado pelo socioambientalismo valoriza a sociodiversidade (a pluralidade cultural) e a biodiversidade (pluralidade das espécies vegetais e animais dos ecossistemas), parametrizando as normas e políticas agroambientais, em franca consolidação do processo democrático do país, com a participação social na gestão agroambiental.

1.5.3. Princípio da proteção especial ao pequeno empreendimento agrário

Esse princípio enuncia que o sistema jurídico agrário deve conferir tratamento diferenciado para tutelar a conjugação de esforços do

---

43 SANTILLI, Juliana. Op. cit., p. 33.

44 TRIBUTÁRIO – ITR – RESERVA INDÍGENA. 1. Não incidem impostos sobre terras que passaram a reserva indígena. 2. Remessa improvida (TRF-1 – REO 27590/MG 96.01.27590-8, rel. Juíza Eliana Calmon, julgado em 1º-10-1996, Quarta Turma, publicação 21-10-1996, *DJ* p. 79709. Disponível em: https://trf-1.jusbrasil.com.br/jurisprudencia/3590659/remessa-ex-officio-reo-27590-mg-960127590-8); TRIBUTÁRIO. MANDADO DE SEGURANÇA. ITR. TERRA INDÍGE-NA. RESERVA MENKRAGNOTI. AUSÊNCIA DE FATO GERADOR. NÃO INCIDÊNCIA DO IMPOSTO. APELAÇÃO E REMESSA OFICIAL NÃO PROVI-DAS. 1. O ITR não é exigível do proprietário do imóvel contido em reserva indígena, por faltar o fato gerador do tributo, qual seja, a propriedade (...). (TRF-1 - AMS: 00013998920074013901, rel. Juiz Federal Francisco Vieira Neto, julgado em 28-3-2022, Oitava Turma, *PJe* 28-3-2022. Disponível em: https://www.jusbrasil.com.br/jurisprudencia/trf-1/1664687335. Acesso em: 19 set. 2023.)

empreendedor do campo com a finalidade de explorar economicamente o imóvel rural, com sustentabilidade social e ambiental.

Por pequeno empreendimento agrário devem ser compreendidos os imóveis rurais com diminuto negócio agrícola. No ordenamento legal agrário, a figura do pequeno empreendimento agrário resta identificada a partir da finalidade específica de regência da lei agrária, de modo que se o objetivo é a aferição de produção do imóvel rural, tem-se uma definição de pequeno empreendimento que já não é a mesma para fins de tributação, nem a definida para a desapropriação por interesse social para fins de reforma agrária, tampouco a referenciada para a divisão em lotes do imóvel rural. Portanto, de acordo com a finalidade da lei, têm-se identidades específicas para a aferição de pequeno empreendimento rural.

O Estatuto da Terra, no art. 4º, II, identifica o pequeno empreendimento rural na propriedade familiar, assim definida como o imóvel rural que, direta e pessoalmente explorado pelo agricultor e sua família, lhes absorva toda a força de trabalho, garantindo-lhes a subsistência e o progresso social e econômico, com área máxima fixada para cada região e tipo de exploração, e eventualmente trabalho com a ajuda de terceiros.

Também são definidas como pequenos empreendimentos rurais ou pequenas empresas rurais, para os específicos fins de desapropriação por interesse social para fins de reforma agrária, segundo normativa do art. 4º da Lei n. 8.629/93, a pequena e média propriedade rural: pequena é a propriedade de área até quatro módulos fiscais, respeitada a fração mínima de parcelamento; e média propriedade, a de área superior a quatro e até quinze módulos fiscais.

A proteção à pequena e à média propriedade rural está, entre outros benefícios, insuscetível de desapropriação, para fins de reforma agrária, desde que o seu proprietário não possua outra propriedade rural (parágrafo único do art. 4º da Lei n. 8.629/93).

A Lei de Tributação Agrária – Lei n. 9.393/96, art. 2º, parágrafo único – interpretou como pequenas glebas rurais os imóveis com área igual ou inferior a (i) 100 hectares, se localizados em município compreendido na Amazônia Ocidental ou no Pantanal mato-grossense e sul-mato-grossense; (ii) 50 hectares, se localizados em município compreendido no Polígono das Secas ou na Amazônia Oriental; e (iii) 30 hectares, se localizados em qualquer outro município.

O constituinte estabeleceu, no art. 153, § 4º, II, que as pequenas glebas rurais acima identificadas, quando as explore o proprietário que não possua outro imóvel, são imunes do Imposto sobre a Propriedade Territorial Rural (ITR).

O princípio da proteção especial a pequenas glebas rurais também está previsto na Constituição Federal, ao determinar que a União incentivará a recuperação de terras áridas e cooperará com os pequenos e médios proprietários rurais para o estabelecimento, em suas glebas, de fontes de água e de pequena irrigação (Constituição Federal, art. 43, § 4º).

O Texto Constitucional também tutela a pequena empresa agrária, ao isentar a pequena propriedade rural de penhora para o pagamento de débitos decorrentes de sua atividade produtiva, desde que trabalhada pela família, dispondo a lei sobre os meios de financiar o seu desenvolvimento (art. 5º, XXVI).

Para reconhecer a impenhorabilidade nos termos do Código de Processo Civil, art. 833, VIII, é imperiosa a satisfação de dois requisitos, a saber: (i) que o imóvel se qualifique como pequena propriedade rural, nos termos da lei; e (ii) que seja explorado pela família.

O legislador está omisso em definir o que seja pequena propriedade rural para fins de impenhorabilidade. Diante da lacuna legislativa, a jurisprudência tem tomado emprestado o conceito estabelecido na Lei n. 8.629/93, que regulamenta as normas constitucionais relativas à reforma agrária. Em seu art. 4º, II, alínea *a*, consta que pequena propriedade rural é o imóvel rural "de área até quatro módulos fiscais, respeitada a fração mínima de parcelamento"[45].

Outrossim, mencionado princípio está aplicado no próprio escopo com que o legislador tutela os interesses privados do pequeno e único proprietário de terras, determinando a impenhorabilidade dessas porções fundiária, mas desde que seja trabalhada por seu proprietário e sua família[46].

---

45 Cf. Superior Tribunal de Justiça. REsp 1.913.236/MT, rel. Min. Nancy An-drighi, Terceira Turma, julgado em 16-3-2021, *DJe* 22-3-2021. Disponível em: https://scon.stj.jus.br/SCON/GetInteiroTeorDoAcordao?num_registro=202002182528&dt_publicacao=22/03/2021. Acesso em: 13 set. 2023.

46 Cf. PEQUENA PROPRIEDADE RURAL. BEM DE FAMÍLIA. IMPENHORABILI-DADE. ART. 5º, XXVI, DA CONSTITUIÇÃO FEDERAL. 1. As regras de impenhorabilidade do bem de família, assim como da propriedade rural, amparam-se no princípio da dignidade humana e visam garantir a preservação de um patrimônio jurídico mínimo (...). (STF - ARE 1038507/PR, rel. Edson Fachin, julgado em 21-12-2020, Tribunal Pleno, pu-

Por fim, há a figura da fração mínima de parcelamento, instituída pelo art. 8º da Lei n. 5.868/72, e que também é extensão de terra a ser respeitada na desapropriação por interesse social para fins de reforma agrária, conforme já exposto, e constitui a menor área em que um imóvel rural, num dado município, pode ser desmembrado. Ao ser parcelado o imóvel rural, para fins de transmissão a qualquer título, a área remanescente não poderá ser inferior à fração mínima de parcelamento, cujo tamanho da área é fornecido pelo Incra.

1.5.4. Princípio de acesso e distribuição da terra ao cultivador direto e pessoal

Esse princípio tem por fim democratizar o acesso e a distribuição da terra rural àqueles que efetivamente dela ganham meio de vida juntamente com a família.

Em matéria agrária, a exploração direta e pessoal é a em que o trabalhador e seu conjunto familiar residem no imóvel e vivem em mútua dependência, utilizando assalariados em número que não ultrapasse o dos membros ativos do conjunto familiar[47].

O caráter de pessoalidade da exploração pode se manifestar tanto pelo trabalho diuturno do camponês individualmente considerado quanto pelo trabalho em conjunto de sua família. O trabalho individual ou familiar traduz a natureza pessoal da posse.

No conceito de cultivo direto e pessoal, exige-se que a atividade agrária absorva toda a força de trabalho do agricultor e de seus componentes familiares. Mas tal noção deve ser tomada em sentido relativo, e não absoluto: o trabalho agrário do rurícola e sua família deve prevalecer às demais atividades que porventura desempenhem.

Na exploração direta e pessoal há o predomínio do trabalho próprio e da família do empreendedor sobre o alheio.

Esse princípio está traduzido na arregimentação legal da usucapião especial de imóveis rurais, inserta na Constituição Federal de 1988, art. 191, com a possibilidade de o posseiro de área de terra em zona

---

blicado em 15-3-2021. Disponível em: https://portal.stf.jus.br/processos/detalhe.asp?incidente=5164056. Acesso em: 19 set. 2023.)

47 Conceito extraído a partir da definição legal prevista no art. 8º do Decreto n. 59.566/66.

rural adquirir a propriedade, desde que, por cinco anos ininterruptos e sem oposição, não seja proprietário de imóvel rural ou urbano, não superior a 50 hectares, e a torne produtiva por seu trabalho ou de sua família, tendo na terra sua moradia[48].

Ademais, a acessibilidade à terra e sua respectiva distribuição encontra guarida no Estatuto da Terra, que estipulou, para os contratos rurais, a obediência ao direito de preferência na aquisição do imóvel rural, em favor do cultivador direto e pessoal, quando da renovação contratual (art. 95, IV, da Lei n. 4.504/64).

Na sistemática da reforma agrária, é determinação legal a necessidade de cultivo do imóvel rural, pelos beneficiários dos lotes de terra, conferido por título de domínio, concessão de uso ou Concessão do Direito Real de Uso (CDRU), assumindo o compromisso de cultivar o imóvel direta e pessoalmente, ou por meio de seu núcleo familiar, mesmo que por intermédio de cooperativas, e o de não ceder o seu uso a terceiros, a qualquer título, pelo prazo de dez anos (Lei n. 8.629/93, art. 21), sob pena de rescisão contratual[49].

Nos projetos de assentamento da reforma agrária criados em terras devolutas discriminadas e registradas em nome do Incra ou da União, a alienação de lotes de até um módulo fiscal ocorre de forma gratuita (Lei n. 8.629/93, art. 18, § 5º).

1.5.5. O princípio da dimensão familiar mínima ou área mínima do imóvel rural

O direito agroambiental incorporou o princípio da economia agrícola, que reconhece que o imóvel rural deve ter área de terra mínima de cultivo, dependendo da região e do tipo de cultura explorada, a fim de proporcionar rendimento econômico satisfatório e consequente meio de vida.

Nesse sentido, o legislador estatutário criou uma unidade de medida de extensão de terra que denominou módulo rural, e identi-

---

48 A usucapião agrária está regulada pela Lei n. 6.969, de 10-12-1981.

49 Cf. BRASIL. Tribunal Regional Federal da 1ª Região. TRF-1. AGA 42230 DF 2006.01.00.042230-0, rel. Fagundes de Deus, julgado em 30-7-2008, Quinta Turma, publicação 15-8-2008, *e-DJF1* p. 221. Disponível em: http://arquivo.trf1.jus.br/PesquisaMenuArquivo.asp?p1=41135172006401000&pA=2006 01000422300&pN=41135172006401000. Acesso em: 28 ago. 2023.

ficou com a área fixada para a propriedade familiar, definida no Estatuto da Terra, art. 4º, II, com o fim de exprimir a interdependência entre a dimensão, a situação geográfica dos imóveis rurais, e a forma e as condições de seu aproveitamento econômico (Estatuto da Terra, art.4º, III, combinado com o Decreto n. 55.891/65, art. 11)[50].

Todavia, desnaturando a finalidade legal salutar do módulo rural, a Lei n. 5.868/72, que instituiu o Sistema Nacional de Cadastro Rural, no art. 8º, criou a fração mínima de parcelamento (FMP) aplicável a cada município, ao enunciar que, para fins de transmissão, a qualquer título, o imóvel rural não pode ser desmembrado ou dividido em área de tamanho inferior à do módulo calculado para o imóvel ou da fração mínima de parcelamento, prevalecendo a de menor área, normas observadas pela jurisprudência federal[51].

A lei visa evitar a proliferação de áreas tidas como antieconômicas para efeito de exploração rural, e já era contemplada pelo art. 65 do Estatuto da Terra, ao ter como unidade de medida o módulo rural.

Com a necessidade de se criar a dimensão mínima do imóvel rural para outros fins, o ordenamento jurídico nacional introduziu o módulo fiscal, instituído pela Lei n. 8.629/93, com a finalidade de ser parâmetro de dimensão do imóvel rural para fins de reforma agrária.

1.5.6. Princípio de rigor especial com a propriedade improdutiva

A Constituição Federal de 1988 ratificou a doutrina da função social da propriedade já introduzida no direito agroambiental brasileiro com o Estatuto da Terra, de 1964. Fortalecida constitucionalmen-

---

50 A Lei n. 6.746, de 10-12-1979, inovou e criou o módulo fiscal, para fins de tributação da terra, consistindo em unidade de medida, expressa em hectares, com valores definidos para cada Município brasileiro.

51 Cf. CIVIL. RECURSO ESPECIAL. ALIENAÇÃO DE FRAÇÃO IDEAL DE IMÓVEL RURAL POR COPROPRIETÁRIO. DIREITO DE PREFERÊNCIA. ARRENDATÁRIO. ART. 92, § 3º, DA LEI N. 4.504/1964. ARRENDAMENTO DE APENAS PARCELA DO IMÓVEL INFERIOR AO MÓDULO RURAL. INDIVISIBILIDADE. ART. 65 DO ESTATUTO DA TERRA. VEDAÇÃO À CRIAÇÃO DE MINIFÚNDIOS. MICROSSISTEMA DO DIREITO AGRÁRIO (...). (STJ – REsp 2.025.344/SP 2022/0126468-0, julgado em 7-3-2023, T3 - Terceira Turma, *DJe* 10-3-2023. Disponível em: https://processo.stj.jus.br/SCON/pesquisar.jsp. Acesso em: 19 set. 2023.)

te, a função social da propriedade compreende a utilidade social objetiva que a terra proporciona e reconhece os interesses subjetivos do titular da propriedade, mas condicionados aos interesses maiores de proteção econômica, social e ambiental.

O direito agroambiental pretende que o titular imprima produtividade ao imóvel rural como meio de garantir a dignidade humana, para si e para seus colaboradores, com respeito às normas ambientais; em poucas palavras: cumpra a função social da propriedade.

A exploração econômica da propriedade implica aproveitar racional e economicamente a terra e utilizar adequadamente os recursos naturais disponíveis, buscando a preservação do meio ambiente, de acordo com os critérios e as exigências legais. Assim determinando, o Texto Magno deixa expresso que existem, no perímetro da propriedade, além dos disponíveis, os recursos naturais indisponíveis para o uso, ou com restrição de uso, tais como as reservas legais florestais, as áreas de preservação permanente etc.[52]. Quando o poder público identifica uma área rural de propriedade privada que seja de interesse para a preservação ambiental, ele desapropria o imóvel rural para afetar alguma unidade de conservação da modalidade de proteção integral, nos termos da Lei n. 9.985/2000 (lei que institui o Sistema Nacional de Unidades de Conservação).

Da área total do imóvel, deduzem-se as áreas não aproveitáveis economicamente, seja por imposição de lei, seja por natureza infértil do solo, ou por ser lugar de construção e benfeitorias, conhecendo-se a área líquida, útil economicamente. Na área agricultável é possível o desenvolvimento da exploração agrária, assim entendida a agricultura, a pecuária, a agroindústria e o extrativismo. Sobre essa área líquida, e não sobre a área total do imóvel, apura-se o grau de utilização da terra (GUT), que é um dos critérios impostos pelo art. 6º da Lei n. 6.829/93, para aferir a produtividade/improdutividade do imóvel rural, o qual exige que do imóvel seja utilizado pelo menos 80% do GUT.

Outro critério imposto pelo mesmo dispositivo legal para a aferição da produtividade do imóvel é o grau de eficiência da exploração

52 FALCONI, Luiz Carlos. **Desapropriação da propriedade destrutiva**: das áreas de preservação permanente e áreas de reserva legal florestal. Goiânia: Editora da PUC Goiás, 2010, p. 213.

(GEE), segundo o qual o proprietário tem de explorar o imóvel pelo menos 100% do que potencialmente a terra oferece, de acordo com a tabela oficial do Incra, que tem por base a produtividade média oficializada para a microrregião da localidade do imóvel.

Assim, uma propriedade improdutiva é a que tem o grau de eficiência da exploração (GEE) inferior a 100% e o grau de utilização da terra (GUT) inferior a 80%. Como sanção punitiva à inércia do proprietário, a propriedade improdutiva é suscetível de desapropriação por interesse social para fins de reforma agrária (Constituição Federal, art. 185, II).

A Constituição Federal penaliza, também, a propriedade improdutiva com o aumento da carga tributária, como forma de pressionar o proprietário a explorar o imóvel. É finalidade extrafiscal do tributo prevista no art. 153, § 4º, I, do Texto Magno, que determina que o Imposto sobre a Propriedade Territorial Rural, de competência da União, seja progressivo e tenha suas alíquotas fixadas de forma a desestimular a manutenção de propriedades improdutivas.

1.5.7. Princípio de coincidência entre a propriedade e a empresa

Propriedade e empresa são conceitos jurídicos distintos.

Propriedade é instituto jurídico eminentemente civilista e reúne, em benefício do proprietário, as faculdades de usar, gozar, dispor e reaver de quem injustamente detenha o bem. Já empresa tem conceito de natureza empresarial e, sob a perspectiva objetiva, significa a organização dos fatores de produção: trabalho, capital e *know-how*.

Entretanto, a principiologia jurídica agroambiental recomenda que o empreendimento econômico-social agrário seja instalado em uma propriedade agrária, de forma que haja sincronismo de fato entre o domínio do imóvel rural e a empresa agrária, fazendo o proprietário integrar o imóvel rural em organização produtiva que alcance índices ótimos do ponto de vista económico, condicionados aos aspectos sociais e ambientais da propriedade.

A empresa agrária, propriamente, é a organização dos fatores de produção na dinâmica dos diversos elementos da propriedade da terra em sua harmonia com a funcionalidade desta.

O titular do empreendimento rural como proprietário, ou usufrutuário, ou comodatário, ou arrendatário, ou posseiro, enfim, aquele que efetivamente explora a terra, além de ter que respeitar a função social da propriedade, na condição de empresário rural, tem o dever constitucional de emprestar também uma função social à empresa que organiza e dirige. A função social da empresa exige que o empreendedor utilize a empresa agrária como instrumento de promoção do bem-estar coletivo, com geração de emprego, respeito à legislação trabalhista e previdenciária, obediência à legislação tributária, produção rural de alimentos de qualidade saudável ao ser humano, respeito à legislação ambiental etc.

Traduz-se esse princípio na tutela efetiva que a legislação traça para a propriedade produtiva, assim entendida como a que, explorada econômica e racionalmente, atinge, simultaneamente, grau de utilização da terra (GUT) igual ou superior a 80%, calculado pela relação percentual entre a área efetivamente utilizada e a área total do imóvel, e grau de eficiência da exploração da terra (GEE) igual ou superior a 100%, obedecendo índices fixados pelo órgão federal competente (Lei n. 8.629/93, art. 6º).

A propriedade produtiva tem como sanção premial ser insuscetível de desapropriação por interesse social para fins de reforma agrária, nos termos do art. 185, II, da Carta Magna, bem como a política de estímulo tributário do Imposto Territorial Rural é de cobrança de alíquota menor proporcionalmente se a propriedade fosse improdutiva (Constituição Federal, art. 153, § 4º, I).

1.5.8. Princípio da conservação dos recursos ambientais

No mundo contemporâneo, urge que o meio ambiente e os recursos ambientais que o compõem sejam conservados. Devido à intervenção humana, nos últimos anos, tem havido consecutivamente aumento de temperatura, resultando no aquecimento global, o que causa furacões, inundações, incêndios, degelo nos polos terrestres, acidificação dos oceanos e outros desastres naturais, bem como o desaparecimento de espécies da biodiversidade e a morte humana.

Por isso, as Constituições se preocupam em clausular o meio ambiente como direito fundamental.

No Brasil, o princípio da conservação dos recursos ambientais encontra respaldo constitucional como um dos requisitos de cumprimento da função social da propriedade agrária (art. 186, II), como princípio informador da ordem econômica brasileira (art. 170, VI) e, acima de tudo, no capítulo específico sobre o meio ambiente, constante no art. 225 da Constituição Republicana.

O Texto Magno consagra como direito fundamental o meio ambiente ecologicamente equilibrado para a sadia qualidade de vida, com imposição ao poder público e à coletividade do dever de defendê-lo e preservá-lo para as presentes e as futuras gerações (art. 225).

A Política Nacional do Meio Ambiente, disposta pela Lei n. 6.938/81, art. 2º, estipula a necessidade de preservar, melhorar e recuperar a qualidade ambiental propícia à vida, configurando-se como um de seus objetivos, e visa assegurar, no país, condições ao desenvolvimento socioeconômico, aos interesses da segurança nacional e à proteção da dignidade da vida humana.

Mencionado preceito, por sua vez, foi regulamentado pelo Decreto n. 88.351/83, o qual impôs ao poder público, nos seus diferentes níveis de governo, a fiscalização permanente dos recursos ambientais, justamente para pôr em prática o conteúdo normativo do art. 225 da Constituição Federal.

O predador ambiental é responsabilizado objetivamente pelos danos que causar ao meio ambiente, isto é, responderá por seus atos danosos independentemente de culpa, e se houver mais de um predador, todos responderão solidariamente, consoante o art. 14, § 1º, da Lei n. 6.938/81, combinado com o art. 3º, IV, da mesma lei, e com o art. 942, *caput*, do Código Civil, sendo que a reparação civil ambiental tem natureza *propter rem*, ou seja, acompanha o imóvel[53].

Por sua vez, o instrumento judicial competente para promover a tutela jurisdicional dos recursos ambientais é a ação civil pública, regida pela Lei n. 7.347/85, outorgando competência a legitimados institucionais para promover a responsabilização dos poluidores pelos danos causados ao meio ambiente.

O princípio de conservação aos recursos ambientais fez editar a Lei n. 9.985/2000, responsável pela criação do Sistema Nacional de Unidades de Conservação da Natureza, tendo definido unidade de conservação como o espaço territorial e seus recursos ambientais,

---

53 PROCESSUAL CIVIL. DIREITO AMBIENTAL. AÇÃO CIVIL PÚBLICA. ÁREA *NON AEDIFICANDI*. ÁREA DE PRESERVAÇÃO PERMANENTE - APP. RESERVA LEGAL. RESPONSABILIDADE CIVIL PELO DANO AMBIENTAL. ART. 942, *CAPUT*, DO CÓDIGO CIVIL. ART. 3º, IV, DA LEI N. 6.938/81. OBRIGAÇÃO *PROPTER REM* E SOLIDÁRIA. HISTÓRICO DA DEMANDA (...). Disponível em: https://www.jusbrasil.com.br/jurisprudencia/stj/923473316. Acesso em: 15 set. 2023.

incluindo as águas jurisdicionais, com características naturais relevantes, instituído pelo poder público, com objetivos de conservação e limites definidos, sob regime especial de administração, ao qual se aplicam garantias adequadas de proteção legal.

Atento à proteção florestal e em respeito aos comandos constitucionais, o legislador nacional editou a Lei n. 12.651/2012, que instituiu o Código Florestal.

Por seu turno, visando proteger a biodiversidade e os conhecimentos tradicionais a ela associados, foi editada a Lei n. 13.123/2015, que dispõe sobre o acesso ao patrimônio genético, bem como sobre a proteção e o acesso ao conhecimento tradicional associado e sobre a repartição de benefícios para a conservação e o uso sustentável da biodiversidade.

Vê-se, assim, que o quadro legislativo de tutela ao meio ambiente e aos seus recursos ambientais fortalece o princípio ora em comento.

1.6. O DIREITO AGROAMBIENTAL E SUA RELAÇÃO COM OUTROS RAMOS DO DIREITO E CIÊNCIAS AFINS

O direito agroambiental é parte de um todo – o Direito. Assim, inter-relaciona-se com as demais disciplinas jurídicas, pois graças a sua natureza peculiar apresenta institutos jurídicos de ordem pública e privada, e outros de caráter inapelavelmente social.

O direito agroambiental, nesse sentido, apresenta vinculação com os seguintes ramos do Direito:

a) *Direito civil*: a relação com o direito civil ocorre tendo em vista que vai buscar na civilística os principais aportes conceituas para a materialização de seus institutos, como propriedade, posse, usufruto, aforamento, usucapião, contrato etc.

A vinculação é umbilical, visto que a maioria dos estudiosos consideram que o direito agroambiental tem como tronco-mãe o direito civil.

Por sua vez, o art. 92, § 9º, da Lei n. 4.504, de 30 de novembro de 1964 – Estatuto da Terra –, prevê que o Código Civil será aplicado, subsidiariamente, aos casos omissos àquele diploma legal e a sua legislação complementar.

b) *Direito constitucional*: com o direito constitucional o direito agroambiental possui íntima ligação, já que na Constituição da República há capítulo específico sobre a Política Agrícola, Fundiária e da Reforma Agrária (Título VII, Capítulo III, arts. 184 e seguintes), desenhando os planejamentos governamentais do país em relação à questão rural.

Pode-se afirmar que do Texto Constitucional emana o princípio-mor do direito agroambiental: a função social da propriedade rural, base norteadora da relação do homem com a terra.

Há, ainda, clausulado na Constituição Federal, a garantia do direito de propriedade (art. 5º, XXII), a competência privativa da União Federal para legislar sobre a matéria agrária (art. 22, I), bem como outros dispositivos que versam, direta ou indiretamente, sobre o direito agroambiental.

c) *Direito administrativo*: o direito agroambiental vai buscar no direito administrativo instrumentos legais para realizar seu propósito de justiça social, visto que, por exemplo, a desapropriação, a concessão de terras, o procedimento administrativo interno nos órgãos fundiários etc. permitem a concretização da política agrária.

Outrossim, a atuação do poder público no setor rural, responsável pela administração, fiscalização e controle do patrimônio público, é feita por órgãos administrativos, nas diferentes esferas da Federação.

d) *Direito penal*: a vinculação se estabelece em face do caráter coercitivo e das sanções punitivas, típicos do ramo jurídico criminal.

A tipificação de delitos que atentem contra a flora, a fauna, a propriedade pública e privada, bem como a proteção da natureza, de modo geral, faz-se necessária, principalmente, pelo caráter de direito fundamental que a Constituição Federal atribui ao meio ambiente equilibrado, indispensável à sadia qualidade de vida (art. 225, *caput*).

A existência de ilícitos agroambientais encontra no direito penal a possibilidade de aplicação de sanção aos agressores, a exemplo da Lei n. 4.947, de 6 de abril de 1966, que tipifica, em seu art. 20, o crime de invasão das terras públicas, e da Lei n. 9.605, de 12 de fevereiro de 1998, que regula as sanções penais e administrativas derivadas de condutas e atividades lesivas ao meio ambiente.

O Código Penal, nos arts. 161 e 162, estipula os crimes de alteração de limites, usurpação de águas, esbulho possessório, supressão ou alteração de marcas de animais, entre outros dispositivos legais que envolvem matéria de direito agroambiental.

e) *Direito processual civil*: o direito agroambiental recorre aos procedimentos extrajudiciais e judiciais para instrumentalizar e solucionar as lides e as pendências agrárias.

O Código de Processo Civil e as leis processuais esparsas, bem como as normas de processo inseridas em leis agrárias, por exemplo, na Lei n. 6.383, de 7 de dezembro de 1976, que trata do processo discriminatório de terras devolutas da União, servem de meio procedimental a fim de realizar o direito material agroambiental.

f) *Direito empresarial*: graças ao cumprimento do princípio da função social da propriedade, o direito agroambiental se utiliza de institutos genuinamente empresariais, a saber: empresa, empresário, títulos de crédito etc.

As relações comerciais estabelecidas entre o produtor rural e o fornecedor, bem como toda a cadeia de produção agrária e as relações empresariais que dela emergem vão buscar no direito empresarial suas bases jurídicas para a conclusão de seus negócios.

g) *Direito ambiental*: a conexão entre o direito agroambiental e o direito ambiental é simbiótica.

As atividades rurais, configuradas a partir da relação do homem com os bens ecológicos, clamam a incidência das normas ambientais, com o fim de conservar o meio ambiente e alcançar o desenvolvimento sustentável.

A axiologia ambiental está imbricada aos valores agroecológicos, a partir do conceito constitucional de função social da propriedade rural que contempla, como um dos elementos indispensáveis a sua concreção, a utilização adequada dos recursos naturais disponíveis e a preservação do meio ambiente.

Ademais, farta legislação protetora de recursos naturais tem influência direta no direito agroambiental.

h) *Direito do consumidor*: o direito agroambiental também possui relação com o direito do consumidor, pois o art. 6º, II, da Lei n. 8.078, de 11 de setembro de 1990, que instituiu o Código de Defesa do Consumidor, dispõe que um dos direitos básicos do consumidor é a proteção da vida, a saúde e a segurança contra os riscos provocados por práticas no fornecimento de produtos e serviços considerados perigosos ou nocivos.

As atividades agrícolas voltadas para o mercado de consumo têm vinculação direta com a norma consumerista, porque devem obedecer à normativa de utilização de fertilizantes químicos e agrotóxicos no campo, a fim de preservar e tutelar a vida, a saúde e o bem-estar da população.

i) *Direito tributário*: o direito agroambiental tem ponto de contato com o direito tributário, graças a liames econômicos que envolvem a relação homem-terra, sob a perspectiva de que a propriedade constitui bem de produção, fonte de renda e subsistência para o produtor rural, impulsionando a atividade agrária.

Nesse sentido, a terra, como propriedade e bem de produção, e a atividade agrária, com seus desdobramentos econômicos, possibilitam ocorrer fatos geradores de tributos.

j) *Outras ciências afins*: pode-se dizer que o direito agroambiental também tem conexão com outros saberes científicos, tais como:

i) a economia, uma vez que, por ser responsável pela regulação do homem com a propriedade e esta ser entendida como um bem de produção, sobretudo no sistema capitalista, produz renda e gera riquezas, ativando o comércio nacional e internacional. Há, inclusive, uma especialidade – a economia agrícola;

ii) a agronomia, pois se busca a constante atualização e o desenvolvimento dos processos de utilização da terra, visando à evolução dos processos produtivos, bem como os profissionais da área, a par de outros, são habilitados a realizar a topografia rural e o georreferenciamento de imóveis rurais;

iii) a sociologia, já que se preocupa com os fenômenos sociais, sendo o agrário um deles, mas para cujo setor de atividade há uma especialidade: a sociologia rural, voltada para o estudo da sociedade rural, sua organização e sua estrutura, e de seus processos sociais.

CAPÍTULO 2
HISTÓRICO DA PROPRIEDADE TERRITORIAL RURAL NO BRASIL

Para uma exata compreensão de uma ciência social, é indispensável resgatar a memória do saber científico objeto de estudo, pois o acontecimento de hoje é uma resposta do de ontem.

O Direito é um ciência social que tem o homem como foco e objetivo de existência. Somente com o conhecimento da origem e da evolução traçado na historiografia, pode-se, com fidelidade, entender o fato jurídico de hoje.

O direito agroambiental tem, segundo já visto, como objeto de estudo a atividade agrária desenvolvida no meio ambiente físico, máxime sobre a terra – o solo. Daí, então, providencial o estudo analítico da formação da propriedade territorial brasileira, a partir da chegada de Cabral, seguida da ocupação colonizadora pela empreitada reinol até o momento atual. O que ora se expõe.

2.1. FORMAÇÃO DA PROPRIEDADE AGRÁRIA

Na formação histórica da propriedade territorial brasileira, pode-se identificar as seguintes fases: período pré-sesmarial; período sesmarial; regime de posses; regime da Lei de Terras n. 601/1850; sistema jurídico do Código Civil de 1916; sistema legal do Estatuto da Terra; e regime fundiário a partir da Constituição Federal de 1988.

2.1.1. Período pré-sesmarial

Foi devido ao furor mercantilista português, a partir da Casa de Aviz, que os primeiros conquistadores ibéricos chegaram à América tropical. A expansão ultramarina do comércio português, por meio da conquista de novos mercados colonizadores, dirigiu o português à terra nativa brasileira.

Aqui aportando, Cabral, em nome da Coroa portuguesa, garantiu a conquista da terra tropical, mas desmerecendo durante as três primeiras décadas o início de uma colonização efetiva[1], pois o mercado das especiarias orientais era mais lucrativo e proveitoso aos interesses d'além-mar.

De qualquer modo, Portugal tratou de alguma maneira fincar a sua bandeira de conquista no novo território e, devido à situação deficitária dos cofres públicos reinóis, encontrou uma forma de realizar aquele intento na concessão a particulares da exploração da terra conquistada.

Assim, logo em 1501, foi realizada a primeira concessão reinol ao cristão-novo Fernão de Noronha, com o fim de explorar extrativamente a primeira riqueza da nova terra: o pau-brasil.

A Coroa portuguesa adotou o sistema de feitorias para extrair o pau-brasil. Consistiu a feitorização em exploração extrativista desorganizada, tendo resultado em fracasso, inclusive por não evitar a incursão de corsários na então recente Colônia. Por isso, a Metrópole portuguesa implementou outra política de colonização, desta feita mais organizada, pela qual enviou às novas terras, em novembro de 1530,

---

1 Em 7 de setembro de 1494, o mundo foi dividido entre os reinos de Portugal e Espanha, por meio do Tratado de Tordesilhas, celebrado por D. João Rei, Rei de Portugal, de um lado D. Fernando e dona Izabel, Rei e Rainha de Castela, de Leão, de Aragão, de Granada, etc..., de outro, que estabeleceu que se traçasse uma linha imaginária do polo Ártico ao polo Antártico, distante 270 léguas da ilha do Cabo Verde em direção à parte do poente. A Portugal, coube: "E tudo o que até aqui tenha achado e descoberto e daqui em diante se achar e descubrir pelo dito senhor Rei de Portugal e por navios, tanto ilhas como terra firme desde a dita raia e linha dada na forma supracitada indo da dita raia para parte do Levante ou do Norte e do Sul dele, contando que não seja atravessando a dita raia, que tudo seja, e fique e pertença ao dito Senhor Rei de Portugal, e aos seus sucessores, para sempre".

Para o reino da Espanha, coube: "E que todo o mais, assim as ilhas como terra firme, conhecidas e por conhecer, descobertas e por descobrir, que estão ou foram encontrados pelo ditos senhores Reis e Rainhas de Castela, de Aragão, etc., e por seus navios, desde a dita raia, na forma supracitada indo pela dita parte do Poente, depois de passada a dita raia em direção ao poente ou ao Norte Sul dela, que tudo seja e fique, e pertença aos ditos Rei e Rainha de Castela, Leão, etc., e aos seus sucessores, para sempre".

Assim, a História demonstra que antes de Cabral aportar, as terras brasileiras já pertenciam ao reino de Portugal. Em 1.500, portanto, foi apenas o "achamento", cuja posse efetiva só se iniciou três décadas após, com o Capitão Mor Martin Afonso de Souza.

uma expedição com tríplice finalidade: guarda-costas, exploradora e colonizadora. Era a de Martim Afonso de Sousa (1530-1532). A nova empreitada teve como suporte basilar na formação da sociedade colonial duas instituições: a sesmaria e o engenho.

2.1.2. Período sesmarial

A implementação da política sesmarial no Brasil deveu-se a, pelo menos, três fatores: a) a Coroa portuguesa visou usufruir mais as riquezas econômicas coloniais não se restringindo à exploração extrativista do pau-brasil; b) assegurar para a Metrópole a conquista da nova terra, protegendo-a contra os piratas franceses, espanhóis, holandeses, que arranharam a costa atlântica brasileira; e c) dificuldades financeiras pelas quais continuava a passar o Reino português.

Assim, o governo reinol resolveu manter a concessão à iniciativa particular das terras brasileiras para promover a colonização, a exploração econômica e o policiamento do litoral brasileiro, já agora utilizando a política da concessão de terras sob o regime de sesmarias.

Os beneficiários da concessão de terras foram os amigos do Rei – os nobres –, cuja classe estava arruinada economicamente em face da desagregação do feudalismo, mas que iriam

> reviver aqui os tempos áureos do feudalismo clássico, reintegrar-se no domínio absoluto de latifúndios intermináveis como nunca houvera, com vassalos e servos a produzirem, com suas mãos e seus próprios instrumentos de trabalho, tudo o que ao senhor proporcionasse riqueza e poderio[2].

Ao lado dos nobres decaídos, a Metrópole concedeu terras à classe emergente formada por plebeus enriquecidos pela mercancia e pela usura – os novos ricos.

Assim, os beneficiários das concessões sesmarias foram os *homens de qualidade* e os *homens de posses*.

Interessante assinalar a discussão bastante acirrada quanto ao regime econômico da empresa colonizadora. Debate-se se feudal ou capitalista o regime econômico colonial de sesmarias.

Raimundo Faoro entende que o feudalismo europeu medieval foi regionalizado aos moldes verde-amarelo, pois os **homens de**

---

2 GUIMARÃES, Alberto Passos. **Quatro séculos de latifúndio.** 4. ed. Rio de Janeiro: Paz e Terra, 1977, p. 23.

qualidade e os **homens de posses** tornavam-se verdadeiros aristocratas feudais, por meio do enriquecimento rápido, constituindo uma classe nobre, rica, opulenta e liberal nos gastos e que, posteriormente, passou a reivindicar o poder político[3].

Por esse aspecto, a propriedade agrária feudal do Brasil-colônia tinha na terra o principal e mais importante meio de produção. Alberto Passos Guimarães vai mais longe e afirma que até hoje se encontra profundamente arraigado em nosso modo de produção as características feudo-coloniais[4].

Do outro lado da polêmica, encontram-se os que defendem o modelo econômico capitalista da colonização[5].

No Brasil colonial, a presença do comércio mercantilista das riquezas naturais exploradas pela Coroa visava à acumulação de capital, caracterizando o sistema econômico de produção da época como capitalista.

A nosso ver, o regime econômico da colonização brasileira traz em si um caráter mercantilista acentuado, sendo a terra sua base produtiva. O processo mercantilista português do século XVI tinha por fim acumular riquezas, centradas principalmente nas mãos do Rei, mas também distribuídas entre as classes beneficiárias da concessão de terras.

2.1.2.1. A legislação sesmarial

A origem da legislação sesmarial está em Portugal, quando D. Fernando I, em 26 de junho de 1375, mandou promulgar uma lei que compelia todos os proprietários a cultivar suas terras, sob pena de cedê-las aos que desejassem lavrar.

Essa medida tinha por finalidade salvar a agricultura portuguesa decadente, fazendo com que as terras incultas por negligência de seus proprietários fossem cultivadas por braços sedentos do trabalho agrícola.

---

3 FAORO, Raimundo. **Os donos do poder**: formação do patronato político brasileiro. 4. ed. Rio de Janeiro: Globo, 1997, p. 128.

4 GUIMARÃES, Alberto Passos. **Quatro séculos de latifúndio.** 4. ed. Rio de janeiro: Paz e Terra, 1977, p. 38.

5 SIMONSEN, Roberto C. **História econômica do Brasil; 1500-1820**. Tomo I. São Paulo: Companhia Editora Nacional, 1937.

Na linguagem das Ordenações, tanto Manuelinas (1514) como Filipinas (1603), "sesmarias são propriamente as dadas de terras, casas, ou são de alguns senhorios, e que já em outro tempo foram lavradas e aproveitadas e agora o não são"[6].

Assim, na definição das Ordenações, o regime de sesmarias era uma medida providencial para as terras férteis inaproveitadas, e que, transplantadas para o caso brasileiro, seriam essas terras transfiguradas pelas terras virgens e inexploradas, tanto assim que originalmente, a ser fiel ao sistema português, o termo *sesmeiro* é designado ao funcionário doador das terras, mas aqui, na Colônia brasileira, trocado para designar o titular da doação, o colonizador.

As concessões de sesmarias, em alguns casos excessivamente latifundiária, inexistindo mesmo delimitação, gerou para a Metrópole insatisfação em termos econômicos, dada sua improdutividade.

No final do seiscentismo e no início do setecentismo, Ordens Reais tornavam cada vez mais complexas e exigentes a efetiva concessão de terras, tais como a confirmação, a demarcação, a medição, sempre objetivando maior produtividade agrícola por meio da cultura da terra, tanto que o Alvará de 5 de janeiro de 1785 estabeleceu que o cultivo da gleba de terra seria condição *sine qua non* para a concessão de sesmarias.

No regime sesmarial implementado no Brasil, o título de propriedade era concedido por meio das cartas de sesmarias, sob natureza enfitêutica, transferindo apenas o domínio útil, sob dupla condição: o aproveitamento da terra e o pagamento do dízimo sobre toda a produção agropecuária, sob pena de perda do direito de propriedade[7]. Nesse sentido, a condição imposta era resolutiva.

Em 1548, a Coroa exigiu, além das condições resolutivas já enunciadas, a necessidade de registro das concessões de sesmarias na Provedoria, e, em fins do século XVIII, a necessidade de confirmação pelo Rei, e mais a obrigação de pagar o foro, por légua ocupada e demarcar a área concedida. Pouco depois, mas ainda no século XVIII, foi imposta a limitação quanto à dimensão da área sesmarial, mas tanto esta quanto as demais

---

6 Ord. Man., Liv, IV, tít. 67, princ.; Ord. Filip. Liv. IV, Tít. 43, princ., apud LIMA, Rui Cirne. **Pequena história territorial do Brasil**. 2. ed. Porto Alegre: Sulina, 1954, p. 21.

7 MAIA, Altir de Souza. Op. cit., p. 372.

condições restaram em muitos casos não cumpridas, diante das dificuldades para tanto, pelo desinteresse dos sesmeiros e da própria Metrópole reinol em executar a reversão do patrimônio público[8].

2.1.2.2. O latifúndio sesmarial

O regime sesmarial português legou o latifúndio no Brasil. Inicialmente, serviu para a exploração da cana-de-açúcar. Os engenhos de açúcar, representados pela casa-grande e pela senzala, imprimiram à economia brasileira a monocultura para a exportação e formou a sociedade escravocrata.

Nos engenhos, posteriormente, passou-se a criar o gado que servia não só para o transporte da cana como também para abastecer a população. A partir de então, o gado passou a ser um novo produto da economia colonial que muito contribuiu para a expansão das fronteiras interiores do país e veio a formar o segundo latifúndio brasileiro – as fazendas de gado.

As relações de trabalho nas fazendas de gado não eram tão rígidas quanto as dos engenhos de açúcar. Encerravam trabalho livre, por meio do qual o vaqueiro, depois de cinco anos de serviço, recebia um quarto das crias. Com essa porção (capital) que recebia de uma só vez e formada de um grande número de cabeças de gado, em geral, o vaqueiro se estabelecia por conta própria, comumente, por meio do arredamento.

Dessa maneira, a criação de gado possibilitou a participação à propriedade da terra a uma parte da população nativa mais pobre, o que vem a significar uma primeira brecha socioeconômica no monopólio da propriedade fundiária.

Os engenhos de açúcar e as fazendas de gado eram concentrados em toda a sua pujança no Nordeste e no Norte brasileiros.

No Centro-sul, a propriedade latifundiária era voltada significativamente para a atividade cafeicultora.

A rigidez monocultura açucareira foi quebrada no planalto paulista, por meio da verificação de um esboço de policultura, mormente da triticultura,

8 Ibid., p. 373.

onde o sucesso apenas compensador, da cultura da cana, fez com que se desviasse para outras culturas o esforço agrícola dos provadores, esboçando-se assim como tendência salutar para a policultura; tentou-se no primeiro século de colonização e logrou relativo êxito o plantio regular do trigo. Tivesse sido o êxito completo e maior a policultura, apenas esboçado, e teriam resultado esses dois fatores em profunda diferenciação de vida e de tipo regional[9].

No que concerne ao sistema de produção, o ciclo cafeeiro gerou um retrocesso, pois voltou a economia a ser apoiada pelo trabalho puramente escravo, uma vez que havia evoluído para a forma livre de trabalho nas fazendas de gado. Contudo, numa fase ulterior da produção cafeeira, o trabalho voltou a ser livre, mas a produção permaneceu voltada para a exportação.

Na Amazônia, a concessão de sesmarias se dava em função do extrativismo vegetal, tendo como produtos principais a castanha-do-Pará e a borracha. A pujança da realidade natural fez criar, na economia regional, uma forma típica de escravidão econômica chamada aviamento, segundo a qual o trabalhador, recrutado em pontos distantes da extração da castanha e do látex, chegava ao destino de trabalho já com dívida financeira ao patrão, pois este lhe cobrava o deslocamento de onde foi recrutado até o destino, e, durante o período de trabalho, cobrava alimentação, moradia e demais despesas e víveres. O empregador patrocinava o meio de trabalho ao caboclo, como se fosse um adiantamento de sua remuneração. A prestação de contas era feita periodicamente para dar conhecimento de seu crédito/débito, sendo que resultava em contínuo e permanente saldo devedor para o trabalhador. E assim este se tornava um verdadeiro escravo por dívida[10].

---

9 FREIRE, Gilberto. **Casa grande e senzala**. 20. ed. Rio de Janeiro: Olimpo Editora, INL-MEC, 1980, p. 32.

10 Na atualidade, não voltando as costas para a realidade latifundiária brasileira, o Estatuto da Terra (Lei n. 4.504, de 30-11-1964) – lei agrária, tecnicamente, muito boa e consagradora dos genuínos princípios agraristas – reconheceu a existência do latifúndio na estrutura fundiária nacional, conceituando-o e catalogando-o da seguinte maneira:

Latifúndio. O Direito Agrário nacional não empresta ao latifúndio o conceito corrente de ser o imóvel de grande proporção de terra, parcela fundiária de enormes dimensões. O Estatuto da Terra aprimorou tecnicamente o conceito, considerando dois tipos de latifúndios:

2.2. REGIME DE POSSES

Do limiar do século XIX até o final de sua primeira metade, prosperou, no Brasil, o regime de posse ou ocupação à terra, que já há muito começara a ser praticado pelos lavradores sem vez à concessão sesmarial.

A terra pelo sistema sesmarial era concedida apenas aos amigos do Rei – fidalgos arruinados e plebeus enriquecidos. Os homens rústicos e pobres, por sua vez, não tinham outra solução senão apoderar-se fisicamente de qualquer pedaço de terra remota e distante dos núcleos de povoamento e zonas populosas.

A entrada do imigrante europeu no Sul em muito contribuiu para a intensificação, naquela região, da pequena propriedade, garantida exclusivamente pela posse.

---

a) *Latifúndio por Dimensão*. Duas são as hipóteses em que o imóvel pode ser tipificado como latifúndio por dimensão: – quando exceder, na área agricultável, a seiscentas vezes o módulo da propriedade (art. 6º IV, *a*, primeira parte, do Decreto n. 55.891, de 31-3-1965); – quando exceder, também, na dimensão de sua área agricultável, a seiscentas vezes a área média dos imóveis rurais da zona em que se classifique (art. 6º, IV, *o*, segunda parte, do Decreto n. 55.891/65). Nesse sentido, observa-se que a definição legal de latifúndio por dimensão aproxima-se daquela do sentido vulgar e corrente, por ser, mesmo, o imóvel de grandes extensões, pouco importando se a gleba é produtiva na totalidade ou não. Evidentemente que o latifúndio por dimensão implica concentração fundiária e é um grave mal na estrutura fundiária brasileira, mas o atual regime jurídico da desapropriação por interesse social para fins de reforma agrária desconsiderou este critério.

b) *Latifúndio por Exploração*. É o imóvel que, embora não excedendo a seiscentas vezes o módulo rural, mas, tendo área agricultável igual o superior à dimensão do módulo do imóvel rural na respectiva zona, é mantido inexplorado em relação às possibilidades físicas, econômicas e sociais do meio, com fins especulativos, ou é deficiente ou inadequadamente explorado, não se classificando como empresa rural (art. 6º, IV, *b*, do Decreto n. 55.891/65). Por outro lado, ressalva a lei que não se considera latifúndio (art. 4º, parágrafo único, do Estatuto da Terra combinado com o art. 6º, IV, § 1º, do Decreto n. 55.891/65) o imóvel rural, qualquer que seja a sua dimensão, cujas características recomendem, sob o ponto de vista técnico e econômico, a exploração florestal racionalmente realizada, mediante planejamento adequado; e o imóvel rural, ainda que de domínio particular, cujo objetivo de preservação florestal ou de outros recursos naturais haja sido reconhecido, para fins de tombamento, pelo órgão competente da Administração Pública.

O imigrante europeu, vindo aventurar um pedaço de terra, não era merecedor de glebas sesmarias, passando, então, a ocupar terras livres.

O lavrador brasileiro que também estava em situação semelhante, com nenhum ou poucos haveres, e contando apenas com sua família, passou a agir de igual modo: morar e cultivar pouca terra, ou melhor, o tanto de terra suficiente que pudesse ser absorvido pelo trabalho familiar.

Com a suspensão da concessão de sesmarias, promovida pela Resolução Imperial de 17 de julho de 1822, efetivamente, tinha chegado a oportunidade do pequeno colono, do lavrador de poucos recursos que jamais teria acesso a uma gleba de terra por meio da concessão do poder real.

A posse, diferentemente das sesmarias latifundiárias, originou a pequena propriedade agrícola, "criada pela necessidade na ausência de providência administrativa sobre a sorte do colono livre, e vitoriosamente firmada pela ocupação"[11].

A partir da suspensão do regime sesmarial, em 1822, até a edição da Lei n. 601/1850, o acesso à terra passou a ser feito por meio da posse. Por isso, tal período convencionou-se chamar historicamente de período áureo da posse.

Após 1822, já no Brasil independente, não foi promulgada nenhuma lei regulando a problemática fundiária nacional. Inexistindo a lei expressa que instituísse a *posse com cultura efetiva* como meio de aquisição do domínio da terra, somente tendo como fonte jurídica o costume poderia vingar tal procedimento, pois "a aquisição de terras devolutas pela 'posse da cultura efetiva', se tornou verdadeiro costume jurídico, com foros de cidade no nosso direito positivo"[12].

Assim, o costume passou a ser, nesse período, a fonte jurídica de consolidação da posse no patrimônio colono.

2.3. REGIME DA LEI DE TERRAS N. 601/1850

Estabelecido o Império brasileiro e promulgada a Constituição de 25 de março de 1824, a primeira Lei de Terras editada para regular a terra devoluta nacional foi a Lei n. 601/1850.

11 LIMA, Ruy Cirne. Op. cit., p. 47.

12 Id. Ibid., p. 53.

Devido ao grande passivo de regularização das terras concedidas por meio de Cartas de sesmarias advindas do período do Brasil-colônia, a nova lei agrária pretendeu estabelecer uma organização fundiária.

Assim, para Rui Cirne Lima

> a Lei de Terras de 1850 é, antes de tudo, uma errata, aposta à legislação de sesmarias. Quem percorre, referindo-lhe os dispositivos aos princípios antes vigentes, tem a impressão de ser bruscamente advertido: – onde se lê... leia-se[13]...

No entanto, a despeito de tantos elogios sobre a Lei de Terras, forçoso reconhecer que um de seus objetivos maiores foi garantir o monopólio dos meios de produção, por meio da propriedade latifundiária.

A abolição da escravatura havia abalado as relações escravagistas de trabalho. Com isso, o governo necessitava de mão de obra para garantir a estrutura fundiária baseada na grande propriedade. Criaram-se, então, mecanismos jurídicos, por meio da Lei n. 601/1850, para assegurar aos latifundiários o monopólio do maior dos meios de produção da época – a terra –, por exemplo, o alto preço na venda das terras ou a importação de colonos.

A Lei n. 601 inspirou-se em modelo não democrático de acesso à propriedade fundiária ao adotar como único meio de aquisição da terra a compra e venda, pois seu art. 1º enunciava que ficavam proibidas as aquisições de terras devolutas por outro título que não fosse a compra. Excetuando tal princípio, seu art. 14 regulava que o governo imperial tinha autorização para vender as terras públicas também em hasta pública.

Completando o mecanismo de dificultar o acesso à propriedade agrária, a lei imperial tratou da colonização, indo buscar subsídios nos postulados teóricos do inglês Edward Gibbon Wakefield[14].

---

13 Id. Ibid., p. 60.

14 Messias Junqueira (membro da Comissão Redatora do Estatuto da Terra) critica quem informa que a Lei de Terras de 1850 adotou as ideias de Wakefield, o teórico do colonialismo inglês, cujas ideias foram aplicadas nas colonizações inglesas, devido a "isso não ser verdade no caso brasileiro". Continua Messias Junqueira que, antes de Wakefield, José Bonifácio de Andrada e Silva em suas *Lembranças e Apontamentos do Governo Provisório da Província de São Paulo* para os seus deputados, publicadas pela Tipografia Nacional, Rio de Janeiro, 1821, deixou escrito: "Considerando quanto convém ao Brasil em geral e a esta província em particular, que haja uma nova legislação sobre as chamadas sesmarias, que sem

A *colonização sistemática* de Wakefield consistia em estabelecer um preço suficientemente alto para a terra, a fim de dificultar o acesso a ela das populações pobres, objetivando, em última instância, a futura mão de obra para os grandes proprietários. A política de imigração brasileira, consentânea com essa orientação, atraia o imigrante, "ofe-

---

aumentar a agricultura, como se pretendia antes, tem estreitado e dificultado a povoação progressiva a unida, porquanto há sesmarias de 6, de 8 e mais léguas quadradas, possuídas por homens sem cabedais e sem escravos, que não só as não cultivam mas nem sequer as vendem e repartem por quem melhor as saibam aproveitar, originando-se daqui as povoações do sertão se acham muito espalhadas e isoladas, por causa dos imensos terrenos de permeio, que se não podem repartir e cultivar, por serem sesmarias, seguindo-se também daqui viver a gente do campo dispersa e como feras no meio de brenhas e matos, com sumo prejuízos de administração da justiça e de civilização do país, parece-nos, por todas essas razões, muito conveniente que seguindo-se o espírito da lei do Senhor Dom Fernando sobre esta matéria, que serviu de fonte ao que está determinado na Ordenação, livro 4º – título 43, se legisle, poucos mais ou menos, o seguinte.

I – Que todas as terras que forem dadas por sesmarias e não se acharem cultivadas, *entrem outra vez na massa dos bens nacionais*, deixando-se somente aos donos das terras, meia légua quadrada, quando muito, com condição de começarem logo a cultivá-las, em tempo determinado, que parece ser justo....

....

III – que todas as terras que reverterem por este modo à nação e de todas as outras, que estiverem vagas, *não se deem mais sesmarias gratuitas*, senão aos poucos casos abaixo apontados, *mas se vendam* em porções ou lotes, que nunca possam exceder de meia légua quadrada, avaliando-se, segundo a natureza e bondade das terras, a geira acadêmica de 400 braças quadradas, de sessenta réis para cima, e procedendo-se à demarcação legal;

IV – *Que haja uma caixa ou cofre em que se recolha o produto dessas vendas, que será empregado em favorecer a colonização de europeus pobres, índios, mulatos e negros forros, a quem se darão de sesmaria, pequenas porções de terreno para cultivarem e se estabelecerem".* ("Obras Científicas, Políticas e Sociais de José Bonifácio de Andrada e Silva", coligidas e reproduzidas por Edgar de Cerqueira Falcão, vol. 2, páginas 99 e 100; "O Patriarca da Independência", coleção brasiliana, página 176). Arremata Junqueira que "esse inciso IV acima transcrito e grifado, escrito em 1821, põe fora de ação na fonte da lei brasileira de terras, de 1850, qualquer influência intelectual de Wakefield, cujas ideias foram publicadas em 1849, em sua obra *View of the Art of Colonization in letters between a Statesman and a Colonist*, London, 1849. Veja-se *Palgrave's, Dictionary of Political Economy*". Cf. JUNQUEIRA, Messias. A discriminação de terras devolutas na Amazônia Legal. **Revista de Direito Agrário**. Brasília, ano 1, n. 1, 2º trim. 1973, p. 66.

recendo" terras por meio da alimentação. Aqui chegando, o colono se via na circunstância de alugar sua mão de obra aos latifúndios, porque o preço da terra era bastante alto para suas precárias condições. Somente depois de determinado tempo é que vinha obter meios suficientes de se fazer proprietário.

Em resumo, o colono imigrante, por meio do trabalho livre, vinha substituir os braços negros, no trabalho da lavoura, garantindo, por conseguinte, o monopólio da propriedade da terra.

Nesse sentido, dispôs a lei que o governo imperial deveria importar anualmente colonos livres, para, em determinado tempo, servirem de mão de obra em estabelecimento agrícola ou a trabalhos pela administração pública para a formação de colônias (art. 18).

Assim, de acordo com os princípios da lei fundiária imperial, o direito de propriedade agrária permanecia nas mãos de poucos, alimentando o sistema econômico de produção capitalista, despido de qualquer preocupação de cunho social.

2.4. SISTEMA JURÍDICO DO CÓDIGO CIVIL DE 1916

A estrutura fundiária mantida pela Lei n. 601 continuou a reger todo o complexo de relação de propriedade da terra que tradicional e historicamente era garantida no país.

Assim, a monopolização da propriedade agrária continuou a ser calcada no latifúndio, sendo proprietários os **coronéis**, e a mão de obra era garantida pela importação escravagista remanescente.

Todo esse processo manteve a concentração fundiária.

Na segunda metade do século XIX e no início do século XX, a aristocracia rural **"elegia"** de seu próprio seio os representantes do Executivo e Legislativo para elaborar todo o arcabouço jurídico visando aos interesses da própria classe, amarrando, por todos os meios, a manutenção do *status quo*.

Assim, em 1891, a classe latifundiária dominante, sobejamente representada pelos **barões do café**, consagrou, na Constituição Republicana, o direito de propriedade em toda sua plenitude.

O Código Civil de 1916, tendo orientação do Código Napoleônico de 1804, ideologicamente foi impregnado de um ideário privatístico, liberal e individualista, que vinha em concerto, entoando harmoniosamente, com os fins e os objetivos da classe latifundiária monopolista de época. Por isso, foi o Código Civil, juntamente com outros fatores, um dos motivos da subdivisão excessiva da propriedade.

O direito sucessório do Código Civil partilhava o imóvel rural, indiscriminadamente, em tantas partes necessárias quanto fossem o número de herdeiros. A divisão da propriedade imóvel não obedecia a normas de maior alcance social. Os plenos poderes da propriedade imobiliária afastavam qualquer cogitação em limitar a divisão territorial em prol da função social da propriedade.

No século XX, a propriedade latifundiária perdeu sua hegemonia e houve a proliferação da pequena propriedade, principalmente no Sul e no Centro-sul do país.

Para a verificação desse fenômeno, além da regulação pregada pelo Código Civil de 1916, vários outros fatores concorreram, tais como: o loteamento indiscriminado de terras públicas e particulares em São Paulo, Paraná, Rio Grande do Sul, Goiás, Mato Grosso do Sul; o *crack* da bolsa de Nova York, em 1929, porquanto as fazendas de café, com a produção voltada para o mercado externo, entraram em decadência, diante do esvaziamento do mercado internacional, o que veio gerar a subdivisão da propriedade cafeeira; o processo de industrialização do país, que veio enfraquecer o poder agrícola.

Caio Prado Jr. diz que

> muitos estabelecimentos agrícolas à agricultura comercial foram divididos e subdivididos, passando a produzir basicamente gêneros alimentícios, através da utilização quase que exclusivamente da força de trabalho familiar[15].

2.5. SISTEMA LEGAL DO ESTATUTO DA TERRA

A Lei n. 4.504, de 30 de novembro de 1964 – o Estatuto da Terra –, tem como princípio fundamental a função da propriedade, segundo o qual à propriedade agrária deve ser imprimida exploração econômica adequada e racional, sem depredar os recursos naturais, com respeito aos direitos trabalhistas e previdenciários, gerando bem-estar social ao proprietário, aos trabalhadores e à sociedade em geral.

---

15 PRADO JUNIOR, Caio. Contribuição para análise de questão agrária no Brasil. In: PRADO JUNIOR, Caio *et alli*. **Agricultura subdesenvolvida**. Petrópolis: Vozes, 1969, p. 9-22.

Isso porque o desenvolvimento rural foi compromisso solene na Carta de Punta del Este, no Uruguai, em 1961, na qual houve o compromisso entre as Repúblicas das Américas, de acordo com a realidade de cada país, de executar

> programas de Reforma Agrária integral, encaminhada à efetiva transformação onde forem necessárias, à modificação das estruturas e dos injustos sistemas de posse e uso da terra, a fim de substituir o regime de latifúndios por sistema justo de propriedade, de maneira que, complementada por crédito oportuno e adequado, assistência técnica, comercialização e distribuição dos seus produtos, a terra se constitua, para o homem que a trabalha, em base de sua estabilidade econômica do seu crescente bem-estar e garantia de sua liberdade e dignidade[16]...

O Estatuto da Terra visa não só à produtividade econômica, à estabilidade das relações sociais entre proprietários e não proprietários e à sustentabilidade ambiental, mas também ao maior acesso à propriedade rural.

Para tais efeitos, o Estatuto consignou uma tipologia de imóveis rurais para enquadrar as propriedades agrárias do país. Trouxe um catálogo de tipo de imóveis rurais, definindo tecnicamente cada tipo, no rol que criou, a saber: propriedade familiar, módulo rural, minifúndio, latifúndio por dimensão, latifúndio por exploração e empresa rural.

Assim, o art. 4º estatutário classifica o imóvel rural como:

I – *Propriedade familiar*, quando, direta e pessoalmente explorado pelo agricultor e sua família, lhes absorva toda a força de trabalho, garantindo-lhes a subsistência e o progresso social e econômico, com área fixada para cada região e tipo de exploração, e eventualmente trabalhado com a ajuda de terceiros. A área fixada constitui também o módulo rural;

II – *Minifúndio*, quando tiver área agricultável inferior à do módulo fixado para a respectiva região e o tipo de exploração;

III – *Empresa rural*, quando for um empreendimento de pessoa física ou jurídica, pública ou privada, que explore econômica e racionalmente, dentro das condições de rendimento econômico da região em que se situe, e em porcentagem mínima da sua área agricultável

---

16 ALVARENGA, Octavio Mello. **Política e direito agroambiental**: comentários à nova lei de reforma agrária (Lei n. 8.629, de 25 de fevereiro de 1992). Rio de Janeiro: Forense, 1995, p. 306.

segundo padrões fixados, pública e previamente, pelo Poder Executivo e, ainda, não incidida na condição de latifúndio por dimensão. Para esse fim, equiparam-se às áreas cultivadas as pastagens, as matas naturais e artificiais e as áreas ocupadas com benfeitorias;

IV – *Latifúndio*, quando incida em uma das seguintes condições:

a) *Latifúndio por dimensão* é o que excede, na dimensão de sua área agricultável, a seiscentas vezes o módulo médio do imóvel rural, ou a seiscentas vezes a área média dos imóveis rurais na respectiva zona;

b) *Latifúndio por exploração*, quando, não excedendo o limite referido anteriormente, mas, tendo área agricultável igual ou superior à dimensão do módulo do imóvel rural na respectiva zona, seja mantido inexplorado em relação às possibilidades físicas, econômicas e sociais do meio, com fins especulativos, ou seja deficiente ou inadequadamente explorado, de modo a vedar-lhe a classificação como empresa rural.

No parágrafo único do mesmo artigo, a lei preceitua não considerar latifundiário: a) o imóvel rural, ainda que seja um latifúndio por dimensão, mas suas características recomendem, sob o ponto de vista técnico-econômico, a exploração florestal racionalmente realizada, mediante planejamento adequado; e b) o imóvel rural, ainda que de domínio particular, cujo objetivo de preservação florestal ou de outros recursos naturais haja sido considerado e reconhecido, para fins de tombamento, pelo órgão competente da administração pública.

O Estatuto da Terra foi exemplarmente técnico no trato da questão fundiária. Para enquadrar o imóvel rural em um dos tipos, o órgão fundiário responsável se baseava em critérios e índices técnicos, com a finalidade de montar um cadastro de imóveis rurais suscetíveis de desapropriação por interesse social para fins de reforma agrária e assim distribuir a terra com justiça social.

Apesar de o espírito da lei ser voltado para a reforma agrária e o desenvolvimento rural, a sua aplicabilidade tem sido insatisfatória para os propósitos originalmente desejados.

Pode-se, mesmo, dizer que a incipiente aplicação do Estatuto gerou maior concentração de propriedade agrária, conforme atestam os índices dos órgãos oficiais e os jornais diários, ao retratarem a luta armada e as mortes pela posse da terra.

Os princípios técnicos definidores dos institutos agrários criados a partir do Estatuto da Terra tiveram vigência plena para todas as finalidades das questões agroambientais até a promulgação da Constituição

Federal de 1988, a partir de quando alguns foram postos de lado para determinados fins específicos.

2.6. REGIME FUNDIÁRIO A PARTIR DA CONSTITUIÇÃO FEDERAL

A Constituição da Republica editada em 5 de outubro de 1988 inovou quanto à tipologia da propriedade agrária conhecida pelo Estatuto da Terra, ao trazer nova nomenclatura definidora de tipos de imóveis rurais elencada no art. 185, a saber: a pequena e a média propriedade rural e a propriedade produtiva[17]. Estes, os novos modelos a serem catalogados pelos órgãos oficiais a partir de 1988.

Os novos tipos desprezam os do Estatuto da Terra e um novo catálogo passou a servir aos órgãos estatais para classificar os imóveis rurais que estão exercendo a função social da propriedade.

Em obediência ao mandamento constitucional, veio a Lei ordinária n. 8.629/93, que, em seu art. 4º, I, define como pequena propriedade agrária o imóvel rural que tenha área compreendida entre um e quatro módulos fiscais; e média propriedade, o imóvel rural de dimensão superior a quatro até quinze módulos fiscais.

Por propriedade produtiva reza que é "aquela que, explorada econômica e racional, atinge, simultaneamente, graus de utilização da terra e de eficiência na exploração, segundo índices fixados pelo órgão federal competente" (art. 6º).

Explicita a norma que o grau de utilização econômica deve ser igual ou superior a 80%, calculado pela relação percentual entre a área efetivamente utilizada e a área aproveitável total do imóvel. Já o grau de eficiência na exploração da terra deve ser igual ou superior a 100% e é obtido de acordo com a sistemática que refere em lei (art. 6º, §§ 1º e 2º).

---

17 Os conceitos *propriedade familiar e minifúndio* continuam a existir no ordenamento positivo agrário nacional. A Lei n. 8.629/93, art. 19, IV, reconhece que aos agricultores, cujas propriedades não alcançam as dimensões da *propriedade familiar* – são os minifúndios – devem ser concedidos títulos de domínio ou concessão real de uso da parcela de terra no processo de reforma agrária; o conceito legal de minifúndio permanece incólume, em face não haver lei posterior que o revogue, expressa ou tacitamente, tendo sido adaptado ao novo critério preferido pela Lei n. 8.629/93 – o módulo fiscal.

A Constituição da República, no art. 185, torna tais categorias imobiliárias insuscetíveis de desapropriação por interesse social para fins de reforma agrária.

Com o novo disciplinamento, a Constituição Federal desprezou o elemento de produtividade econômica que traçava o fio condutor da tipologia de imóveis rurais no regime originário do Estatuto da Terra e, mesmo, dos princípios do direito agroambiental. De acordo com o Estatuto da Terra, conforme visto, a maior ou menor produtividade da terra, independentemente do tamanho da área, qualificava o imóvel imunizando-o ou não da expropriação agrária.

Já, agora, com o regime constitucional, a área de terra, independentemente de produtividade, isenta o imóvel rural de desapropriação, ainda que nada produza seu proprietário.

Nessa visão, o elemento motor do desenvolvimento agrário, que é a exploração econômica adequada do imóvel, visando ao bem-estar social da coletividade, foi substituído pelo tamanho da gleba de terra, sem consideração a qualquer outro valor mais nobre ao direito agroambiental, que não a mera dimensão da área. O Constituinte entendeu que o imóvel rural de um a quinze módulos fiscais é o tamanho que normalmente no país é de propriedade do micro e do pequeno produtor rural, e que, por isso, tais áreas seriam um tamanho social de proteção aos economicamente mais fracos.

Assim, por exemplo, um imóvel rural de dez módulos fiscais, ainda que não cumpra a função social de propriedade, está isento de desapropriação para fins de reforma agrária, por força da Constituição da República. Quer dizer, tão somente o tamanho do imóvel o isenta de desapropriação para fins de reforma agrária, independentemente se estiver sendo explorado adequada e racionalmente.

2.6.1. A reforma agrária

No ordenamento jurídico nacional, as propostas de reforma agrária surgiram com maior vigor a partir da Constituição Federal de 1946, que, em uma norma, tratou da desapropriação por interesse social (art. 141, § 16), aliás, inovação constitucional, e, em outra, da justa distribuição da propriedade (art. 147), cuja expressão contemporânea é o princípio da reforma fundiária.

O ingresso da norma sobre desapropriação por interesse social no âmbito constitucional se deu por influência da Constituição de

Weimar de 1919, quando, em seu art. 153, dispôs: "A propriedade obriga e seu uso e exercício devem ao mesmo tempo representar uma função no interesse social".

A legislação no mundo, àquela altura, passou a exercer fortes limitações à propriedade individual. E a América Latina, palco de grandes conflitos fundiários, também não fugiu à regra.

Nesse sentido, a Carta de Punta del Este, em 1960, que expressou a preocupação dos países da América Latina sobre seus problemas fundiários e agrários, recomendou que os países signatários realizassem uma reforma agrária integral.

Como reflexo da recomendação internacional, o Brasil emendou a Constituição de 1946, pela Emenda Constitucional n. 1/64, que outorgou competência privativa para a União legislar sobre o direito agrário, o que ensejou a promulgação do Estatuto da Terra, que, em seu art. 1º, § 1º, define a reforma agrária como um conjunto de medidas que visa promover melhor distribuição da terra, mediante modificações no regime de sua posse e uso, a fim de atender aos princípios de justiça social e ao aumento de produtividade.

Bem se vê que o conceito abraça não apenas a reestruturação da divisão do solo motivada pela concentração de terras em poder de poucos, que é a chamada reforma fundiária, mas também a implementação e a redefinição de políticas agrícolas e demais políticas públicas vinculadas ao setor agrário que visem à fixação do homem no campo e seu desenvolvimento, por exemplo, o incentivo fiscal, o crédito agrícola, a construção de infraestrutura com saneamento básico, transporte, energia, escolas, postos de saúde, armazéns e silos, estradas vicinais etc.

Como o programa deve ser integrado a outras ações e políticas governamentais, chama-se de reforma agrária integral.

Portanto, a estrutura agrária[18] deve ser transformada, sendo necessária a criação de nova mentalidade sobre a relação homem-terra-

---

18 Por estrutura agrária entende-se o conjunto de relações sociais, econômicas e jurídicas que surgem em virtude da atividade agrária e que têm por objeto os bens, serviços e obras que, por sua natureza ou destino, são indispensáveis para o desenvolvimento da comunidade rural. Cf. VIVANCO, Antonio C. **Teoría de derecho agrario.** v. I. La Plata: Ed. Libr. Jurídica, 1967, p. 29. A estrutura agrária contém a estrutura fundiária, de vez que esta é a expressão da forma pela qual se distribui no espaço geográfico a propriedade da terra rural. Cf. SODERO, Fernan-

produção, hoje envolvendo a problemática ecológica, resultando em um novo conceito de direito e propriedade, com fundamento na efetiva utilização econômica da terra, na vantagem social e no respeito ambiental.

A Constituição da República, no art. 184, prevê a implementação da reforma agrária por meio de seu procedimento próprio: a desapropriação por interesse social para fins de reforma agrária.

Somado ao que já foi dito, infere-se que, dentro da nova configuração constitucional, houve um retrocesso no trato quanto à exigibilidade no cumprimento da função social da propriedade. A Constituição afrouxou a rigidez trazida anteriormente pelo Estatuto da Terra.

Na verdade, a Constituição Federal de 1988 trouxe alguns golpes contrarreformistas.

O primeiro deles é a nova tipologia de imóveis. Conforme demonstrado, a nova classificação de imóveis, para efeito de desapropriação, fugiu, por completo, da regra mestra do exercício da função social da propriedade.

Por outra via, o art. 185, parágrafo único, da Constituição Federal garante à propriedade produtiva tratamento especial e deixa para a lei ordinária a normatização para o cumprimento dos requisitos relativos a sua função social. Por isso, algumas situações esdrúxulas foram salvas de desapropriação. É que, em sede de lei infraconstitucional, a tutela de interesse da classe dos proprietários é mais forte. Um exemplo de situação insólita que imuniza de desapropriação para fins de reforma agrária é o imóvel que está sendo objeto de implantação de projeto técnico e atenda aos requisitos previstos na Lei n. 8.629/93 (art. 7º, I, II, III, IV), como é o caso de imóveis rurais situados no Norte e Nordeste brasileiros que estejam implantando projetos agropecuários fomentados pelos órgãos desenvolvimentistas regionais (Superintendência do Desenvolvimento do Nordeste [Sudene], Superintendência do Desenvolvimento da Amazônia [SUDAM], Banco da Amazônia [BASA]).

Um golpe constitucional contra a reforma agrária é a exigência de que o orçamento geral da União fixe anualmente o volume total de títulos da dívida agrária, assim como o montante dos recursos para atender ao programa da reforma agrária (CF, art. 184, § 4º), cuja regulação está no art. 25 da Lei n. 8.629/93.

---

do Pereira. **Direito agrário e reforma agrária.** São Paulo: Livr. Legisl. Brasileira, 1968, p. 179.

A pasta ministerial responsável e o órgão executor da política de colonização e reforma agrária têm que prever em seus respectivos orçamentos anuais os recursos indispensáveis à implementação do Plano Nacional de Reforma Agrária.

Como a reforma agrária exige ação integrada de vários ministérios e órgãos governamentais, o órgão executor da reforma agrária, visando compatibilizar os programas de trabalho e as propostas orçamentárias, deve encaminhar, anualmente e em tempo hábil, aos demais órgãos da administração pública responsáveis por ações complementares o programa reformista a ser implementado no ano seguinte.

Assim, a exigência de previsão orçamentária dos recursos destinados à reforma agrária é outro fator que enfraquece a classe dos não proprietários interessados na implementação da reforma agrária, pois a barganha do poder de quem não quer a reforma agrária é superior ao lado oposto, no embate dos interesses políticos.

2.6.2. A propriedade agrária e a questão ambiental

A partir da década de 1960, a humanidade passou a se preocupar com o meio ambiente, ou melhor, com os recursos naturais. Fez-se a relação diretamente proporcional do crescimento populacional com a elevação da degradação ambiental, de modo que a corrida para gerar alimentos à crescente população mundial resultaria na depredação ambiental e na escassez dos recursos naturais.

Passou-se, então, a depurar axiologicamente um novo conceito jurídico – a *qualidade de vida*.

Como antecedente fundamental para a afirmação desse valor, encontramos a Declaração Universal dos Direitos Humanos, promovida pela ONU, em 10 de dezembro de 1948, que, em seu art. XXV, enuncia que "todo homem tem direito a um padrão de vida capaz de assegurar, a si e a sua família, saúde e bem-estar".

Ora, tal postulado implica dizer que o ser humano tem direito a um padrão de vida digno que promova a boa qualidade de saúde e o bem-estar. E um dos caminhos para atingir tal objetivo é a garantia de qualidade de vida humana digna.

A qualidade de vida como condição humana digna foi complementada no Pacto Internacional sobre Direitos Econômicos, Sociais e Culturais, adotado pela ONU, em 1966, que, no art. 11, garante o direito a um nível de vida humana adequado.

Consectariamente, e de modo mais específico, a ONU promulgou a Declaração de Estocolmo, em 1972, extraída da Conferência sobre o Meio Ambiente, que se preocupou com problemas ambientais globais, recomendando a proteção ao meio ambiente. Nesse documento internacional ficou definido que a proteção e a melhoria ao meio ambiente são questões fundamentais ligadas à própria sobrevivência da espécie humana.

Como resultado do auge das discussões sobre o desenvolvimento e a preservação do meio ambiente, a ONU realizou, no Rio de Janeiro, em 1992, a II Conferência sobre Meio Ambiente e Desenvolvimento, a chamada Eco-92. Pelas diretrizes traçadas, ficou reafirmado que o meio ambiente sadio e ecologicamente equilibrado é um direito humano de terceira dimensão ou geração[19].

Esses documentos universais alicerçam a dimensão axiológica da qualidade de vida e forçam as legislações dos povos a incrustar tal valor. Assim, a sociedade contemporânea contempla em seu ordenamento jurídico a proteção ao meio ambiente como um valor a ser respeitado como direito fundamental.

Por outro lado, a legislação das nações modernas, desde a Revolução Francesa, cultua como um dos direitos fundamentais o direito de propriedade. O exercício do direito de propriedade é julgado com dois outros elementos fundamentais do mundo pós-Revolução Francesa: a vontade e a liberdade individuais.

Quer dizer, o proprietário utiliza, usufrui e dispõe de sua propriedade de acordo com sua livre vontade, apenas respeitando as limitações e as restrições públicas, ou de ordem pública ou social.

Nesse sentido, o Direito há de mediar o conflito entre esses dois valores: a garantia do direito de propriedade e a garantia da proteção ao meio ambiente. Ambos os direitos são consagrados constitucionalmente no mundo moderno. A proteção ambiental implica um ecossistema equilibrado e sadio que, por sua vez, fornece um dos índices de qualidade de vida.

---

19 Há discussão terminológica sobre qual o termo mais apropriado, se *geração* ou *dimensão* para designar as categorias de direitos humanos. Os que condenam o termo *geração* argumentam que a expressão enseja interpretação equivocada dos direitos humanos, no sentido de que a geração seguinte poderia substituir a geração anterior, de sorte que a segunda substituiria a primeira geração, a terceira substituiria a segunda e assim sucessivamente, o que levaria a outro entendimento errôneo – o da não a cumulatividade desses direitos em decorrência da substituição de uma geração pela outra.

O direito ao meio ambiente sadio e ecologicamente equilibrado está garantido constitucionalmente no Brasil. A novel axiologia trazida pela Constituição Federal de 1988 elegeu o meio ambiente como direito fundamental dos brasileiros e dispensou um capítulo específico para tratar a matéria, o Capítulo VI, inserido no Título VII – "Da ordem social" –, em cuja parte está o art. 225, que determina que "todos têm direito ao meio ambiente ecologicamente equilibrado", devendo ser preservado pela sociedade civil e pelo poder público, para as gerações atuais e futuras.

A *mens legis* constitucional é proporcionar aos brasileiros qualidade de vida digna e sadia: meio ambiente adequado à saúde e ao bem-estar da população.

No papel de mediação do conflito entre o direito de propriedade e o de preservação ecológica, o ordenamento positivo legal brasileiro conta atualmente com diversos instrumentos jurídicos de proteção e gestão dos recursos naturais e da natureza incidentes sobre a propriedade agrária. Tais mecanismos são de âmbito público e privado. Os públicos, por exemplo, são o zoneamento ecológico-econômico, a área de proteção permanente, a reserva legal; já os privados são a reserva particular do patrimônio natural, os contratos de arrendamento e parceria, entre outros.

No Direito moderno, a exploração econômica do espaço rural, mais propriamente, da propriedade agrária, obedece ao princípio da função social da propriedade.

O Direito brasileiro, e assim as legislações do mundo contemporâneo, incluem a utilização adequada dos recursos naturais disponíveis e a preservação do meio ambiente como um dos fatores de qualidade que predicam o direito de propriedade do imóvel rural.

Esse predicado, juntamente com outros, traz o caráter de funcionalidade da propriedade agrária, de que fala Juan José Sanz Jarque[20].

O fenômeno universal de sensibilidade à natureza veio inovar axiologicamente o direito agroambiental. A atividade agrária está intimamente imbricada nas riquezas da natureza, pois a flora, a fauna, a terra, a água, o ar fazem parte do processo produtivo agrário, resul-

---

20 SANZ JARQUE, Juan Jose. **Derecho agrario.** Madrid: Fundación Juan March, 1975, p. 102 e segs.

tando daí que é direito básico do homem consumir alimentos sadios e ecologicamente puros.

Octávio Mello Alvarenga pondera que, na propriedade da terra, há a presença de três elementos, que são o proprietário, o objeto apropriado e o conjunto de três fatores: a produção, a estabilidade e o desenvolvimento[21]. O sujeito exerce seus direitos sobre o imóvel rural, de maneira dinâmica, e não estática, cujo ponto de destaque permeia os três fatores indicados.

No que concerne à produção, a propriedade da terra tem por finalidade produzir alimentos, sendo esta uma das razões do direito agroambiental.

Quanto à estabilidade, significa que as relações jurídico-sociais estabelecidas pela propriedade são meio de equilíbrio social, tanto para os produtores, os trabalhadores rurais, como para a sociedade em geral.

E o desenvolvimento – finaliza o agrarista – diz respeito a que a propriedade é fator de geração de outras riquezas, devendo estar ordenado em todos os seus elementos.

A Constituição Republicana de 1988 plasma tal conceito, no art. 186, ao enunciar que a função social da propriedade é cumprida quando o proprietário atende, simultaneamente, segundo critérios e graus de exigências estabelecidos em lei, aos requisitos de aproveitamento racional e adequado (inc. I), à utilização racional dos recursos naturais disponíveis e à preservação do meio ambiente (inc. II), à observância das disposições que regulam as relações de trabalho (inc. III) e à exploração que favoreça o bem-estar do proprietário e dos trabalhadores (inc. IV).

Nos incisos I e II temos a leitura constitucional da função ecológica da propriedade agrária. E essa dimensão foi reconhecida pelo legislador do Código Civil de 2002, porquanto seu art. 1.228, § 1º, contempla a função ambiental da propriedade.

Nesse sentido, o conceito de *função social* apresenta estruturalmente três aspectos: o econômico ou produtivo, pela exploração econômica da propriedade por meio da atividade agrária; o social, pelo bem-estar que devem as relações econômicas da propriedade agrária gerar para os que nela trabalham e para a sociedade em geral; e o

---

21 ALVARENGA, Octávio Mello. **Política e desenvolvimento agroambiental**: comentários à nova lei de reforma agrária (Lei n. 8.629, de 25 de fevereiro de 1993). Rio de Janeiro: Forense, 1995, p. 131.

ambiental, pois a propriedade agrária deve ser utilizada visando também preservar o meio ambiente.

Pelo viés da função ecológica, exige-se do proprietário uma postura não apenas de abstenção de prática de atos predatórios ao ecossistema, como também a atuação positiva de atos que assegurem o aproveitamento racional e adequado do solo rural e a utilização racional dos recursos naturais disponíveis.

Com isso, a propriedade agrária enfeixa os tradicionais interesses do proprietário, como também os interesses de não proprietários, na medida em que a sociedade pode utilizar os mecanismos jurídicos para exigir do mau proprietário, ou seja, daquele que depreda o meio ambiente, a utilização adequada e racional dos recursos naturais ditada constitucionalmente.

Por isso, a propriedade rural, revestida dessa nova concepção, pode ser denominada propriedade agroambiental.

Referendando a determinação constitucional, a Lei federal n. 8.629/93, no art. 9º, I e II, dispõe em idêntico teor e forma, e interpreta os conceitos, ao dizer no § 1º do referido artigo, que se considera racional e adequado o aproveitamento quando atinge os graus de utilização da terra e de eficiência na exploração especificados na lei. Ao passo que, no § 2º, esclarece ser adequada a utilização dos recursos naturais disponíveis quando a exploração se faz respeitando à vocação natural da terra, de modo a manter o potencial produtivo da propriedade; e, por fim, no § 3º, considera que há preservação do meio ambiente, das características próprias do meio natural e da qualidade dos recursos ambientais, na medida adequada da manutenção do equilíbrio ecológico da propriedade e da saúde e qualidade de vida das comunidades vizinhas.

Extrai-se desse regramento legal que o desenvolvimento agrário desejável é o sustentável, abraçando as diretivas da ONU na Declaração de Estocolmo, de 1972, que recomendou a planificação e a ordenação ambiental, entre outras orientações.

Preocupada com a matéria, a ONU, por meio da FAO, proclamou o seu conceito de desenvolvimento sustentável, qual seja:

> É o manejo e conservação das bases dos recursos naturais e a alteração tecnológica e institucional, de tal maneira que se assegure a contínua satisfação das necessidades humanas para as gerações presentes e futuras. Este desenvolvimento viável (nos setores agrícolas, florestal e pesqueiro) conserva a terra, a água e os recursos genéricos vegetais e animais, não degra-

da o meio ambiente e é tecnicamente apropriado, economicamente viável e socialmente aceitável.

A avaliação de sustentabilidade da agricultura é feita de acordo com a análise dos seguintes critérios e objetivos: o atendimento das necessidades nutricionais básicas das gerações atuais e futuras; a oferta de mão de obra e a qualidade de vida a todos os envolvidos no processo de produção agrícola; o fomento das capacidades produtiva e regenerativa dos recursos naturais, sem depredar o meio ambiente e sem desnaturar as características socioculturais das comunidades locais; e a promoção da redução da vulnerabilidade do setor agrícola ante os riscos da natureza e socioeconômicos, ou outros de qualquer ordem.

Vê-se, desse modo, que o conceito de *desenvolvimento sustentável* trouxe um novo elemento semântico da linguagem internacional, tentando conciliar o crescimento econômico e a proteção ao meio ambiente do planeta.

Nessa ordem, a propriedade rural visa à sustentabilidade da atividade agrária. Ou seja, a busca do rendimento econômico é consorciada à manutenção e estabilidade do meio ambiente, à preservação dos recursos naturais e à proteção da saúde dos agricultores e dos consumidores, não mais se admitindo o modelo tradicional de produtividade imediata, tendo em contrapartida as impactações sociais, econômicas e ambientais.

O paradigma da Revolução Verde cedeu lugar a uma agricultura sustentável cujo modelo econômico da atividade passou a ser socialmente justo, economicamente desenvolvido e ambientalmente sustentável.

A modificação da lógica da produção socioeconômica da propriedade agrária trouxe a valorização de conceitos, inclusive ambientais, pelo que a sustentabilidade da atividade agrária deve garantir o funcionamento dos serviços ecológicos dos recursos naturais. Esses serviços são derivados direta ou indiretamente das funções do ecossistema, e representam as utilidades, as vantagens, os benefícios que a natureza (meio ambiente) proporciona ao ser humano.

Entre os principais serviços ecológicos, pode-se citar: a floresta desempenha o papel de um armazém gigante de carbono, por retirar tal gás da atmosfera, liberando oxigênio. Ela é responsável pela manutenção dos sistemas hidrológico e climatológico, tanto que na Amazônia a metade da chuva que cai sobre a vegetação é gerada pela própria floresta. As florestas também impedem que o fogo se propague; são uma reserva natural de recursos genéticos e armazenam naturalmente a biodiversidade. Os recursos naturais são matérias-primas para o engenho humano[22].

A partir do reconhecimento axiológico desses serviços ambientais, impôs-se ao proprietário agrário ônus quantitativa e qualitativamente maior que a noção de exploração econômica e desenvolvimento social do imóvel rural. Por exemplo, o Código Florestal impõe ao proprietário rural na Amazônia Legal a preservação de 80% de sua cobertura florestal a título de reserva legal para o imóvel situado em área de florestas. A reserva legal constitui área localizada no interior de uma propriedade ou posse rural, guardada ao uso sustentável dos recursos naturais, à conservação e à reabilitação dos processos ecológicos, à preservação da biodiversidade e ao abrigo da fauna e flora nativas. Outros gravames ambientais são impostos legalmente à propriedade agrária, tais como área de preservação permanente, área de uso intensivo etc.

Portanto, a propriedade agrária está emoldurada por um papel nobre socialmente, e dela se exige a produção de atividade economicamente viável e ecologicamente sustentável.

22 BENATTI, José Helder. **Direito de propriedade e proteção ambiental no Brasil**: apropriação e uso dos recursos naturais no imóvel rural. Belém: NAEA/UFPA, Tese de Doutorado, 2003, p. 204.

CAPÍTULO 3
TERRAS PÚBLICAS

No patrimônio público nacional, a terra pública é a maior riqueza, sob o ponto de vista quantitativo. O Brasil é um país de vocação agrícola, o que indica serem prósperas suas terras. Diante da riqueza fundiária, o direito agroambiental dispensa tratamento jurídico adequado às especificidades das terras públicas federais. O sentido é emprestar à terra finalidade que atenda aos interesses sociais. O estudo das terras públicas merece acurado tratamento. Ei-lo.

3.1. DEFINIÇÃO E CLASSIFICAÇÃO DE BENS PÚBLICOS

Terras públicas são bens imóveis pertencentes ao poder público, de acordo com a destinação legal. São, portanto, bens públicos.

O atual Código Civil, no art. 98, tratou sobre os bens públicos, conceituando-os como aqueles de domínio nacional de propriedade das pessoas jurídicas de direito público interno, ou seja, União, Estados, Distrito Federal, territórios, municípios, autarquias, associações públicas e demais entidades de caráter público que a lei assim definir.

Os bens públicos podem ser, segundo a lei civil (Código Civil, art. 99):

a) De uso comum do povo, como os rios, as estradas, as praças, as avenidas etc.;

b) De uso especial, como os edifícios, os terrenos ou os imóveis destinados a algum serviço ou estabelecimento da administração federal, estadual, territorial ou municipal, inclusive os de suas autarquias;

c) Dominicais, compostos pelo patrimônio das pessoas jurídicas de direito público, como objeto de direito pessoal ou real, de cada uma dessas entidades.

A essa última classificação, acrescentam-se os bens pertencentes às pessoas jurídicas de direito público a que se tenha dado estrutura de direito privado.

3.2. CARACTERÍSTICAS

As características principais das terras públicas, por serem bens públicos, são a inalienabilidade, a impenhorabilidade, a imprescritibilidade e a não onerabilidade.

O primeiro traço característico diz respeito à impossibilidade de alienação por parte do poder público dos bens de uso comum do povo e os de uso especial, enquanto conservarem tal qualificação, na forma que a lei determinar. As únicas terras públicas passíveis de serem alienadas pelo poder público são os bens dominicais, desde que as exigências legais sejam devidamente observadas[1].

Outro ponto peculiar das terras públicas é a impenhorabilidade, que é a impossibilidade jurídica de penhorar a propriedade pública. Assim, os pagamentos decorrentes de uma demanda judicial ou qualquer outro procedimento que resulte na onerosidade financeira do Estado devem ser feitos via precatório.

A imprescritibilidade, terceira qualidade das terras públicas, é traduzida na inviabilidade de adquirir por prescrição aquisitiva, ou seja, usucapir a propriedade pública, independentemente do tempo que o posseiro permanecer na respectiva terra.

O último predicado das terras públicas é a impossibilidade de serem dadas em garantia de dívida, denominada não onerabilidade.

3.3. TERRAS DEVOLUTAS

No Brasil, o modo de aquisição da terra se iniciou em 1500, com o advento do regime das capitanias hereditárias e das sesmarias, que assegurava a propriedade do então recente domínio da Coroa portuguesa, fato que perdurou até 1822.

Necessário que o possuidor, nessa época, confirmasse a propriedade que lhe era dada pela Coroa portuguesa, por meio das doações com encargos, outorgadas no sistema das capitanias hereditárias, ou pelas concessões de data, nas quais as municipalidades transferiam a propriedade de áreas nas cidades e nos povoados para a construção de

---

1 É necessário haver prévia desafetação do bem público dominical, consistente no desfazimento do vínculo jurídico à propriedade estatal que é inerente ao respectivo bem, fazendo desaparecer a *affectatio*, ou seja, o poder sobre a coisa.

benfeitorias particulares[2]. E aquelas terras que fossem abandonadas pelos concessionários após a cessão via sesmaria, a partir do não cumprimento das condições legais, eram devolvidas à Coroa reinol. Surge, portanto, a ideia de terras devolutas.

O termo *devolutas* é originado do latim *devolutu*, partindo do verbo *devolvere*, ou seja, o termo *devoluto* denota a ideia de devolução, devolvido, vago. Na acepção jurídica, devoluta seria aquela terra concedida que se afasta do patrimônio das pessoas jurídicas de direito público, sem se incorporar ao patrimônio dos particulares[3].

A Lei n. 601, de 18 de setembro de 1850, a chamada Lei de Terras, trouxe o primeiro conceito sobre terras devolutas no ordenamento jurídico brasileiro, segundo o qual são a) as que não se achavam destinadas a algum uso público nacional, provincial, ou municipal; b) as que não se achavam no domínio particular por qualquer título legítimo, nem fossem havidas por sesmarias e outras concessões do Governo Geral ou Provincial, não incursas em comisso por falta do cumprimento das condições de medição, confirmação e cultura; c) as que não se achavam transferidas por sesmarias, ou outras concessões do Governo, que, embora incursas em comisso, fossem revalidadas pela Lei n. 601/1850; d) as que não se achavam ocupadas por posses, que, apesar de não se fundarem em título legal, fossem legitimadas por aquela lei.

O Decreto n. 9.760, de 5 de setembro de 1946, que dispõe sobre os bens imóveis da União, denominou devolutas, em seu art. 5º, as terras localizadas na faixa de fronteira, nos territórios federais e no Distrito Federal, que não possuem destinação pública, seja federal, estadual ou municipal, tampouco particular, o que as torna uma propriedade pública sem finalidade, podendo se dar: a) por força da Lei n. 601, de 18 de setembro de 1850, do Decreto n. 1.318, de 30 de janeiro de 1854, e de outras leis e decretos gerais, federais e estaduais; b) em virtude de alienação, concessão ou reconhecimento por parte da União ou dos Estados; c) devido a lei ou concessão emanada de governo estrangeiro e ratificada ou reconhecida, expressa ou implicitamente, pelo Brasil, em tratado ou convenção de limites; d) por conta de sentença judicial com força de coisa julgada; e) por se acharem

---

2 CARVALHO FILHO, José dos Santos. **Manual de direito administrativo.** 27. ed. rev., ampl. e atual. São Paulo: Atlas, 2014, p. 1.223.

3 CRETELLA JUNIOR, José. **Bens públicos**. 2. ed. São Paulo: Universitária de Direito, 1975, p. 292.

em posse contínua e incontestada com justo título e boa-fé, por prazo superior a vinte anos; f) por se acharem em posse pacífica e ininterrupta, por trinta anos, independentemente de justo título e boa-fé; e g) por força de sentença declaratória proferida nos termos do art. 148 da Constituição Federal, de 10 de novembro de 1937.

A natureza jurídica das terras devolutas é de bens dominicais, vez que não podem ser enquadradas como de uso especial, justamente por não serem destinadas a qualquer tipo de serviço público, tampouco serem bem de uso comum do povo, já que constituem objeto de direito real da pessoa jurídica de direito público a qual pertença, conforme dicção do art. 99, III, do Código Civil[4].

Ademais, as terras devolutas não são passíveis de usucapião, nem de alienação, devendo, em todo caso, serem observadas as exigências da lei.

Conforme dicção do Constituinte de 1988, são pertencentes da União as terras devolutas indispensáveis à defesa das fronteiras, das fortificações e das construções militares, das vias federais de comunicação, e à preservação ambiental, definidas em lei[5]. As demais terras devolutas não compreendidas entre estas da União cabem aos Estados federados[6].

Por outro lado, não era de esperar que todas as situações fundiárias envolvendo a concessão de terras desde a época da Coroa seriam facilmente solucionadas, tanto que, para isso, editou-se a Lei n. 6.383, de 7 de setembro de 1976, que dispõe sobre o processo discriminatório de terras devolutas da União, regrando procedimento administrativo prévio e judicial (ação discriminatória).

Relativamente ao ônus probatório da propriedade das terras devolutas, a jurisprudência do Supremo Tribunal Federal consolidou o entendimento de que a inexistência de registro imobiliário do bem objeto de ação de usucapião não induz à presunção de que o imóvel seja público (terras devolutas), cabendo ao Estado provar a titularidade do terreno como óbice ao reconhecimento da prescrição aquisitiva[7].

---

4 "Art. 99. São bens públicos: (...) III – os dominicais, que constituem o patrimônio das pessoas jurídicas de direito público, como objeto de direito pessoal, ou real, de cada uma dessas entidades."

5 Art. 20, II, da Constituição Federal.

6 Art. 26, IV, da Constituição Federal.

7 CÍVEIS. AÇÃO DE USUCAPIÃO EXTRAORDINÁRIA. IMÓVEL RURAL. POSSE MANSA E PACÍFICA. IMPLEMENTO DO LAPSO TEM-

No sistema jurídico brasileiro não existe presunção, relativa ou absoluta, de que toda terra não privada é terra pública, pois a ausência de transcrição no Ofício Imobiliário não induz à presunção de que o imóvel se inclui no rol das terras devolutas.

3.4. TERRAS DE FAIXA DE FRONTEIRA

As terras de faixa de fronteira (150 km de largura ao longo das fronteiras terrestres) são aquelas compreendidas na faixa de até 150 quilômetros de largura, ao longo das fronteiras terrestres, consideradas fundamentais para a defesa do território nacional, sendo sua ocupação e utilização reguladas em lei (art. 20, § 2º, da Constituição Republicana e art. 1º da Lei n. 6.634, de 2 de maio de 1979).

As faixas de fronteira tiveram sua primeira acepção na Lei n. 601, de 18 de setembro de 1850 (Lei de Terras), quando dispôs sobre a possibilidade de concessão das terras situadas nos limites do Império com outros países, em uma zona de até dez léguas (aproximadamente 66 quilômetros), reforçada pelo Decreto n. 1.318, de 30 de janeiro de 1854, regulamentador da Lei de Terras.

A primeira Constituição Republicana, de 1891, no art. 64, transferiu as terras imperiais aos Estados federados, deixando à União so-

---

PORAL. INEXIGÊNCIA DE JUSTO TÍTULO. AUSÊNCIA DE REGISTRO DO IMÓVEL. TERRAS DEVOLUTAS. PRESUNÇÃO. INOCORRÊNCIA. ONUS DA PROVA DO ESTADO. RECURSOS NÃO PROVIDOS. Deve ser declarada em favor dos autores a aquisição da propriedade do imóvel rural por usucapião, diante da prova de que ocupam o terreno com ânimo de dono, de forma mansa e pacífica, por período superior a trinta anos, cercando a área, construindo casas de morada, curral e exercendo atividades de cultivo e pecuária. Através da prova testemunhal, corroborada por declaração do próprio genitor dos litigantes, ficou demonstrado que o imóvel usucapiendo não se confunde com a área do terreno contiguo, em relação ao qual haveria composse entre os apelantes e os autores, em decorrência de direitos hereditários. Constitui ônus do Estado comprovar que o imóvel que se pretende usucapir se insere no domínio público, não se presumindo a condição de terra devoluta pela inexistência de registro cartorial. Precedentes do STJ". No recurso extraordinário sustenta-se violação do(s) art.(s) 183, § 3º; 191, parágrafo único, da Constituição Federal. (Decisão monocrática do Presidente do STF no ARE 1335977, rel. Min. Luiz Fux, julgado em 14-7-2021, publicado em 16-7-2021. Disponível em: https://jurisprudencia.stf.jus.br/pages/search/despacho1220893/false. Acesso em: 20 set. 2023.)

mente a porção do território que for indispensável para a defesa das fronteiras, fortificações, construções militares e estradas de ferro federais. Por outra via, no art. 83, manteve vigente a legislação anterior que a ela não contrariasse, e, por tal força, a Lei de Terras de 1850 manteve sua vigência, e, assim, a faixa de fronteira criada por essa lei imperial.

A Constituição Federal de 1934, ao seu turno, no art. 20, dispôs que são bens da União os que a ela pertencem nos termos da legislação então vigente. E tratou sobre a faixa de fronteira no capítulo sobre segurança nacional e previu a impossibilidade de concessão de terras ou de vias de comunicação e a abertura de estradas, bem assim a instalação de indústrias de interesse à segurança nacional, dentro da faixa de cem quilômetros ao longo das fronteiras, sem a audiência do Conselho Superior da Segurança Nacional (art. 166).

A Constituição de 1937, em seu art. 37, regrou que são do domínio da União os bens que a ela pertencem nos termos da legislação então vigente. E, no art. 165, aumentou a faixa de terras de fronteira para 150 quilômetros, proibindo a concessão de terras ou de vias de comunicação, bem como a instalação de indústrias que interessem à segurança nacional, sem audiência do Conselho Superior de Segurança Nacional.

Com a inauguração da República, em respeito aos princípios federativos, aos Estados-membros passaram a pertencer as terras devolutas, reservando o Constituinte à União apenas a faixa de terra para a proteção e a defesa da fronteira e a integridade do território nacional. Todavia, os governos estaduais e municipais concederam terras devolutas nas faixas de fronteira a particulares, sem a anuência da proprietária, a União. Praticaram, portanto, transferência *a non domino*.

Por isso, em 1939, o Decreto-lei n. 1.164, de 1º de março, subordinou as concessões de terras nas faixas de fronteira feitas pelos governos estaduais e locais à revisão por uma comissão especial nomeada pelo Presidente da República, e proibiu qualquer negociação sobre essas terras até que referida comissão ratificasse aquelas concessões.

A democrática Constituição Federal de 1946 versou sobre a faixa de fronteira no art. 34, declarando que são bens da União a porção de terras devolutas indispensável à defesa das fronteiras, às fortificações, às construções militares e às estradas de ferro.

A continuada prática ilegal da concessão de terras nas faixas de fronteira por parte dos Estados e municípios impôs a manutenção da adoção de medidas capazes de convalidar aqueles atos, sob pena de grassar a insegurança jurídica a centenas de milhares de trabalhadores rurais naquelas regiões.

Editou-se, então, a Lei n. 4.947, de 6 de abril de 1966, a qual estipulou, em seu art. 5º, § 1º, a competência do Poder Executivo para ratificar as alienações e concessões de terras já feitas pelos Estados na faixa de fronteira, se entendido que se coadunam com os objetivos do Estatuto da Terra[8].

A Constituição de 1967, com a redação dada pela Emenda Constitucional n. 1/69, no seu art. 4º, dispôs que se incluíam entre os bens da União a porção de terras devolutas indispensável à defesa nacional ou essencial ao seu desenvolvimento econômico e a que a ela já pertenciam, pelo que incorporou ao patrimônio nacional as terras devolutas necessárias a sua segurança e ao desenvolvimento, ficando, desse modo, resolvidas possíveis dúvidas sobre o assunto.

A legislação infraconstitucional, mormente a partir da década de 1940, continuou a prever, pela União, a ratificação dos títulos outorgados irregularmente pelos Estados e municípios, transferências a *non domino*, relativos a imóveis situados na faixa de fronteira.

A convalidação pela União era premente, visto que tais concessões eram nulas, pois transferidas a particulares por quem não era titular do domínio e por preterir solenidade exigida em lei, a saber, o assentimento do Conselho de Defesa Nacional, a partir da Constituição Federal de 1934, ou órgão equivalente nas Constituições posteriores.

A Lei n. 6.634, de 2 de maio de 1979, passou a regular as terras na faixa de fronteira, assim compreendida a faixa interna de 150 quilômetros de largura, paralela à linha divisória terrestre do território nacional, considerada área indispensável à Segurança Nacional, e por tal motivo proíbe qualquer ato negocial com terras devolutas aí localizadas, ou a construção de vias de comunicação, indústria ou empreendimento, sem que haja o assentimento do Conselho de Segurança Nacional.

A Constituição Federal de 1988 clausulou, no art. 20, que são bens da União as terras devolutas indispensáveis à defesa das fronteiras,

---

8 Esse dispositivo preceitua a necessidade de adequação da terra com o Estatuto da Terra (Lei n. 4.504, de 30-11-1964), no que concerne ao cumprimento da função social da propriedade.

sendo a faixa de até 150 quilômetros de largura, ao longo das fronteiras terrestres, designada como faixa de fronteira, considerada fundamental para a defesa do território nacional, sendo sua ocupação e utilização reguladas em lei ordinária.

A lei que regulamenta a disposição constitucional permanece a Lei n. 6.634, de 2 de maio de 1979, por ter sido recepcionada pela Constituição Republicana de 1988, e afirma que nessas áreas pode haver o domínio privado, seja pelo processo de ratificação anteriormente concretizado ou a partir do assentimento do Conselho de Defesa Nacional. Ao que a União não renunciou, todavia, foi seu domínio sobre as terras devolutas localizadas nessas áreas, fato sedimentado pelo próprio Supremo Tribunal Federal[9].

O Superior Tribunal de Justiça, ao seu turno, entendeu que qualquer alienação ou oneração de terras situadas na faixa de fronteira, sem a observância dos requisitos legais e constitucionais, é nula de pleno direito, como diz a Lei n. 6.634/79, especialmente se o negócio jurídico imobiliário foi celebrado por entidades estaduais destituídas de domínio[10].

---

9 Súmula 477 do STF: "As concessões de terras devolutas situadas na faixa de fronteira, feitas pelos Estados, autorizam, apenas, o uso, permanecendo o domínio com a União, ainda que se mantenha inerte ou tolerante, em relação aos possuidores".

10 Cf. PROCESSUAL CIVIL. ADMINISTRATIVO. DECLARAÇÃO DE NULIDADE DE TÍTULO DE DOMÍNIO. IMÓVEL DE INTERESSE DA UNIÃO. FAIXA DE FRONTEIRA. PERÍODO DE RATIFICAÇÃO DO TÍTULO. DESPROVIMENTO DO AGRAVO INTERNO. MANUTENÇÃO DA DECISÃO RECORRIDA. ADMISSIBILIDADE IMPLÍCITA. (...) Agravo Interno improvido. (AgInt no REsp n. 1.679.175/PR (2017/0142849-1), rel. Min. Francisco Falcão, Segunda Turma, julgado em 26-6-2023, publicado em 29-2-2023. Disponível em: https://scon.stj.jus.br/SCON/GetInteiroTeorDoAcordao?num_registro=201701428491&dt_publicacao=29/06/2023). Em idêntico teor: ADMINISTRATIVO. AÇÃO CIVIL PÚBLICA. DESAPROPRIAÇÃO POR INTERESSE SOCIAL. TÍTULO DE DOMÍNIO. ESTADO DO PARANÁ. Incra. FAIXA DE FRONTEIRA. EXTINÇÃO DA AÇÃO. BEM DA UNIÃO. I. São nulos os títulos de domínio concedidos pelo Estado do Paraná de terras situadas em faixa de fronteira pertencentes à União. Decisão do STF na AC n. 9.621-1. II. O Superior Tribunal de Justiça não reconhece a ratificação automática dos títulos de propriedade, a qual depende de requisitos previstos em lei, que dependem de apuração em processo administrativo. (TRF-4 - REMESSA NECESSÁRIA CÍVEL: 50058053420144047007 PR 5005805-34.2014.4.04.7007, rel. Rogerio Favreto, julgado em 28-7-2020, Ter-

A Corte Superior também pacificou que compete ao Conselho de Defesa Nacional, segundo o art. 91, § 1º, III, da Constituição Federal de 1988, propor os critérios e condições de utilização da faixa de fronteira. Trata-se de competência firmada por norma constitucional, dada a importância que as Constituições, inclusive as anteriores a partir da Carta Republicana de 1891, atribuíram a essa parcela do território nacional.

Assim, a faixa de fronteira é bem de uso especial da União, pertencente ao seu domínio indisponível, somente autorizada a alienação em casos especiais, desde que observados diversos requisitos constitucionais e legais.

3.5. TERRAS DE PRESERVAÇÃO AMBIENTAL

As terras de preservação ambiental, também entendidas como espaços territoriais especialmente protegidos, são aquelas correspondentes às áreas com características naturais relevantes, objetivando a conservação e regulação da respectiva utilização, a partir dos limites impostos pela legislação infraconstitucional, sob o regime especial de administração.

Desde a Constituição Federal de 1988, o legislador esteve concernido com a proteção e o uso sustentável do meio ambiente, tanto que estipulou e elevou o direito ao meio ambiente ecologicamente equilibrado a *status* de direito fundamental, imprescindível à sadia qualidade de vida, devendo ser protegido pelo poder público em conjunto com a coletividade.

A Floresta Amazônica brasileira, a Mata Atlântica, a Serra do Mar, o Pantanal Mato-grossense e a Zona Costeira foram considerados pelo Constituinte como patrimônio nacional, regulamentando sua utilização na forma da lei, dentro de condições que assegurem a preservação do meio ambiente, inclusive quanto ao uso dos recursos naturais.

A Lei n. 9.985, de 18 de julho de 2000, foi responsável pelo regramento do art. 225, § 1º, I, II, III e VII, da Constituição Republicana, bem como pela instituição do Sistema Nacional de Unidades de Conservação (SNUC).

---

ceira Turma. Disponível em: https://www.jusbrasil.com.br/jurisprudencia/trf-4/886166691/inteiro-teor-886166781. Acessos em: 20 set. 2023.)

As unidades de conservação são espaços territoriais e seus recursos ambientais, incluídas as águas jurisdicionais, com características naturais relevantes, legalmente instituídos pelo poder público, com fins de conservação e limites definidos, sob o regime especial de administração, aos quais se aplicam garantias adequadas de proteção.

As unidades de conservação protegem os ecossistemas e, como tal, fazem parte do conteúdo material do núcleo essencial do direito fundamental ao meio ambiente ecologicamente equilibrado. Em função da qualidade do direito tutelado, suas normas de regência não podem alteradas em matéria que reduzam ou aniquilem o núcleo essencial do direito fundamental assegurado, sob pena de retrocesso socioambiental, o que é proibido constitucionalmente[11].

Para a Lei n. 9.985/2000, a conservação da natureza corresponde ao manejo humano dos recursos naturais, compreendendo a preservação, a manutenção, a utilização sustentável, a restauração e a recuperação do ambiente natural, objetivando a produção do maior benefício, em bases sustentáveis, às atuais gerações, mantendo seu potencial de satisfazer as necessidades e as aspirações das gerações futuras e garantindo a sobrevivência dos seres vivos em geral.

Nesses termos, a conservação da natureza tem íntima relação com o desenvolvimento sustentável, preconizados na Carta Magna de 1988, no art. 225, ao prever o dever de defender e preservar o meio ambiente para as presentes e futuras gerações.

Saliente-se que a Lei n. 12.651, de 25 de maio de 2012 – Código Florestal –, instituiu as áreas de preservação permanente (art. 3º, II), que são as áreas ambientalmente protegidas, cobertas ou não por vegetação nativa, com função ambiental de preservar os recursos hídricos, a paisagem, a estabilidade geológica e a biodiversidade, facilitar o fluxo gênico de fauna e flora, proteger o solo e assegurar o bem-estar das populações humanas.

Esse mesmo diploma legal instituiu as reservas legais, correspondentes às áreas localizadas no interior de uma propriedade ou posse rural, delimitadas a partir das características do ambiente em que o imóvel está localizado[12], com a função de assegurar o uso econômico

11 Cf. ADI n. 4.717-DF, cit. Acesso em: 19 set. 2023.

12 "Art. 12. Todo imóvel rural deve manter área com cobertura de vegetação nativa, a título de Reserva Legal, sem prejuízo da aplicação das normas sobre

de modo sustentável dos recursos naturais do imóvel rural, auxiliar a conservação e a reabilitação dos processos ecológicos e promover a conservação da biodiversidade, bem como o abrigo e a proteção de fauna silvestre e da flora nativa.

Essa amplitude de regiões e de áreas ambientalmente protegidas demonstra a atenção especial que o Estado tem dado à tutela da natureza e de seus recursos naturais, legitimando o uso a partir de práticas sustentáveis, que respeitem a vocação natural da terra e os potenciais produtivos de cada localidade.

3.6. TERRAS INDÍGENAS

Terras indígenas são as porções de terra tradicionalmente ocupadas pelos povos originários e por eles habitadas em caráter permanente, bem como as utilizadas para suas atividades produtivas, as imprescindíveis à preservação dos recursos ambientais necessários a seu bem-estar e as necessárias a sua reprodução física e cultural, segundo seus usos, costumes e tradições.

Devido à umbilical ligação com a natureza, o indígena tem a si reconhecido, em âmbito constitucional, o direito de viver nas terras onde tradicionalmente habita. Mas as terras indígenas não são de sua propriedade, como se particular fosse. Muito pelo contrário: a Constituição Federal, no art. 20, XI, preceitua como bem da União as terras tradicionalmente ocupadas pelos índios. As terras indígenas fazem parte, assim, do território brasileiro. É uma parte do todo: o território nacional sobre cujo espaço deita a soberania brasileira. Nesse sentido, os índios mantêm vínculos jurídicos com a União, pois têm o apossamento constitucional de terra a ela pertencente.

O Supremo Tribunal Federal reafirmou como bens da União os que lhe pertencem ou que lhe vierem a pertencer (art. 20, I, da Constituição Federal) e as terras tradicionalmente ocupadas pelos índios

---

as Áreas de Preservação Permanente, observados os seguintes percentuais mínimos em relação à área do imóvel, excetuados os casos previstos no art. 68 desta Lei: (Redação dada pela Lei n. 12.727, de 2012).

I – localizado na Amazônia Legal:

a) 80% (oitenta por cento), no imóvel situado em área de florestas;

b) 35% (trinta e cinco por cento), no imóvel situado em área de cerrado;

c) 20% (vinte por cento), no imóvel situado em área de campos gerais;"

(art. 20, XI, da Constituição Federal), excluindo os territórios de aldeamentos extintos, ainda que ocupados por indígenas em passado remoto[13]. É que deixaram de integrar o patrimônio fundiário da União, na qualidade de devolutas, as terras de aldeamento indígena abandonado antes da Constituição Federal de 1891, por restarem desafetadas do uso especial que as gravava, e, assim, passaram ao domínio dos Estados federados, por efeito da norma do art. 64 da Constituição de 1891, a primeira republicana.

As terras indígenas são de interesse público, justamente para efetivar a proteção da categoria social (comunidades indígenas). Essa tutela efetiva não é concretamente um serviço administrativo, mas há um objetivo social perseguido pelo poder público, motivo pelo qual esses bens configuram-se na categoria de uso especial[14].

O direito agroambiental se volta para as terras tradicionalmente ocupadas pelos índios, na medida em que nesse espaço são praticadas atividades agrárias, especialmente o extrativismo, a lavoura e a pecuária pela própria comunidade indígena, devendo não ser exploradas por não indígenas.

Na época da Independência, havia a preocupação com a causa indígena no que se refere à invasão em suas terras, especialmente no Rio de Janeiro, em Minas Gerais e em São Paulo. Afinal, o passado retratava como práticas comuns a dizimação, a escravização e a expulsão dos silvícolas de regiões que interessavam aos portugueses[15].

No Império, a Lei n. 601/1850 contempla a reserva de terras às comunidades indígenas, ao prever a necessidade de o Governo reservar as terras devolutas em favor da colonização dos indígenas[16].

---

13 Súmula 650 do Supremo Tribunal Federal: "Os incisos I e XI do art. 20 da Constituição Federal não alcançam terras de aldeamentos extintos, ainda que ocupadas por indígenas em passado remoto".

14 CARVALHO FILHO, José dos Santos. Op. cit., p. 1.229.

15 RIZZARDO, Arnaldo. **Curso de direito agrário.** 2. ed. rev., atual. e ampl. São Paulo: Revista dos Tribunais, 2013, p. 377.

16 Lei n. 601, de 18 de setembro de 1850: "Art. 12. O Governo reservará das terras devolutas as que julgar necessarias: 1º, para a colonisação dos indigenas; 2º, para a fundação de povoações, abertura de estradas, e quaesquer outras servidões, e assento de estabelecimentos publicos: 3º, para a construção naval".

A primeira Constituição Republicana a regulamentar as terras indígenas foi a de 1934, a qual previu a necessidade de respeito das terras onde se localizassem as comunidades indígenas em caráter permanente, sendo-lhes, no entanto, vedado aliená-las.

A Constituição Federal de 1988 reconheceu as terras tradicionalmente ocupadas pelas comunidades dos povos originários como de propriedade da União, com a arregimentação legal no art. 231 e parágrafos.

Aos povos originários é destinada a posse da terra devidamente ocupada em caráter permanente, para fins de organização, habitação, realização de suas práticas sociais, como costumes, línguas próprias, crenças e tradições, sendo-lhes garantida a posse definitiva sobre a terra respectiva, bem como o usufruto exclusivo das riquezas naturais e de todas as utilidades ali existentes.

Embora de propriedade da União, as terras indígenas são elemento fundamental a partir do qual os indígenas estabelecem sua afirmação identitária. As comunidades tradicionais, como os povos originários, possuem critérios de organização social próprios, com relativa autonomia produtiva, reprodução social sem dependência direta de um poder central, longe da economia de mercado e de consumo, bem como centradas em representação política particular, autonomia de gerenciamento dos recursos ambientais e um saber próprio que se manifesta em concepção própria de territorialidade[17].

Nessas condições, as terras indígenas tanto quanto os demais bens agroambientais a que os indígenas têm seu modo de vida vinculado constituem direitos fundamentais do agrupamento social. Afinal, "é preciso considerar que, assim como o étnico extrapola o biológico, a noção de territorialidade extrapola a terra como recurso natural"[18].

Urge, então, que o *locus* indígena seja demarcado, o que é de encargo constitucional da União. As terras tradicionalmente ocupadas pelos povos originários destinam-se a sua posse permanente, cabendo-lhes o usufruto exclusivo das riquezas do solo, dos rios e dos lagos nelas existentes.

---

17 MARTINS, Cynthia Carvalho. A afirmação identitária dos grupos étnicos da Amazônia. In: SAUER, Sérgio; ALMEIDA, Wellington (org.). **Terras e territórios na Amazônia**: demandas, desafios e perspectivas. Brasília: Editora Universidade de Brasília, 2011, p. 260.

18 Idem, ibidem, p. 262.

A demarcação das terras indígenas e sua previsão constitucional são vitórias das populações indígenas e se inserem dentro das políticas públicas de tutela da diversidade étnica brasileira, sendo de competência do Executivo federal feita em procedimento administrativo regulado em lei.

Por vários motivos, é necessária a demarcação das terras indígenas, não apenas sob o ângulo antropológico-cultural, mas até mesmo devido à eugenia, na medida em que se constata que o avanço da sociedade tecnológica sobre suas terras atenta contra a própria existência dos indígenas. Por exemplo, em Mato Grosso do Sul ocorreram nove contaminações por agrotóxicos no povo Guarani Kaiowá, sendo um dos contaminados um recém-nascido de 18 dias de vida. Outros casos de contaminação por agrotóxicos na população indígena brasileira foram verificados, também, em Santa Catarina, Paraná, Minas Gerais, Espírito Santo e Bahia.

Com a demarcação, a fronteira agrícola não ultrapassa o limite das terras indígenas.

O Supremo Tribunal Federal decidiu, entre vários outros pontos paradigmáticos para a causa indígena, que as terras ocupadas pelos povos originários devem ser demarcadas continuamente, e não em *ilhas*, tipo "queijo suíço" (*clusters*)[19].

A Constituição prega o reconhecimento dos direitos originários (primevos) dos indígenas sobre as terras tradicionalmente ocupadas. O propósito constitucional, portanto, é deixar que a população indígena desfrute de espaço físico do meio ambiente natural necessário a sua subsistência e reprodução cultural, econômica e social.

A norma qualificada que reconhece as terras indígenas respeita sua identidade cultural, plasmando a fixação do perímetro dessas terras, perímetro que deve levar em consideração os quatro círculos concêntricos referenciados pelo Supremo Tribunal Federal, a saber: a) habitação em caráter permanente e não eventual; b) as terras utilizadas "para suas atividades produtivas"; c) "as

---

19 Cf. Petição Reclamatória n. 3.388-4 RR, STF, rel. Min. Carlos Ayres de Britto, julgado em 19-3-2009, Tribunal Pleno, *DJe*-181 25-9-2009, republicação: *DJe*-120, 1º-7-2010, Ement Vol. 02408-02, referente ao caso Reserva Indígena Raposa Serra do Sol, no Estado de Roraima.

imprescindíveis à dos recursos ambientais necessários ao seu bem--estar"; d) as que se revelarem "necessárias à reprodução física e cultural" de cada uma das comunidades indígenas[20].

Nesse sentido, o regime constitucional das terras indígenas autoriza a demarcação contínua do espaço geográfico onde está a comunidade tradicional, por funcionar aí o *locus* pretendido pelo Constituinte ao indígena.

A demarcação contínua se faz dentro de uma mesma comunidade indígena, em geral formada por uma só etnia, mas sendo possível duas ou mais como sói acontecer com a Terra Indígena Raposa Serra do Sol[21], em que cinco etnias convivem pacificamente, comungando dos mesmos ideais, crença, usos, costumes, tradição, tronco de língua,

---

20 Voto do Ministro Relator Carlos Ayres Britto.

21 As terras indígenas denominadas Raposa Serra do Sol estão localizadas no Município de Normandia, Pacaraíma e Uiramutã, no Estado de Roraima, e abrangem uma superfície total de 1.747.464 hectares, local de vivência das etnias Macuxi, Wapixana, Taurepang, Ingarikó e Patamona. Essas comunidades estão na área há mais de 150 anos e sempre viveram sem qualquer tipo de conflito armado, vez que compõem o mesmo grupo familiar, a partir de relações de matrimônio entre si, fato que gerou a mescla dos costumes, usos e tradições, além da prática da língua comum. Entretanto, com o programa do governo federal de ocupação da Amazônia, a partir da década de 1970, do século passado, o Instituto Nacional de Colonização e Reforma Agrária (Incra) outorgou, a produtores rurais, titulações de terras agricultáveis dentro da Reserva Indígena, por desconhecer que a área era de afetação àquelas comunidades. Tal fato gerou o conflito que desaguou no STF, uma vez que os empresários, principalmente rizicultores, contestaram judicialmente a demarcação da área indígena, por crerem ser suas as terras objeto de demarcação da reserva indígena, vez que possuíam os títulos legalmente fornecidos pelo competente órgão fundiário federal. Para agravar ainda mais a situação das comunidades tradicionais, o Estado de Roraima pretendeu, também, a redução da área da Raposa Serra do Sol, sob a justificativa de que perderia território estadual, à proporção que fossem reconhecidas as terras em favor dos agrupamentos tradicionais, fato que ocasionaria prejuízo da econômica estadual. Não sendo suficientes as controvérsias já citadas, a Unidade de Conservação denominada Parque Nacional de Monte Roraima, situada nas fronteiras Brasil/Venezuela/Guiana, também questionou o fato de a Raposa Serra do Sol se estender ao seu terreno. De todas as medidas judiciais ingressadas na Justiça Federal no Estado de Roraima (ações populares, possessórias e ações civis públicas), o STF as avocou, centralizando e assumindo a responsabilidade pela apreciação das lides postas, situação que gerou o estabelecimento de condicionantes para a demarcação das terras indígenas.

religião e demais elementos culturais que identifiquem aborigenemente uma comunidade[22].

Por motivos antropológico-jurídicos, urge identificar o marco temporal da ancianidade do que se deve compreender pela fórmula constitucional "(...) as terras que tradicionalmente ocupam (...)" os indígenas, inserida no art. 231 da Texto Magno. O Supremo Tribunal Federal já teve oportunidade de interpretar essa dicção constitucional no caso Raposa Serra do Sol, sentenciando, especificamente para aquela questão, que eram as terras habitadas pelos indígenas na data de 5 de outubro de 1988 – a da promulgação da Constituição Federal de 1988 – e, complementarmente, que tivesse havido a efetiva relação dos indígenas com a terra. Quer dizer, o critério então adotado pelo Excelso Pretório conjugou o marco temporal (data da promulgação da Constituição Federal) e a qualificação da tradicionalidade da ocupação. Tal ação constitucional não foi qualificada como de Repercussão Geral.

Entretanto, o Recurso Extraordinário n. 1.017.365, que é um pedido de Reintegração de Posse movido pela Fundação do Meio Ambiente do Estado de Santa Catarina (atual Instituto do Meio Ambiente de Santa Catarina-IMA) contra a Fundação Nacional do Índio (FUNAI) e indígenas do povo originário Xokleng, no qual se debate a questão do marco temporal para demarcação das terras indígenas, teve reconhecida a qualidade de Repercussão Geral, o que significa que a decisão final serve para fixar uma tese como referência a todos os casos envolvendo terras dos povos originários, em todas as instâncias do Poder Judiciário.

Tal Recurso Extraordinário foi julgado a 21 de setembro de 2023, no qual, por 9 votos a 2, o STF entendeu que o reconhecimento do direito dos povos indígenas à terra independe da existência de um marco temporal para demarcação das terras indígenas.

As terras indígenas, por serem de propriedade da União Federal, nos termos do art. 20, XI, da Constituição da República, são inalienáveis, indisponíveis e imprescritíveis[23].

---

22 Sobre a decisão do STF referente à Petição Reclamatória 3.388-4 RR, do caso Raposa Serra do Sol, ver comentário doutrinário em MATTOS NETO, Antonio José de. **Estado de direito agroambiental brasileiro.** São Paulo: Saraiva, 2010.

23 Súmula 340 do STF: "Desde a vigência do Código Civil, os bens dominiais, como os demais bens públicos, não podem ser adquiridos por usucapião".

É direito constitucional indígena a posse permanente sobre as terras que ocupam tradicionalmente. Como os indígenas detêm o direito originário sobre as terras, ou seja, o primeiro dos direitos em era primeva, para exercê-lo plenamente há de ser acompanhado de posse qualificada.

A qualificação da posse indígena reside no fato de ser tradicional, histórica, anciã, com morada habitual da tribo indígena, cultura efetiva da terra, operando em estreita relação com o meio ambiente natural.

O exercício dos direitos possessórios permanentes se faz por meio da fórmula jurídica do usufruto vitalício. A vitaliciedade usufrutuária se dá não tomando como referência o índio individualmente considerado, mas coletivamente, de sorte que enquanto houver a coletividade indígena de determinada etnia, existirá o usufruto comunal.

Além de vitalício coletivamente, o usufruto é exclusivo da comunidade indígena. O caráter de exclusividade tem significado jurídico de que o não indígena ou o indígena de outra etnia não tem direito a usufruir.

Os direitos de usufruto recaem sobre as riquezas do solo, dos rios e dos lagos que existam nas terras indígenas. Implica o direito à posse, ao uso e à percepção das riquezas naturais e de todas as utilidades existentes nas terras ocupadas, bem assim o direito ao produto da exploração econômica de tais riquezas naturais e utilidades.

A Carta Republicana não inclui no direito de usufruto indígena o aproveitamento dos recursos hídricos, inclusive os potenciais energéticos, a pesquisa e a lavra dos recursos minerais. A exploração econômica dessas riquezas pode ser feita por não indígenas, contanto que haja, em qualquer hipótese, autorização do Congresso Nacional (art. 49, XVI, da Constituição Federal), sendo garantida à etnia indígena a participação nos resultados da lavra (renda), na forma da lei.

Todavia, tal aproveitamento econômico, além de seguir procedimento legal permissivo, tem de respeitar o socioambientalismo local, nomeadamente a biodiversidade e a cultura indígena, pois a ganância pela riqueza natural (por exemplo, o minério) coloca em risco as terras indígenas, os redutos de biodiversidade e da cultura do grupo. Por exemplo, um garimpo de ouro, em áreas indígenas na Amazônia, destrói o curso d'água, contamina os rios com mercúrio, desmata a floresta, degrada o solo e provoca a caça de animais silvestres.

O Texto Magno veda a remoção dos grupos indígenas de suas terras, com exceção de catástrofe ou epidemia que ponha em risco sua população, hipótese em que é exigido o *ad referendum* do Congresso Nacional, ou, ainda, no interesse da soberania do país, exigindo-se, também, a deliberação do Congresso Nacional, garantido, em qualquer hipótese, o retorno imediato logo que cesse o risco.

Outrossim, são nulos e extintos, sem produção de efeito jurídico, os atos que tenham por objeto a ocupação, o domínio e a posse das terras ocupadas pelos índios, bem como a exploração das riquezas naturais do solo, dos rios e dos lagos nelas existentes. Excetuam-se, todavia, para os casos de relevante interesse público da União, segundo o que dispuser lei complementar. A nulidade e a extinção do ato não geram direito à indenização ou a ações contra a União, salvo, na forma da lei, quanto às benfeitorias derivadas da ocupação de boa-fé.

A Lei n. 6.001, de 19 de dezembro de 1973 – Estatuto do Índio –, regula a situação jurídica dos índios. Ela foi recepcionada pela Constituição Federal de 1988, mas há dispositivos legais que se tornaram incompatíveis constitucionalmente.

O Texto Constitucional possibilita que as comunidades indígenas e suas respectivas organizações sejam partes legítimas para ingressar em juízo em defesa de seus direitos e interesses, intervindo o Ministério Público em todos os atos do processo.

A legitimidade processual conferida pela Carta Magna em favor dos índios somente é confirmada se houver integração à comunhão nacional, já que, em não havendo a respectiva inclusão, haverá necessariamente de reconhecer a incapacidade relativa, devendo as comunidades indígenas serem assistidas pelo seu órgão tutelar, a Funai[24].

3.7. TERRAS QUILOMBOLAS

A Constituição Federal, em sua contemplação étnica plural, tratou sobre a situação jurídica das terras quilombolas. No art. 68 do Ato das Disposições Constitucionais Transitórias, reconheceu o direito de propriedade coletiva definitiva aos remanescentes das comunidades de quilombos que estejam ocupando suas terras, devendo o Estado emitir-lhes os títulos respectivos.

O Supremo Tribunal Federal decidiu que o art. 68 do Ato das Disposições Constitucionais Transitórias (ADCT) deve ser cumprido, atendendo às garantias fundamentais previstas em favor dos quilom-

24 MARQUES, Benedito Ferreira. Ob. cit., p. 118.

bolas, conforme se depreende do voto da Ministra Rosa Weber, que afirmou que a compreensão sistemática da Carta Política não somente autoriza como exige, em casos de incidência de título de propriedade coletiva particular legítimo sobre as terras ocupadas por quilombolas, que seja o processo de transferência do domínio para estes, mediada por regular procedimento de desapropriação, sendo esse imperativo constitucional regulado pelo art. 13 do Decreto n. 4.887/2003. Textualmente, ponderou a Ministra: "Tenho por inequívoco tratar-se de norma definidora de direito fundamental de grupo étnico-racial minoritário, dotada, portanto, de eficácia plena e aplicação imediata e, assim, exercitável o direito subjetivo nela assegurado, independentemente de qualquer integração legislativa"[25].

Com efeito, a ordem constitucional, sob o primado dos direitos humanos, assegura aos remanescentes das comunidades dos quilombos a titulação coletiva definitiva do imóvel sobre o qual tradicionalmente mantém posse e vinculação telúrica ao meio ambiente, ainda que a área seja terreno de marinha, de propriedade da União, como sói enunciar, de modo paradigmático, o Recurso Especial n. 931.060/RJ, do Superior Tribunal de Justiça[26].

---

25 Cf. Supremo Tribunal Federal. Ação Direta de Inconstitucionalidade n. 3.239 - Distrito Federal. Relator Ministro Cesar Peluso. Relatora do Acórdão Ministra Rosa Weber. Apreciação em 25-3-2015. EMENTA: AÇÃO DIRETA DE INCONSTITUCIONALIDADE. DECRETO N. 4.887/2003. PROCEDIMENTO PARA IDENTIFICAÇÃO, RECONHECIMENTO, DELIMITAÇÃO, DEMARCAÇÃO E TITULAÇÃO DAS TERRAS OCUPADAS POR REMANESCENTES DAS COMUNIDADES DOS QUILOMBOS. ATO NORMATIVO AUTÔNOMO. ART. 68 DO ADCT. DIREITO FUNDAMENTAL. EFICÁCIA PLENA E IMEDIATA. INVASÃO DA ESFERA RESERVADA A LEI. ART. 84, IV E VI, "A", DA CF. INCONSTITUCIONALIDADE FORMAL. INOCORRÊNCIA. CRITÉRIO DE IDENTIFICAÇÃO. AUTOATRIBUIÇÃO. TERRAS OCUPADAS. DESAPROPRIAÇÃO. ART. 2º, *CAPUT* E §§ 1º, 2º E 3º, E ART. 13, *CAPUT* E § 2º, DO DECRETO N. 4.887/2003. INCONSTITUCIONALIDADE MATERIAL. INOCORRÊNCIA. IMPROCEDÊNCIA DA AÇÃO... (...). Disponível em: http://redir.stf.jus.br/paginadorpub/paginador.jsp?docTP=TP&docID=749028916. Acesso em: 19 set. 2023.

26 ADMINISTRATIVO E PROCESSUAL CIVIL. RECURSO ESPECIAL. AÇÃO DE REINTEGRAÇÃO DE POSSE. TERRENO DE MARINHA. ILHA DA MARAMBAIA. COMUNIDADE REMANESCENTE DE QUILOMBOS. DECRETO N. 4.887, DE 20 DE NOVEMBRO DE 2003, E ART. 68 DO ADCT. 1. A Constituição de 1988, ao consagrar o Estado Democrático de Direito em seu art. 1º como cláusula imodificável, fê-lo no afã de tutelar as garantias individuais e sociais

O Decreto n. 4.887, de 20 de novembro de 2003, dispõe sobre o procedimento para a identificação, o reconhecimento, a delimitação, a demarcação e a titulação das terras ocupadas por remanescentes das comunidades dos quilombos.

Consideram-se, a partir desse diploma legal, remanescentes das comunidades dos quilombos os grupos étnico-raciais, segundo critérios de autoatribuição, com trajetória histórica própria, dotados de relações

---

dos cidadãos, através de um governo justo e que propicie uma sociedade igualitária, sem nenhuma distinção de sexo, raça, cor, credo ou classe social. 2. Essa novel ordem constitucional, sob o prismado dos direitos humanos, assegura aos remanescentes das comunidades dos quilombos a titulação definitiva de imóvel sobre o qual mantém posse de boa-fé há mais de 150 (cento e cinquenta) anos, consoante expressamente previsto no art. 68 do Ato das Disposições Constitucionais Transitórias. 3. A sentença proferida no bojo da Ação Civil Pública n. 2002.51.11.000118-2, pelo Juízo da Vara Federal de Angra dos Reis/RJ (Diário Oficial do Estado do Rio de Janeiro ? Poder Judiciário, de 29 de março de 2007, páginas 71/74), reconheceu a comunidade de Ilhéus da Marambaia/RJ como comunidade remanescente de quilombos, de sorte que não há nenhum óbice para a titulação requerida. 4. Advirta-se que a posse dos remanescentes das comunidades dos quilombos é justa e de boa-fé. Nesse sentido, conforme consta dos fundamentos do provimento supra, a Fundação Cultural Palmares, antiga responsável pela identificação do grupo, remeteu ao juízo prolator do decisum em comento relatório técno-científico contendo (...) "todo o histórico relativo à titularidade da Ilha de Marambaia, cujo primeiro registro de propriedade fora operado em 1856, junto ao Registro de Terras da Paróquia de Itacuruçá, em nome do Comendador Joaquim José de Souza Breves, que instalou no local um entreposto do tráfico negreiro, de modo que, ao passar para o domínio da União, afetado ao uso especial pela Marinha, em 1906, já era habitado por remanescentes de escravos, criando comunidade com características étnico-culturais próprias, capazes de inserí-los no conceito fixado pelo artigo 2º do indigitado Decreto 4.887/03". 5. A equivocada valoração jurídica do fato probando permite ao STJ sindicar a respeito de fato notório, máxime no caso sub examinem, porque o contexto histórico-cultural subjacente ao thema iudicandum permeia a alegação do recorre de verossimilhança. 6. Os quilombolas tem direito à posse das áreas ocupadas pelos seus ancestrais até a titulação definitiva, razão pela qual a ação de reintegração de posse movida pela União não há de prosperar, sob pena de por em risco a continuidade dessa etnia, com todas as suas tradições e culturas. O que, em último, conspira contra pacto constitucional de 1988 que assegura uma sociedade justa, solidária e com diversidade étnica. 7. Recurso especial conhecido e provido. (REsp n. 931.060/RJ, rel. Min. Benedito Gonçalves, Primeira Turma, julgado em 17-12-2009 , *DJe* 19-3-2010. Disponível em: http://www.stj.jus.br/SCON/jurisprudencia/toc.jsp?livre=200700474295.REG. Acesso em: 19 set. 2023.)

territoriais específicas, com presunção de ancestralidade negra relacionada com a resistência à opressão histórica sofrida.

Competem ao Instituto Nacional de Colonização e Reforma Agrária (Incra) a identificação, o reconhecimento, a delimitação, a demarcação e a titulação das terras ocupadas pelos remanescentes das comunidades dos quilombos, sem prejuízo da competência concorrente dos Estados, do Distrito Federal e dos municípios.

Com o fito de ordenar o território, em regularização fundiária, os Estados federados e os municípios têm legitimidade para outorgar o título definitivo da propriedade coletiva aos remanescentes das comunidades dos quilombos que estejam ocupando suas terras.

O tratamento constitucional às comunidades remanescentes dos quilombos foi, efetivamente, de tutela protetiva de seus interesses, com pleno reconhecimento pelo Supremo Tribunal Federal quando delibera que seja fundamental a "regularização fundiária nas terras ocupadas de domínio da União na Amazônia Legal, de modo a assegurar a inclusão social das comunidades que ali vivem, por meio da concessão de títulos de propriedade ou concessão de direito real de uso às áreas habitadas, redução da pobreza, acesso aos programas sociais de incentivo à produção sustentável, bem como melhorando as condições de fiscalização ambiental e responsabilização pelas lesões causadas à Floresta Amazônica."[27].

A atestação da caracterização dos remanescentes das comunidades dos quilombos é realizada mediante autodefinição da respectiva comunidade, que é inscrita no cadastro geral junto à Fundação Cultural Palmares, expedindo-lhes a certidão respectiva, na forma do regulamento.

As terras remanescentes das comunidades de quilombos servem para preservar a identidade dos grupos, com a manutenção de suas práticas, costumes e culturas, em respeito não somente à proteção ao direito fundamental de moradia, mas à própria dignidade da pessoa humana, em face da íntima relação entre a identidade coletiva das populações tradicionais e o território por elas ocupado[28].

Por tais razões, o Decreto n. 4.887/2003 determina que o título fundiário coletivo outorgado à associação da comunidade quilombola contenha obrigatoriamente cláusula de inalienabilidade, imprescritibilidade e de impenhorabilidade.

---

27 ADI n. 4.269, cit. Acesso em: 20 set. 2023.

28 STF, ADIn 3.239/DF, cit., acesso em: 21 set. 2023.

3.8. TERRAS DE MARINHA E ACRESCIDOS DE MARINHA

Os terrenos de marinha e seus acrescidos estão dispostos no Decreto n. 9.760, de 5 de setembro de 1946, conceituados como as áreas localizadas em uma profundidade de 33 metros, medidos horizontalmente, para a parte da terra, da posição da linha da preamar média do ano de 1831, relativamente aos imóveis situados no continente, na costa marítima e nas margens dos rios e lagoas, até onde se faça sentir a influência das marés, bem como as terras que contornam as ilhas situadas em zona onde se faça sentir a influência das marés.

Por influência das marés, entende a lei ser a oscilação periódica de cinco centímetros, pelo menos, do nível das águas, que ocorra em qualquer época do ano civil.

Os terrenos acrescidos de marinha correspondem àquelas porções de terra somadas (acrescidas) natural ou artificialmente, para o lado do mar ou dos rios e lagoas, em seguimento aos terrenos de marinha.

Compete à Secretaria de Patrimônio da União (SPU) a determinação da posição das linhas da preamar média do ano de 1831 e da média das enchentes ordinárias (art. 9º do Decreto-lei n. 9.760/46), para fins de identificação dos terrenos de marinha e acrescidos.

Esses terrenos são considerados públicos, por determinação da Carta Republicana, conferindo propriedade à União[29]. São, portanto, inalienáveis, imprescritíveis, não onerosos e impenhoráveis, ainda que possam ser objeto de aforamento, ocupação ou de arrendamento[30].

Por serem de domínio federal os terrenos de marinha, os registros de propriedade particular de imóveis aí localizados não são oponíveis à União, conforme entendimento do Superior Tribunal de Justiça[31]. Isso significa que se o particular for proprietário de imóvel, localizado em área de terreno de marinha, com o título devidamente registrado no Registo de Imóveis, ainda assim, não poderá ser considerado proprietário em oposição à União.

A União, por seu turno, deve providenciar a demarcação da área de marinha pelo procedimento administrativo próprio, como exige o

---

29 Art. 20, VII, da Constituição Federal.

30 Art. 64 do Decreto-Lei n. 9.760, de 5 de setembro de 1046.

31 Súmula 496 do STJ: "Os registros de propriedade particular de imóveis situados em terrenos de marinha não são oponíveis à União".

Decreto-lei n. 9.760/46, e, caso não o faça, fica sujeita a ver o imóvel em terreno de marinha suscetível à usucapião, embora as terras sejam imprescritíveis. É que se o particular ingressar com ação de usucapião de determinada área que esteja localizada em terreno de marinha, a usucapião poderá ser deferida, vez que o particular não pode permanecer à mercê da atividade discricionária da administração pública em realizar a demarcação a que está obrigada, nos termos já assentados pelo Superior Tribunal de Justiça[32].

O Decreto-lei n. 9.760/46 regulou a possibilidade do uso dessas áreas pelos particulares pelo regime da enfiteuse, também chamado de aforamento ou emprazamento, e se dará quando coexistirem a conveniência de radicar o indivíduo ao solo e a de a União manter o vínculo da propriedade pública.

Pelo aforamento, a União, senhorio direto da propriedade, transfere o domínio útil ao particular, enfiteuta, tendo este a obrigação de pagar anualmente um valor financeiro a título de foro ou pensão e de pagar também, no momento da transferência onerosa do domínio útil ou cessão de direitos por ato *inter vivos* a um terceiro, o laudêmio, quando o senhorio não exercer a preferência sobre a propriedade[33].

O aforamento se dará quando coexistirem a conveniência de radicar-se o indivíduo ao solo e a de manter-se o vínculo da proprie-

---

32 Cf. DIREITO CIVIL E PROCESSUAL CIVIL. RECURSO ESPECIAL. OMISSÃO. INEXISTÊNCIA. USUCAPIÃO. MODO DE AQUISIÇÃO ORIGINÁRIA DA PROPRIEDADE. TERRENO DE MARINHA. BEM PÚBLICO. DEMARCAÇÃO POR MEIO DE PROCEDIMENTO ADMINISTRATIVO DISCIPLINADO PELO DECRETO-LEI N. 9.760/1946. IMPOSSIBILIDADE DE DECLARAÇÃO DA USUCAPIÃO, POR ALEGAÇÃO POR PARTE DA UNIÃO DE QUE, EM FUTURO E INCERTO PROCEDIMENTO DE DEMARCAÇÃO PODERÁ SER CONSTATADO QUE A ÁREA USUCAPIENDA ABRANGE A FAIXA DE MARINHA. SÚMULA 7/STJ. DESCABIMENTO. (...) "os registros de propriedade particular de imóveis situados em terrenos de marinha não são oponíveis à União". (Recurso Especial n. 1.975.670/SE (2021/0378414-1), rel. Min. Luis Felipe Salomão, Quarta Turma, julgado em 30-4-2022, publicado em 3-5-2022. Disponível em: https://processo.stj.jus.br/processo/dj/documento/mediado/?tipo_documento=documento&componente=MON&sequencial=151936064&tipo_documento=documento&num_registro=202103784141&data=20220503&formato=PDF. Acesso em: 20 set. 2023).

33 Art. 3º do Decreto-lei n. 2.398, de 21 de dezembro de 1987.

dade pública. E a cessão, por sua vez, será feita quando for de interesse da União concretizar auxílio ou colaboração que entenda prestar, com a permissão da utilização gratuita de seu imóvel.

A ocupação dessas áreas, conforme o Decreto-lei n. 9.760/46, exige que haja o cadastramento prévio dos ocupantes pela Secretaria do Patrimônio da União, bem como o pagamento da taxa de ocupação, destacando que o ato administrativo que autoriza o particular a ocupar o terreno de marinha respectivo é discricionário e está sujeito à conveniência da administração federal para, caso precise do imóvel, promover a desocupação sumária, sem que o particular tenha direito à permanência.

Far-se-á a locação quando houver conveniência em tornar o imóvel produtivo, conservando, porém, a União, sua plena propriedade, considerada arrendamento mediante condições especiais, quando objetivada a exploração de frutos ou a prestação de serviços.

3.9. TERRAS MARGINAIS

O termo *marginal* significa "relativo à margem", na beira, no limite, e é aplicado às terras localizadas às margens dos rios, dos lagos e por esses contornadas.

Foi utilizado pelo Decreto-lei n. 9.760, de 5 de setembro de 1946, entendendo-se como aqueles terrenos banhados pelas correntes navegáveis, fora do alcance das marés, e vão até a distância de quinze metros, medidos horizontalmente para a parte da terra, contados desde a linha média das enchentes ordinárias.

Pertencem à União, apresentando, portanto, as mesmas características comuns aos bens públicos.

O Código de Águas (Decreto n. 24.643, de 10 de julho de 1934), em seu art. 31, atribui a propriedade aos Estados sobre os terrenos reservados às margens das correntes e dos lagos navegáveis, se, por algum título, não forem do domínio federal, municipal ou particular.

Assim, o mesmo entendimento aplicável às terras devolutas aqui retorna: os terrenos localizados às margens dos rios navegáveis, em regra, são de propriedade dos Estados, somente não sendo caso sejam federais, municipais ou particulares, devendo ser provada a propriedade por título que indique sua transferência pelo poder público.

A Súmula 479 do Supremo Tribunal Federal consignou que as margens dos rios navegáveis são de domínio público, insuscetíveis de expropriação e, por isso mesmo, excluídas de indenização.

O particular pode, em todo caso, conseguir comprovar o título de propriedade dos terrenos marginais, desde que prove a transmissão legítima da área.

Ademais, sobre esses terrenos incide a servidão de trânsito em favor da administração pública, durante a execução de algum serviço administrativo[34].

3.10. GRILAGEM DE TERRAS PÚBLICAS

Grilagem é a prática de se apropriar ilegalmente de terra alheia, preferencialmente a pública, sem o devido título fundiário, ou, com o uso da fraude ou falsificação de títulos de propriedade, forjando legalização de documento, a fim de aparentar ser autêntico. Visa obter a posse e/ou propriedade ilicitamente. Os atores dessa prática são chamados de grileiros.

A grilagem está atrelada a inúmeros crimes, traduzindo uma verdadeira constelação de delitos: crime de usurpação de terras, fraude, falsidade documental, esbulho possessório, homicídio, lesões corporais, incêndio doloso, corrupção ativa, quadrilha ou bando[35] etc.

O termo grilagem foi atribuído a essa prática tendo em vista que o fraudador, para dar aparência de documento antigo, coloca o documento fundiário novo em um ambiente fechado, geralmente em gavetas, contendo grilos em seu interior, que liberam dejetos que torna o papel amarelecido, e, assim, confere aspecto mais antigo, semelhante a um documento original, com aparência de veracidade nas informações nele constantes.

A prática da grilagem pode ocorrer em qualquer tipo de terras ou domínio imobiliário (terras devolutas desocupadas ou ocupadas, terras indígenas, terras privadas), sendo mais comum na zona rural, devido a uma série de fatores, entre os quais a falta de cadastro idôneo da terra pública, o que favorece a esperteza dos grileiros.

Em terras devolutas desocupadas, quando a grilagem acontece, a única vítima verificada é o próprio poder público, seja federal, estadual ou municipal, que, embora não esteja fazendo uso imediato e

---

34 Art. 12 do Decreto n. 24.643, de 10 de julho de 1934.

35 SILVA, Juary C. **A macrocriminalidade.** São Paulo: Revista dos Tribunais, 1980, p. 195.

direto da propriedade, é o titular legítimo do domínio da terra respectiva. Em terras devolutas ocupadas, a seu turno, as vítimas são tanto o posseiro que esteja depositando sua força de trabalho no cultivo da terra e dela se utilizando para moradia, como o poder público, por ser o legítimo senhor da respectiva porção.

Em terras privadas, a grilagem, embora ocorra com menos frequência pelo fato de estarem ocupadas, é mais comum entre pequenos e médios produtores, que se fizeram pioneiros nas fronteiras agrícolas e que já possuíam o título jurídico hábil de exercício da propriedade. Nesses casos, os grileiros se utilizam da falsificação documental a fim de questionar o título dos legítimos donos da terra, apresentando-lhes uma cadeia dominial mais perfeita[36].

A grilagem também pode ocorrer em terras indígenas, mas a propriedade jamais será objeto de questionamento em favor dos grileiros, vez que o domínio sobre as terras é de exclusividade da União, e seu respectivo usufruto é também exclusivo da comunidade indígena. De certo é que a grilagem pode ocorrer nas terras indígenas não demarcadas.

De todo modo, a prática ilegal encontra soluções na legislação infraconstitucional, ainda que não literalmente, até porque na prática se trata de um conjunto complexo de atos formadores do assenhoreamento ilegal da propriedade alheia.

O Código Penal apresenta a possibilidade de legitimar a responsabilização do grileiro a partir da previsão dos crimes de falsificação de títulos e outros papéis públicos (arts. 293 e seguintes do CP), extorsão (art. 158 do CP), usurpação de terras (art. 161 do CP), dano (art. 163 do CP), bem como o estelionato e outras fraudes (arts. 171 e seguintes do CP), entre outros crimes.

A Lei n. 4.947, de 6 de abril de 1966, responsável pela fixação das normas de direito agrário, que dispõe sobre o Sistema de Organização e Funcionamento do Incra, trouxe, no art. 19 a possibilidade de responsabilização penal do indivíduo que se utiliza, como prova de propriedade ou de direitos a ela relativos, documento expedido por aquele órgão fundiário federal para fins cadastrais ou tributários, em prejuízo de outrem ou em proveito próprio ou alheio.

---

36 LARANJEIRA, Raymundo. **Direito agrário**: perspectivas críticas. São Paulo: LTr, 1984, p. 144.

Em âmbito cível, dependendo da natureza do tipo de grilagem, se tiver havido a participação de servidor público, ou se houve conivência de oficial de cartório, enfim, de acordo com a participação criminosa do agente, haverá as consequências previstas em lei.

Em havendo conluio de cartórios, o Estado, cessionário dos atos dos cartorários, também é responsabilizado pela prática criminosa, vez que deve velar pela atividade de seus funcionários, diretos e indiretos, cabendo, em todo caso, ação regressiva contra os seus prepostos.

Ademais, quando verificada a ocorrência da grilagem, o registro imobiliário ilegal é anulado, retornando o registro público ao *status quo* anteriormente constatado, visando à reparação dos prejuízos ocasionados às vítimas, bem como impossibilitando o enriquecimento ilícito dos beneficiários do ato criminoso.

O direito agroambiental, por sua vez, encontra em suas vestes uma medida acautelatória da prática da grilagem, que é a ação discriminatória. Esse procedimento, regulado pela Lei n. 6.383, de 7 de dezembro de 1976, é responsável pela fixação das normas sobre o processo discriminatório de terras devolutas da União, segundo o qual se apartam das terras devolutas particulares.

Atualmente, a grilagem tem sido reduzida drasticamente em território nacional, graças ao aprimoramento da legislação, que prevê, por exemplo, a utilização da tecnologia a serviço da regularização fundiária, como o uso do georreferenciamento para a identificação da área. Outros instrumentos permitem também paulatino avanço no combate à grilagem, tais como: o manejo da legislação pelo Ministério Publico com o ajuizamento de ação civil pública, o controle dos órgãos fundiários e ambientais estaduais e federais, bem assim a atuação do Judiciário e da polícia.

Capítulo 4
POSSE AGRÁRIA

A posse é instituto jurídico conhecido a partir do direito romano. Somente com os romanos temos seu conceito estruturado juridicamente. Mas o olhar sempre foi sob os óculos do direito civil, ora sob o forte ângulo tradicional, ora sob vestes mais modernas.

Entretanto, os fatos consumados diariamente no Brasil e na América Latina autorizam um novo olhar. Ponham-se as lentes da contemporaneidade, do Estado democrático de direito e afaste-se o binóculo do classicismo, para encontrar a nova realidade que se avista. Nessa perspectiva, chega-se ao descortinamento do que a ciência do Direito alcança e possa produzir.

Com esse cenário, respostas devem ser encontradas às necessidades sociais. No meio rural da América Latina, especialmente do Brasil e mais localizadamente da Amazônia, a carência de solução teórico-jurídica para o problema da posse da terra tem deixado um rastro destruidor de violência e insegurança social.

Uma das possibilidades para dar cobro a esse quadro está no reconhecimento científico-jurídico da posse agrária, cuja tese é construída a partir dos elementos fáticos da realidade do meio agroambiental. A posse agrária é anunciadora da paz social no campo.

Justificada está, portanto, a validade do estudo a seguir empreendido.

4.1. NOÇÃO DO INSTITUTO

Diferentemente do que ocorre nos Estados Unidos, em países da Europa ou em outros países da América Latina, o estudo da posse no direito agroambiental brasileiro reveste-se de particular importância devido à realidade do meio rural, que exige contornos significativos próprios.

Primeiro, porque, apesar de muitos aplicadores do Direito resistirem a se orientar pelas leis agrárias, visando solucionar questões de terra, é evidente que os fenômenos possessórios agrários exigem um tratamento específico, de contornos jurídicos agroambientais, por guardarem certa distância com as estritas fórmulas tradicionais das teorias possessórias civilistas, distinguindo-se a posse agrária da posse civil.

Segundo, porque os fatos impõem que haja conscientização político-jurídica do fenômeno possessório diferenciado entre aqueles que tratam da política agrária e os operadores do Direito, uma vez que se instalou verdadeira guerra civil entre os proprietários e os trabalhadores sem-terra.

Terceiro, porque a própria literatura jurídica sobre a posse agrária é escassa. Não dificilmente encontramos obras que tratam sobre a propriedade agrária, a empresa agrária, os contratos agrários, a reforma agrária, os tributos rurais, a sucessão agrária e outros institutos agrários. Mas a posse agrária: não.

4.2. INSUFICIÊNCIA DAS TEORIAS POSSESSÓRIAS TRADICIONAIS PARA EXPLICAR O NOVO FENÔMENO DA POSSE AGRÁRIA

Entre as teorias possessórias existentes, destacam-se as elaboradas por Savigny e Ihering, as quais destacamos, pois guardam consigo estreita afinidade com a propriedade[1].

A teoria de Savigny, também conhecida como teoria subjetiva da posse, vê na estrutura possessória dois elementos: *corpus* e *animus*. Sinteticamente, pode-se dizer que o *corpus* é um elemento físico e material, e significa a possibilidade de exercer o poder físico permanente e exclusivo sobre a coisa. Já o *animus*, também conhecido como *animus possidendi*, *rem sibi habendi* ou *animus domini*, é um elemento que significa a intenção que tem a pessoa de comportar-se como se proprietária fosse, com exclusividade, e não reconhecendo a ninguém o direito superior ao seu sobre a coisa possuída.

Esses elementos são importantes, pois, segundo a teoria subjetiva, para que haja posse, eles devem, necessariamente, coexistir. Caso não haja o *animus domini*, não existe posse, mas sim mera detenção.

---

1 MATTOS NETO, Antonio José. **O estado de direito agroambiental brasileiro.** São Paulo: Saraiva, 2010, p. 44. O autor, em 1988, formulou a teoria possessória agrária exposta na obra **A posse agrária e suas implicações jurídicas no Brasil.** Belém: Cejup, 1988.

Por sua vez, a teoria possessória de Ihering, também conhecida como teoria objetiva, congrega os dois elementos mencionados, apesar de o conteúdo desses conceitos ser diferente.

Para Ihering, o *corpus* é o que manifesta a relação de fato entre a pessoa e a coisa, de acordo com a sua destinação econômica normal. Já o elemento subjetivo, *affectio tenendi*, é a vontade de ter a coisa consigo. Não é como em Savigny, a vontade de ser o proprietário do bem, mas simplesmente de ter o bem, e utilizá-lo à finalidade normal a que se destina. Diferentemente da teoria de Savigny, a posse se dá em virtude da lei (a causa *possessionis*), que é considerada o fator objetivo. Assim, a posse seria a exteriorização, a visualização, da propriedade.

As teorias clássicas sobre posse são insuficientes para a aplicação no contexto brasileiro, porque pela teoria subjetiva savigniana, a mera possibilidade de exercício dos poderes de dispor da coisa com exclusividade já caracteriza o *corpus*. Ou seja, trata-se de uma faculdade cuja decisão fica ao alvedrio do proprietário, pois não se exige que este realize um conjunto de atos materiais que demonstrem a continuidade do uso da coisa. E, ao seu modo, a teoria objetiva iheringiana protege a posse apenas porque a atividade possessória corresponde ao modo normal de o proprietário exteriorizar seus poderes de domínio.

Outro ponto crítico é que as teorias civilistas admitem a aquisição e a manutenção da posse por terceiros. As chamadas interpostas pessoas, que são prepostos, representantes, servidores ou fâmulos da posse. Para Savigny, as interpostas pessoas se justificam pela detenção, em nome do proprietário, do *animus domini* ou a intenção de ser proprietário.

Vê-se, pois, que as teorias possessórias tradicionais não explicam a posse por si mesma, visando analisar suas estruturas jurídicas para fundamentar o fenômeno voltado para o próprio instituto jurídico. Mas, antes, formulam teoricamente a posse tendo em vista a propriedade.

4.3. TEORIA DA POSSE AGRÁRIA

No final do século passado, Anton Menger, na sua obra *L'État socialiste*, depurou a natureza econômica dos bens e os classificou em bens de consumo, bens de uso e bens de produção. Por bens de produção entendem-se aqueles cuja destinação normal é a produção de outros bens, com a ajuda ou não do homem, ou permitem a repartição de bens existentes. Bens de uso são os que, ao serem consumidos, não acarretam destruição ou diminuição de sua substância, podendo, por isso, ser usados simultânea e/ou sucessivamente por vários indivíduos. Já os bens de consumo caracterizam-se pela destruição completa ou diminuição de sua substância quando utilizados.

Acatando mencionada classificação, a terra passa a ser vista como bem de produção, e não mais como meio de especulação imobiliária em que se reserva capital. A terra é, efetivamente, *res* frugífera, pois sua destinação normal é a produção de outros bens.

Por isso, é princípio fundamental em direito agroambiental a função social, econômica e ambiental ser desempenhada na terra pelo trabalho humano. A terra deve ser trabalhada, cultivada, pelo homem, a fim de gerar riquezas em proveito próprio e da comunidade.

Em vias do processo de democratização do Direito, o direito agroambiental elege como valor maior a atividade agrária (o trabalho) que o homem empreende na terra. Valoriza-se mais que o simples domínio. Dessa maneira, o direito agroambiental orienta-se no sentido de reconhecer a posse àquele que, no plano dos fatos, labuta a terra, explorando-a economicamente.

É fim econômico-social do direito agroambiental assegurar a efetividade do trabalho humano, fixando o homem à terra. O direito agroambiental protege o trabalho produtivo e contínuo, de tal forma que converte em proprietário o produtor que não o é formalmente e resguarda o direito do proprietário-cultivador.

O efetivo exercício da atividade agrária somente ocorre por meio da posse. Parafraseando Ihering, diríamos que o trabalho produtivo é a visualização, a exteriorização da posse agrária. Somente com a posse caracteristicamente agrária, o rurícola mantém um apoderamento economicamente produtivo da coisa agrária.

Nesse sentido, o homem relaciona-se dinamicamente com a natureza por meio do trabalho. Opera-se um processo de transformação da natureza, a fim de gerar riquezas para condicionar a própria sobrevivência. É, sem dúvida, o *homo faber*.

É essa valorização jurídica do trabalho que preenche o conteúdo do fundamento da proteção possessória agrária. Na posse de direito agroambiental tutela-se, fundamentalmente, o trabalho agrícola. A propriedade aparece como mera consequência do direito já consolidado pela atividade agrária diuturnamente desenvolvida pelo possuidor.

Em muitos casos, o trabalho, como fator de produção, sobrepuja o fator capital. E, então, o primeiro, traduzido pela utilização constante da terra, apresenta maior ressonância jurídico-agrária do que o capital, representativo da propriedade fundiária. O trabalho (a atividade agrária) singulariza a posse de direito agroambiental. Aliás, a atividade agrária é a essência, o elemento constitutivo básico do direito agroambiental.

Tal atividade é desempenhada por atos que denunciam um uso direto e material da terra. O conceito de posse agrária está mais próximo do significado da palavra *tenencia*[2], de que as leis de reforma agrária dos países de origem espanhola se utilizam, implicando as várias maneiras de explorar economicamente a terra[3].

Segundo a orientação jusagrarista, *tenencia* pressupõe direito. Já para o direito civil, *tenencia* não traduz nenhum direito. O *tenedor* no direito agroambiental é um possuidor; no direito civil é um subpossuidor. Nesses termos, podemos exemplificar que um *tenedor* de uma gleba de terra é merecedor da proteção possessória em virtude da própria *tenencia* e, em potencial, é um proprietário; já para um locatário (*tenedor*) de um imóvel urbano, o direito civil tutela apenas a posse em razão do proprietário do imóvel.

Manifesta-se a *tenencia* da terra pela ocupação da posse atual e material (corporal) da terra, pelo possuidor que nela produz.

Assim, a vinculação do possuidor à terra deve ser direta e pessoal, não se admitindo a exploração indireta. Tanto que o arrendador não tem a posse agrária, só a civil (indireta). O possuidor agrário deve, ele mesmo, explorar a terra e assumir os riscos da empresa agrária, deci-

---

2 *Tenencia* é termo da literatura jurídica espanhola significando *detenção* (Cf. VALENCIA ZEA, Arturo. **La posesión.** Bogotá: Temis, 1983, p. 15). Gramaticalmente, *tenencia* significa ocupação e posse atual de uma coisa. Referindo-se à tenencia de la terra, além da ocupação e posse material da mesma, implica, também, a dinâmica de sua natureza e destino que, em geral, é a exploração econômica. Na Espanha equivale à palavra *llevanza,* que historicamente é empregada em muitas cidades espanholas pelos agricultores para expressar, no amplo conteúdo da relação homem-terra, o modo e o conceito em que os mesmos estão, têm ou cultivam a terra, na qual realizam o empreendimento rural. O conceito de *tenencia* distingue-se da figura técnica da posse; uma sentença de 26 de fevereiro de 1945 estabeleceu que *tenencia* é um "grau inferior da posse" mas que "não deixa de ser posse verdadeira" (Cf. SANZ JARQUE, Juan Jose. **Derecho agrario.** Madrid: Fundación Juan March, 1975. p. 130-31 (Colección Compendios Rioduero).

3 DUQUE CORREDOR, Roman Jose. Op. cit., p. 15.

dindo por si mesmo, sem tutela estranha, o destino e a organização de suas atividades agrárias produtivas[4].

Por esse sistema elimina-se a figura do intermediário da posse e condena-se a exploração indireta do imóvel rural.

Para a caracterização da posse agrária requer-se a vinculação imediata do possuidor à terra. Diante desse quadro, podemos identificar os elementos estruturais da posse agrária. Evidentemente, ela é composta pelos dois elementos presentes em qualquer posse: *corpus* e *animus*. Diferencia-se da posse comum a partir do conteúdo desses conceitos.

O *corpus*, o elemento objetivo, é traduzido por atos que exteriorizam a vinculação direta, material, imediata do possuidor à terra. A posse agrária exige uma apreensão imediata e direta sobre a coisa. A relação entre o homem e a terra é direta, física, revelada por atos materiais.

A exploração econômica da terra há de ser direta. A lei agroambiental prestigia o rurícola que diretamente, com os próprios esforços e os riscos, organiza o empreendimento agrário, no intuito de produzir riquezas.

Relativamente ao outro elemento estrutural, o fator subjetivo da posse, o *animus*, a intenção é representada pelo trabalho que o possuidor agrário desempenha na terra. O possuidor agrário não porta a intenção imediata de exercer o direito de propriedade como se fosse seu titular (*animus domini*). Muito menos detentor da vontade de proceder como habitualmente o faz proprietário. Sua intenção é trabalhar a terra: pretende explorá-la economicamente, produzindo bens consumíveis, para a sobrevivência própria, da família e da comunidade, participando do processo produtivo social.

A vontade do possuidor é proceder como o faz um verdadeiro possuidor de coisa agrária. Casos há em que trabalhando a terra, intenciona o empresário-possuidor também nela habitar, fazendo do local de trabalho o seu domicílio residencial e profissional. Pretende, pois, morar habitualmente na terra. Assim, nessa hipótese, o *animus* do possuidor agrário implica para o *animus manendi* e cujo conteúdo pode ser interpretado como a intenção de o possuidor-cultivador lavrar a terra e nela habitar.

4 V. art. 8° do Decreto brasileiro n. 59.566, de 14-11-1966.

O direito atual premia o organizador. Assim, cabe ao possuidor organizar os fatores de produção e criar riquezas geradas pela terra. Mas não basta a mera utilização econômica do bem. Exige-se que o uso da coisa agrária seja feito de modo racional.

Com efeito, o cultivo da terra será deficiente de não atender a determinados níveis de racionalidade econômica e social. O cultivo deficiente é equiparado à falta de cultivo. O cultivo eficiente, por sua vez, consiste em desenvolver a atividade agrária adequada à aptidão natural do solo, utilizar os instrumentos e a tecnologia agrícolas que melhor possam explorar a terra, visando ao aumento de produção e de produtividade. Imprescindível, portanto, que o titular da relação possessória organize uma empresa sobre a terra.

Além de exigir a exploração direta e eficiente, há de ser, também, correta. Explorar corretamente quer dizer cumprir fielmente todas as obrigações e os deveres decorrentes de disposições normativas agrárias, ambientais e demais leis.

Assim, o cultivo correto implica o rurícola respeitar as normas de preservação e conservação dos recursos naturais renováveis, obedecer às regras jurídicas atinentes ao trabalho assalariado, respeitar as leis previdenciárias etc.

Dessa forma, chegamos ao conceito de "bom cultivo", pelo qual são asseguradas primordialmente a adequada utilização da terra e a obtenção de ótimos resultados, pressupostos básicos para dispensar à empresa agrária a máxima proteção legal.

A posse, seu regime e estado de fato devem encerrar um eficaz meio de equilíbrio social não só para os que exploram economicamente a terra, mas também para a comunidade em geral, o que só se logra com uma racional e vinculante ordenação econômico-jurídico-social do solo.

Assim, a posse deve assegurar uma vida digna a seus titulares e a paridade do setor agrário em relação aos demais setores sociais. O regime possessório deve garantir a paz social.

4.3.1. A atividade agrária

A posse agrária se manifesta pela atividade agrária. Esta, segundo Rodolfo Ricardo Carrera, é composta pelos atos que o homem realiza na terra por meio de uma exploração que se empreende de um processo agrobiológico com o fim de obter seus frutos e produtos[5] para consumi-los, industrializá-los ou vendê-los no mercado[6].

Desse conceito, vemos que dois fatores são essenciais para a caracterização da atividade agrária: a natureza e a vida, que correspondem à terra e ao processo agrobiológico, sem os quais não existe o ato agrário[7].

É evidente que a esses elementos há de se agregar outro que os põe em movimento: o homem com seu trabalho – que interfere e auxilia a fim de poder cumprir-se o processo agrobiológico transformando em produção agrícola[8].

Nesse sentido, os atos agrários pressupõem a existência de três fatores indispensáveis:

1º) o homem, rurícola que os determina, especifica e executa de acordo com um planejamento ou conforme os usos e costumes locais, dentro dos princípios da técnica ou, mesmo sem ela, atendendo às peculiaridades da exploração agrária. É o fator racional, do qual dependerá o sucesso do empreendimento;

2º) a terra, a base física necessária para os atos serem executados, servindo de instrumento para a formação de vegetais ou animais, que darão em resultado os frutos e os produtos visados pela exploração;

3º) o processo agrobiológico em que a natureza participa de forma preponderante, transformando a semente em planta, fazendo as culturas permanentes produzirem nas épocas apropriadas ou

---

5 A doutrina distingue o produto dos frutos. Estes são espécies do gênero *produto*. O produto é a expressão de uma utilidade produzida e especializada tal como a produção: produtos naturais, agrícolas, industriais. Já os frutos são os produtos naturais da coisa, de origem animal ou vegetal, neste caso. É tudo que pode ser produzido periodicamente da coisa, nascendo e renascendo, sem alteração de sua substância. Assim, o produto somente é fruto quando o possa renovar ou produzi-lo novamente, a fim de satisfazer o requisito da periodicidade e da inalterabilidade da coisa produtora dos frutos (Cf. SODERO, Fernando Pereira. Atividade agrária. In: FRANÇA, R. Limongi (org.). **Enciclopédia Saraiva do Direito.** São Paulo, 1978. v. 8, p. 387).

6 CARRERA, Rodolfo Ricardo. **Derecho agrario y reforma agraria.** Mérida, 11 (11): 129-38, s.d., p. 129.

7 Idem. **Derecho agrario para el desarrollo.** Buenos Aires: Depalma, p. 3.

8 Ibidem, p. 4.

propiciando a alimentação dos animais. Este é um elemento não jurídico, em que o homem participa disciplinado a atuação da natureza e encaminha aos seus objetivos profissionais que são a obtenção econômica dos produtos resultantes dessa exploração para posterior aproveitamento[9].

A atividade agrária se realiza quando o homem, com seu trabalho, explora a terra para fazê-la produzir, por meio de processo agrobiológico, os frutos destinados ao consumo direto[10].

Fernando Pereira Sodero acrescenta dois novos elementos no conceito de atividade agrária: que o produtor rural execute a atividade agrária com caráter de profissionalidade e que essa atividade apresente o fito de lucro.

Por isso, segundo Sodero, a atividade agrária é a ação do campesino realizada por processo agrobiológico, sobre o conjunto de bens que integram a exploração rural a que se dedica profissionalmente, visando ao lucro e à satisfação das necessidades humanas[11].

Com efeito, o desforço humano no empreendimento agrário tem o fito do lucro por ser meio de vida do empreendedor, mas dentro das condições éticas preconizadas em lei.

A atividade agrária, assim, constitui um procedimento de atos que se iniciam no preparo da terra e se completam com a comercialização dos frutos e dos produtos rurais[12].

Por produto rural entende-se tudo aquilo produzido normalmente pelo rurícola, em virtude de sua profissão, com o fito de lucro,

---

9 Exceção a este elemento essencial da atividade agrária é, na legislação brasileira, o extrativismo vegetal e animal, que, embora sendo atividade agrária, não apresenta o processo agrobiológico.

10 CARRERA, Rodolfo Ricardo. **Derecho agrario para el desarrollo**. Mérida, 11 (11): 129-38, s.d., p. 4. Desse mesmo modo de entender comungam: BALLARIM MARCIAL, A. **Derecho agrario.** Madrid: Editorial Revista de Derecho Privado, 1979, p. 505-29; VIVANCO, Antonio C. **Teoría de derecho agrario**. La Plata: Ediciones Libreria Jurídico, 1967, v. 1, p. 19-27; SANZ JARQUE, Juan Jose. Op. cit., p. 205-209.

11 SODERO, Fernando Pereira. Op. cit., p. 406.

12 Ibidem, p. 389. Antonio Vivanco inclui como atividade agrária "la transformación y venta de los productos agropecuarios" (Cf. VIVANCO, Antonio C. Op. cit., p. 21), com o que acertadamente não concorda Fernando Pereira Sodero, visto que referida transformação passa a ser atividade industrial.

proveniente da terra ou da água (rios, lagos etc.) e que não tenha sido objeto de transformação em produto industrial[13].

O produto rural pode ser natural ou beneficiado. Natural é o que não sofre transformação ou beneficiamento (legumes simplesmente colhidos, lavados e classificados por tamanho, cor etc.; o café em coco; o algodão em caroço; a castanha-do-pará no ouriço). Beneficiado é o produto rural que, embora não tenha sofrido transformação em sua natureza e substância, passa por um processo de melhoramento da matéria-prima. É, por exemplo, o leite pasteurizado, o algodão em pluma (descaroçado), a pele do látex da seringa, a pilagem, o abacate e o seccionamento de aves.

As atividades agrárias podem ser classificadas de acordo com a sua função no contexto da produção rural. Assim, podem ser atividades agrárias propriamente ditas, ou vinculadas ou complementares à atividade produtiva agrária ou, ainda, atividades agrárias conexas[14].

Por atividades agrárias propriamente ditas compreendem-se as atividades de produção agrícola, pecuária, e mais a atividade extrativista (animal e vegetal) e a agroindústria, como beneficiamento de matéria-prima.

As atividades vinculadas ou complementares às atividades produtivas constituem a conservação e a preservação dos recursos naturais. A conservação implica manter ditos recursos no seu lugar, no estado atual, e guardá-los com cuidado. Enquanto a preservação dos recursos naturais significa livrá-los de algum mal, mantendo-os longe de perigo ou dano, pragas etc.

Por fim, as atividades agrárias conexas envolvem os seguintes itens: a) a utilização da força de trabalho, que pode ser própria ou alheia (assalariado, parceiro, arrendatário etc.); b) o emprego de técnicas para a produção (curva de níveis, inseminação artificial, diques para enchentes, açudes, pôlderes); c) o transporte (dentro da gleba de terra, visando à produção; d) o processamento e o beneficiamento, inclusive as agroindústrias; e) o lucro (venda).

4.4. CARACTERÍSTICAS DA POSSE AGRÁRIA

A posse agrária apresenta características que lhe são próprias, conforme exposto a seguir.

---

13 Ibidem, p. 395.

14 Ibidem, p. 405-406.

4.4.1. *Conteúdo social e democrático*

Somente sob concepção ideológico-política propícia, como o Estado social, poderia a posse de direito agroambiental se desenvolver, tomar forma e corpo, uma vez que objetiva o bem-estar geral e comum (social). Logo, o Estado interveio nas relações jurídicas em proteção à parte economicamente mais fraca da sociedade.

Contemporaneamente, sob a bandeira do Estado democrático de direito, cujos paradigmas são os direitos humanos e a democracia, a posse agrária tem fortalecido seu conteúdo social e democrático, assumindo feição adequada aos novos ares.

O Estado democrático de direito traduz, antes de qualquer coisa, a confluência do Estado de direito e a democracia, sob o império do constitucionalismo contemporâneo. Hoje, uma democracia constitucional, representativa e pluralista não pode deixar de ser um Estado de direito[15]. O Estado democrático de direito implica estar vinculado à democracia econômica, social e cultural; garantir direitos econômicos, sociais e culturais; os direitos, as garantias e as liberdades são impositivos às entidades privadas, bem como a subordinação do poder econômico ao poder político democrático e, por fim, um modelo estatal mais exigente no tocante aos direitos sociais e aos próprios direitos de liberdade[16].

O Estado democrático de direito é assegurado na Constituição que tem um de seus fundamentos na dignidade da pessoa humana, o que legitima o reconhecimento dos anseios de todas as demandas sociais, a partir de uma sociedade desigual, conflituosa e plural. Com tais pressupostos, o arquétipo normativo urge ser aberto e complexo, apto a atender aos anseios sociais[17]. Ademais, o constitucionalismo democrático e plural enseja o prestígio do interesse de comunidades locais, sob o amparo da solidariedade responsável pela igualdade material das minorias historicamente em condições desvantajosas em relação a segmentos da sociedade brasileira.

O posseiro, não tendo oportunidade de ser titular de direito de propriedade, passou a ser, pelo menos, titular da posse incidida sobre

---

15 MIRANDA, Jorge. **Manual de direito constitucional.** Tomo IV. 3. ed. rev. e atual. Coimbra: Coimbra Editora, 2000, p. 210.

16 Ibid., p. 212.

17 ROCHA, João Carlos de Carvalho. **Direito ambiental e transgênicos**: princípios ambientaois da biossegurança. Belo Horizonte: Del Rey, 2008, p. 14.

o imóvel rural, visto agora como bem de produção. Assim, a posse agrária deve ser exercida por atos que gerem a produção de bens primários, por ser esta a vocação natural do imóvel rural e este o interesse soberano da comunidade.

Nesse sentido, o direito agroambiental tutela o interesse social. E, assim, a posse agrária dever ser estudada mais à luz de normas democráticas, de cunho social e que tragam carga de humanismo, visando dar equilíbrio econômico-social e qualidade de vida ao posseiro e sua família. A posse agrária, então, reflete o ideário do Estado social e democrático de direito.

Diferentemente, a posse civil reflete o pensamento individualista e liberal. É marcada por sua função privatista: sendo a exteriorização do *ius proprietas*, não cogita da possibilidade de o possuidor exercer seu poder de forma a trazer benefícios sociais ou de acordo com o interesse social.

Interessa ao direito civil ver a posse como um poder de sujeição da coisa ao livre alvedrio do titular possessório, limitado apenas por normas sociais e de ordem pública. O titular exerce a posse legítima à medida que exerce de fato algum poder inerente ao domínio.

À posse comum pouco interessa a finalidade social que o bem privado deve perseguir, já que sua consideração maior está no interesse particular. Por isso, faz jus à posse tanto o proprietário do imóvel urbano que o mantém para fins comerciais ou de aluguel, como o que visa à especulação imobiliária.

4.4.2. Exploração direta, pessoal e imediata

A posse agrária, para usar a classificação civilística, é direta e imediata, ou seja, é exercida sobre as coisas ou direitos pela mesma pessoa que é seu titular. Como a terra deve ser de quem trabalha, não se admite a exploração pela posse indireta.

A posse indireta, por exemplo, o arrendamento, a parceria e os demais contratos, proporciona ao proprietário transferir remuneradamente a exploração da terra a terceiros. Nesses casos, o proprietário desfruta da terra sem desempenhar esforço algum. São o arrendatário e o parceiro-outorgado quem detém a posse agrária.

A relação possessória do direito agroambiental se faz direta e pessoalmente pelo possuidor. A pura detenção material da terra é necessária e o contato corporal suficiente para caracterizar a posse agrária. Assim, a empresa agrária há de ser desenvolvida pelo próprio possuidor ou proprietário.

Em direito agroambiental não se admite o representante ou fâmulo da posse, o intermediário da posse, que é aquele que tem a posse em nome de outrem, em geral o proprietário. Exemplo é o empregado de uma casa de veraneio que exerce a posse sobre o imóvel, em nome e por conta de seu patrão, o dono da casa.

Por seu turno, a ordem jurídica civil outorga ao possuidor a faculdade de ter materialmente a coisa ou não. A posse civil pode ser exercida mediante representação. Ressalta-se que isso não significa que o representante possua o bem em nome e por conta do representado. Pode até ser por sua conta, mas nunca em seu nome, pois o titular do direito é apenas um (o representado): o representante exerce a posse em nome do alheio.

Possuir mediante representação implica o representante, devidamente autorizado, realizar atos que produzam efeitos na esfera jurídica do titular da posse (o representado). O representado não tem o poder material direto sobre a coisa, mas recebe os efeitos na esfera da posse como se o tivesse.

Igualmente, a posse comum admite a figura do servidor da posse alheia. Este, diferentemente do representante, não detém um poder para o titular da posse, pois é destituído de qualquer poder.

Com efeito, o possuidor tem e exerce efetivamente a posse, valendo o servidor, apenas, como mero instrumento inteligente de execução manobrada pelo possuidor. O servidor é o executor material do senhorio possessório do possuidor, cuja vontade governa a situação e sendo este o único a quem se protege e o único a quem se podem produzir os efeitos da posse.

Esclareça-se, ainda, que essa característica da posse agrária pode levar à interpretação de que somente a pessoa natural pode exercê-la. Entretanto, longe de assim ser, exerce-a, também, a pessoa jurídica, por seus representantes, dirigentes, administradores. A pessoa jurídica, ela mesma, por meio de seu corpo funcional, toca o empreendimento agrário, exerce a posse, direta e pessoalmente, preenchendo, assim, o conceito de posse agrária. Quer dizer: o importante é o possuidor (pessoa natural ou jurídica) exercer, por seus próprios meios, a posse da terra.

4.4.3. Conceito de poder de fato diverso da posse civil

Corolariamente ao que ficou dito acima, o poder de fato na relação possessória agrária significa o poder físico atual.

Portanto, só se admite a posse agrária se o possuidor tiver o contato material diuturno com a terra. Não basta que ela esteja ao seu alcance e disposição. O possuidor há de deter materialmente o bem, por meio de profícuo trabalho produtivo.

Diferentemente, poder de fato em relação à posse civil significa o senhorio efetivo da vontade do possuidor. Implica o possuidor exercer, plenamente ou não, um dos poderes inerentes à propriedade (uso, gozo e disposição). Possui-se de fato a casa de veraneio que se encontra fechada, bem como a joia que permanece guardada no fundo do cofre, pois ambas estão sob a dominação do possuidor: é só decidir habitar a casa e ostentar a joia. O contato corporal com o bem não satisfaz, sendo insuficiente e desnecessário.

4.4.4. Enfoque de boa-fé específico

A boa-fé é o princípio geral do universo jurídico[18]. Como tal, constitui-se em norma jurídica geral elevada à categoria de um princípio geral de Direito: todas as relações jurídicas devem ser presididas pela boa-fé.

No entanto, a ideia de boa-fé, por si só, é vista sob outro prisma: é um conceito técnico-jurídico. Como conceito especializado, a boa-fé é cunhada pelos técnicos do Direito e utilizada como elemento de descrição ou de delimitação em diversos suportes fáticos normativos. Assume, então, a feição de um *standard* ou modelo de conduta.

À luz dessa acepção, a noção genérica de boa-fé em matéria possessória agrária, segundo critério negativo, consiste na ignorância ou no desconhecimento, pelo possuidor, do vício ou do obstáculo que lhe impede a aquisição da coisa ou do direito possuído[19]. O possuidor agrá-

18 Sobre o assunto, v. WIEACHER, Franz. **El principio general de la buena fe.** Trad. Jose Luis Carro. Madrid: Editorial Civitas, 1982.

19 Sobre o conceito (vago) de boa-fé, a doutrina civilista debate ao adotar duplo critério de preenchimento do conceito: critério negativo, cuja noção foi a exposta acima; e positivo, segundo o qual a boa-fé implica a convicção ou crença de ter a coisa como sua.

rio adquire e conserva a posse por meios idôneos sancionados pelo direito agroambiental, ignorando ou desconhecendo lesar o direito alheio.

Em direito agroambiental, o trabalho é o mais idôneo de todos os meios capazes de gerar a aquisição e a manutenção da posse. A posse agrária inspira-se no princípio de que a atividade produtiva da terra justifica a aquisição e a manutenção da posse. O exercício da posse objetiva-se pelo trabalho.

De fato, a posse agrária é também chamada de posse-trabalho. O trabalho agrário é recurso que isenta o possuidor de estar imbuído de má-fé. Se o possuidor pretende explorar economicamente o bem, gerando riquezas para si e para a comunidade, contribuindo para o seu progresso e o bem-estar social e econômico, não há como tachá-lo de estar de má-fé.

Com o passar do tempo, sobretudo em se tratando de posse de mais de ano[20], o Direito proporciona ao possuidor a presunção jurídico-agrária de estar em boa-fé. Sem dúvida, o tempo corrói qualquer intenção de má-fé que tenha havido e faz demonstrar pela atividade agrária que a intenção do possuidor é a mais nobre possível: produzir a terra.

Nesse sentido, a atividade agrária empreendida na terra não deixa de exteriorizar a boa-fé do possuidor agrário. O possuidor detém posse agrária legítima, porque trabalhada e de boa-fé.

De modo diverso, o ordenamento jurídico civil diz que a ideia de boa-fé consiste na crença por parte do possuidor de que o transmitente tem faculdade legítima de dispor da posse que o adquire[21], ou, em outras palavras, está de boa-fé o possuidor que ignora o vício ou o obstáculo que lhe impede a aquisição da coisa[22].

De modo geral, há de ser dito que o enfoque dado pelo direito civil, em termos de boa-fé, para a aquisição e a manutenção da posse, tem sempre em mira o título jurídico dominial do bem[23].

---

20 Ao estipularmos o prazo de um ano, não o fazemos aleatoriamente, afastado dos princípios que informam o universo do Direito, está de acordo com a proteção jurídica concedida à posse de ano e dia tradicional no direito brasileiro, originado no direito romano.

21 VALENCIA ZEA, Arturo. Op. cit., p. 299.

22 FRANÇA, Rubens Limongi. **A posse no Código Civil.** s. l., s. ed., 1964. p. 16.

23 Sobre a posse de boa-fé em direito civil, v. SILVEIRA, Alípio. **A boa-fé no Código Civil**: doutrina e jurisprudência. São Paulo, s. ed., 1972. v. 1, p. 210-220; VALENCIA ZEA, Arturo. Op. cit., p. 299-333.

4.4.5. Independência de justo título

A palavra *título*, tanto na linguagem vulgar como na técnico-jurídica, é empregada com várias acepções. Para o presente efeito, traz o sentido de causa eficiente ou de elemento criador da relação jurídica. É assim que se diz que a doação ou a compra e venda são um título aquisitivo de domínio.

Justo diz-se do título hábil, em tese, a transferir a propriedade. Basta, apenas, que o seja em tese, quer dizer, independentemente de circunstâncias particulares do domínio.

Quem possui com justo título tem para si a presunção *iuris tantum* de boa-fé. O título que, em tese, não seja hábil a transferir o domínio não é justo e, por conseguinte, não tem o condão de gerar a *praesumptio bonae fidei*.

A relação possessória agrária firma-se legítima, prescindindo do justo título[24]. Não é o justo título que qualifica a posse agrária legítima ou ilegítima, boa ou não. O que torna legítima e boa a posse agrária é o trabalho empreendido na terra: é a exploração econômica do bem que dá legitimidade à posse agrária. Por exemplo, se o possuidor ocupar a terra inculta, pública ou particular, e nela faz cumprir sua função social, cultivando-a, então, ainda que desprovido de justo título, mencionado possuidor detém legítima posse agrária e é merecedor de tutela jurídica.

Evidentemente que não justifica a utilização econômica do bem se o posseiro, para obter o poder material, lança mão de meios inescrupulosos que a moral e o Direito repelem. Aquele que invade a terra produtiva não tem a sanção do Direito quanto aos efeitos agrários protetivos de sua ocupação, por ser ilegal.

Por sua vez, a posse civil, para fins de efeitos jurídicos, em regra geral, exige o justo título.

4.4.6. Racionalidade da atividade possessória

A atividade agrária e seu desenvolvimento hão de ser adequados ao tipo de solo objeto de exploração.

---

24 V. art. 1º da Lei brasileira n. 6.969/81.

A racionalidade, então, está em usar a terra adequadamente, de acordo com a sua melhor aptidão natural e por meio de planejamento agrícola que promova maior atividade.

Igualmente, a conservação e a preservação dos recursos naturais – atividades vinculadas às atividades agrárias produtivas – implicam o uso racional do solo rural, evitando a depredação e/ou o esgotamento dos recursos naturais renováveis.

Sem dúvida que a posse agrária aponta para um verdadeiro serviço ou função que deve ser desenvolvido em prol da sociedade. O cultivo adequado e racional da terra, a preservação e a conservação da natureza, a defesa do *habitat* constituem a faculdade e o dever principal daqueles que lidam com a coisa agrária.

Essa racionalidade completa-se com o desenvolvimento das atividades agrárias conexas, expostas anteriormente, e que visam dar melhor respaldo estrutural à empresa da posse agrária.

De modo contrário, na posse civil tais fatores não são obrigatórios e a obediência a essa racionalidade está à mercê da vontade do possuidor. Este realiza atos possessórios convenientes aos seus interesses privatísticos.

4.5. FINALIDADE DA POSSE AGRÁRIA

O direito agroambiental assegura o regime de posse da terra que atenda à finalidade da justiça social e ao aumento de produtividade a fim de garantir a realização socioeconômica (bem-estar) e o direito de cidadão do possuidor agrário.

A posse agrária contribui para realizar mudanças na estrutura fundiária do país, eliminando gradativamente a terra improdutiva. A posse agrária tem por fim resguardar os interesses sociais, econômicos e ambientais.

As finalidades acima expostas são de cunho geral, pois, especificamente, o legislador agrário, pela posse, deseja o aumento da oferta de alimentos e de matérias-primas, buscando o atendimento prioritário do mercado interno.

A finalidade primeira da terra é gerar a produção de alimentos que garantam a subsistência do rurícola, de sua família e da comunidade em geral. Quer dizer, a terra deve gerar alimentos suficientes à sociedade.

Dentro, ainda, dessa finalidade específica, pretende a valorização da força de trabalho agrícola, possibilitando a geração de atividade produtiva, bem como a fixação do rurícola, diminuindo o êxodo rural do campo e, assim, atenuando a pressão populacional sobre as áreas urbanas e os problemas das mais variadas naturezas dela decorrentes.

Enfim, a posse de direito agroambiental deve ser um instrumento apto para a multiplicação da riqueza, devendo estar adequadamente ordenada para contribuir ao desenvolvimento e à paz social.

4.6. DEFINIÇÃO DE POSSE AGRÁRIA

Assim, posse agrária é o exercício direto, contínuo, racional e pacífico de atividades agrárias (propriamente ditas, vinculadas ou complementares, e conexas) desempenhadas em gleba de terra rural capaz de dar condições suficientes e necessárias ao seu uso econômico, gerando ao possuidor um poder jurídico de natureza real e definitiva, com amplas repercussões no Direito, tendo em vista o seu progresso e o bem-estar econômico e social[25].

4.7. A POSSE AGRÁRIA NA AMAZÔNIA

A primeira Constituição Republicana brasileira, de 24 de janeiro de 1891, transmitiu para o patrimônio dos Estados-membros as terras devolutas anteriormente pertencentes ao Império, situadas nos seus respectivos territórios.

No Estado do Pará, localizado ao Norte do Brasil, em plena região amazônica, a primeira Lei de Terras foi o Decreto n. 410, de 8 de outubro de 1891, regulamentado por outro Decreto, este sem número, de 21 de outubro do mesmo ano.

Em arremedo à legislação de terras imperial (Lei n. 601/1850), mencionada legislação de terras devolutas estaduais caracterizou a posse agrária por seus elementos estruturais provenientes da legislação imperial – cultura efetiva e morada habitual (arts. 3º, 4º e 5º do Decreto n. 410/1891 e arts. 39 e 40 do Regulamento).

Assim, por cultura efetiva entende-se o cultivo, a exploração econômica da terra; quanto à morada habitual, significa que o posseiro e sua família residem na terra pela vida inteira, fazendo da gleba o

25 MATTOS NETO, Op. cit., p. 51.

seu domicílio, por não contar com outra residência familiar e lá morar com ânimo definitivo.

Não obstante, a título de regionalização do conceito de posse agrária, burilando-a à realidade amazônica, o legislador, em interpretação extensiva, considerou por cultura efetiva não só a plantação de árvores frutíferas, as roças e os demais trabalhos de lavoura, mas também a conservação e o cultivo de vegetais aproveitados pela indústria extrativa. Igualmente, e pelas mesmas razões, considerou-se como cultura efetiva as pastagens de gado em campo próprios para a criação, desde que, nesses campos, estivessem as marcas de efetividade e de continuidade da atividade pecuária, demonstrada por meio de currais e de arranchamento (art. 6º, *caput* e parágrafo único, do Decreto n. 410/1891).

Com isso o legislador regional introduziu uma nova atividade na posse agrária, já agora regionalizada – o extrativismo, pois este era o ponto forte da economia estadual de então (castanhais, seringais, balatais). Ao lado das atividades agrárias tradicionais – agricultura e pecuária –, o extrativismo passou a fazer parte, juridicamente, do conteúdo da posse agrária amazônica.

Contudo, não contempla a lei como cultura efetiva a mera coleta de frutos das florestas nativas, bem como a pecuária em pastos naturais. São as próprias palavras da lei que esclarecem: "conservação e cultivo de vegetais aproveitados pela indústria extrativa". O extrativismo tutelado em lei não é o predatório, da extração dos frutos nativos, mas sim o acompanhado de atos possessórios de reflorestamento, de cultivo, de "indústria", como diz a própria lei. Afinal, a simples coleta de frutos nativos ou a extração de madeira nativa, sem reposição, caracteriza, isto sim, a depredação do meio rural.

A *mens legis* amazônica era respeitar, o quanto possível, a posse agrária expressa por elementos integrantes da cultura efetiva e da morada habitual. Tanto que, segundo o art. 4º do Decreto n. 410/1891, as sesmarias ou outras concessões do Governo, ainda que não estivessem dentro de nenhuma hipótese legal hábil para revalidação, seriam consideradas posses legitimáveis, portanto, posses qualificadas, desde que nelas houvesse princípio de cultura ou morada habitual do sesmeiro, concessionário ou sucessores legítimos.

Note-se que, nesse passo, e assim ao longo de todo o corpo da lei estadual, esta foi mais exigente que a imperial, porquanto exigiu o cultivo direto e pessoal do sesmeiro, ou concessionário, prolongado pelos sucessores legítimos, não admitindo representantes da posse, como o fez o art. 5º da Lei Imperial n. 601/1850.

A Lei n. 1.108, de 6 de abril de 1909, e seu Regulamento, que deram nova organização ao serviço de terras do Pará, mantiveram as linhas mestras da legislação anterior.

Na lei de terras do Estado do Pará, o Decreto-lei n. 57, de 22 de agosto de 1969, que dispunha sobre as terras públicas do Estado, em seu art. 10, e respectivo regulamento, Decreto n. 7.454, de 19 de fevereiro de 1971, em seu art. 5º, mantinham a morada habitual e o cultivo da lavoura como requisitos indispensáveis para que o posseiro seja favorecido com a doação da terra.

Referida legislação paraense foi revogada pela Lei n. 8.878, de 8 de julho 2019, que dispõe sobre a regularização fundiária de ocupações rurais e não rurais em terras públicas do Estado do Pará, revoga a Lei n. 7.289, de 24 de julho de 2009, e o Decreto-lei n. 57, de 22 de agosto de 1969. A vigente lei fundiária estadual tem seu regulamento no Decreto n. 1.190, de 25 de novembro de 2020.

A Lei do Estado do Pará n. 8.879/2019 se valeu da doutrina agroambiental para formular seu conceito de atividade agrária e a obtemperou com as exigências e práticas rurais amazônicas contemporâneas, de sorte que a definiu no seu art. 5º, inciso III, como "exploração agropecuária, agroindustrial, extrativa, florestal, pesqueira, de serviços ambientais ou ecossistêmico e/ou outra atividade resultante, mantida no imóvel rural com finalidades subsistência ou geração de riqueza, de maneira ambientalmente sustentável, nos termos do regulamento".

Por sua vez, o regulamento, Decreto n. 1.190/2020, no art. 45, estende a definição e a complementa ainda mais, considerando atividade agrária "a exploração agropecuária, agroindustrial, extrativa, florestal, aquicultura, hortifrutigranjeiro, sistemas agrossilvipastoris, de serviços ambientais ou ecossistêmicos e/ou outra atividade resultante, mantida na área rural com finalidades de subsistência, geração de renda e empregos, de forma sustentável e/ou conservação ambiental".

Contudo, embora a definição legal tenha ampliado bastante o conceito doutrinário de atividade agrária, ainda assim, para atender aos reclamos da realidade amazônica paraense, suas práticas socioambientais e anseios do particular – aquele quem, afinal, explorará económico-socialmente a terra –, houve necessidade de considerar também outros elementos da realidade regional e o legislador ampliou mais a definição.

O § 1º do citado art. 45 do Decreto regulamentador também considera que caracterizam atividade agrária de uma área rural, ainda que não esteja sendo objeto de uso direto em apoio à produção, o seguinte rol exemplificativo: áreas em pousio, áreas em preparação do solo para produção agropecuária ou outra atividade agrária, áreas que podem ser destinadas à produção agropecuária sem violar as normas ambientais, áreas propícias à instituição de servidão ambiental, casa principal, alojamentos, armazenamento e outros equipamentos de apoio para atividade agrária de forma direta ou indireta, além dos segmentos que compõem o setor agrícola previstos na Lei Federal n. 8.171, de 17 de janeiro de 1991, contratos agrários de parceria e de arrendamento rural ou outro contrato agrário atípico sobre a área, bem como termo de manutenção de floresta manejada; autorização ou licença expedida pelo órgão ambiental ativo, em que exista bens e infraestrutura de uso direto, indireto ou compartilhado pela atividade agrária; e outros próprios da dinâmica da atividade agrária, assim considerados técnica e juridicamente pelo órgão fundiário estadual, o Instituto de Terras do Pará (ITERPA).

Mas o § 2º desse artigo regulamentador deixa claro que "a constatação isolada de um dos itens constantes no § 1º deste artigo não comprova o exercício da atividade agrária, que deverão ser analisados levando-se em consideração as inter-relações existentes daquela unidade produtiva com terceiros".

Essa definição legal de atividade agrária para o direito agroambiental paraense, tão típica e tão regional, se faz necessária porque visa compor adequadamente o quadro de (re)organização fundiária do estado no processo de ordenamento territorial.

A Constituição do Estado, promulgada em 5 de outubro de 1989, em obediência à Constituição Federal de 5 de outubro de 1988, no Capítulo III, dispôs sobre a "Política Agrícola, Agrária e Fundiária", inserido no Título VIII, que trata "Da ordem econômica e do meio ambiente".

A partir do art. 239, a Constituição paraense traça a principiologia da política agrícola, agrária e fundiária. No art. 249 estabelece os parâmetros para a concessão da terra pública estadual de até 2.500 hectares, sendo que, no seu § 1º, estatui que a concessão será feita por contrato público, contendo, necessariamente, e sem prejuízos de outras estabelecidas pelas partes, cláusulas que disponham sobre: exploração da terra diretamente pelo concessionário para cultivo ou qualquer outro tipo de exploração, em conformidade com a política agrícola e agrária e seus respectivos planos e programas; comprovação por parte do concessionário de não ser proprietário ou possuidor, ainda que por interposta pessoa, de outro imóvel rural; obrigação de residência permanente dos beneficiários na localidade onde se situar a área objeto do contrato; manutenção das reservas florestais obrigatórias e observância das restrições do uso do imóvel, nos termos da lei.

Segundo se infere das palavras da lei, o Constituinte estadual conservou a exigência dos elementos básicos da posse agrária e adicionou um *plus*: a) não ser o beneficiário proprietário ou possuidor de outro imóvel; e b) o cumprimento das normas florestais – duas exigências mais expressivas que na legislação federal.

Tais requisitos estão implícitos na hermenêutica do Direito federal. Contudo, o Direito estadual veio exigi-los explicitamente como fatores indispensáveis à concessão da terra pública, até mesmo em harmonia com o conceito histórico da posse agrária na Amazônia.

A adequação do conceito de posse agrária ao localismo amazônico é da ordem do dia como orientação constitucional federal do Estado democrático de direito brasileiro, na medida em que busca a construção solidária de uma sociedade livre e justa. Com a incorporação do conceito de posse agrária amazônica, o Estado tem condições de implementar políticas públicas que ensejem maiores oportunidades e possibilidades a cada amazônida e sua família, que sobrevivem do amanho da terra e às margens dos rios regionais, os chamados ribeirinhos. O Direito vigente, afinal, tutela a sociodiversidade.

Até agora, está-se a analisar a posse agrária exercida apenas pelo posseiro de terras públicas estaduais. Entretanto, o conceito jurídico de posse agrária não exclui ser também estudado à luz do empreendimento em que o fator capital é mais relevante que o fator do trabalho. O Direito amazônico, igualmente como o federal, conhecem a posse agrária exercida pela grande empresa capitalista. Afinal, o conceito de posse agrária ampliou-se, não apenas abraçando sua noção originária conformada pelos elementos de cultura efetiva e morada habitual, tradicional e historicamente consagrada pelo Direito brasileiro, mas também comporta a ideia de posse da terra exercida por grandes empreendimentos agrícolas, caracterizada pela exploração direta, cuja tônica principal é a obtenção de maior margem de lucro.

Na posse da terra exercida tanto na empresa agrária organizada pelo posseiro ou pelo pequeno e médio empreendedor rural, quanto a desenvolvida nas grandes empresas agrárias capitalistas, fundamental é que, em qualquer caso, o empresário-cultivador organize fundo agrário eficiente para desenvolver a exploração extrativa, agrícola, pecuária ou agroindustrial.

4.7.1. A posse agroecológica

No ressurgimento da democracia brasileira, ao ensejo da crítica às implicações sociais, econômicas e ambientais que o processo de industrialização do meio agroambiental adotado pelos governos do regime militar, construiu-se uma nova racionalidade e uma nova postura da sociedade civil no que tange ao direito à participação. Assim, consectariamente, aflorou o reconhecimento a oportunidades e possibilidades àqueles anteriormente sem visibilidade social e política – tal qual a condição do caboclo da Amazônia com suas práticas agroambientais locais.

Nesse cenário, a ciência da agroecologia passou a ter voz ativa na contribuição ao desenvolvimento sustentável brasileiro[26], e, com ela, suas ideias, uma das quais a construção de uma nova concepção de posse tendo por objeto físico a terra e os recursos naturais, e como sujeitos de direito os povos e as comunidades tradicionais, assim entendidos os grupos culturalmente diferenciados e que se reconhecem como tais, que possuem formas próprias de organização social, ocupam e usam os territórios e os recursos naturais como condição para sua reprodução cultural, social, religiosa, ancestral e econômica, com conhecimentos, inovações e práticas gerados e transmitidos pela tradição (inciso I do art. 3º do Decreto federal n. 6.040/2007). A novel espécie de apossamento é a posse agroecológica, tipicamente encontrada na Amazônia[27].

---

26 O Decreto Federal n. 6.040, de 7 de fevereiro de 2007, que institui a Política Nacional de Desenvolvimento Sustentável dos Povos e Comunidades Tradicionais, define desenvolvimento sustentável para os fins específicos do referido diploma legal, no art. 3º, III, como o uso equilibrado dos recursos naturais, voltado para a melhoria da qualidade de vida da presente geração, garantindo as mesmas possibilidades para as gerações futuras.

27 A tese da posse agroecológica foi concebida por José Heder Benatti. Ver: BENATTI, José Heder. **Posse agroecológica & manejo florestal.** Curitiba: Juruá, 2003.

Na região, as comunidades tradicionais, formadas por seringueiros, ribeirinhos, remanescentes de quilombos, indígenas, caranguejeiros, pescadores, quebradeiras de coco babaçu, entre outros, mantêm vínculo telúrico com os recursos naturais e os bens ambientais (a floresta, os rios e suas várzeas, os terrenos marginais a rios, lagos, lagoas etc.), deles extraindo seus produtos para a sobrevivência e a partir dos quais definem seu modo de vida, de ser e sua reprodução cultural, que se inter-relacionam com o meio ambiente, garantindo à geração seguinte a incolumidade de seus conhecimentos e práticas transmitidos pela tradição. Nesse sentido, a atividade agrária preponderante é o extrativismo.

As comunidades tradicionais asseguram o direito à terra e aos demais bens ambientais, pela construção histórica de relação social e cultural com o espaço apossado, criando normas de convivência e de exploração dos recursos naturais[28]. A legitimação da propriedade comum ao grupo social, então, está na capacidade coletiva de se apropriar de determinados recursos naturais e tradicionalmente construir regras de uso e de manejo dos recursos florestais e dos demais bens ambientais, a ser respeitadas pelos membros da comunidade, com a convicção coletiva de propriedade daquele espaço territorial[29].

Nessa concepção, a posse agroecológica nada mais é que a posse agrária regionalizada amazonicamente, guardando todas as suas características e identificada em seus aspectos: a) objetivo, pelo fato agroecológico ser o uso sustentável da terra, vez que para exercer a posse urge interagir com o meio ambiente, de forma coletiva, pela prática de trabalho familiar com base no agroextrativismo; e b) subjetivo, pela consciência coletiva de pertencimento da terra ao grupo social que a explora ambientalmente.

Esclareça-se, ainda, que a posse coletiva regional pode ser exercida pela coletividade ou pela família, individualmente considerada. Pela comunidade como um todo, tem-se como exemplo os grupos de pescadores ribeirinhos ou os caranguejeiros que capturam o crustáceo nas várzeas. Já a posse coletiva familiar tem na casa de farinha seu melhor exemplo.

---

28 BENATTI, José Heder. Propriedade comum na Amazônia: acesso e uso dos recursos naturais pelas populações tradicionais. In: SAUER, Sérgio; ALMEIDA, Wellington (org.). Op. cit., p. 103.

29 Idem, ibidem, p. 96.

4.7.2. *Uma experiência regional da posse agrária: a posse agroextrativista*

No Estado do Pará, o Instituto de Terras do Pará (Iterpa), por meio da Secretaria de Estado de Agricultura, editou a Instrução Normativa Iterpa n. 3, de 9 de junho de 2010, que dispõe sobre o processo de criação de projetos estaduais de assentamentos, nos quais se reconhece a posse agrária, na especialidade regional agroextrativista, sobre as terras devolutas estaduais, com o fim de democratizar o acesso à terra para as famílias locais que dela fazem seu meio de vida.

Foram instituídas três modalidades de projetos de assentamento: Projeto Estadual de Assentamento Sustentável (PEAS), Projeto Estadual de Assentamento Agroextrativista (PEAEX) e Território Estadual Quilombola (TEQ). A criação dos projetos de assentamento é ato do Conselho Diretor do Iterpa, a ser homologado pelo Governador do Estado.

Os Projetos Estaduais de Assentamento Sustentável (PEAS) são áreas trabalhadas em regime de economia familiar que utilizam racionalmente os recursos naturais existentes, cumprindo a função socioeconômica e ambiental da terra.

Se, porventura, a família pretender explorar a agricultura alternativa, com a conversão para o uso alternativo do solo, é obrigada a obedecer à limitação legal prevista na legislação federal.

O Projeto de Assentamento Estadual Agroextrativista (PEAEX) se destina a populações que ocupem áreas dotadas de riquezas extrativas e pratiquem prioritariamente a exploração sustentável dos recursos naturais voltada para a subsistência e, complementarmente, se dediquem à agricultura familiar de subsistência, a outras atividades de baixo impacto ambiental e à criação de animais de pequeno porte.

O Território Estadual Quilombola (TEQ) destina-se aos remanescentes das comunidades de quilombos cujos territórios tenham sido reconhecidos de sua propriedade e visa garantir o etnodesenvolvimento dessas comunidades.

Após os estudos devidos, o reconhecimento da condição quilombola da comunidade é feito pela presidência do Iterpa, comunicado aos órgãos estaduais e federais competentes para que a comunidade remanescente de quilombolas possa gozar dos direitos que a lei concede.

Nos Projetos Estaduais de Assentamento Sustentável (PEAS) e Agroextrativista (PEAEX) são firmados contratos de concessão de direito real de uso com cláusulas de inalterabilidade da destinação do imóvel, cujo desrespeito implica a reversão do imóvel a patrimônio do Estado, independentemente de notificação judicial ou extrajudicial, sem direito à indenização em favor de seus descumpridores.

O contrato de concessão de direito real de uso coletivo outorgado à entidade representativa das unidades familiares assentadas não pode ser transferido a outra entidade, sob pena de ser cancelada nas situações de dissolução, suspensão ou extinção das atividades da entidade beneficiada.

O ato de criação do projeto de assentamento agroextrativista deve indicar a denominação, a categoria, os objetivos, os limites e as referências geográficas, a área do projeto, o número de famílias beneficiadas e, quando houver, a associação responsável por sua administração[30].

Nos Territórios Estaduais Quilombolas (TEQ), por sua vez, são outorgados títulos de domínio em favor da associação representativa dos remanescentes das comunidades de quilombos.

30 A criação do projeto será comunicada à Secretaria de Estado de Meio Ambiente e Sustentabilidade (SEMAS), ao Instituto Chico Mendes de Conservação da Biodiversidade (ICMBio) e à Fundação Nacional do Índio (FUNAI).

Capítulo 5
IMÓVEL RURAL E SUAS FORMAS DE ACESSO

A terra é a base física sobre a qual se desenvolve a atividade agrária. Para que a pessoa tenha condições de desenvolver tal atividade, necessário que tenha acesso à terra. Como o direito agroambiental considera a terra *res* frugífera – bem destinado a produzir outros bens –, o Estado tem o dever constitucional de promover aquele acesso, de modo democrático, equitativo e justo. O mecanismo de particularizar a terra para destiná-la aos interessados é configurá-la como imóvel rural, traçando seus limites e confinamentos, identificando o espaço físico agroambiental.

Há um leque de caminhos jurídicos para ter acesso ao imóvel rural, oportunizando a todos que tenham vocação ao amanho da terra que possam obter meio de vida digna e sejam instrumentos de paz no campo, um dos objetivos do direito agroambiental.

O Estado democrático de direito impresso na Constituição Federal exige que sejam contempladas várias formas de acesso do imóvel rural com o fim de franquear democraticamente a exploração agrária, o que, a seguir, passa-se a expor.

5.1. DEFINIÇÃO DE IMÓVEL RURAL: CRITÉRIOS

O direito agroambiental reconhece dois critérios de definição de imóvel rural: o da localização e o da destinação econômica. Ambos os critérios são utilizados juridicamente, de acordo com os interesses do legislador que obedece à finalidade perseguida pela lei.

Pelo critério da destinação econômica define-se o imóvel rural como o prédio rústico, de área contínua, independentemente de sua localização, que se destine à exploração extrativa, agrícola, pecuária ou agroindustrial. Tal definição está disposta no art. 4º da Lei n. 4.504, de 30 de novembro de 1964 – Estatuto da Terra.

Segundo esse critério, se o imóvel tem a finalidade de explorar a atividade agrária (extrativismo, pecuária, agricultura ou agroindústria), é classificado como rural; enquanto aquele que não apresenta tal destinação é considerado urbano, tanto que

> estando o imóvel desapropriado dentro do perímetro urbano, porém destinado à atividade rural – bovinocultura, suinocultura e fruticultura etc. –, sua avaliação deve ser feita como imóvel rústico, em hectares, por engenheiro agrônomo, e não em metro quadrado, como ocorre com o imóvel exclusivamente urbano[1].

Por sua vez, pelo critério da localização, rural é o imóvel situado fora do plano diretor da cidade, e urbano, o localizado dentro desse limite.

A localização como critério diferenciador do caráter urbano ou rural do imóvel é utilizada pelo Código Tributário Nacional (CTN), para fins tributários.

O CTN preleciona, no art. 29, que o Imposto sobre a Propriedade Territorial Rural (ITR) é de competência da União e recai sobre a propriedade territorial rural, tendo como fato gerador a propriedade, o domínio útil ou a posse de imóvel por natureza, como definido na lei civil, localizada fora da zona urbana do município.

Por sua vez, a Lei n. 5.868, de 23 de dezembro de 1972, que cria o Sistema Nacional de Cadastro Rural, prevê, em seu art. 6º, para o fim de incidência do ITR a que se refere o art. 29 do CTN, que se considera imóvel rural aquele que se destinar à exploração agrícola, pecuária, extrativa vegetal ou agroindustrial e que, independentemente de sua localização, tiver área superior a um hectare.

E seu parágrafo único reza que os imóveis que não se enquadrem no disposto no *caput* do artigo, independentemente de sua localização,

---

1 Cf. Em face a decisões precedentes no STJ, o Ministro Humberto Martins exarou a decisão monocrática: "(...) 3. O Superior Tribunal de Justiça, no REsp 1.112.646/SP, submetido à sistemática dos recursos repetitivos, consolidou o entendimento de que não incide IPTU, mas ITR, sobre imóvel localizado na área urbana do município, desde que comprovadamente utilizado em exploração extrativa, vegetal, agrícola, pecuária ou agroindustrial (art. 15 do DL 57/1966) (...). Brasília, 01 de março de 2023." (Agravo em REsp n. 2.015.268/SP (2021/0356221-3), rel. Min. Humberto Martins, Segunda Turma, julgado em 3-3-2023, publicado em 6-3-2023. Disponível em: https://processo.stj.jus.br/processo/dj/documento/mediado/?tipo_documento=documento&componente=MON&sequencial=177755813&num_registro=202103562213&data=20230306. Acesso em: 20 set. 2023.)

estão sujeitos ao Imposto sobre a Propriedade Predial e Territorial Urbana (IPTU).

O cadastro rural é o registro de todos os dados do imóvel rural, cuja finalidade principal é obter elementos para a apuração do ITR. No entanto, diante das disposições normativas citadas, passou a ocorrer uma antinomia: a regra do CTN elegeu o critério da localização para a incidência do Imposto Territorial Rural (ITR), enquanto a lei que versa sobre o cadastro rural, o da destinação econômica.

O Supremo Tribunal Federal foi instado a se manifestar. Ao analisar a constitucionalidade do artigo da Lei n. 5.868, de 23 de dezembro de 1972, o STF entendeu, unanimemente, que a fixação de critérios de classificação do imóvel, se urbano ou rural, para fins específicos de tributação, é dirimida somente pelo CTN, que é lei complementar, não podendo, portanto, ter seu entendimento modificado por lei hierarquicamente inferior, que é a Lei n. 5.868/72.

Deve ser esclarecido que a posição do STF é aplicada apenas quando se tratar de matéria tributária, pois, dependendo do objetivo da lei, é adotado um ou outro critério de definição de imóvel rural.

A Lei n. 8.629, de 25 de fevereiro de 1993, que dispõe sobre a regulamentação dos dispositivos constitucionais relativos à reforma agrária, por seu turno, abraça o critério da destinação econômica ao definir imóvel rural como o prédio rústico de área contínua, qualquer que seja a sua localização, que se destine ou possa se destinar à exploração agrícola, pecuária, extrativa vegetal, florestal ou agroindustrial.

Os elementos que compõem o imóvel rural, de acordo com o Estatuto da Terra (Lei n. 4.504/64), são: i) o prédio rústico; ii) a área contínua; iii) qualquer localização; e iv) a destinação voltada para as atividades da terra.

Prédio rústico é traduzido na ideia de imóvel (ou qualquer construção que configure uma propriedade) que apresente finalidade agrária decorrente de seu aproveitamento econômico, destinando-se a atividades rústicas, tais como as propriedades rurais com suas benfeitorias e todos os edifícios destinados ao recolhimento de gados, reclusão de feras e depósitos de frutos, construídos nas cidades e nas vilas ou no campo[2].

---

2 OPITZ, Oswaldo; OPITZ, Silvia. **Tratado de direito agrário brasileiro.** v. 1. São Paulo: Saraiva, 1983, p. 38.

A área contínua implica a continuidade do uso econômico da propriedade aos fins a que se destina, independentemente se esta for interrompida ou fragmentada fisicamente por acidente geográfico, força maior, fatos naturais ou humanos.

Deve ter-se em linha de conta a vantagem econômica, e não física, como pressupõe o texto legal. Interessa o aproveitamento econômico racional da área, a sua utilidade; a produção adequada é que vai indicar a continuidade da área do imóvel rural.

Nesses casos, ainda que o terreno possa ser interceptado por um rio, uma estrada ou qualquer outra divisão territorial em sua extensão física, mas ocorrendo continuidade econômica, no sentido de ser aproveitado econômica e racionalmente, pelo empreendedor, a continuidade restará caracterizada.

Quanto à classificação dos imóveis rurais, de acordo com o Estatuto da Terra (Lei n. 4.504/64), tem-se: propriedade familiar, módulo rural, minifúndio, latifúndio e empresa rural.

A propriedade familiar é o imóvel rural que, direta e pessoalmente explorado pelo agricultor e sua família, lhes absorva toda a força de trabalho, garantindo-lhes a subsistência e o progresso social e econômico, com área máxima fixada para cada região e tipo de exploração, e, eventualmente, trabalho com a ajuda de terceiros.

O módulo rural é a área fixada nos termos da propriedade familiar, sendo uma unidade de medida, expressa em hectares, que busca exprimir a interdependência entre a dimensão, a situação geográfica dos imóveis rurais e a forma e as condições do seu aproveitamento econômico.

O minifúndio é o imóvel que não atinge as dimensões correspondentes a um módulo rural, que é o parâmetro da propriedade familiar. Sua área e possibilidades econômicas e sociais são inferiores ao mínimo indispensável para produzir eficientemente. É, por isso, uma zona antieconômica, merecendo ser reunido a outros minifúndios para formar propriedades rurais de áreas correspondentes ao módulo rural.

Quanto aos latifúndios, o direito agroambiental não empresta ao termo o conceito corrente de ser o imóvel de grande proporção de terra, parcela fundiária de enormes dimensões. O Estatuto da Terra aprimora tecnicamente o conceito, considerando dois tipos de latifúndio:

a) Latifúndio por dimensão: duas são as hipóteses em que o imóvel pode ser catalogado como latifúndio por dimensão:

– quando exceder, na área agricultável, a seiscentas vezes o módulo da propriedade (art. 6º, IV, *a*, primeira parte, do Decreto n. 55.891/65);

– quando exceder, também, na dimensão de sua área agricultável, a seiscentas vezes a área média dos imóveis rurais da zona em que se classifique (art. 6º, IV, *a*, segunda parte, do Decreto n. 55.891/65).

Nesse sentido, observa-se que o conceito de latifúndio por dimensão aproxima-se daquele do sentido vulgar e corrente, por ser, mesmo, o imóvel de grandes extensões, pouco importando se a gleba é toda produtiva ou não.

Evidentemente que o latifúndio por dimensão implica concentração fundiária e, assim, um mal na estrutura fundiária brasileira.

b) Latifúndio por exploração: é o imóvel que, embora não excedendo a seiscentas vezes o módulo rural, mas tendo área igual ou superior a sua dimensão, é mantido inexplorado, com fins especulativos, ou é deficiente ou inadequadamente explorado, não se classificando como empresa rural (art. 6º, IV, *b*, do Decreto n. 55.891/65).

Assim, dentro das dimensões de uma a seiscentas vezes o módulo rural, o imóvel, não sendo classificado como empresa rural, é latifúndio.

Nesses termos, tanto quanto o latifúndio por dimensão como o minifúndio, o tipo de imóvel ora em análise é antieconômico, merecendo ter sua estrutura fundiária reformada.

Já a empresa rural é o empreendimento de pessoa física ou jurídica, pública ou privada, que explore econômica e racionalmente o imóvel rural, dentro de condição de rendimento econômico da região em que se situe e que explore a área mínima agricultável do imóvel segundo padrões fixados, pública e previamente, pelo Poder Executivo. Para esse fim, equipara-se às áreas cultivadas, as pastagens, as matas naturais e artificiais e as áreas ocupadas com benfeitorias.

Com a Constituição Federal de 1988 foram inaugurados mais três conceitos relativos a imóveis rurais, a saber: i) pequena propriedade; ii) média propriedade; e iii) propriedade produtiva.

A pequena propriedade, regida pela Lei n. 8.629/93, corresponde ao imóvel rural de área compreendida entre um e quatro módulos fiscais (art. 4º, II).

O módulo fiscal é uma unidade de medida de extensão de terra, expressa em hectares, fixada para cada município, considerando fatores econômicos e sociais, a saber: o tipo de exploração predominante no município; a renda obtida com a exploração predominante; outras explorações existentes no município que, embora não predominantes, sejam significativas em função da renda ou da área utilizada; e o conceito de propriedade familiar.

O módulo fiscal procura refletir a área mediana dos módulos rurais dos imóveis rurais do município. Daí, então, diferencia-se do módulo rural por este ser calculado para cada imóvel rural em separado, e sua área reflete o tipo de exploração predominante no imóvel rural, segundo sua região de localização.

O art. 5º, XXVI, da Carta Republicana de 1988 determinou que a pequena propriedade rural, assim definida em lei, desde que trabalhada pela família, não será objeto de penhora para pagamento de débitos decorrentes de sua atividade produtiva, dispondo a lei sobre os meios de financiar o seu desenvolvimento.

Na lacuna da lei que define o que seja pequena propriedade rural para fins de impenhorabilidade, o Superior Tribunal de Justiça tem tomado emprestado como tal o conceito legal fornecido pelo art. 4º, II, alínea *a*, da Lei n. 8.629/93[3].

No que concerne à matéria tributária, a pequena propriedade também tem sua proteção constitucional. A Constituição Federal, no art. 153, § 4º, II, determina a não incidência do ITR sobre as pequenas glebas rurais, como tal definidas em lei, quando as explore o proprietário que não possua outro imóvel.

Em obediência ao mandamento constitucional, a Lei n. 9.393, de 19 de dezembro de 1996, a qual dispõe sobre o ITR, no art. 2º, *caput*, preceitua que o imposto não incide sobre as pequenas glebas rurais, quando as explore o proprietário, sozinho ou com sua família, desde que não possua outro imóvel.

3 Cf. PROCESSUAL CIVIL E CIVIL. AGRAVO EM RECURSO ESPECIAL. EXECUÇÃO DE TÍTULO EXTRAJUDICIAL. PENHORA DE IMÓVEL. PEQUENA PROPRIEDADE RURAL. ALEGAÇÃO DE IMPENHORABILIDADE (...). (STJ, REsp 1.913.236/MT, rel. Min. Nancy Andrighi, Terceira Turma, julgado em 16-3-2021, *DJe* 22-3-2021. Disponível em: https://scon.stj.jus.br/SCON/jurisprudencia/toc.jsp?livre=%2720200218252 8%27.REG. Acesso em: 18 set. 2023.)

Definem-se, ainda, no parágrafo único e nos incisos respectivos, que as pequenas glebas rurais são os imóveis com área igual ou inferior a: i) cem hectares, se localizado em município compreendido na Amazônia Ocidental ou no Pantanal Mato-grossense e Sul-mato-grossense; ii) cinquenta hectares, se localizado em município compreendido no Polígono das Secas ou na Amazônia Oriental; e iii) trinta hectares, se localizado em qualquer outro município.

Por média propriedade entende-se ser o prédio rural de área superior a quatro e até quinze módulos fiscais, de acordo com a redação do inciso III do art. 4º da Lei n. 8.629/93.

Ainda, esse mesmo diploma legal traz a definição do que seja propriedade produtiva, dispondo que é aquela que, explorada economica e racionalmente, atinge, simultaneamente, graus de utilização da terra e de eficiência na exploração, segundo índices fixados pelo órgão federal competente[4].

O art. 185 da Constituição Federal torna insuscetível de sofrer desapropriação por interesse social para fins de reforma agrária: a) a pequena e a média propriedade rural, assim definidas em lei, desde que seu proprietário não possua outra; e b) a propriedade produtiva.

A Lei n. 8.629/93, no parágrafo único do art. 4º, torna insuscetíveis de sofrer desapropriação para fins de reforma agrária a pequena e a média propriedade rural, desde que o seu proprietário não possua outra propriedade rural.

De idêntico teor é o art. 7º dessa mesma lei, que reza não ser passível de desapropriação, para fins de reforma agrária, o imóvel que

4 O grau de utilização da terra, conforme entendimento do § 1º desse mesmo artigo, informa que deverá ser igual ou superior a 80% (oitenta por cento), calculado pela relação percentual entre a área efetivamente utilizada e a área aproveitável total do imóvel. Ao seu turno, o grau de eficiência na exploração da terra deverá ser igual ou superior a 100% (cem por cento), e será obtido de acordo com a seguinte sistemática: I – para os produtos vegetais, divide-se a quantidade colhida de cada produto pelos respectivos índices de rendimento estabelecidos pelo órgão competente do Poder Executivo, para cada Microrregião Homogênea; II – para a exploração pecuária, divide-se o número total de Unidades Animais (UA) do rebanho, pelo índice de lotação estabelecido pelo órgão competente do Poder Executivo, para cada Microrregião Homogênea; III – a soma dos resultados obtidos na forma dos incisos I e II deste artigo, dividida pela área efetivamente utilizada e multiplicada por 100 (cem), determina o grau de eficiência na exploração.

comprove estar sendo objeto de implantação de projeto técnico e que atenda aos seguintes requisitos: i) seja elaborado por profissional legalmente habilitado e identificado; ii) esteja cumprindo o cronograma físico-financeiro originalmente previsto, não admitidas prorrogações dos prazos; iii) preveja que, no mínimo, 80% da área total aproveitável do imóvel seja efetivamente utilizada em, no máximo, três anos para as culturas anuais e cinco anos para as culturas permanentes; e iv) haja sido aprovado pelo órgão federal competente, na forma estabelecida em regulamento, no mínimo seis meses antes da comunicação escrita ao proprietário, preposto ou seu representante para o levantamento de dados e de informações pela União, por meio do órgão federal competente, autorizada a ingressar no imóvel de propriedade particular, ou a comunicação feita mediante edital, a ser publicado, por três vezes consecutivas, em jornal de grande circulação na capital do Estado de localização do imóvel para esses fins.

A definição de imóvel rural e a classificação respectiva são fundamentais para aferir as inúmeras formas de acesso à propriedade rural, conforme será a seguir exposto.

5.2. FORMAS DE ACESSO À PROPRIEDADE RURAL

O acesso à propriedade rural é dado de variegadas formas, a saber: a legitimação de posse, a regularização de posse, a regularização fundiária, o assentamento rural, a usucapião agrária, a colonização.

Passemos a estudar cada uma dessas formas, com exceção de duas, às quais estão reservados capítulos à parte: a) a regularização de posse, que é resultado do processo administrativo de discriminação de terras devolutas; e b) a colonização.

A legitimação de posse é uma forma de alienação de terra devoluta. É o instituto jurídico agrário genuinamente brasileiro, nascido das entranhas legais em decorrência da ocupação da terra devoluta nacional pelos lavradores de parcos recursos.

Que se tenha notícia, a lei mais avoenga a arregimentar a legitimação de posse é a Lei de Terras n. 601/1850, em seu art. 5º, *caput*, ao prescrever que seriam legitimadas as posses mansas e pacíficas, adquiridas por ocupação primária ou havidas do primeiro ocupante, ou com princípio de cultura e de morada habitual do respectivo posseiro, ou de quem o representasse.

O Decreto-lei n. 9.760/46, nos arts. 164 e seguintes, dispõe sobre a legitimação de posse de terras devolutas, estabelecendo que os possuidores de áreas reconhecidas ou julgadas devolutas podem, mediante o pagamento da taxa de legitimação, vir a ser proprietários. O valor das terras consiste em porcentagem sobre a avaliação estimativa do solo, feita por perito residente no foro *rei sitae*, nomeado pelo juiz.

Atualmente, é regulada pela Lei n. 6.383, de 7 de dezembro de 1976, que dispõe sobre o processo discriminatório de terras devolutas da União.

Antes de adentrar na atual sistemática da legitimação de posse, urge enveredar por sua disciplinação ao longo do Estatuto da Terra, a fim de atingir a essência desse instituto, em melhor compreensão.

5.2.1. No Estatuto da Terra

Consoante a disciplinação desde a Lei n. 601/1850 até o Estatuto da Terra, a legitimação de posse constitui-se em ato administrativo a que o poder público está obrigado a proceder, por meio de competente processo, desde que atendidas as exigências de lei. Assim, uma vez analisadas as condições do pretendente e concluídas pelo reconhecimento da situação jurídica prevista em lei, o poder público onera-se no dever de outorgar ao particular o formal domínio pleno[5].

Uma vez tenha o posseiro preenchidas as condições legais para legitimar a posse, a seu favor é criado um direito subjetivo.

Assim, a legitimação de posse não é liberalidade, mas dever do poder público. Não é direito preferencial na aquisição, mas um direito adquirido do posseiro de terras devolutas, pela qual a outorga formal do domínio é mera exaração de ato administrativo[6].

A legitimação de posse é instituto resultante do processo de discriminação de terras devolutas em que a administração pública analisa as posses na área a ser discriminada, verificando se o posseiro de terras devolutas é seu proprietário putativo, em função dos atos possessórios manifestados pela cultura efetiva e morada habitual, caso em que deve ser expedido título de domínio.

Apesar de ser ato da administração pública, parte da doutrina brasileira vê também a possibilidade de serem declarados pelo Poder Judiciário os direitos do interessado legitimante, pois "a lei não excluirá da apreciação

---

5 STEFANINI, L. Lima. **A propriedade no direito agrário.** São Paulo: Revista dos Tribunais, 1978, p. 131-2; ALVARENGA, Octávio Mello. **Manual de direito agrário.** Rio de Janeiro: Forense, 1965, p. 49.

6 Idem. Op. cit., p. 132.

do Poder Judiciário lesão ou ameaça a direito" (art. 5º, XXXV, da Constituição Federal)[7].

A Carta Constitucional de 1967, com a Emenda Constitucional n. 1/69, no art. 171, sufragando, pela primeira vez, o instituto da legitimação de posse em âmbito constitucional, rezava:

> Art. 171. A lei federal disporá sobre as condições de legitimação de posse e de preferência para aquisição, até cem hectares, de terras públicas por aqueles que tornem produtivas com o seu trabalho e o de sua família.
> Parágrafo único. Salvo para execução de planos para reforma agrária, não se fará, sem prévia aprovação do Senado Federal, alienação ou concessão de terras públicas com área superior a 3.000 (três mil) hectares.

Tendo por fulcro o dispositivo constitucional acima, o Estatuto da Terra, no art. 97, embaralhando a legitimação com outro instituto de direito agrário – a regularização de posse –, dispõe o seguinte:

> Art. 97. Quanto aos legítimos possuidores de terras devolutas federais, observar-se-á o seguinte:
>
> I – O Instituto Brasileiro de Reforma Agrária promoverá a discriminação das áreas ocupadas por posseiros, para a progressiva regularização de suas condições de uso e posse da terra, providenciando, nos casos e condições previstos nesta Lei, a emissão dos títulos de domínio;
>
> II – Todo o trabalhador agrícola que, à data da presente Lei, tiver ocupado, por um ano, terras devolutas, terá preferência para adquirir um lote de dimensão do módulo de propriedade rural, que for estabelecido para a região, obedecidas as prescrições de lei.

O supramencionado artigo deve ser combinado com as normas dispostas nos arts. 11, 99, 100 e 102, todos da lei estatutária.

Dos textos constitucional e legal exsurgem os requisitos da legitimação de posse:

a) morada habitual (art. 102 do ET);

b) cultura efetiva (art. 102 do ET);

c) terra devoluta de área de até cem hectares (art. 171 da CF);

d) posse direta e pessoal do trabalhador e sua família (art. 4º, II, do ET);

e) não ser proprietário rural (art. 4º, II, do ET).

Daí observa-se que o art. 97 estatutário prevê, ao lado da legitimação, a preferência à aquisição do domínio em que se exige que os pos-

7 Ibidem, p. 133; ALVARENGA, Octávio Mello. Op. cit., p. 49.

seiros estejam na área há mais de um ano, a data da promulgação da Lei n. 4.504/64 (30 de novembro), com morada habitual e cultura efetiva.

Segundo o art. 11 do Estatuto da Terra, o Instituto Nacional de Colonização e Reforma Agrária (Incra), criado pelo Decreto-lei n. 1.110, de 9 de julho de 1970, para suceder ao Instituto Brasileiro de Reforma Agrária (Ibra), é o órgão competente para processar a legitimação e a preferência à aquisição de terras devolutas federais.

A Lei n. 6.383/76 imprimiu nova sistemática à legitimação de posse, desnaturando sua natureza jurídica e a confundindo com a regularização de posse, unificando os institutos, considerando-a processo resultante da discriminatória administrativa de terras devolutas federais, o que será estudado logo a seguir.

5.3. REGULARIZAÇÃO FUNDIÁRIA NA LEGISLAÇÃO FEDERAL

A necessidade de uma política de regularização fundiária no Brasil é consequência da forma não planejada de colonização implementada pelo conquistador lusitano, a esta se somando, posteriormente, ao longo da história agroambiental brasileira, muitas outras causas.

As doações de terras aos particulares, sob o sistema de sesmarias, levou os beneficiários a estender seus domínios muito além da área caracterizada documentalmente. Aliás, a própria individualização das sortes de terras era feita sem referência a um marco natural, no mais das vezes, com a expressão "limitando-se a direita e a esquerda com quem de direito", ou, se identificadas por marcos naturais, estes eram de localização imprecisa, e muitos com o tempo desapareceram. Portanto, muito precária a identificação.

A par do sistema sesmarial, houve a ocupação por simples posse por parte do colono de poucos haveres e que não era beneficiário das sesmarias. O vasto território com diversidade climática e de relevo proporcionou o apossamento das terras para a cultura de alimentos à população.

A indefinição do limite das terras transferidas e das ocupadas pelos particulares tem implicação direta na identificação das terras devolutas. Estas, como reflexo das particulares, também restam com seus limites imprecisos.

Em cenário como tal, para dar cobro à desordem fundiária, urge que os órgãos governamentais responsáveis pela governança fundiária gerenciem e promovam a ordenação da estrutura fundiária. Como um dos capítulos da governança fundiária surge a regularização como instrumento hábil a transferir a propriedade, ou posse, ou direito, a autorização, a permissão ou a concessão de uso, ou, ainda, ceder o direito real de uso da terra público para a esfera patrimonial particular, por meio de procedimento administrativo legalmente previsto, proporcionando a segurança jurídica àquele que exerce a função social na terra pública, ou seja, utiliza o bem público imprimindo-lhe uma destinação econômica, ambiental e social.

A primeira lei que se preocupou em regularizar as terras nacionais foi a Lei n. 601/1850, que dispôs sobre as terras devolutas no Império, as que tinham sido possuídas por título de sesmaria sem o preenchimento das condições legais, bem como por simples título de posse mansa e pacífica; e determinou que, medidas e demarcadas as primeiras, fossem cedidas a título oneroso, assim tanto para as empresas particulares como para o estabelecimento de coloniais de nacionais e de estrangeiros, dando autorização ao Governo a promover a colonização estrangeira.

Hoje em dia, o Incra é o órgão fundiário incumbido legalmente a promover a regularização fundiária e o processo discriminatório de terras devolutas da União, enquanto a Secretaria do Patrimônio da União é encarregada de administrar os bens federais, tomar as providências necessárias à regularização desses bens, entre outras competências, de acordo com o art. 30 da Lei n. 8.818/2016. O Decreto-lei n. 9.760, de 5 de setembro de 1946, dispõe sobre os bens imóveis da União e serve de orientação ao lado da Lei n. 6.383/76, que trata do processo discriminatório de terras devolutas federais.

No quadro fundiário encontrado pelo Decreto-lei n. 9.760/46, havia as situações de posse, sistematizadas em duas. O legislador as diferenciou entre as que eram acompanhadas de justo título e boa-fé e as que não tinham esses elementos jurídicos, por serem simples posse.

Eis as hipóteses legais de 1946: a) as posses contínuas e incontestadas com justo título e boa-fé, por período superior a vinte anos àquele de 1946, portanto, terras apossadas em data anterior a 1926; bem como b) as posses pacíficas e ininterruptas, por trinta anos, independentemente de justo título e boa-fé, o que significa que o apossamento deveria ter ocorrido em data anterior a 1916 (ano da promulgação do Código Civil).

Essas duas situações jurídicas eram posses aptas à regularização fundiária em favor do posseiro, desde que a elas fossem somadas ainda os requisitos de não constituir latifúndio, aproveitamento econômico efetivo e morada do possuidor ou seu preposto na área. E, no caso de posse de terras situadas na faixa da fronteira, mais as condições especiais impostas na lei. O poder público tinha a liberalidade de transferir onerosamente aos possuidores essas terras da União, porque justificada legalmente pela posse.

Defrontou-se a União, também, com terras tituladas devidamente inscritas no Registro de Imóveis, provenientes de origens diversas, exigindo acurada análise para apurar a legitimidade dominial. Eram títulos expedidos por países vizinhos à Amazônia brasileira, seja por imprecisão dos limites fronteiriços aos países, seja porque o Acre, no século XIX, pertenceu à Bolívia, bem como encontraram-se títulos expedidos pelos Estados da Federação sobre as terras da União, diante da indefinição discriminatória fundiária. Todos esses títulos são passíveis de regularização pela União.

Conforme prenunciado, a Lei n. 6.383/76, em seu art. 29, estipulou que aquele que ocupa terras públicas faz jus à legitimação da posse da área contínua de até cem hectares, desde que as tenha tornado produtivas com o seu trabalho e o de sua família, preenchendo os seguintes requisitos: i) não seja proprietário de imóvel rural; e ii) comprove a morada permanente e a cultura efetiva, pelo prazo mínimo de um ano.

Ocorre que, além de unificar a legitimação à regularização de posse, a legitimação de posse de que trata o presente artigo consiste no fornecimento de uma licença de ocupação, pelo prazo mínimo de mais quatro anos, findo o qual o ocupante terá a preferência para a aquisição do lote, pelo valor histórico da terra nua, satisfeitos os requisitos essenciais de morada permanente e de cultura efetiva, e comprovada a sua capacidade para desenvolver a área ocupada[8].

Essa licença de ocupação será intransferível *inter vivos* e inegociável, não podendo ser objeto de penhora e arresto, e dá acesso aos financiamentos concedidos pelas instituições financeiras integrantes do Sistema Nacional de Crédito Rural.

Todas as obrigações assumidas pelo possuidor da licença de ocupação são garantidas pelo Incra, e caso ocorra a inadimplência pelo

---

8 O § 2º do art. 29 da Lei n. 6.383/76 dá preferência aos portadores de Licenças de Ocupação para aquisição de área até 100 (cem) hectares, desde que cumprido com os requisitos legais exigidos, e o que exceder a esse limite, o posseiro adquire pelo valor atual da terra nua.

particular, essa autarquia federal cancelará a licença respectiva e providenciará a alienação do imóvel, a fim de ressarcir-se do que houver assegurado, em tudo observados as formalidades legais.

Por necessidade ou utilidade pública, a União tem o poder de, em qualquer tempo que necessitar do imóvel, cancelar a licença de ocupação e imitir-se na posse deste, promovendo, sumariamente, a sua desocupação no prazo de 180 dias[9]. As benfeitorias existentes no imóvel desocupado serão indenizadas pela quantia fixada após a avaliação realizada pelo Incra, considerados os valores declarados para fins de cadastro.

---

9 A jurisprudência do Superior Tribunal de Justiça é assente em assegurar ao possuidor o direito à indenização pela perda do direito possessório (desapropriação indireta). Cf. PROCESSUAL CIVIL E ADMINISTRATIVO. AGRAVO INTERNO NO AGRAVO EM RECURSO ESPECIAL. AÇÃO DE INDENIZAÇÃO POR DESAPROPRIAÇÃO INDIRETA. PRINCÍPIO DA CONGRUÊNCIA. AUSÊNCIA DE OFENSA AO POSTULADO QUANDO O ÓRGÃO JULGADOR ADOTA FUNDAMENTOS JURÍDICOS DIVERSOS DAQUELES APRESENTADOS PELAS PARTES, DESDE QUE OBSERVADOS OS FATOS DA CAUSA E OS PEDIDOS FORMULADOS NA EXORDIAL. INDEVIDA EXTINÇÃO DO FEITO, SEM JULGAMENTO DO MÉRITO, COM BASE SOMENTE NA SUPOSTA NECESSIDADE DE DEFINIÇÃO DA TITULARIDADE DOS IMÓVEIS. DIREITO DO EXPROPRIADO POSSUIDOR À INDENIZAÇÃO PELA PERDA DA POSSE. AGRAVO INTERNO DA UNIÃO DESPROVIDO. 1. Não ofende o princípio da congruência, nem caracteriza julgamento extra petita, a decisão que tem como respaldo fundamentos jurídicos diversos daqueles apresentados pelas partes, desde que observados os fatos da causa e os pedidos formulados na exordial. Precedentes: AgInt no AREsp. 833.851/SP, Rel. Min. GURGEL DE FARIA, *DJe* 2.8.2019; AgInt no REsp. 1.501.511/RS, Rel. Min. BENEDITO GONÇALVES, *DJe* 23.5.2018; AgInt no AREsp. 1.193.823/SP, Rel. Min. ASSUSETE MAGALHÃES, *DJe* 24.5.2018. 2. Conforme entendimento desta Corte Superior de Justiça, deve ser assegurada, ao expropriado possuidor, a indenização pela perda da posse. Julgados nesse sentido: AgInt no AREsp. 870.755/RJ, Rel. Min. ASSUSETE MAGALHÃES, *DJe* 16.11.2018; AgRg no AREsp. 761.207/RJ, Rel. Min. HUMBERTO MARTINS, *DJe* 29.4.2016; AgRg no AREsp. 19.966/SP, Rel. Min. ELIANA CALMON, DJe 19.6.2013. 3. Agravo Interno da UNIÃO desprovido. (STJ - AgInt no AgInt nos EDcl no AREsp 862499 AC 2016/0021265-8, rel. Min. Napoleão Nunes Maia Filho, julgado em 23-9-2019, Primeira Turma, *DJe* 30-9-2019. Disponível em: https://jurisprudencia.s3.amazonaws.com/STJ/attachments/STJ_AGINT-AGINT-EDCL-ARESP_862499_6cfc2.pdf?AWSAccessKeyId=AKIARMMD5JEAO67SMCVA&Expires=1693401353&Signature=%2FrPsyzjM1FjGzU6R7fNt3YE8gB0%3D. Acesso em: 21 set. 2023.)

Independentemente de aceite do particular, o valor estipulado deverá ser depositado em juízo. Ademais, o portador da licença poderá, caso seja do seu interesse, fazer jus à instalação em outra gleba da União, sendo-lhe assegurada a indenização das benfeitorias respectivas, e computados os prazos de morada habitual e de cultura efetiva da antiga posse.

5.3.1. Legislação amazônica

A Lei n. 11.952, de 25 de junho 2009, cuida da regularização fundiária das ocupações incidentes em terras situadas em áreas da União, no âmbito da Amazônia Legal, entendendo-se como tal o espaço territorial que abrange os Estados do Acre, Amapá, Amazonas, Mato Grosso, Rondônia, Roraima, Tocantins, Pará e do Maranhão na sua porção a oeste do Meridiano 44°, sendo que os Estados e os municípios que forem criados por desmembramento dos Estados e dos entes municipais situados nas áreas antes referidas são automaticamente considerados integrantes da Amazônia Legal (art. 2° da Lei Complementar n. 124/2007). Esta lei é responsável pela criação do Programa Terra Legal.

E o legislador ordinário não poderia deixar de dispensar tratamento diferenciado à região, pois "a região amazônica, dada a diversidade biológica, cultural, etnográfica e geológica, mereceu tutela especial do constituinte, tornando-se imperiosa a observância do desenvolvimento sustentável na região, conjugando a proteção à natureza e a sobrevivência humana nas áreas objeto de regularização fundiária"[10].

A regularização fundiária da Lei n. 11.952/2009 é feita mediante a alienação e a concessão de direito real de uso (CDRU) dos imóveis federais e serve como instrumento de fundamental importância para os processos de regularização, sem excluir as demais regras de acesso à terra, até porque mencionado regramento tem cunho complementar às regras já existentes.

Por se tratar de terras da União, o art. 1° da Lei n. 11.952/2009 deixa claro que se destina à regularização fundiária das ocupações incidentes em terras situadas em áreas da União, estando aí excluídas as dos Estados-membros[11].

---

10 ADI n. 4.269, cit. Acesso em: 21 set. 2023.

11 Há exceção para essa afirmação, pois quando existir interesse estadual ou municipal, desde que considere as regras previstas naquela lei, poderão ser utilizados

O art. 2º, ao seu turno, conceitua os institutos utilizados pelo diploma legal, entre os quais estão:

– *ocupação direta*, que é aquela exercida pelo ocupante e sua família;

– *ocupação indireta*, a exercida somente por interposta pessoa;

– *exploração direta*, que é a atividade econômica exercida em imóvel rural e gerenciada diretamente pelo ocupante com o auxílio de seus familiares, de terceiros, ainda que sejam assalariados, ou por meio de pessoa jurídica de cujo capital social ele seja titular majoritário ou integral;

– *exploração indireta* consiste na atividade econômica exercida em imóvel rural e gerenciada, de fato ou de direito, por terceiros, que não sejam os requerentes;

– *cultura efetiva*, que é exploração agropecuária, agroindustrial, extrativa, florestal, pesqueira, de turismo ou outra atividade similar que envolva a exploração do solo;

– *ocupação mansa e pacífica*, aquela exercida sem oposição e de forma contínua; ordenamento territorial urbano, que é o planejamento da área urbana, de expansão urbana ou de urbanização específica, que considere os princípios e as diretrizes do Estatuto da Cidade;

– *concessão de direito real de uso* é a transferência de direito real de uso, onerosa ou gratuita, por tempo certo ou indeterminado, para fins específicos de regularização fundiária; e

– *alienação* é a doação ou a venda, direta ou mediante licitação, nos termos da Lei n. 8.666, de 21 de junho de 1993 – Lei de Licitações, do domínio pleno das terras da União.

Os imóveis passíveis de regularização fundiária, nos termos dessa lei, são as ocupações incidentes em terras (art. 3º):

---

os institutos daquele regramento, caso seja firmado e objetivado um acordo de cooperação técnica, convênios ou outros instrumentos congêneres entre o Estado ou Município e a União, hipóteses nas quais o órgão fundiário, seja estadual ou municipal, poderá assumir o trabalho que faria o Incra junto ao MDA, possibilidade prevista no art. 32 da Lei n. 11.952/2009. Entretanto, os Estados da Amazônia Legal que não aprovarem, mediante lei estadual, o respectivo Zoneamento Ecológico-Econômico (ZEE) no prazo máximo de 3 (três) anos, a contar da entrada em vigor da referida lei (25 de junho de 2009), ficarão proibidos de celebrar novos convênios com a União, até que tal obrigação seja adimplida (art. 36).

a) discriminadas, arrecadadas e registradas em nome da União[12];

b) as abrangidas, cumulativamente, na faixa de fronteira e as contidas nos Municípios de Humaitá (AM), São Gabriel da Cachoeira (AM), Caracaraí (RR), Porto Velho (RO), Ji-Paraná (RO), Vilhena (RO), Altamira (PA), Itaituba (PA), Marabá (PA) e Imperatriz (MA);

c) as remanescentes de núcleos de colonização ou de projetos de reforma agrária que tiverem perdido a vocação agrícola e se destinem à utilização urbana;

d) as devolutas localizadas em faixa de fronteira; ou

e) as registradas em nome do Instituto Nacional de Colonização e Reforma Agrária (Incra), ou por ele administradas.

O art. 4º da Lei n. 11.952/2009, a seu turno, determina que não serão passíveis de alienação ou concessão de direito real de uso, nos termos dessa lei, as ocupações que recaiam sobre áreas:

a) reservadas à administração militar federal e a outras finalidades de utilidade pública ou de interesse social a cargo da União;

b) tradicionalmente ocupadas por população indígena;

c) de florestas públicas, nos termos da Lei n. 11.284, de 2 de março de 2006, de unidades de conservação ou que sejam objeto de processo administrativo voltado à criação de unidades de conservação, conforme regulamento; ou

d) que contenham acessões ou benfeitorias federais.

Importante esclarecer que pode haver a regularização fundiária dos remanescentes de colonização ou de projetos de colonização e de reforma agrária que tenham perdido a vocação agrícola e se destinem à utilização urbana, visando atender a uma demanda urbanística e que são responsáveis pela formação de vários municípios da Amazônia Legal, cujo empecilho do desenvolvimento é ocasionado pela ausência da tipificação da légua patrimonial.

---

12 Incluindo-se as registradas em nome da União situadas nas faixas de cem quilômetros de largura, em cada lado do eixo das rodovias federais, por força do Decreto-Lei n. 1.164, de 1º de abril de 1971, que federalizou as terras públicas estaduais da Amazônia Legal que estivessem situadas nas faixas de cem quilômetros de largura, em cada lado do eixo das rodovias federais já construídas, em construção ou projetadas.

Nesse mesmo diploma legal, ainda, o art. 5º exige que sejam cumpridos alguns requisitos objetivos e subjetivos para a regularização da área, tanto pelo ocupante quanto por seu cônjuge ou companheiro, tais como: i) ser brasileiro nato ou naturalizado; ii) não ser proprietário de imóvel rural em qualquer parte do território nacional; iii) praticar a cultura efetiva; iv) comprovar o exercício de ocupação e a exploração direta, mansa e pacífica, por si ou por seus antecessores, anterior a 22 de julho de 2008[13]; e v) não ter sido beneficiado por programa de reforma agrária ou de regularização fundiária de área rural, ressalvadas as situações admitidas pelo Ministério do Desenvolvimento Agrário.

O § 1º do art. 5º veda a regularização de ocupações em que o ocupante, seu cônjuge ou companheiro exerçam cargo ou emprego público no Incra, na Secretaria Especial de Agricultura Familiar e do Desenvolvimento Agrário da Casa Civil da Presidência da República, na Secretaria do Patrimônio da União ou nos órgãos estaduais fundiários.

Esses impedimentos legais previstos pelo diploma legal em comento têm a finalidade de evitar que abusos por parte da administração pública ocorram, seja por favorecimentos pessoais ou qualquer outro meio.

Restando preenchidos todos os requisitos legais permissivos para a regularização fundiária, o Ministério do Desenvolvimento Agrário ou, se for o caso, o Ministério do Planejamento, Orçamento e Gestão, regularizará as áreas ocupadas mediante alienação.

Nesses casos, incluem-se as ocupações de áreas não superiores a 2.500 hectares, bem como as áreas ocupadas, demarcadas e que não estejam incluídas nas hipóteses do acima mencionado art. 4º da Lei n. 11.952/2009.

Por outro lado, não são regularizadas ocupações que incidam sobre as áreas objeto de demanda judicial em que sejam partes a União ou os entes da administração pública federal indireta até o trânsito em julgado da decisão, ressalvadas a hipótese de o objeto da demanda não

13 A data de 22 de julho de 2008 é a da edição do Decreto n. 6.514, que trata das infrações e sanções administrativas ao meio ambiente, e passou a ser marco temporal no Código Florestal para anistiar os crimes ambientais anteriormente praticados. Devido à anistia, a Lei n. 11.952/2009, por dispor da regularização fundiária na Amazônia Legal, também tomou essa data como umbral temporal para fins de comprovação do exercício da posse como condição à regularização da ocupação.

impedir a análise da regularização da ocupação pela administração pública e a hipótese de acordo judicial, conforme redação do § 3º do art. 6º desse mesmo regramento.

O § 1º do art. 4º da Lei n. 11.952/2009 determina que as áreas ocupadas que abranjam parte ou a totalidade de terrenos de marinha, terrenos marginais ou reservados, seus acrescidos ou outras áreas insuscetíveis de alienação, poderão ser regularizadas mediante outorga de título de CDRU. O responsável por essa outorga será o Ministério do Planejamento, Orçamento e Gestão, após a identificação da área, nos termos de regulamento.

As terras ocupadas por comunidades quilombolas ou populações tradicionais que façam uso coletivo da área rural serão regularizadas de acordo com as normas específicas, aplicando-lhes os dispositivos da Lei n. 11.952/2009 em caráter subsidiário (§ 2º do art. 4º), contanto que a regularização não ocorra em nome de terceiros ou qualquer outra forma que possa descaracterizar o modo de apropriação da terra por esses grupos identitários, bem como no caso de dispensa da vistoria prévia como condição para a inclusão de pequenas propriedades rurais (imóveis de até quatro módulos fiscais) no programa de regularização fundiária de imóveis rurais de domínio público na Amazônia Legal. O ente federal deve, antes, utilizar-se de todos os meios para assegurar a devida proteção ambiental e a concretização dos propósitos da norma constitucional, para somente então ser possível aquela dispensa administrativa, tudo conforme decidiu o Plenário do Supremo Tribunal Federal, na Ação Direta de Inconstitucionalidade n. 4.269[14].

---

14 ADI 4.269, cit. Decisão: Preliminarmente, o Tribunal, por unanimidade e nos termos do voto do Relator, conheceu da ação quanto aos arts. 4º, § 2º, e 13 da Lei 11.952/2009, assentando o prejuízo da pretensão relativa ao art. 15, I, § 2º, §§ 4º e 5º, da mesma lei. Na parte conhecida, o Tribunal, por maioria e nos termos do voto do Relator, julgou parcialmente procedente a ação para: i) que se confira ao art. 4º, § 2º, da Lei n. 11.952/2009 interpretação conforme à Constituição, sem redução de texto, a fim de afastar-se qualquer interpretação que permita a regularização fundiária das terras públicas ocupadas por quilombolas e outras comunidades tradicionais da Amazônia Legal em nome de terceiros ou de modo a descaracterizar o modo de apropriação da terra por esses grupos; ii) que se confira interpretação conforme ao disposto no art. 13 da Lei n. 11.952/2009, de modo a afastar quaisquer interpretações que concluam pela desnecessidade de fiscalização dos imóveis rurais de até quatro módulos fiscais, devendo o ente federal utilizar-se de todos os meios referidos em suas informações para assegurar a devida proteção

Como bem pontuou o Supremo Tribunal Federal na ADI acima mencionada, "O artigo 4º, § 2º, da Lei n. 11.952/2009 vai de encontro à proteção adequada das terras dos remanescentes de comunidades quilombolas e das demais comunidades tradicionais amazônicas, ao permitir interpretação que possibilite a regularização dessas áreas em desfavor do modo de apropriação de território por esses grupos, sendo necessária interpretação conforme aos artigos 216, I, da Constituição e 68 do ADCT, para assegurar a relação específica entre comunidade, identidade e terra que caracteriza os povos tradicionais"[15].

Os ocupantes de áreas inferiores à fração mínima de parcelamento têm direito de preferência como beneficiários na implantação de novos projetos de reforma agrária na Amazônia Legal[16].

Nos casos em que o imóvel ocupado possuir área contínua de até um módulo fiscal, a alienação e a concessão de direito real de uso (em terrenos de marinha, terrenos marginais ou reservados, seus acrescidos ou outras áreas insuscetíveis de alienação) serão feitas de forma gratuita, dispensada a licitação.

Todavia, ocorrem de forma onerosa, dispensada a licitação, tanto a alienação da terra ocupada com área contínua acima de um módulo fiscal e até o limite de 2.500 hectares quanto a concessão de direito real de uso, no caso de áreas ocupadas que abranjam parte ou a totalidade de terrenos de marinha, terrenos marginais ou reservados, seus acrescidos ou outras áreas insuscetíveis de alienação.

---

ambiental e a concretização dos propósitos da norma, para somente então ser possível a dispensa da vistoria prévia, como condição para a inclusão da propriedade no Programa de regularização fundiária de imóveis rurais de domínio público na Amazônia Legal. Vencidos o Ministro Marco Aurélio, que acompanhava o Relator quanto ao conhecimento da ação, mas, na parte conhecida, julgava-a improcedente, e, em parte, o Ministro Alexandre de Moraes, quanto à parte do voto do Relator referente ao art. 13 da Lei 11.952/2009, ao entender pela presunção *iuris tantum* da boa-fé da declaração do ocupante do imóvel, no que foi acompanhado, no ponto, pelo Ministro Gilmar Mendes. Impedido o Ministro Dias Toffoli. Falou pelo Presidente da República e pelo Congresso Nacional a Ministra Grace Maria Fernandes Mendonça, Advogada-Geral da União. Presidiu o julgamento a Ministra Cármen Lúcia. Plenário, em 18-10-2017. Disponível em: http://www.stf.jus.br/portal/processo/verProcessoAndamento.asp?numero=4269&classe=ADI&origem=AP&recurso=0&tipoJulgamento=M. Acesso em: 20 set. 2023.

15 Idem, ibid.

16 Art. 6º, § 5º, da Lei n. 11.952/2009.

Quando ocorrer a alienação onerosa, a avaliação do imóvel tem como base o seu preço, considerando o tamanho da área, sendo estabelecido entre 10% e 50% do valor mínimo da pauta de valores da terra nua para fins de titulação e regularização fundiária elaborada pelo Incra, com base nos preços de imóveis avaliados para a reforma agrária. No caso de CDRU onerosa, o preço do imóvel é calculado à razão de 40% dos percentuais citados anteriormente. E se não existirem parâmetros para a definição do valor da terra nua, a administração pública deve utilizar como referência as avaliações de preço produzidas preferencialmente por entidades públicas, de modo justificado.

Destarte, ao valor do imóvel para a alienação serão acrescidos os custos relativos à execução dos serviços topográficos, se executados pelo poder público, salvo em áreas onde as ocupações não excedam a quatro módulos fiscais[17].

Nesses casos, o valor do imóvel é pago pelo beneficiário da regularização fundiária em prestações amortizáveis em até vinte anos, com carência de até três anos e incidência de encargos financeiros. Na hipótese de pagamento à vista, é concedido desconto de 20%, se o pagamento ocorrer em até 180 dias, contados da data de entrega do título, cuja hipótese não se aplica ao pagamento integral do imóvel adquirido por título de domínio ou CDRU.

Os requisitos para a regularização fundiária dos imóveis de até quatro módulos fiscais são averiguados por meio de declaração do ocupante, sujeita à responsabilização nas esferas penal, administrativa e civil. Nesse caso, poderá ser dispensada a vistoria prévia do imóvel, sendo facultado ao Ministério do Desenvolvimento Agrário ou, se for o caso, ao Ministério do Planejamento, Orçamento e Gestão determinar a sua realização no imóvel rural para essas áreas.

Quando as áreas ocupadas forem aquelas insuscetíveis de regularização por excederem os limites constitucionais de 2.500 hectares, podem ser objeto de titulação parcial onerosa, até esse limite, obedecendo às regras da lei de regulamentação regional, mas condicionada à desocupação da área excedente. Ao valor do imóvel são acrescidos os custos relativos à execução dos serviços topográficos, se executados pelo poder público, mas a opção pela titulação parcial está condicionada à desocupação da área excedente.

---

17 Art. 12, §§ 1º, 2º, 3º e 4º, da Lei n. 11.952/2009.

O título de domínio ou o termo de CDRU deverão conter, entre outras, cláusulas sob condição resolutiva pelo prazo de dez anos[18], que determinem, além da inalienabilidade do imóvel: I – a manutenção da destinação agrária, por meio de prática de cultura efetiva; II – o respeito à legislação ambiental, em especial quanto ao cumprimento do Cadastro Ambiental Rural, previsto no Código Florestal; III – a não exploração de mão de obra em condição análoga à de escravo; e IV – as condições e a forma de pagamento, sendo que se o beneficiário optar pelo pagamento por prazo superior a dez anos, a eficácia dessa cláusula fica estendida até a integral quitação.

As condições resolutivas ficam extintas a partir da quitação, se o beneficiário escolher pagar integralmente o preço do imóvel, equivalente a 100% do valor médio da terra nua[19], vigente à época do pagamento, e tendo atingido o período mínimo de carência de três anos, bem como cumpridas todas as condições resolutivas.

O § 3º do art. 15 da Lei n. 11.952/2009 reza que as condições de regularização dispostas no parágrafo anterior desse mesmo artigo são aplicadas, também, aos imóveis de até um módulo fiscal[20].

As condições resolutivas dos títulos fundiários somente são liberadas após a verificação de seu cumprimento, que deve ser comprovado nos autos, por meio de juntada da documentação pertinente. Todavia, se a análise não for suficiente para atestar o cumprimento das condições resolutivas, deve ser realizada vistoria *in loco*, obrigatoriamente. Por outro lado, a administração deve, no prazo máximo de doze meses, contado da data do protocolo, concluir a análise do pedido de liberação das condições resolutivas[21].

---

18 Caso esse prazo seja superior a 10 (dez) anos, a eficácia da cláusula resolutiva fica estendida até a integral quitação (§ 1º do art. 15 da Lei n. 11.952/2009).

19 O § 2º do art. 15 da Lei n. 11.952/2009 normatiza que o valor médio da terra nua é o estabelecido na forma dos §§ 1º e 2º do art. 12 daquela lei de regularização fundiária.

20 Este dispositivo legal, ao abrir precedente de regularizar imóvel rural com área inferior ao módulo fiscal, ou na fração mínima de parcelamento, ou módulo rural do imóvel, torna-se inconstitucional por atentar contra a principiologia constitucional do direito agroambiental que tem nessas medidas de extensão rural a área mínima sustentável econômica e socialmente.

21 Art. 16, §§ 1º, 2º e 3º, da Lei n. 11.952/2009; seu art. 18, § 10, dispõe que, se a área titulada passar a integrar a zona urbana ou de expansão urbana do Município, o Incra deve priorizar a análise do requerimento de liberação das condições resolutivas.

O adquirente das terras tem do dever fundamental de cumprir a função social da propriedade, vez que a lei determina a resolução de pleno direito do título de domínio ou termo de concessão com a consequente reversão da área em favor da União, caso seja verificado o inadimplemento das condições resolutivas, durante sua vigência, pelo titulado no título fundiário, após a apuração em processo administrativo, em que tiverem sido assegurados a ampla defesa e o contraditório. No entanto, se o inadimplemento das obrigações ocorrer após o período de vigência das cláusulas contratuais, não haverá a resolução de pleno direito do título.

A análise do cumprimento das cláusulas resolutivas recai tão somente no período de vigência das obrigações contratuais, tomando-se a mais longa como termo final[22].

O Incra tem de provar, por todos os meios de prova admitidos em direito, o descumprimento das obrigações pelo titulado durante a vigência das cláusulas resolutivas, cujas provas são essenciais à propositura de ação judicial reivindicatória de domínio. Entretanto, se não houver prova de que a Advocacia-Geral da União tem autorização legal para desistir das ações já ajuizadas.

Se houver a resolução do título de domínio ou do termo de concessão, o contratante tem direito a: a) indenização pelas acessões e pelas benfeitorias, necessárias e úteis, podendo levantar as voluptuárias no prazo máximo de 180 dias após a desocupação do imóvel, sob pena de perda delas em proveito do alienante; b) restituição dos valores pagos com correção monetária, deduzidos os seguintes percentuais: 15% do valor pago a título de multa compensatória e 0,3% do valor atualizado do contrato por cada mês de ocupação do imóvel desde o início do contrato, a título de indenização pela fruição.

Por outra via, a lei estabelece a desobrigação de quem tem o título resolvido, de pagar eventual saldo devedor remanescente da diferença entre o montante de valores que tem direito a receber e o dos valores que tem a pagar (art. 18, § 7º, III, da Lei n. 11.952/2009)[23].

---

22 O § 6º do art. 18 da Lei n. 11.952/2009 dispõe: "Na análise acerca do cumprimento das obrigações contratuais constantes dos títulos emitidos anteriormente a 25 de junho de 2009, deverão ser ratificadas as vistorias realizadas em data anterior à promulgação da Constituição Federal, a requerimento do interessado, garantidos o contraditório e a ampla defesa". Esclareça-se que o marco legal de 25 de junho de 2009 é a data da publicação da referida lei.

23 Esse dispositivo de lei é inconstitucional porque permite o enriquecimento sem causa contra o Incra.

Discricionariamente, apenas em casos de interesse social na destinação da área, se houver desocupação voluntária do lote agrícola, o ocupante poderá receber compensação financeira pelas benfeitorias úteis ou necessárias edificadas até a data de notificação da decisão que declarou a resolução do título de domínio ou da concessão.

O art. 19 do Programa Terra Legal determina que se houver o descumprimento de contrato firmado com o Incra até 22 de dezembro de 2016, o beneficiário originário ou os seus herdeiros que ocupem e explorem o imóvel têm prazo de cinco anos, contado da data de entrada em vigor da Medida Provisória n. 759, de 22 de dezembro de 2016, para requerer a renegociação do contrato firmado, sob pena de reversão, desde que sejam observadas: i) as condições de pagamento previstas nos arts. 11 e 12 da Lei n. 11.952/2009; ii) a comprovação do cumprimento das cláusulas exigidas pelo art. 15, linhas acima mencionado.

Contudo, em se tratando de interesse social ou utilidade pública relacionada aos imóveis já titulados, deliberadamente manifestados pelo Incra, não se aplica a exigência da renegociação contratual acima mencionada, independentemente do tamanho da área, sendo de rigor a análise do cumprimento das condições resolutivas nos termos pactuados.

Se já tiver sido efetuado o pagamento, ainda que de parte do valor pactuado, este deverá ser abatido do valor fixado na renegociação, desde que seja comprovado nos autos.

Os beneficiários têm a faculdade de requerer que seus títulos fundiários emitidos anteriormente à Lei n. 11.952/2009 tenham seus valores passíveis de enquadramento nos termos da referida lei, não se permitindo a restituição de valores já pagos que, em razão do novo enquadramento, eventualmente ultrapassem ao que se tornou devido.

O beneficiário que transferir ou negociar, por qualquer meio, o título fundiário, na vigência das cláusulas resolutivas, tem como punição a impossibilidade de ser beneficiado novamente em programas de reforma agrária ou de regularização fundiária.

Por fim, o art. 20 da Lei n. 11.952/2009 prevê que todas as cessões de direito a terceiros, que digam respeito aos títulos expedidos pelos órgãos fundiários federais em nome do ocupante original, servirão somente para fins de comprovação da ocupação do imóvel pelo cessionário ou pelos seus antecessores, podendo o terceiro somente regularizar a área por ele ocupada.

Quanto aos imóveis que não puderem ser regularizados segundo o Programa Terra Legal, serão revertidos, total ou parcialmente, ao patrimônio da União.

Para dar o contorno de perfectibilidade à regularização fundiária, a Lei n. 13.465/2017 alterou a Lei de Registros Públicos para incluir os registros, nos Cartórios de Imóveis, da legitimação fundiária e da certidão de regularização fundiária (Lei n. 6.015/73, art. 167, I, itens n. 43 e 44).

5.4. ASSENTAMENTOS FEDERAIS

Todas as vezes que o poder público se deparar com imóveis rurais desocupados, sem que haja posse de particular, e busque a redistribuição de terras, será feita por meio dos projetos de assentamento, assim entendido o conjunto de unidades agrícolas independentes entre si, instaladas pelo Incra, onde originalmente existia um imóvel rural que pertencia a um único proprietário.

Encontra previsão legal nos arts. 24 e 25 do Estatuto da Terra – Lei n. 4.504/64 – e são decorrentes da aquisição de terras pelo processo da ação discriminatória (Lei n. 6.383/76), ou pela desapropriação para fins de reforma agrária (Lei Complementar n. 76/93), ou ainda pela própria compra de imóveis rurais para fins de reforma agrária (Decreto n. 433/92).

O art. 24 estatutário normatiza que as terras desapropriadas para os fins de reforma agrária que, a qualquer título, vierem a ser incorporadas ao patrimônio do Incra, respeitada a ocupação de terras devolutas federais manifestada em cultura efetiva e em morada habitual, só poderão ser distribuídas: i) sob a forma de propriedade familiar, nos termos das normas aprovadas pelo Instituto Brasileiro de Reforma Agrária; ii) a agricultores cujos imóveis rurais sejam comprovadamente insuficientes para o sustento próprio e o de sua família; iii) para a formação de glebas destinadas à exploração extrativa, agrícola, pecuária ou agroindustrial, por associações de agricultores organizadas sob regime cooperativo; iv) para fins de realização, a cargo do poder público, de atividades de demonstração educativa, de pesquisa, experimentação, assistência técnica e de organização de colônias-escolas; v) para fins de reflorestamento ou de conservação de reservas florestais a cargo da União, dos Estados ou dos municípios.

Ademais, as terras adquiridas pelo poder público deverão ser vendidas, atendidas as condições de maioridade, sanidade e de bons antecedentes, ou de reabilitação, de acordo com a seguinte ordem de preferência: i) ao proprietário do imóvel desapropriado, desde que venha a explorar a parcela, diretamente ou por intermédio de sua família; ii) aos que trabalhem no imóvel desapropriado como posseiros, assalariados, parceiros ou arrendatários; iii) aos agricultores cujas propriedades não alcancem a dimensão da propriedade familiar da região; iv) aos agricultores cujas propriedades sejam comprovadamente insuficientes para o sustento próprio e o de sua família; v) aos tecnicamente habilitados na forma da legislação em vigor, ou que tenham comprovada competência para a prática das atividades agrícolas[24].

A Resolução n. 458, de 16 de julho de 2013, do Conselho Nacional do Meio Ambiente (Conama) dispõe sobre procedimentos para o Licenciamento Ambiental de Projetos de Assentamentos de Reforma Agrária e simplifica o procedimento, a fim de torná-lo mais eficiente, mas sem descurar a proteção socioambiental[25].

Por assentamento de reforma agrária compreende-se o conjunto de atividades e empreendimentos planejados e desenvolvidos em área destinada à reforma agrária, resultado do reordenamento da estrutura fundiária de modo a promover a justiça social e o cumprimento da função social da propriedade (art. 2º, I, da Resolução n. 458/2013).

A simplificação do lincenciamento faz sentido à medida que a regularização do imóvel, inclusive a ambiental, é feita previamente com os instrumentos específicos do Código Florestal (Lei n. 12.651/2012), que são o Cadastro Ambiental Rural (CAR) e o Sistema de Cadastro Ambiental Rural.

Os projetos de assentamento, além de possibilitar uma melhor e mais eficaz distribuição de terras em âmbito rural, permitem aos assentados a moradia e o desenvolvimento da produção familiar, assim como garantem a segurança alimentar dos brasileiros das zonas rurais que até então se encontravam sob risco alimentar e social.

As ações inerentes ao licenciamento ambiental dos projetos de assentamentos de reforma agrária devem ser realizadas em função das características e peculiaridades das atividades de reforma agrária, a

---

24 Art. 25 da Lei n. 4.504, de 30 de novembro de 1964.

25 A Procuradoria Geral da República questionou a constitucionalidade da Resolução, junto ao STF, através da Ação Direta de Inconstitucionalidade n. 5547, que decidiu, unanimemente, pela constitucionalidade do ato. Disponível em: https://portal.stf.jus.br/processos/downloadPeca.asp?id=15344605960&ext=.pdf. Acesso em: 2 set. 2023.

serem desenvolvidas de forma integrada entre os órgãos e as entidades integrantes do Sistema Nacional do Meio Ambiente (SISNAMA).

5.5. USUCAPIÃO AGRÁRIA

A usucapião, de origem etimológica latina *capio*, que significa "tomar", e *usu*, uso, corresponde à aquisição de um bem pelo uso.

Atualmente, o Direito brasileiro conhece as seguintes espécies de usucapião: extraordinária, ordinária e especial, urbana ou rural, esta última subespécie também chamada de agrária ou *pro labore*. Desses, interessa-nos o estudo da usucapião agrária (usucapião especial rural).

Usucapião é modo de aquisição originária da propriedade porque a relação jurídica que se estabelece com o usucapiente não deriva de nenhuma anterior, tal qual sói acontecer com a compra e a venda na qual a relação jurídica em favor do comprador é proveniente do vendedor. O usucapiente torna-se proprietário em razão da posse exercida.

A usucapião agrária ficou prevista a partir da Constituição Federal de 1934 e nas demais Constituições posteriores, inclusive na atual, contemplada no art. 191. Exceção a essa regra é a Carta Constitucional de 1967, que nada dispôs sobre o assunto. O Código Civil a prevê no art. 1.239. O Código de Processo Civil contempla a modalidade extrajudicial de usucapião que abraça a espécie agrária, além da urbana.

Ao tempo da Carta Constitucional de 1967, a 10 de dezembro de 1981, foi promulgada a Lei n. 6.969, que regulamentou a usucapião especial rural, cuja lei ainda hoje tem validade e eficácia. Seu art. 1º reza:

> Art. 1º Todo aquele que, não sendo proprietário rural nem urbano, possuir como sua, por 5 (cinco) anos ininterruptos, sem oposição, área rural contínua, não excedente de 25 (vinte e cinco) hectares, e a houver tornado produtiva com seu trabalho e nela tiver sua morada, adquirir-lhe-á o domínio, independentemente de justo título e boa-fé, podendo requerer ao juiz que assim o declare por sentença, a qual servirá de título para transcrição no registro de imóveis.
>
> Parágrafo único. Prevalecerá a área do módulo rural aplicável à espécie, na forma da legislação específica, se aquele for superior a 25 (vinte e cinco) hectares.

Em 1988, a Constituição Republicana versou sobre a mesma espécie de usucapião – a agrária –, todavia, introduzindo modificações ao regime legal anterior. Eis o art. 191 constitucional:

> Art. 191. Aquele que, não sendo proprietário de imóvel rural ou urbano, possua como seu, por cinco anos ininterruptos, sem oposição, área de terra, em zona rural, não superior a cinquenta hectares, tornando-a produtiva por seu trabalho ou de sua família, tendo nela sua moradia, adquirir-lhe-á a propriedade.
> Parágrafo único. Os imóveis públicos não serão adquiridos por usucapião.

Por se tratar de idênticos institutos jurídico-agrários e em homenagem às regras de hermenêutica, a Constituição Federal de 1988 derrogou o art. 1º da Lei n. 6.969/81, no que diz respeito à extensão da área usucapienda, bem assim quanto à possibilidade jurídica de usucapião de terras públicas, legalmente possível naquela lei infraconstitucional (art. 2º). Portanto, a Lei n. 6.969/81 está vigente exceto nessas partes tornadas incompatíveis com a Constituição Federal de 1988.

Sobrepõem-se as normas constitucionais não só por serem hierarquicamente superiores, mas também graças à máxima de interpretação que enuncia que a lei posterior revoga a anterior quando regule inteiramente a matéria de que tratava a lei anterior (art. 2º, § 1º, do Decreto-lei n. 4.657, de 4 de setembro de 1942, modificado pela Lei n. 12.376/2010 – Lei de Introdução às Normas do Direito Brasileiro).

O Código Civil dispõe sobre a matéria no art. 1.239.

5.5.1. Requisitos

A partir da combinação interpretativa das normas da Constituição Federal e da Lei n. 6.969/81, os requisitos para obter judicialmente a propriedade por usucapião de terras privadas são:

a) Sujeito da usucapião: lavrador nacional ou estrangeiro

Podem usucapir tanto o rurícola nacional quanto o estrangeiro. Necessariamente há de ser pessoa física, já que a exigência da obtenção de produtividade na terra, por meio do trabalho pessoal, aponta essa circunstância.

O dispositivo constitucional, ao estabelecer que qualquer posseiro tem direito, à usucapião agrária está em consonância com os direitos fundamentais nela previstos que garantem a isonomia pela qual todos são iguais perante a lei, sem distinção de qualquer natureza, garantindo-se aos brasileiros e aos estrangeiros residentes no país a inviolabilidade do direito à vida, à liberdade, à igualdade, à segurança e à propriedade. Assim dispondo, a ordem jurídica nacional nivela os nacionais e os estrangeiros, quanto à aquisição e ao gozo dos direitos civis.

Em se tratando de estrangeiro, a Lei n. 6.969/81 há de ser analisada em cotejo com a Lei n. 5.709, de 7 de outubro de 1971, que dispõe sobre a aquisição de imóveis rurais por estrangeiros.

A Constituição Federal estabelece que o usucapiente pode adquirir terra de área não superior a cinquenta hectares. A Lei n. 5.709/71 regulamenta que a aquisição de imóvel rural por pessoa física estrangeira não poderá exceder a cinquenta módulos de exploração indefinida, em área contínua ou descontínua (art. 3º da Lei n. 5.709/71). Diante dos ditames constitucionais, curial é que a quantidade de módulos de exploração indefinida não seja superior a cinquenta hectares.

A usucapião de imóvel rural com área compreendida entre três e cinquenta módulos de exploração indefinida, por pessoa natural estrangeira, depende de autorização do Incra. Contudo, quando se tratar de imóvel com área não superior a três módulos, a usucapião será livre, independentemente de autorização ou licença do Incra, ressalvadas as exigências gerais determinadas em lei.

Já a aquisição, por estrangeiro, de área compreendida entre três e cinquenta módulos de exploração indefinida, é regulamentada pelo Incra, por meio da Instrução Normativa n. 76/2013, por força do disposto no art. 3º, § 2º, da Lei n. 5.709/71.

Ainda para o requerente estrangeiro, o Presidente da República, ouvido o Conselho de Defesa Nacional, poderá aumentar o limite da área usucapienda de cinquenta módulos de exploração indefinida, mas limitado aos cinquenta hectares impostos constitucionalmente (art. 3º, § 5º, da Lei n. 5.709/71).

b) Não ser proprietário rural ou urbano

O posseiro agrário não pode ser proprietário de imóvel rural ou urbano.

A jurisprudência deve tornar maleável o rigor das palavras da lei a fim de não macular sua finalidade social, no sentido de, caso o usucapiente tenha outra terra cuja atividade seja insignificante, não se lhe deve negar o direito, como também se aplica esse ponto de vista se a propriedade urbana for tal que não iniba a outorga do direito à usucapião (por exemplo, condomínio)[26].

---

26 OPITZ, Oswaldo & OPITZ, Silvia C. B. **Tratado de direito agrário brasileiro.** v. 1. São Paulo: Saraiva, 1983, p. 98.

c) Posse do imóvel "como seu"

Para entender a expressão "possuir como seu", no contexto jurídico agroambiental, deve-se ter em consideração a posse no plano do mero fato, por meio dos elementos integrantes da posse agrária, e não em relação ao conceito de propriedade. Assim, ainda que não seja dono, alguém pode possuir a coisa "como sua".

Ensina Pontes de Miranda que "o como seu ou como sua é conceito do mundo fático. Daí o erro em se introduzir, ao falar-se de posse própria, referenda ao *animus domini*, o que importa em descida ao foro íntimo e em entrada ao mundo jurídico"[27]. Possuir como seu, sem ser dono, usufruir, servir-se, ou usar alguma coisa que se possui, ocorre no mundo fático, e tão só nesse plano[28].

Portanto, segue-se a lição de Pontes de Miranda, no sentido de que não se deve investigar o *animus* do interessado, entrar em seu foro íntimo, examinar sua consciência, para saber se tem direito à usucapião.

O usucapiente prova a intenção de possuir a coisa como sua por meio de relações exteriores entre ele e o bem, estabelecendo uma relação objetiva diante da comunidade. Consequentemente, o reconhecimento da sociedade em não bulir ou espoliar a relação possessória é prova de o usucapiente possuir o imóvel rural como seu.

Realizando profícua atividade agrária, por meio de trabalho diuturno, durante cinco anos ininterruptos, sem contestação de quem quer que seja, prova o posseiro que se comporta como se dono fosse: a posse mansa e pacífica, por meio de trabalho e morada na terra, significa o reconhecimento social de que o interessado se comporta diante da terra como se fosse dono dela.

Segundo os postulados de direito agroambiental, o "possua como seu" *não significa o animus domini*, nem aparência de propriedade, mas a exteriorização da posse agrária mesma, pela instituição da cultura efetiva e da moradia.

d) Prazo de cinco anos ininterruptos

O prazo de cinco anos ininterruptos é caracterizado como o mais exíguo entre as espécies de usucapião imobiliária no Direito brasileiro, e está vinculado ao fator do trabalho.

---

27 MIRANDA, Francisco Cavalcante Pontes de. **Tratado de direito privado.** t. 10. 2. ed. Rio de Janeiro: Borsoi, s.d., p. 137.

28 MIRANDA, Francisco Cavalcante Pontes de. **Tratado de direito privado.** t. 10. 2. ed. Rio de Janeiro: Borsoi, s.d., p. 137.

A posse agrária da usucapião é reforçada pelos elementos do *trabalho* e do *tempo*. O trabalho agrário prolongado pelos cinco anos sem interrupção, contínuos, fornece o substrato essencial da conversão da posse em domínio.

A princípio, os cinco anos devem estar completos antes do ajuizamento da ação respectiva, no caso de usucapião judicial; todavia, é possível juridicamente que se perfaça no curso do processo, pois "a contestação não tem a capacidade de exprimir a resistência do demandado à posse exercida pelo autor, mas apenas a sua discordância com a aquisição do imóvel pela usucapião. A interrupção do prazo da prescrição aquisitiva somente poderia ocorrer na hipótese em que o proprietário do imóvel usucapiendo conseguisse reaver a posse para si"[29].

e) Posse sem oposição

A posse deve ser, também, mansa e pacífica: sem oposição. Assim, posse sem oposição significa que o proprietário não obje-

---

29 Cf. STJ, REsp 1.361.226/MG, Terceira Turma, decisão unânime, rel. Min. Ricardo Villas Bôs Cuevas. Acórdão: RECURSO ESPECIAL. DIREITO CIVIL E PROCESSUAL CIVIL. USUCAPIÃO EXTRAORDINÁRIA. PRESCRIÇÃO AQUISITIVA. PRAZO. IMPLEMENTAÇÃO. CURSO DA DEMANDA. POSSIBILIDADE. FATO SUPERVENIENTE. ART. 462 DO CPC/1973. CONTESTAÇÃO. INTERRUPÇÃO DA POSSE. INEXISTÊNCIA. ASSISTENTE SIMPLES. ART. 50 DO CPC/1973. 1. Recurso especial interposto contra acórdão publicado na vigência do Código de Processo Civil de 1973 (Enunciados Administrativos ns. 2 e 3/STJ). 2. Cinge-se a controvérsia a definir se é possível o reconhecimento da usucapião de bem imóvel na hipótese em que o requisito temporal (prazo para usucapir) previsto em lei é implementado no curso da demanda. 3. A decisão deve refletir o estado de fato e de direito no momento de julgar a demanda, desde que guarde pertinência com a causa de pedir e com o pedido. Precedentes. 4. O prazo, na ação de usucapião, pode ser completado no curso do processo, em conformidade com o disposto no art. 462 do CPC/1973 (correspondente ao art. 493 do CPC/2015). 5. A contestação não tem a capacidade de exprimir a resistência do demandado à posse exercida pelo autor, mas apenas a sua discordância com a aquisição do imóvel pela usucapião. 6. A interrupção do prazo da prescrição aquisitiva somente poderia ocorrer na hipótese em que o proprietário do imóvel usucapiendo conseguisse reaver a posse para si. Precedentes. 7. Na hipótese, havendo o transcurso do lapso vintenário na data da prolação da sentença e sendo reconhecido pelo tribunal de origem que estão presentes todos os demais requisitos da usucapião, deve ser julgado procedente o pedido autoral. 8. O assistente simples recebe o processo no estado em que se encontra, não podendo requerer a produção de provas e a reabertura da fase instrutória nesta via recursal (art. 50 do CPC/1973). Precedente. 9. Recurso especial provido. Disponível em: http://www.stj.jus.br/SCON/jurisprudencia/toc.jsp?livre=201300012072.REG. Acesso em: 21 set. 2023.

tou, nem perturbou a posse do rurícola durante os cinco anos ininterruptamente.

A contestação da posse há de ser expressa, manifesta, retratada, especialmente, no protesto oficial, judicial ou extrajudicialmente, pelo qual o proprietário não reconhece como boa a posse alheia.

f) Área de terra em zona rural

O trecho de terra usucapível há de ser em área rural. A distinção de zona rural da zona urbana, para fins de direito agroambiental, se faz pela finalidade econômica do imóvel. Assim, o imóvel rural, para fins de usucapião, é o que está voltado para a exploração da agricultura, a pecuária, a agroindústria ou o extrativismo.

O Supremo Tribunal Federal, no Recurso Extraordinário n. 93.850-8-MG, de 20 de maio de 1982[30], firmou jurisprudência paradigmática ao diferenciar o imóvel rural do urbano, para fins tributários, tomando o critério da localização, segundo o qual urbano é o imóvel situado dentro do plano diretor da cidade, e rural, o que estiver fora dessa área.

Entretanto, para efeitos de direito agroambiental e, assim, para efeitos de usucapião agrária, rural é o imóvel, independentemente de sua localização, destinado à exploração extrativa, agrícola, pecuária ou agroindustrial (art. 4°, I, do Estatuto da Terra; art. 5° do Decreto n. 55.891, de 31 de março de 1965; e art. 93 do Decreto n. 59.428, de 27 de outubro de 1966). Para efeito da usucapião, diferencia-se, portanto, o imóvel segundo sua destinação econômica.

---

30 A ementa paradigmática, da lavra do Ministro Moreira Alves, é a seguinte: "– Imposto predial. Critério para a caracterização do imóvel como rural ou como urbano.

– A fixação desse critério, para fins tributários, é princípio geral de direito tributário, e portanto, só pode ser estabelecido por lei complementar.

O CTN, segundo a jurisprudência do STF, é lei complementar.

– Inconstitucionalidade do art. 6°, e seu parágrafo único da Lei n. 5.868, de 12 de dezembro de 1972, uma vez que não poderia ter estabelecido critério, para fins tributários, de caracterização de imóvel como rural ou urbano diverso do fixado nos artigos 29 e 32 do CTN.

Recurso Extraordinário conhecido e provido, declarando-se a inconstitucionalidade do art. 6° e seu parágrafo único da Lei federal 5.868, de 12 de dezembro de 1972". Disponível em: https://jurisprudencia.stf.jus.br/pages/search?base=acordaos&sinonimo=true&plural=true&page=1&pageSize=10&queryString=Imposto%20predial.%20Critério%20para%20a%20caracterização%20do%20imóvel%20como%20rural%20ou%20como%20urbano&sort=_score&sortBy=desc. Acesso em: 21 set. 2023.

A área de terra tem de ser de propriedade privada, pois os imóveis públicos são inusucapíveis, por força do art. 191, parágrafo único, da Lei Maior. Assim, restou revigorada a vetusta Súmula 340 do Supremo Tribunal Federal: "Desde a vigência do Código Civil, os bens dominicais, como os demais bens públicos, não podem ser adquiridos por usucapião".

Digno de esclarecimento que o Código Civil mencionado na súmula é o de 1916. A Lei n. 6.969/81, promulgada sob o império da Carta Constitucional de 1967, que nada dispôs sobre a usucapibilidade dos imóveis públicos, possibilitou a usucapibilidade desses bens públicos, o que foi, ao final, tornado incompatível com a inauguração da Constituição Federal de 1988, sendo restaurada, portanto, a força daquela súmula.

Quanto aos direitos, somente os reais são hábeis a serem objeto de usucapião, a saber: a propriedade, a servidão, a enfiteuse, o usufruto, o uso e a habitação[31].

No entanto, não são objeto de usucapião agrária, além dos imóveis públicos em geral, as coisas fora do comércio, os assim declarados em lei, os bens de outras pessoas contra as quais não corre prescrição (por exemplo, contra os bens dos incapazes).

g) Área não superior a cinquenta hectares

Quanto à extensão da terra, a Lei Magna estabeleceu uma área máxima fixa – a de cinquenta hectares –, abandonando a unidade técnica agroambiental, o módulo rural, que serve de medida de extensão do imóvel rural para fins agroambientais. Este é o princípio geral.

Afinal, "O módulo rural previsto no Estatuto da Terra foi pensado a partir da delimitação da área mínima necessária ao aproveita-

31 A usucapião do domínio útil de imóvel da União também pode ser objeto do pedido. (Recurso Especial. Usucapião. Domínio público. Enfiteuse – É possível reconhecer a usucapião do domínio útil de bem público sobre o qual tinha sido, anteriormente, instituída enfiteuse, pois, nesta circunstância, existe apenas a substituição do enfiteuta pelo usucapiente, não trazendo qualquer prejuízo ao Estado. Recurso Especial não conhecido - STJ, REsp 575.572/RS, Terceira Turma, rel. Min. Nancy Andrighy, *DJU* 1, 6-2-2006. Disponível em:http://www.stj.jus.br/SCON/jurisprudencia/doc.jsp?livre=REsp+575572+&b=ACOR&p=true&t=-JURIDICO&l=10&i=3); no mesmo sentido: ADMINISTRATIVO. AÇÃO DE USUCAPIÃO. IMÓVEL SITUADO NA ILHA DOS MARINHEIROS. BEM PERTENCENTE À UNIÃO. (...) 2. A usucapião do domínio útil se revela viável somente em situações de enfiteuse ou aforamento (...). Disponível em: https://www.jusbrasil.com.br/jurisprudencia/trf-4/1904567006. Acesso em: 20 set. 2023.

mento econômico do imóvel rural para o sustento familiar, na perspectiva de implementação do princípio constitucional da função social da propriedade, importando sempre, e principalmente, que o imóvel sobre o qual se exerce a posse trabalhada possua área capaz de gerar subsistência e progresso social e econômico do agricultor e sua família, mediante exploração direta e pessoal – com a absorção de toda a força de trabalho, eventualmente com a ajuda de terceiros"[32].

Salienta Miguel Reale: "é que, não raro, a discussão sobre módulo rural tem servido para adiar ou impedir a providência mais urgente, que é a manutenção do possuidor nas terras onde ele tem a sua morada e exerce atividade produtiva"[33].

Não se respeitando as peculiaridades agroambientais regionais, em abandono ao módulo rural, gera-se injustiça. Veja-se o exemplo: na Ilha do Marajó, no Pará, o módulo rural dos dezesseis municípios que fazem parte da região é de 65 ou 70 hectares. E a Constituição Federal, tendo limitado em 50 hectares a área usucapível, vai impor que o interessado requeira a usucapião de 50 hectares, e, consequentemente, o obriga a adquirir onerosamente a extensão de terra excedente ao limite constitucional (15 ou 20 hectares, conforme o caso), ou, se preencher as condições legais, pode requerer a usucapião extraordinária civil, para fins de regularização fundiária.

h) Produtividade da terra por meio do trabalho pessoal ou da família

O homem do campo, por si ou por sua família, há de trabalhar e produzir a terra. O trabalho é o valor jurídico máximo para a exploração econômica da terra, tornando-a bem de produção. Trabalhar a terra

---

32 AGRAVO EM RECURSO ESPECIAL. PROCESSUAL CIVIL (CPC/15). USUCAPIÃO EXTRAORDINÁRIA. POSSIBILIDADE DE USUCAPIÃO DE IMÓVEL INFERIOR AO MÓDULO RURAL. ACOLHIMENTO DA TESE. NECESSIDADE DE HARMONIZAÇÃO ENTRE O ESTATUTO DA TERRA E A FUNÇÃO SOCIAL DA PROPRIEDADE. USUCAPIÃO QUE SE PRESTA SOMENTE À SOLIDIFICAÇÃO DE SITUAÇÃO. PRECEDENTES DO STJ. AGRAVO CONHECIDO PARA, DESDE LOGO, NEGAR PROVIMENTO AO RECURSO ESPECIAL. (Agravo em REsp n. 1.412.764/SC (2018/0325195-5), rel. Min. Paulo de Tarso Sanseverino, Terceira Turma, julgado em 30-9-2019, publicado em 2-10-2019. Disponível em: https://processo.stj.jus.br/processo/revista/documento/mediado/?componente=MON&sequencial=101452909&num_registro=201803251955&data=20191002. Acesso em 20 set. 2023.)

33 REALE, Miguel. **Teoria e prática do direito.** São Paulo: Saraiva, 1984, p. 11.

para gerar riquezas e a promoção do bem-estar social é um dos princípios básicos da posse sob o enfoque do direito agroambiental. Assim, é fundamental que o usucapiente trabalhe a terra, fazendo do labor agrário a sua profissão e o meio de subsistência para si e para sua família.

A produtividade da terra é elemento de fixação do homem ao solo desde antanho. Aqui se revela o aspecto econômico da posse, sendo de grande importância esse fator, na medida em que dá guarida ao posseiro-cultivador para exteriorizar a relação possessória agrária, mostrando que tem a coisa como se o dono fosse, fazendo com que o meio social respeite a relação homem-terra-produção.

Na usucapião agrária não é o justo título (ato jurídico anterior praticado com boa-fé) que dá legitimidade à posse. É evidente que isso também pode acontecer na usucapião agrária. No entanto, sua condição básica e absolutamente indispensável é o trabalho na terra, pois

> a usucapião prevista no art. 191 da Constituição (e art. 1.239 do Código Civil), regulamentada pela Lei n. 6.969/1981, é caracterizada pelo elemento posse-trabalho. Serve a essa espécie tão somente a posse marcada pela exploração econômica e racional da terra, que é pressuposto à aquisição do domínio do imóvel rural, tendo em vista a intenção clara do legislador em prestigiar o possuidor que confere função social ao imóvel rural (STJ, REsp n. 200800592167, rel. Min. Marco Buzzi, 4ª T., *DJe* 14-8-2015)[34].

Em direito agroambiental, o trabalho é o justo título que legitima a posse, cuja ação do tempo fortifica o comportamento do posseiro-cultivador em possuir a terra como sua.

Nesse sentido, não é o "título", no enfoque tradicional do direito civil, que gera a posse hábil para usucapir. O embasamento da posse é a utilização econômica da terra, a ocupação pelo trabalho, com ou sem atos negociais precedentes sobre ela. A *causa possessionis*, nesse tipo de posse, em nada contribui.

Mas não basta o usucapiente trabalhar a terra com sua família: como condição necessária para usucapi-la há também de nela fixar sua morada.

---

34 Disponível em: http://www.stj.jus.br/SCON/jurisprudencia/toc.jsp?livre=RESP+200800592167&&tipo_visualizacao=RESUMO&b=ACOR&thesaurus=JURIDICO&p=true. No mesmo sentido: STJ - REsp 1.670.068/MG 2017/0103074-1, rel. Min. Paulo de Tarso Sanseverino, julgado em 13-8-2019, Terceira Turma, *DJe* 16-8-2019. Disponível em: https://www.jusbrasil.com.br/jurisprudencia/stj/859226535. Acesso em: 26 ago. 2023.

h) Morada na área

A caracterização da área de terra usucapível não se perfaz apenas com o trabalho efetivo na terra (cultura efetiva), mas é indispensável, também, a morada. Assim, requer que o posseiro e/ou a família tenham morada na terra efetivamente cultivada.

Por tal razão, a Constituição Federal e a Lei n. 6.969/81 estabelecem não poder o usucapiente ser proprietário de outro imóvel: o posseiro não deve residir em outro imóvel nem trabalhar em outro local. A terra usucapível serve-lhe de local de trabalho e de moradia.

j) Posse pessoal e direta

Na usucapião agrária é incabível usucapir terras em nome e por conta de terceiro. O homem do campo deve exercer sobre a terra usucapível posse direta e pessoal, sem prepostos. Somente o desforço pessoal e direto do trabalhador e sua família qualifica a posse como usucapível.

A relação possessória agrária para fins de usucapião tem por base a força de trabalho do usucapiente e/ou de sua família que exploram, direta e pessoalmente, o imóvel, absorvendo toda a força de trabalho familiar, podendo, apenas eventualmente, contar com a ajuda de terceiros (sem vínculo empregatício, sendo tal ajuda mero favor).

A ordem jurídica agroambiental brasileira possibilita o acatamento do que a jurisprudência italiana tem reiteradas vezes sustentado:

> Deve ter-se como cultivador direto aquele que, embora apenas auxiliado pela máquina, traduz, pelo cultivo direto da terra, razão de vida e de trabalho efetivo, dedicando-se à obra rural cuidadosa e atentamente no seu uso e exploração (usufruto), desenvolvendo trabalho contínuo de manutenção, reorganização, substituição e renovação, numa ação prospectiva tal a assegurar a conservação e melhoramento do próprio complexo empresarial[35].

---

35 ITÁLIA. Tribunale di Padova. "Deve ritenersi coltivatore diretto colui che, sia pure aiutato delle macchine, trae dalle coltivazione diretta della terra ragione di vita e di lavoro effetivo, dedicandosi alla cura vigile ed attenta dei campi in suo godimento e svolgendo um' opera continua di manutenzione, di riordino, disostituzione e di rinnovo in una prospettiva tale di assicurare la conservazione ed il miglioramento dell'intero complesso aziendale L'equiparazione ai coltivatori diretti per i soggetti manzionati nel secondo commo dell'art. 7 della legge 3 maggio 1982, n° 203, significa ugualianza assoluta di trattamento, con la conseguenza che i limiti imposti ai diritti dei proprietari coltivatori diretti si applicano anche ai soggetti equiparati; pertanto la limi-

5.5.2. *Outros caracteres da posse usucapível*

A posse agrária usucapível independe de justo título e boa-fé. A posse mais a cultura efetiva e a morada, prolongando-se pelo decurso de cinco anos, fazem eliminar a indagação de má-fé, bem como o título hábil para a aquisição da propriedade passa a ser o trabalho. E, diante da conjugação harmônica de todos os requisitos da posse agrária de usucapião, é elementar que esta é sempre caracterizada como justa.

A posse é justa, sem vícios, porque a violência, a clandestinidade ou a precariedade (Código Civil, art. 1.200) não há como resistir ao preenchimento dos requisitos exigidos constitucionalmente e na Lei da Usucapião. A posse do usucapiente, desenvolvendo a cultura efetiva e residindo na terra, ao longo de cinco anos ininterruptos, sem oposição, ainda que a ocupação inicial da área usucapível tenha sido feita violenta, clandestina ou precariamente, deixa de ser maculada por qualquer vício, pois o tempo, aliado à conquista da terra obtida pela atividade agrária, executada direta e pessoalmente pelo trabalhador e sua família, corrompe-o, destruindo-o, e, em seu lugar, nasce um direito alcançado por quem utiliza a terra ao fim social e econômico a que se destina.

5.5.3. *Procedimento judicial*

A Lei n. 6.969/81 cuidou de dispor, a partir do art. 5º, do procedimento judicial sumário da usucapião especial.

Por outro lado, o Código de Processo Civil de 2015 contempla apenas dois procedimentos: o comum e o especial. Não mais existe o procedimento sumário do Código de Processo Civil anterior e que a Lei n. 6.969/81 adotou. Nesse sentido, o procedimento a ser adotado na ação de usucapião é o comum do atual Código de Processo Civil, apenas adaptando-se às particularidades processuais introduzidas na Lei n. 6.969/81.

O foro competente para travar a demanda é o *forum rei sitae*, ou seja, o da comarca de situação do imóvel, perante a Justiça do respec-

---

tazione all'esercizio del diritto di ripresa sanicita nell' art. 42, 1° comma, lett d) della legge cit non puó non applicarsi ai soggetti equiparati ai coltivatori diretti" (Scroffa de Cumani ed altri "versus" Piccolo. Prea. Fontana. Acórdão de 7 de fev. 1984. **Rivista di Diritto Agrario.** Milão, 63 (3):296-306, jul./set., 1984, p. 296).

tivo Estado com recurso para o Tribunal Regional Federal[36], cabendo ao Ministério Público local, na primeira instância, a representação judicial da União.

O vigente Código de Processo Civil prevê como fases do procedimento comum, em primeiro grau: a petição inicial, a audiência de conciliação ou mediação, a contestação (com preliminares e mérito), a réplica, o saneamento, a audiência de instrução e julgamento e a sentença.

Este é o *iter* a seguir no procedimento comum da ação de usucapião com a introdução das especificidades a que a Lei de Usucapião abraça, visando tornar o processo menos moroso, menos burocrático e a jurisdição mais acessível.

Assim, na petição inicial, o autor, expondo o fundamento do pedido e individualizando o imóvel, com dispensa da juntada da respectiva planta, poderá, somado ao pedido de tutela provisória, se houver, requerer a designação de audiência preliminar, a fim de justificar a posse, e, se essa restar comprovada, será nela mantido, liminarmente, até a decisão final da causa (art. 5º, § 1º, da Lei n. 6.969/81 combinado com o art. 294 do CPC).

O requerente também pleiteia a citação pessoal daquele em cujo nome esteja transcrito o imóvel usucapiendo, bem como dos confinantes e, por edital, dos réus ausentes, incertos e desconhecidos, na forma do art. 257 do Código de Processo Civil, valendo a citação para todos os atos do processo.

Em todos os atos do processo, são cientificados por carta, para que manifestem interesse na causa, os representantes da Fazenda Pública da União, dos Estados, do Distrito Federal, dos territórios e dos municípios, no prazo de 45 dias, intervindo, obrigatoriamente, em todos os atos, o Ministério Público.

O prazo de contestação corre da intimação da decisão que declarar justificada a posse (§ 4º do art. 5º da Lei n. 6.969/81). E o autor da ação de usucapião agrária tem, se requerer, o benefício da assistência judiciária gratuita, inclusive para o registro de imóveis.

Entretanto, se for provado que o autor tinha situação econômica bastante para pagar as custas do processo e os honorários de advo-

---

36 O art. 4º da Lei n. 6.969/81 prevê a possibilidade de recurso para o Tribunal Federal de Recursos. Ocorre que a Constituição de 1988 o extinguiu, atribuindo tal competência aos Tribunais Regionais Federais.

gado, sem prejuízo do sustento próprio e da família, o juiz lhe ordena que pague, com correção monetária, o valor das isenções concedidas, ficando suspensa a transcrição da sentença até o pagamento devido.

Se o usucapiente também pleitear na ação de usucapião especial autoridade policial para permanecer no imóvel e para garantir a integridade física de seus ocupantes, sempre que necessário, o juiz da causa pode assim determinar que seja diligenciado.

Do mesmo modo que a ordinária e a extraordinária, a usucapião agrária poderá ser invocada como matéria de defesa, valendo a sentença que a reconhecer como título para a transcrição no Registro de Imóveis.

O Código de Processo Civil de 2015 inovou ao trazer a possibilidade de aquisição de imóvel por usucapião em procedimento extrajudicial, a ser processada no Registro de Imóveis da circunscrição imobiliária onde se situar o imóvel usucapiendo, desde que obedecidos as condições e o rito previsto legalmente.

5.6. AQUISIÇÃO DE IMÓVEIS RURAIS POR ESTRANGEIROS

A Constituição Federal preceitua, no art. 5°, *caput*, que todos são iguais perante a lei, não havendo distinção de garantia à inviolabilidade, aos brasileiros e aos estrangeiros residentes no país, quanto aos direitos fundamentais à vida, à liberdade, à igualdade, à segurança e à propriedade.

Por questões de defesa nacional, para evitar especulação imobiliária estrangeira, bem como tutelar os interesses dos cidadãos brasileiros, a própria Lei Maior, no art. 190, atribuiu à legislação infraconstitucional a tarefa de regular e limitar a aquisição ou o arrendamento de propriedade rural por pessoa física ou jurídica estrangeira, com o estabelecimento dos casos que dependem de autorização do Congresso Nacional.

Assim, foi promulgada a Lei n. 5.709, de 7 de outubro de 1971, regulamentada pelo Decreto n. 74.965, de 26 de novembro de 1974, que trata sobre a aquisição de imóvel rural por estrangeiro residente no país ou pessoa jurídica estrangeira autorizada a funcionar no Brasil, e o Incra, através da Instrução Normativa n. 88, de 13 de dezembro de 2017, dispõe sobre a aquisição e o arrendamento de imóvel rural por pessoa natural estrangeira residente no País, pessoa jurídica estrangeira autorizada a funcionar no Brasil e pessoa jurídica brasileira equiparada à estrangeira.

Também estão sujeitas ao regime da Lei n. 5.709/71 e à legislação que a complementa as empresas nacionais que tenham participação de pessoas estrangeiras, independentemente do título, físicas ou jurídicas, desde que tenham a maioria de seu capital social e residam ou tenham sede no exterior.

O imóvel rural adquirido por pessoa física estrangeira não pode exceder ao limite legal de 50 (cinquenta) módulos de exploração indefinida, em área contínua ou descontínua, cabendo ao Poder Executivo editar normas para as aquisições de áreas compreendidas entre 03 (três) e 50 (cinquenta) módulos de exploração.

Para as áreas que possuam menos de três módulos, a aquisição é livre, independentemente de autorização ou licença, excetuadas as áreas consideradas indispensáveis à defesa nacional, situação que exige o prévio assentimento do Conselho de Defesa Nacional. Para aquelas superiores a cinquenta módulos, cabe ao Presidente da República, após ouvido o Conselho de Defesa Nacional, aumentar esse limite.

A Lei n. 8.629/93, no art. 23, delega à Lei n. 5.709/71 competência para regular o arrendamento de imóvel rural por pessoa estrangeira, física residente no país ou jurídica autorizada a funcionar no Brasil, aplicando-se todos os limites, restrições e condições.

Ainda, a Lei n. 8.629/93 determina a competência do Congresso Nacional para autorizar, seja a aquisição ou o arrendamento, além dos limites de área e percentuais fixados pela Lei n. 5.706/71, como a aquisição ou o arrendamento, por pessoa jurídica estrangeira, de área superior a cem módulos de exploração indefinida. Assim, a pessoa jurídica estrangeira passou a ter tratamento diferenciado em relação à física estrangeira, uma vez que, por força da Lei n. 8.629/93, restou ampliada para cem módulos a área rural a que poderá ter acesso, e não mais os cinquenta módulos de exploração indefinida, que permanece como limite apenas para a pessoa física estrangeira.

O art. 4º da Lei n. 5.706/71 determina que, nos loteamentos rurais efetuados por empresas particulares de colonização, a aquisição e a ocupação de, no mínimo, 30% da área total devem ser feitas obrigatoriamente por brasileiros.

As pessoas jurídicas estrangeiras somente podem adquirir imóveis rurais destinados à implantação de projetos agrícolas, pecuários, industriais, ou de colonização, vinculados aos seus objetivos estatutários, devendo serem aprovados pelo Ministério da Agricultura, Pecuária e

Abastecimento, ouvido o órgão federal competente de desenvolvimento regional da respectiva área (SUDAM, SUDENE, SUDECO, ou outro similar). Se se tratar de projeto industrial, deverá ser ouvido o Ministério do Desenvolvimento, Indústria, Comércio e Serviços.

Se a pessoa jurídica estrangeira se dedicar a loteamento rural, ou a exploração direta das áreas rurais, bem como aquelas que sejam proprietárias de imóveis rurais não vinculadas a suas atividades estatutárias, deverão adotar, obrigatoriamente, as ações de sociedades anônimas na forma nominativa.

Constitui-se a essência do ato de aquisição de imóvel rural por pessoa estrangeira a escritura pública, em que deve constar obrigatoriamente: a) menção do documento de identidade do adquirente; b) prova de residência no território nacional; e c) quando for o caso, autorização do órgão competente ou assentimento prévio da Secretaria Geral do Conselho de Defesa Nacional.

Em se tratando de pessoa jurídica estrangeira, constará da escritura pública a transcrição do ato que concedeu a autorização para a aquisição da área rural, bem como dos documentos comprobatórios de sua constituição e de licença para seu funcionamento no Brasil.

Os cartórios de registro de imóveis devem manter o cadastro dos registros acima mencionados, em livro auxiliar, das aquisições de terras rurais por pessoas estrangeiras, sejam física ou jurídica, devendo constar: a) menção do documento de identidade das partes contratantes ou dos respectivos atos de constituição, se pessoas jurídicas; b) memorial descritivo do imóvel, com área, características, limites e confrontações; e c) transcrição da autorização do órgão competente, quando for o caso.

Trimestralmente, os cartórios de registro de imóveis remetem a relação das aquisições de áreas rurais por pessoas estrangeiras, da qual constam os dados completos das aquisições referidas, sob pena de perda do cargo, à Corregedoria da Justiça dos Estados a que estiverem subordinados e ao Ministério da Agricultura.

Quando se tratar de imóvel situado em área indispensável à defesa nacional, a relação mencionada deverá ser remetida também à Secretaria Geral do Conselho de Defesa Nacional.

O art. 4º do Decreto n. 74.965/74 atribui a competência ao Incra para fixar o módulo de exploração indefinida, para cada região, podendo cambiá-lo sempre que houver alteração das condições econômicas e sociais locais.

A soma das áreas rurais pertencentes a pessoas estrangeiras, independentemente se físicas ou jurídicas, não pode ultrapassar um quarto da superfície dos municípios onde se situem, desde que comprovada por certidão do Registro de Imóveis.

As pessoas de mesma nacionalidade também não podem ser proprietárias de mais de 40% do limite de um quarto de cada municipalidade, com exceção das aquisições de áreas rurais: a) inferiores a três módulos; b) que tiveram sido objeto de compra e venda, de promessa de compra e venda, de cessão ou de promessa de cessão, constante de escritura pública ou de documento particular devidamente protocolado na circunscrição imobiliária competente, e cadastrada no Incra em nome do promitente-comprador, antes de 10 de março de 1969; e c) quando o adquirente tiver filho brasileiro ou for casado com pessoa brasileira sob o regime de comunhão de bens.

A aquisição além de 40% é autorizada por decreto, desde que o imóvel rural em questão esteja vinculado a projetos julgados prioritários diante dos planos de desenvolvimento do país.

A Lei n. 5.709/71, no art. 9º, e a Instrução Normativa Incra n. 76/2013, no art. 3º, fixam os requisitos imprescindíveis para que o estrangeiro formalize o pleito administrativo junto ao Incra quanto à autorização para a aquisição ou o arrendamento de imóveis rurais no Brasil.

A Lei n. 5.709/71, em seu art. 14, veda a doação de terras da União ou dos Estados, a qualquer título, a pessoas estrangeiras, independentemente se físicas ou jurídicas, com exceção dos casos previstos em legislação de núcleos coloniais, onde se estabeleçam em lotes rurais, como agricultores, estrangeiros imigrantes.

A aquisição de imóvel rural que viole as prescrições legais é nula de pleno direito. O tabelião que lavrar a escritura e o oficial de registro que a transcrever respondem civilmente pelos danos que causem aos contratantes, sem prejuízo da responsabilidade criminal por prevaricação ou falsidade ideológica, e o alienante está obrigado a restituir ao adquirente o preço do imóvel, ou as quantias recebidas a esse título, como parte do pagamento.

Situação distinta é a dos portugueses residentes no país. A Constituição Federal, no art. 12, § 1º, estabelece que "aos portugueses com residência permanente no país, se houver reciprocidade em favor de brasileiros, serão atribuídos os direitos inerentes ao brasileiro, salvo os casos previstos nesta Constituição". A igualdade de tratamento entre brasileiros e portugueses, concernente aos direitos e obrigações civis e ao gozo dos direitos políticos, é dada pelo Decreto n. 70.436/72.

Por isso, em obediência aos ditames legais superiores, o art. 9º da Instrução Normativa n. 88/2017 do Incra dispõe sobre pessoa natural de nacionalidade portuguesa que pretender adquirir ou arrendar imóvel rural e que apresentar certificado de reciprocidade de direitos e deveres civis, nos termos da legislação, não se submete às exigências normativas de aquisição arrendamento de imóvel rural por pessoa estrangeira.

Portanto, os portugueses que tenham situação jurídica de igualdade aos brasileiros podem adquirir imóveis rurais, independentemente da prévia autorização do órgão administrativo responsável.

Quando a aquisição ou arrendamento do imóvel rural se der por pessoa natural brasileira casada com pessoa natural estrangeira, se o regime de bens do casamento determinar a comunicação do direito de propriedade, também se aplicam as disposições da Instrução Normativa n. 88/2017 do Incra (art. 10).

Capítulo 6
A DISCRIMINATÓRIA DE TERRAS DEVOLUTAS

O vasto território nacional, aliado à concepção de que as terras do país são originariamente públicas, clamava pela criação de um instrumento eminentemente discriminatório, justamente para separar as terras públicas das particulares.

Fato sobrepujado, ainda, pela fragilidade das cadeias dominiais dos imóveis rurais, viciadas por inúmeras falhas causadas não apenas pela dificuldade de acesso ao interior do país, ao longo da História, mas muitas vezes motivadas pelos homens mal-intencionados que ocupam a terra sem legitimidade, a fim de lograr algum proveito econômico.

Perante esses anseios é que surge a concepção de discriminatória de terras devolutas.

A medida tem como função principal o deslinde das terras públicas das de domínio particular, declarando o caráter devoluto das pertencentes ao poder público. Funciona como uma espécie de "ação demarcatória" das terras públicas, porquanto o objetivo primordial da discriminação é a divisão do que é devoluto daquilo que legitimamente haja se incorporado ao domínio privado, dentro do universo discriminado.

Historicamente, o primeiro marco que se tem como referência de extremar as terras de domínio público do particular é a Lei n. 601/1850, do Império brasileiro. Já a sistemática moderna foi regida, inicialmente, pelo Decreto-lei n. 9.760/46, posteriormente pela Lei n. 3.081, de 22 de dezembro de 1956, após pelo Estatuto da Terra (Lei n. 4.504/64), e, atualmente, encontra respaldo na Lei n. 6.383/76.

A discriminatória contribui para o desenvolvimento agroambiental brasileiro. A função social da terra se afigura como uma das consequências finalísticas da discriminatória, vez que ao Estado, ao deslindar as terras devolutas das particulares, ser-lhe-á permitido destiná-las à política fundiária e, consequentemente, dar-se-á uma destinação socioeconômica, sem descurar da proteção ambiental.

É um procedimento nascido no Direito brasileiro, não encontrando similitude com nenhum método estrangeiro, seja administrativo, seja judicial, tanto que é a única ação no mundo do Direito que em nenhum outro país é utilizada[1].

A discriminatória é o processo pelo qual o particular é convocado para apresentar os documentos relativos à terra que possui, a fim de que o poder público possa aferir sobre a extremação do que seja devoluto e do que seja privado, pois, com efeito,

> consiste no trabalho de deslinde e descoberta das terras devolutas que, embora se sabendo existentes, não se sabe onde estão, confundidas geralmente com as terras de domínio privado, necessitando, por isso mesmo, de um processo que as identifique e as apure[2].

O procedimento discriminatório é dado por chamamento a edital, e pode ocorrer sob duas fases, quais sejam: i) administrativa; e ii) judicial. O administrativo é conferido a partir do procedimento instaurado pelo Decreto-lei n. 9.760/46, contido nos arts. 19 a 31, os quais, posteriormente, a hoje vigente Lei n. 6.383/76 regulamentou, para a promoção da discriminação das terras devolutas da União e dos Estados. O judicial é uma fase necessária e indispensável a partir das hipóteses previstas na Lei n. 6.383/76.

A discriminatória judicial é um procedimento em edital, constituindo-se em forma de processo, a exemplo do que acontece com as ações de Registro Torrens e de Usucapião, vez que há um juízo de provocação à coletividade, para que se venha a juízo deduzir o direito que acreditam ter sobre a área, ingressando na relação processual, sob pena de preclusão[3].

Passemos ao estudo das duas fases de discriminatória.

6.1. A DISCRIMINATÓRIA ADMINISTRATIVA

O poder público, para eleger a área a ser discriminada, deve ter justificada presunção da existência de terras devolutas, além de prio-

1 FALCÃO, Ismael Marinho. **Direito agrário brasileiro**: doutrina, jurisprudência, legislação e prática. Bauru: Edipro, 1995, p. 125.

2 MAIA, Altir de Souza. **Discriminação de terras.** Brasília: Fundação Petrônio Portella, 1982. (Curso de direito agrário, 6), p. 62.

3 Idem, p. 101-102.

ridades a serem estabelecidas a partir da ocorrência de um dos seguintes fatores: i) a existência de tensão social; ii) maior concentração de famílias de agricultores; e iii) maior concentração de produção rural[4].

Justifica-se o procedimento discriminatório a partir da incidência de, pelo menos, um dos fatores acima expostos. Analisadas as prioridades de acordo com a política nacional e as condições socioeconômicas regionais, o Incra elege a área de atuação, recaindo, preferencialmente, àquelas contíguas anteriormente discriminadas, com vistas a estabelecer uma sequência racional aos trabalhos discriminatórios.

Em seguida, o Incra define o polígono da área de atuação, estabelecendo o perímetro com as características e confinâncias certas ou aproximadas e a plotagem da área, mediante a apresentação de *croquis*, informando a Fundação Nacional do Índio (Funai) de que estão sendo tomadas as providências para a futura discriminatória.

Definido o polígono da área de atuação, faz-se o levantamento das ocupações, dos títulos de domínio e dos registros imobiliários, junto ao setor de cadastro do Incra, perante os cartórios de registro de imóveis de circunscrição da área a ser discriminada e junto aos órgãos fundiários estaduais, para fins de apurar a cadeia sucessória de cada imóvel e analisar sua legitimidade ou eventual irregularidade.

Assim diligenciado, resta feito o "diagnóstico da área", que habilita o Incra a elaborar o "projeto piloto", que é o reconhecimento físico da área discriminanda acompanhado de suas titulações, apossamentos e simples ocupações. A partir de então, o Incra tem condições de analisar e definir a via adequada para fazer o deslinde das terras devolutas em relação às particulares: se a administrativa ou a judicial, quando aferido que o procedimento administrativo é dispensado, por presumida ineficácia.

Sendo eleita a realização do procedimento administrativo, o presidente do Incra instaura a Comissão Especial para promover a discriminatória, constituída de três membros, de diferentes áreas: um bacharel em Direito da Procuradoria Jurídica Regional do Incra, que a presidirá; um engenheiro agrônomo e outro servidor público, que exercerá as funções de secretário. A Comissão Especial tem jurisdição e sede estabelecidas no respectivo ato de criação, ficando seu presidente investido de poderes de representação da União.

---

4 FALCÃO, Ismael Marinho. **Direito agrário brasileiro**: doutrina, jurisprudência, legislação e prática. Bauru: Edipro, 1995, p. 129.

A Comissão Especial elabora e publica o edital de convocação de todos os interessados que ocupam a área discriminanda. O edital deve ser publicado duas vezes no *Diário Oficial da União*, se da União forem as terras devolutas a serem discriminadas, ou no *Diário Oficial do Estado*, se estaduais as terras devolutas, devendo haver um intervalo mínimo de oito dias, e máximo de quinze, entre as duas publicações.

O edital de convocação deve ser publicado também em jornal de grande circulação e ser afixado em lugar público na sede do município onde for situada a área discriminanda. Em providência para o amplo conhecimento oficial, a Comissão Especial também dá ciência aos cartórios de registro de imóveis de circunscrição da área discriminanda, a fim de não serem procedidos matrícula, registro, inscrição ou averbação dos imóveis situados na referida área sem que, previamente, o oficial do registro de imóveis comunique ao presidente da Comissão Especial, sob pena da prática do crime de prevaricação.

O prazo de apresentação dos interessados será contado a partir da segunda publicação no *Diário Oficial*. Após a habilitação e a apresentação da documentação pelos particulares que atenderem ao chamado do edital, a Comissão Especial autuará e processará a documentação recebida de cada um, em separado, de modo a ficarem bem caracterizados o domínio, a posse ou a simples ocupação com suas respectivas confrontações.

Se houver a apresentação de dois ou mais interessados no mesmo imóvel, ou parte dele, a Comissão Especial procederá ao apensamento dos processos, como forma de dar unicidade na apreciação.

As declarações realizadas no procedimento devem ser tomadas por termo, assim como os depoimentos das testemunhas previamente arroladas, a depender do caso. Tão logo se constitua o processo, deve ser realizada, obrigatoriamente, a vistoria rural para a identificação dos imóveis e, se forem necessárias, outras diligências.

O presidente da Comissão Especial, após o prazo estabelecido no edital de convocação e dentro de trinta dias improrrogáveis, deverá fazer a análise preliminar sobre a situação jurídica dos processos individuais, manifestando-se sobre as alegações, os títulos de domínio, as posses legitimáveis, os documentos dos interessados e a boa-fé das ocupações, mandando lavrar os respectivos termos.

A decisão do presidente da Comissão Especial com o objetivo de separar as terras devolutas das do domínio particular será no sentido de analisar a legitimidade dos títulos apresentados, a boa-fé das posses legitimáveis ou passíveis de regularização, a exclusão do processo discriminatório do detentor do domínio privado legítimo, com a documentação hábil à materialização jurídica da propriedade válida sem litígios, mas se o documento implicar incorreta materialidade do domínio imobiliário, seu reconhecimento estará condicionado à prévia medição e demarcação ou correções topográficas ou a eventuais retificações cartoriais necessárias, quando, então, poderá excluí-lo da discriminatória, entre outras tarefas próprias do presidente da Comissão Especial para sanear os documentos apresentados pelos particulares interessados (por exemplo, o título de posse, a concessão ou a alienação de terras devolutas realizadas pelo Estado federado nas faixas de fronteira, terras dadas em aforamento, ocupações com licenças de ocupação etc.).

Havendo dúvidas sobre a legitimidade do título apresentado nos autos do processo administrativo, o presidente da Comissão reduz a termo as irregularidades encontradas, e encaminha a documentação aparentemente irregular à Procuradoria do Incra para os fins de direito.

Após, são lavrados os respectivos termos de identificação, independentemente de legitimáveis ou não as ocupações encontradas, que serão encaminhados ao órgão competente do Incra, para as providências cabíveis.

Os interessados e seus cônjuges devem ser notificados, por ofício, no prazo não inferior a oito, nem superior a 30, dias, para celebrar com a União os termos cabíveis, a contar da juntada ao processo do recibo de notificação. Se o particular não atender ao edital de convocação para apresentar seu título, documentos, informações de interesse e testemunhas, bem assim não atender à notificação para celebrar o termo cabível com o Estado, milita a presunção jurídica de discordância, ensejando a imediata propositura da ação judicial discriminatória.

Os particulares assim discordantes, na qualidade de presumíveis proprietários e/ou ocupantes, não têm direito a crédito oficial ou a benefícios de incentivos fiscais, bem como têm cancelados os respectivos cadastros rurais junto ao órgão competente.

Em seguida à celebração do termo entre as partes, em cada caso, o presidente da Comissão Especial autoriza a demarcação e medição ou retificação de limites dos imóveis particulares, podendo autorizar ao particular realizar por meio de firmas ou profissionais devidamente habilitados e credenciados pelo Incra, com posterior aferição da correção dos trabalhos a fim de ratificá-los. Mas se o trabalho geodésico e topográfico for de iniciativa do Incra, é facultado ao particular designar um perito particular para colaborar com o agrimensor oficialmente designado.

Ao final dos trabalhos de demarcação, o presidente da Comissão Especial determina a lavratura do Termo de Encerramento da discriminação administrativa, do qual constarão, obrigatoriamente: i) o mapa detalhado da área discriminada; ii) o rol de terras devolutas apuradas, com suas respectivas confrontações; iii) a descrição dos acordos realizados; iv) a relação das áreas com titulação transcrita no Registro de Imóveis, cujos presumidos proprietários ou ocupantes não atenderam ao edital de convocação ou à notificação[5]; v) o rol das ocupações legitimáveis; vi) o rol das propriedades reconhecidas; e vii) a relação dos imóveis cujos títulos suscitaram dúvidas.

Após o encerramento do processo administrativo discriminatório, o Incra deve providenciar o registro das terras devolutas identificadas e conhecidas, em nome da União, e se o processo discriminatório for de iniciativa do Estado da Federação, este diligencia para a matrícula e o registro, em seu nome, das terras devolutas, junto ao oficial do registro de imóveis da circunscrição competente.

O processo discriminatório administrativo não gera custas para o particular, exceto para os serviços de demarcação e de diligência a seu exclusivo interesse, que são pagos ao final do procedimento.

O Incra reconhece as posses legítimas manifestadas por meio de cultura efetiva e de morada habitual, bem como incorpora ao patrimônio público as terras devolutas federais ilegalmente ocupadas e as que se encontrarem desocupadas (art. 11 do Estatuto da Terra – Lei n. 4.504/64).

Podem ser celebrados convênios com os Estados e municípios para atribuir poderes ao Incra a fim de deflagrar o procedimento discriminatório das terras devolutas estaduais e municipais, devendo, contudo, ser respeitados a legislação local, o regime jurídico próprio das terras situadas na faixa da fronteira nacional, bem como a atividade dos órgãos de valorização regional (§ 1º do art. 11 do Estatuto da Terra).

---

5 Convocação prevista de acordo com os arts. 4º e 10 da Lei n. 6.383/76, que dispõem sobre o Edital de convocação dos interessados (prazo de 60 dias para habilitação) e entre 8 (oito) e 30 (trinta) dias para celebração do Termo com o Poder Público.

Uma vez analisado o procedimento administrativo de discriminatória, passemos à fase judicial.

6.2. A DISCRIMINATÓRIA JUDICIAL

A ação discriminatória tem natureza real, imobiliária, reipersecutória, principal, pública e especial.

Real, pois nela se discutem direitos de domínio sobre a área discriminanda, seja em favor do poder público ou do particular, constituindo-se como um dos fundamentos principais do pedido.

É imobiliária, vez que diz respeito somente a bens imóveis (área a ser discriminada).

Reipersecutória, porque diz respeito ao interesse do poder público em buscar a individualização de suas terras, discriminando-as das do domínio privado, bem como por perseguir as terras consideradas devolutas e injustamente apossadas por terceiros, com o fim de incorporá-las definitivamente ao seu patrimônio fundiário.

É principal, pois independe de qualquer outra demanda judicial.

Considera-se pública, por caber somente ao poder público a propositura da ação judicial, sendo ação privativa da União, dos Estados ou Municípios.

E é especial por ter rito próprio, não comum do Código de Processo Civil.

Quando se deflagra o procedimento discriminatório judicial, o Estado já parte do pressuposto de que a área em litígio tem natureza pública, e a sentença somente confirma ou não sua titularidade sobre a área, por isso se tem que o *decisum* é de natureza eminentemente declaratória.

Divergência existe, entretanto, quanto ao ônus da prova da titularidade da área discriminanda. Durante muito tempo, até mesmo na vigência do regramento infraconstitucional anterior à Lei n. 6.383/76, entendia-se que havia presunção jurídica de que a terra era domínio público e ao particular restava o ônus de provar não ser, por legítima privatização. A Constituição Republicana de 1891 já previa, em seu art. 64, que são pertencentes aos Estados federados, em geral, as terras devolutas situadas nos seus respectivos territórios, restando à União o domínio somente da porção de terra indispensável à defesa das fronteiras, fortificações, construções militares e estradas de ferro federais.

Esse entendimento teve confirmação jurisprudencial no Recurso Extraordinário 51.290/GO, Relator o Ministro Evandro Lins, julgado em 24 de setembro de 1968, no voto justificado do Ministro Aliomar Baleeiro, que acompanhou o Relator, emblemática e ricamente, afirmou:

> As terras do Brasil foram objeto de conquista e posse por Pedro Álvares Cabral, para o Rei de Portugal. Elas passaram a ser uma fazenda do Rei, ficando no domínio real até a Independência, quando foram transferidas para o Patrimônio Nacional, lá permanecendo todo o tempo do Império, até que o art. 64 da Constituição de 1891 as distribuiu aos Estados em cujos limites se encontravam. Então, os Estados, como sucessores da nação brasileira, e a nação brasileira, como sucessora do patrimônio pessoal do Rei de Portugal, não necessitam trazer nenhum título. O título é a posse histórica, o fato daquela conquista da terra. A terra, no Brasil, originariamente era pública. O Rei desmembrou pedaços, áreas enormes, as chamadas sesmarias, e doou-as. Houve esse processo até quase a Independência. Depois da Independência, estabeleceu-se que não poderiam ser mais objeto de doações ou concessões. Deveriam ser vendidas. Ora, o Rei de Portugal não dava terras. Ele fazia uma espécie de concessão aos sesmeiros, para a sua efetiva utilização econômica. O que queria era fundar um império. Queria que o sujeito trouxesse dinheiro, homens, ferramentas, animais, lavrasse a terra, valorizasse-a, com o que o Rei receberia seus impostos, tanto que reservava certos direitos regaleanos. Basta o fato de não terem cumprido suas obrigações – como, geralmente, não cumpriam – para com a Coroa portuguesa, para que caíssem em comisso, por diferentes maneiras. O Estado de Goiás não precisava provar nada. A presunção é que a terra é dele. O particular é que tem de provar, por uma cadeia sucessória, que as terras foram desmembradas[6].

O pressuposto, então, era de que as terras nacionais pertenciam naturalmente ao poder público, devendo o particular comprovar sua legítima propriedade. No entanto, contemporaneamente, sob o império do Estado democrático de direito, que tem como princípios basilares os direitos humanos e a democracia, ou, sinteticamente, os direitos fundamentais, o ônus da prova do domínio das terras devolutas cabe ao poder público: União, Estados e Municípios[7].

---

6 AMARAL JÚNIOR, José Levi Mello do. **Memória jurisprudencial**: Ministro Aliomar Baleeiro. Brasília: Supremo Tribunal Federal, 2006, p. 113. (Série Memória Jurisprudencial.)

7 Acrescente-se o posicionamento do Superior Tribunal de Justiça, nos autos do AREsp 2215481-PR, que se manifestou: "Finalmente, deve-se destacar que o ônus de demonstrar que se trata de terra devoluta e, em consequência, não passível

Por isso, o poder público deve resguardar-se e se embasar de todos os meios antes de se propor a ação discriminatória, efetuando os levantamentos prévios, que lhe permitam aquilatar a conveniência ou não de sua propositura, até porque há outros tipos de ações que também servem para a proteção do patrimônio público devoluto, como a ação ordinária de nulidade, cumuladas com cancelamento de registro imobiliário, para coibir casos notórios de fraudes em cadeias dominiais.

Para promover a discriminação judicial das terras devolutas da União, o Incra tem poderes de representação da União e o processo discriminatório judicial será promovido somente quando: (i) o processo discriminatório administrativo for dispensado ou interrompido por presumida ineficácia; (ii) contra aqueles que não atenderem ao edital de convocação ou à notificação[8]; e (iii) quando configurada a hipótese de alteração nas divisas da área discriminada, ou a derrubada de cobertura vegetal, ou construção de cercas e transferência de benfeitorias a qualquer título, sem assentimento do representante da União, modificações estas realizadas após a instauração do processo discriminatório, pelo que configura infração, especificamente o atentado, cabendo a aplicação das medidas previstas no Código de Processo Civil.

Singela divergência repousa no fato de que surgiram, no bojo das ações discriminatórias, pleitos acerca da nulidade da demanda, em razão de não ter havido prévio processo administrativo discriminatório. Entretanto, segundo Altir de Souza Maia[9], a opção por deflagrar o processo judicial discriminatório sem o anterior administrativo tem caráter eminentemente discricionário, estando dentro da conveniência e

de usucapião, é da União e do Incra, haja vista que a prova estaria muito mais a seu alcance do que do autor (...) A respeito do tema, a jurisprudência do STJ possui orientação jurisprudencial no sentido de que as terras situadas em faixa de fronteira não são, por si só, terras devolutas, cabendo ao Estado o encargo de provar a titularidade pública do bem. Portanto, incide a Súmula 83/STJ no ponto, tendo em vista que o entendimento exarado pelo acórdão recorrido está ajustado à jurisprudência desta Corte. (STJ - AREsp 2215481 PR 2022/0296283-6, rel. Min. Marco Aurélio Bellizze, julgado em 14-4-2023, *DJ* 15-2-2023. Disponível em: https://www.jusbrasil.com.br/jurisprudencia/stj/1762081285. Acesso em: 8 set. 2023.)

8 Os prazos de convocação pelo Edital e de Notificação estão previstos nos arts. 4º e 10, respectivamente, da Lei n. 6.383/76.

9 MAIA, Altir de Souza. Op. cit., p. 127.

oportunidade da administração pública[10], até porque os requisitos para propor a ação judicial encontram guarida no art. 19 da Lei n. 6.383/76[11].

Certo é que se impõe o ajuizamento de ação discriminatória no caso de imóvel de domínio particular cujos interessados não atenderam ao Edital de Convocação ou à Notificação, bem como daqueles cujos títulos suscitaram dúvidas ou alterarem a realidade.

A competência para processar e julgar a ação discriminatória é da Justiça Federal, uma vez que o autor é uma autarquia federal, o Incra, mas quando se tratar de terras devolutas dos Estados federados, a competência para processar e julgar é da Justiça Estadual[12].

A ação discriminatória tem caráter preferencial e prejudicial em relação às ações em andamento que tratem do domínio ou posse de imóveis situados na área discriminanda, ainda que em parte dessa área, isto é, tem preferência sobre as outras demandas que tratem da mesma área em litígio e se sobrepõe ao seu curso processual[13].

O caráter preferencial da ação significa que o juízo da ação discriminatória atrai toda e qualquer ação que tenha por objeto de litígio o domínio ou a posse do imóvel situado, no todo ou em parte, na área discriminada. Ou seja, essas ações são deslocadas para o juízo discriminatório.

---

10 TRF 3ª Região, 11ª Turma, Apelação Cível 1.786.943 – 0001188-71.2003.4.03.6121, rel. Des. Fed. Nino Toldo, julgado em 8-3-2016, *e-DJF3 Judicial 1* 11-3-2016. Disponível em: http://web.trf3.jus.br/base-textual/Home/ListaColecao/9?np=1. Acesso em: 20 set. 2023.

11 O art. 19, I, da Lei n. 6.383/76 afirma que, se o processo discriminatório administrativo for dispensado ou interrompido por presumida ineficácia, o processo discriminatório judicial será promovido.

12 O Superior Tribunal de Justiça se manifestou, afirmando que "(...) 1. Afastada a existência de terra devoluta de domínio da União Federal, no caso, firma-se a competência da Justiça estadual para o julgamento da ação discriminatória. 2. Ausente interesse da União, não há que se falar em litisconsórcio necessário com o respectivo ente federativo. (...) (STJ - REsp 1339270 SP 2011/0079427-6, rel. Min. Og Fernandes, julgado em 5-4-2018, Segunda Turma, *DJe* 11-4-2018. Disponível em: https://www.jusbrasil.com.br/jurisprudencia/stj/860352818. Acesso em: 8 set. 2023.)

13 Nas ações em que a União não for parte, dar-se-á, para os efeitos previstos neste artigo, a sua intervenção, conforme previsão do parágrafo único do art. 23 da Lei n. 6.383/76.

O caráter prejudicial implica dizer que toda e qualquer ação que tenha por objeto de litígio o domínio ou a posse do imóvel situado, no todo ou em parte, na área discriminada, deve ser suspensa até desfecho da ação discriminatória. Todavia, a suspensão deve ter duração determinada ou, pelo menos, razoável[14].

O processo judicial discriminatório tramita pelo procedimento comum, de acordo com o previsto no Código de Processo Civil, a ele se adequando as fases e atos processuais previstos especificamente na Lei n. 6.383/76.

A petição inicial proposta pelo Incra, representando os interesses da União, no caso de terras devolutas federais, ou pelo órgão fundiário estadual, representativo do Estado da Federação, no caso de terras estaduais, deve obedecer aos requisitos essenciais exigidos nos arts. 319 e 320 do CPC, com as adequações da Lei n. 6.383/76, assim entendidas:

a) instruir a petição inicial com o memorial descritivo da área[15];

---

14 Veja-se a decisão do STJ: "A ação de usucapião proposta pelo agravado tem caráter dominial. Nos termos do art. 23, *caput*, da Lei 6.383, de 1976, 'o processo discriminatório judicial tem caráter preferencial e prejudicial em relação às ações em andamento, referentes a domínio ou posse de imóveis situados, no todo ou em parte, na área discriminada, determinando o imediato deslocamento da competência para a Justiça Federal.' O princípio enunciado nesse dispositivo é aplicável aos Estados-membros. Assim sendo, inexiste fundamento jurídico para recusar ao 'processo discriminatório judicial' ajuizado por Estado-membro o 'caráter preferencial e prejudicial em relação às ações em andamento, referentes a domínio ou posse de imóveis situados, no todo ou em parte, na área discriminada'. Assim sendo, também esse dispositivo legal impõe a suspensão do processo da usucapião enquanto se aguarda, pelo período de um ano, o julgamento do processo discriminatório judicial. CPC 1973, art. 265, IV, a, § 5º. Na atualidade, igualmente, o art. 313, V, a, do CPC 2015, 'suspende-se o processo', dentre outras hipóteses, 'quando a sentença de mérito (...) depender do julgamento de outra causa ou da declaração de existência ou de inexistência de relação jurídica que constitua o objeto principal de outro processo pendente'. O § 4º do referido art. 313 também determina que 'o prazo de suspensão do processo nunca poderá exceder 1 (um) ano nas hipóteses do inciso V' (...)". (STJ - AgInt no AREsp 1.111.351/SP, rel. Min. Maria Isabel Gallotti, decisão 1º-8-2022, publicado em 2-8-2022. Disponível em: https://processo.stj.jus.br/SCON/pesquisar.jsp?livre=ARESP+1111351&b=DTXT&p=true&tp=T . Acesso em 8 set. 2023.)

15 É imprescindível que do memorial constem: (i) o perímetro com suas características e confinância, certa ou aproximada, aproveitando, em princípio, os acidentes naturais; (ii) a indicação de registro da transcrição das propriedades; (iii)

b) requerer a citação por edital dos réus interessados, no prazo de 60 (sessenta) dias, indicando o nome exato daqueles sabidamente conhecidos pelo autor, bem como dos desconhecidos e incertos, para todos os atos e termos da ação, assim como para comparecerem a audiência de instrução e julgamento da ação, oferecendo defesa;

c) desde logo requerer a nomeação de curador especial aos citados nominalmente pelo edital de convocação, se não oferecerem defesa e bem assim a intimação do órgão do Ministério Público.

Caso o magistrado verifique que não foram atendidos os requisitos essenciais legalmente previstos, ou não se apresente o memorial descritivo da área, ou, ainda, se apresente alguma irregularidade capaz de dificultar a análise de mérito, o juiz determinará que o autor emende a inicial, ou a complemente, no prazo de 15 (quinze) dias, indicando com precisão o que deve ser corrigido ou completado, sob pena de indeferimento[16].

Estando a petição em ordem, devidamente instruída com os documentos necessários, o juiz despacha com as determinações processuais de estilo e mais a de suspensão de todas as ações e processos em andamento, referentes ao domínio ou posse de imóveis que estejam situados no perímetro da área em litígio, no todo ou em parte dele, e sua imediata remessa à Justiça Federal, cessando, nesse caso, a competência do juízo estadual, tendo em vista que a ação discriminatória tem caráter preferencial.

Para os supostos proprietários do terreno em litígio, em sendo reconhecidos seus títulos, estes aguardam a fase demarcatória, sendo excluídos, via de sentença, da lide. Para os ocupantes com Licença de Ocupação ou meros posseiros, aguardam-se a decisão do Juiz do feito, configurando-se como os principais beneficiários da ação, já que resultarão titulados da área como destinatários finais da atuação do Estado.

Nesses casos, comum acontecer que a posse exercida já tenha sido atingida pela prescrição aquisitiva da propriedade – usucapião agrária, pelo que o posseiro está apto a requerer a usucapião especial; ou, então, aos que se estabeleceram mediante o domínio por ocupação,

---

o rol das ocupações conhecidas; (iv) o esboço circunstanciado da gleba a ser discriminada ou seu levantamento aerofotogramétrico; (v) outras informações de interesse, conforme previsto no art. 3º da Lei n. 6.383/76.

16 Art. 321 do CPC.

as posses serão devidamente reconhecidas e declaradas por sentença, que terá força de título fundiário para fins de registro imobiliário.

Os confrontantes da área em discriminação, que apenas acompanham o procedimento judicial, reservam-se para a fase demarcatória. Já os interessados incertos e desconhecidos, chamados pela via editalícia, são, inexoravelmente, alcançados pela preclusão, já que não foram nominados, tampouco apresentaram defesa.

A sentença, de efeito declaratório, profere o caráter devoluto das terras apuradas no bojo do processo judicial, determinando a extremação daquelas que forem realmente de domínio privado, bem como designará as que devam ser regularizadas em favor dos posseiros que cumprirem com os requisitos (posse mansa, justa e pacífica, cultura efetiva e morada habitual).

Da sentença que julgar a ação discriminatória somente caberá recurso de Apelação com efeito devolutivo, sendo facultada a execução provisória. Em ocorrendo a execução provisória da decisão de primeiro grau, a demarcação da área será procedida, valendo como título de propriedade, para efeitos de registro imobiliário, de acordo com o procedimento da ação demarcatória previsto nos arts. 574 e seguintes do CPC. Os títulos somente poderão ser emitidos, lavrados e entregues depois de realizado o necessário registro imobiliário da área em nome do ente público, devendo ser destacados da matrícula de origem, a fim de garantir filiação legítima e inconteste às averbações imobiliárias futuras.

O recurso de Apelação deverá ser encaminhado ao Tribunal Regional Federal com jurisdição sobre a área objeto do litígio, quando a União for parte no feito. Quando o Estado federado for Autor da ação, o recurso de Apelação deverá ser encaminhado ao Tribunal de Justiça do Estado respectivo.

Se a Apelação interposta pelo particular for provida, retroagem seus efeitos à decisão de primeiro grau. Entretanto, há casos em que a decisão de segundo grau será convertida em perdas e danos em favor do particular, vez que o *status quo ante* será impossível de ser alcançado. E isso se dá em razão de a sentença de primeiro grau, que foi favorável à União, já valer como título de propriedade, o que permite ao poder público promover a demarcação territorial correspondente, em sede de execução provisória da sentença.

Findo o processo discriminatório judicial, os vencidos arcarão com as custas a que houverem dado causa e participarão *pro rata* das despesas da demarcação, considerada a extensão da linha ou linhas de confrontação com as áreas públicas.

Caso a União verifique, após a pesquisa nos registros públicos, que nas áreas rurais declaradas indispensáveis à defesa e ao desenvolvimento nacional inexiste domínio particular, as terras devolutas federais poderão ser, desde logo, arrecadadas sumariamente mediante ato do Presidente do Incra, do qual deverá constar: (i) a circunscrição judiciária ou administrativa em que está situado o imóvel, conforme o critério adotado pela legislação local; e (ii) a eventual denominação, as características e confrontações do imóvel.

A autoridade que promover a pesquisa nos registros públicos instruirá o processo de arrecadação sumária com certidão negativa comprobatória da inexistência de domínio particular, expedida pelo Cartório de Registro de Imóveis competente, assim como as certidões da Secretaria do Patrimônio da União e do órgão fundiário estadual competente que comprovem não haver contestação ou reclamação administrativa promovida por terceiros, quanto ao domínio e posse do imóvel a ser arrecadado sumariamente.

Capítulo 7

REFORMA AGRÁRIA E DESAPROPRIAÇÃO POR INTERESSE SOCIAL PARA FINS DE REFORMA AGRÁRIA

O conceito de reforma agrária faz referência a países com baixo nível de desenvolvimento e estrutura fundiária distorcida, caracterizada pela concentração da propriedade nas mãos de poucos.

No século XX, em diferentes países, a reforma agrária ocorreu com revolução e, em outras nações, por processo reformista em seu regime legal. Com processo revolucionário, pode-se assinalar, entre outras, as reformas agrárias no México, em 1910; na Rússia, com a Revolução de 1917; na China, a partir da Revolução de 1949; em Cuba, em 1959.

Nos países onde a reforma agrária ocorreu através das transformações reformistas de suas estruturas fundiárias, destaca-se a América Latina. Assim, há o registro do Peru e Colômbia com leis reformistas a partir de 1961; o Chile experimentou um início de reforma agrária na década de 1960, mas sucumbiu com o governo militar de Salvador Allende, em 1970; a Bolívia, de Evo Morales, deu partida para a reforma agrária em 2006; a Venezuela, com Hugo Chaves, implementou leis reformistas em 2001.

No Brasil, o signo da grande propriedade de terras ou, ainda, do latifúndio é marcante desde a era das navegações com a chegada de Cabral. Na contemporaneidade, o censo fundiário ainda evidencia quantitativamente grande número de latifúndios nas mãos de poucos, pequenas extensões de terras em poder de muitos e enorme massa de trabalhadores do campo sem terra para trabalhar e sobreviver. Esse paradoxo, que revela uma sociedade profundamente desigual, impôs e continua a exigir do país a implementação da política de reforma agrária, como um dos mecanismos de desenvolvimento rural.

No regime jurídico constitucional brasileiro, a desapropriação por interesse social para fins de reforma agrária é o instrumento legal adequado para dar cobro àquela estrutura fundiária excludente e injusta.

A reforma e a desapropriação agrárias são políticas públicas democráticas que auxiliam na diminuição da desigualdade social, daí a importância do presente estudo.

7.1. REFORMA AGRÁRIA

O regime de terras sesmarial no Brasil foi o grande responsável pela formação da propriedade latifundiária e vigeu desde os albores de seu "achamento" até 1822, a partir de quando o país ficou sem lei de terras. Somente em 1850, com a Lei Imperial n. 601, voltou a nação a ter legislação fundiária. Assim, durante 28 anos (1822-1850), o Brasil – sem lei que regulasse a terra imperial – viveu o apogeu do apossamento da terra pública, fato que resultou na oportunidade do homem do campo de parcos recursos, com a proliferação dos minifúndios.

Assim, os vícios fundiários históricos promoveram a formação da grande propriedade monocultora e exportadora, concentrada nas mãos de poucos e, por outro lado, indiretamente, a pequena propriedade de subsistência. Os efeitos dessa má política geraram distorções profundas na estrutura fundiária do país que exigiram medidas para tentar contornar o problema. Um desses instrumentos é a reforma agrária.

7.1.1. *Conceito*

A definição legal de reforma agrária está no art. 2º do Decreto n. 9.311, de 15 de março de 2018[1], que considera ser o conjunto de medidas que visam realizar uma melhor distribuição da terra com acesso a políticas públicas para promover o desenvolvimento social e econômico das famílias beneficiárias.

O Estatuto da Terra – Lei n. 4.504, de 30 de novembro de 1964 –, art. 1º, trazendo definição com maior rigor técnico-jurídico, prediz ser o conjunto de medidas que visem promover melhor distribuição da

1 O Decreto n. 9.311, de 15/3/2018, regulamenta a Lei n. 8.629, de 25/2/1993, e a Lei n. 13.001, de 20/6/2014, que dispõe sobre o processo de seleção das famílias beneficiárias do Programa Nacional de Reforma Agrária, e dá outras providências.

terra, mediante modificações no regime de sua posse e uso, a fim de atender aos princípios de justiça social e ao aumento de produtividade.

A reforma agrária, nesse sentido, é um conjunto de medidas jurídico-administrativas voltadas para uma eficaz redistribuição de terras e reformulação de política fundiária, buscando melhor qualidade de vida e satisfação de outros direitos fundamentais a partir do acesso a políticas públicas, pautadas pelos princípios da justiça social e desenvolvimento rural sustentável.

O art. 16 da Lei n. 4.504/64 preceitua que a reforma agrária objetiva estabelecer um sistema de relações entre o homem, a propriedade rural e o uso da terra, capaz de promover a justiça social, o progresso e o bem-estar do trabalhador rural e o desenvolvimento econômico do país, com a gradual extinção do minifúndio e do latifúndio, sendo que o órgão competente para tal promoção é o Incra, autarquia fundiária federal responsável pela coordenação e execução da reforma agrária.

O Incra, por meio da reforma agrária, tem por objetivo proporcionar, na prática, a desconcentração e democratização da estrutura fundiária, o aumento da produção de alimentos básicos, a geração de ocupação e renda, combate à fome e à miséria, interiorização dos serviços públicos básicos, redução da migração campo-cidade, promoção da cidadania e justiça social, diversificação do comércio e serviços no meio rural e a democratização das estruturas de poder.

A operatividade da reforma agrária tem uma linha de raciocínio comum, qual seja: corrigir os erros da política fundiária de séculos passados, com o atendimento aos princípios da justiça social e o aumento da produtividade, a igualdade de oportunidade de acesso à terra (democratização do território agrário) e fazer a propriedade cumprir a função social. Como o próprio nome sugere, reforma, portanto, é modificação da estrutura fundiária já existente, transformando seu regime de posse e uso.

Por isso, a reforma agrária deve ter suas ações compatíveis com a política agrícola e deve constar no Plano Plurianual (PPA), devido a sua natureza continuada.

7.1.2. Características

A reforma agrária encontra guarida na Constituição Federal, que, em seu art. 184, vinculou a prática da desapropriação por interesse social como meio para concretização da reforma, ou seja, a desapropriação é o caminho percorrido pelo Estado na busca da redemocratização do acesso à terra.

Esse dispositivo constitucional atribui à União a competência para efetivar a desapropriação por interesse social, para fins de reforma agrária, tendo por objeto o imóvel rural que não esteja cumprindo a função social da propriedade, mediante prévia e justa indenização em títulos da dívida agrária, com cláusula de preservação do valor real, resgatáveis no prazo de até vinte anos, a partir do segundo ano de sua emissão, e cuja utilização é definida em lei.

A partir da dicção constitucional, ressaltam-se as principais características da reforma agrária:

a) é um meio de intervenção do Estado na propriedade privada por ser, ao lado da tributação, os principais instrumentos intervencionistas;

b) é distinta em cada país, tanto que a prática no Brasil não é a mesma na Argentina, no Peru, ou no Uruguai, devido à formação territorial diferenciada em cada território, em que pese sejam países latino-americanos;

c) é transitória, executada a longo prazo, já que é concretizada paulatinamente, extinguindo-se gradualmente as propriedades improdutivas, sendo a distribuição da terra feita sob a forma de propriedade familiar;

d) os imóveis rurais têm dimensionamento de área mínima e máxima, porquanto os lotes a serem distribuídos pelo Programa Nacional de Reforma Agrária não poderão ter área superior a dois módulos fiscais e inferior à fração mínima de parcelamento (Lei n. 8.629/93, art. 18-A, com a redação emprestada pela lei que a alterou, a Lei n. 13.465/2017[2]);

e) está vinculada a uma política agrícola eficiente, vez que por exigência constitucional (art. 187, § 2º, da Constituição Federal), há necessidade de compatibilizar as ações de política agrícola e de reforma agrária, não se esgotando simplesmente com a redistribuição de terras aos seus beneficiários (reforma fundiária), mas se exige que sejam criadas condições de infraestrutura mínimas para desenvolver as atividades agrárias, com implementação de planos de ação;

---

2 A Lei n. 13.465/2017 é conversão da Medida Provisória n. 759, de 22 de dezembro de 2016, cuja data serve de marco legal para regularizar muitas situações anômalas ao regime fundiário então vigente.

f) natureza punitiva da desapropriação por interesse social para fins de reforma agrária, pois a perda do direito de propriedade, por si só, já constitui uma sanção; a indenização da terra nua é paga com Títulos da Dívida Agrária (TDA), e não em dinheiro. Constitui, portanto, verdadeira desapropriação-sanção.

Necessário, então, diferenciar dois tipos de indenização: a desapropriação-sanção da desapropriação-ônus. Essa diferença se dá nos pressupostos de pagamento da indenização: a indenização na desapropriação-sanção (pelo descumprimento da função social da propriedade) ocorre em razão de violação de norma constitucional (art. 186 da Constituição de 1988), enquanto a indenização na desapropriação-ônus (por utilidade pública[3]) se dá, como o próprio nome sugere, em razão do interesse público sobre determinada área.

7.1.3. *Objetivos*

Os objetivos da reforma agrária estão dispostos no *caput* do art. 16 do Estatuto da Terra, regulamentado pelo art. 1º, I, do Decreto n. 55.891, de 31 de março de 1965, que determinam a necessidade de

---

3 O Decreto-Lei n. 3.365, de 21 de junho de 1941, tratou de dispor sobre as desapropriações por utilidade pública, especificando, no art. 5º, os seguintes casos: *a)* a segurança nacional; *b)* a defesa do Estado; *c)* o socorro público em caso de calamidade; *d)* a salubridade pública; *e)* a criação e melhoramento de centros de população, seu abastecimento regular de meios de subsistência; *f)* o aproveitamento industrial das minas e das jazidas minerais, das águas e da energia hidráulica; *g)* a assistência pública, as obras de higiene e decoração, casas de saúde, clínicas, estações de clima e fontes medicinais; *h)* a exploração ou a conservação dos serviços públicos; *i)* a abertura, conservação e melhoramento de vias ou logradouros públicos; a execução de planos de urbanização; o parcelamento do solo, com ou sem edificação, para sua melhor utilização econômica, higiênica ou estética; a construção ou ampliação de distritos industriais; *j)* o funcionamento dos meios de transporte coletivo; *k)* a preservação e conservação dos monumentos históricos e artísticos, isolados ou integrados em conjuntos urbanos ou rurais, bem como as medidas necessárias a manter-lhes e realçar-lhes os aspectos mais valiosos ou característicos e, ainda, a proteção de paisagens e locais particularmente dotados pela natureza; *l)* a preservação e a conservação adequada de arquivos, documentos e outros bens móveis de valor histórico ou artístico; *m)* a construção de edifícios públicos, monumentos comemorativos e cemitérios; *n)* a criação de estádios, aeródromos ou campos de pouso para aeronaves; *o)* a reedição ou divulgação de obra ou invento de natureza científica, artística ou literária; *p)* os demais casos previstos por leis especiais.

estabelecimento de um sistema de relação entre o homem, a propriedade rural e o uso da terra que promova, a justiça social, o progresso e o bem-estar do trabalhador rural, assim como o desenvolvimento econômico do país, com a gradual extinção do minifúndio e do latifúndio, quer dizer, das propriedades improdutivas, seja a de pequena ou de grande dimensão.

Não se pode perder de vista que, na contemporaneidade, os objetivos da reforma agrária devem estar adjuntos ao desenvolvimento sustentável, de sorte que a reforma agrária a ser implementada deve promover saudável qualidade de vida ao homem do campo, respeitando o equilíbrio do ecossistema

Dando sustentação à reforma agrária para que seja eficiente, urge adequada política agrícola, assim entendida a promoção de providências de amparo à propriedade rural, destinadas a orientar, nos interesses da economia rural, as atividades agropecuárias, tanto no sentido de garantir-lhes o pleno emprego quanto para harmonizá-las com o processo de industrialização do país (art. 1º, II, do Decreto n. 55.891/65), em harmonia com o desenvolvimento sustentável.

O art. 18 do Estatuto da Terra destaca os principais objetivos buscados com a desapropriação por interesse social para fins de reforma agrária, quais sejam: a) condicionar o uso da terra à sua função social; b) promover a justa e adequada distribuição da propriedade; c) obrigar a exploração racional da terra; d) permitir a recuperação social e econômica de regiões; e) estimular pesquisas pioneiras, experimentação, demonstração e assistência técnica; f) efetuar obras de renovação, melhoria e valorização dos recursos naturais; g) incrementar a eletrificação e a industrialização no meio rural; h) facultar a criação de áreas de proteção à fauna, à flora ou a outros recursos naturais, a fim de preservá-los de atividades predatórias. A estes, acrescente-se a sustentabilidade agroambiental.

Considerando que a desapropriação do imóvel rural que não esteja cumprindo com a função social e ambiental da propriedade é um meio de concretização da reforma agrária, pode-se afirmar, com segurança, que os objetivos acima traçados são, também, objetivos buscados com a reestruturação do campo.

7.1.4. Beneficiários

Em princípio, a transferência do uso, posse ou propriedade de bem público é feita por licitação, sendo excepcionado pelo art. 37, XXI, do Estatuto Constitucional, somente os casos previstos em lei especial.

Mais a seguir, a Constituição Federal, no art. 188, § 2º, prediz que a alienação e a concessão das terras públicas, para fins de reforma agrária, dispensam prévia aprovação do Congresso Nacional e são reguladas por lei especial que, no caso, é a Lei n. 8.629/93, a qual não exige processo licitatório para a seleção dos beneficiários das parcelas fundiárias (lotes agrícolas) do programa de reforma agrária.

Segundo o art. 19 da Lei n. 8.629/93 e incisos[4], com redação dada pela Lei n. 13.465/2017, o processo de seleção de candidatos, sejam indivíduos ou famílias a serem beneficiários do programa reformista, é realizado por projeto de assentamento, devendo obedecer a uma ordem preferencial disposta em lei.

O processo de seleção é realizado pelo Incra, obedecendo o que regulamenta o Decreto n. 9.311/2018, com ampla divulgação do edital de convocação, na internet e no Município em que será instalado o projeto de assentamento, bem como nos Municípios limítrofes.

Segundo o art. 19 da Lei n. 8.629/93 e incisos, com redação dada pela Lei n. 13.465/2017, o processo de seleção de candidatos, sejam indivíduos ou famílias, a beneficiários do programa reformista é realizado por projeto de assentamento, devendo obedecer a uma ordem preferencial disposta em lei.

O processo de seleção é realizado pelo Incra com ampla divulgação do edital de convocação, na internet e no Município onde será instalado o projeto de assentamento, bem como nos Municípios limítrofes.

De acordo com a ordem de preferência, primeiramente, assegura-se ao desapropriado a preferência para a parcela de terra onde se situe a sede do imóvel, hipótese em que esta será excluída da indenização devida pela desapropriação.

Após, aos que trabalham no imóvel desapropriado como posseiros, assalariados, parceiros ou arrendatários, identificados na vistoria *in loco* feita aquando do procedimento administrativo da desapropriação.

---

4 Regulamentada, nesta parte, pelo Decreto n. 9.311/2018, que dispõe sobre a seleção das famílias candidatas a beneficiárias do Programa Nacional de Reforma Agrária, a verificação das condições de permanência das famílias beneficiárias no Programa, a regularização das ocupações dos projetos de assentamento, a titulação provisória e definitiva das parcelas concedidas e a destinação de áreas remanescentes a projetos de assentamento.

Em seguida, a preferência será dada ao trabalhador rural desalojado de outras áreas em virtude de demarcação de terra indígena, criação de unidades de conservação, titulação de comunidade quilombola ou de outras ações de interesse público; não acontecendo as hipóteses anteriores, a preferência será dada ao trabalhador rural em situação de vulnerabilidade social que não se enquadre nas hipóteses anteriores, sendo a vulnerabilidade comprovada por meio da respectiva inscrição no Cadastro Único para Programas Sociais do Governo Federal (CadÚnico), ou em outro cadastro equivalente definido em regulamento; na sequência preferencial, é concedido ao trabalhador rural vítima de trabalho em condição análoga à de escravo; seguido dos que trabalham como posseiros, assalariados, parceiros ou arrendatários em outros imóveis rurais; e, por fim, aos ocupantes de áreas inferiores à fração mínima de parcelamento.

Nos projetos de assentamentos ambientalmente diferenciados o processo de seleção é restrito às famílias que já residam na área, pois são áreas em que deve ser compatibilizada a conservação da natureza com o uso sustentável de parcela dos seus recursos naturais (ex. Floresta Nacional, Reserva Extrativista, Reserva de Desenvolvimento Sustentável, Reserva Particular do Patrimônio Natural, dentre outras).

Se a capacidade do projeto de assentamento não atender a todos os candidatos selecionados, é elaborada lista dos candidatos excedentes, com prazo de validade de dois anos, dando-se a esses a prioridade quando os beneficiários originários dos lotes desistirem, abandonarem ou o Incra for reintegrado na posse.

Esgotada a lista dos candidatos excedentes ou expirada sua validade, é instaurado novo processo de seleção específico para os lotes vagos no projeto de assentamento em decorrência de desistência, abandono ou reintegração de posse.

O art. 19-A da Lei n. 8.629/93 e incisos, também modificados pela Lei n. 13.465/2017, atribuem ao Incra a necessidade de classificação dos candidatos a beneficiários do Programa Nacional de Reforma Agrária, de acordo com os seguintes critérios: I – família mais numerosa, cujos membros se proponham a exercer a atividade agrícola na área a ser assentada; II – família ou indivíduo que resida há mais tempo no Município onde se localize o projeto de assentamento para o qual se destine a seleção ou nos Municípios limítrofes; III – família chefiada por mulher[5]; IV – família ou indivíduo integrante de

5 O § 2º do art. 19-A da Lei n. 8.629/93 considera a família chefiada por mulher aquela em que, independentemente de estado civil, a mulher seja responsável pela maior parte do sustento material de seus dependentes.

acampamento situado no Município onde se localize o projeto de assentamento ou nos Municípios limítrofes; V – filhos que tenham entre dezoito e vinte e nove anos idade, de pais assentados que residam no mesmo projeto de assentamento; VI – famílias de trabalhadores rurais que residam na área objeto do projeto de assentamento, na condição de agregados; e VII – outros critérios sociais, econômicos e ambientais estabelecidos pelo Incra, de acordo com as áreas de reforma agrária para as quais a seleção é realizada.

Ainda, a autarquia fundiária federal deve estabelecer a pontuação a ser conferida aos candidatos de acordo com os critérios definidos acima. Caso haja empate, terá preferência o candidato de maior idade.

Para manter a paz no campo, a Lei n. 8.629/93, art. 2º, § 7º, prescreve que será excluído do Programa de Reforma Agrária do Governo Federal quem, já estando beneficiado com lote em Projeto de Assentamento, ou sendo pretendente desse benefício na condição de inscrito em processo de cadastramento e seleção de candidatos ao acesso à terra, for efetivamente identificado como participante direto ou indireto em conflito pela posse da terra que se caracterize por invasão ou esbulho de imóvel rural de domínio público ou privado em fase de processo administrativo de vistoria ou avaliação para fins de reforma agrária, ou que esteja sendo objeto de processo judicial de desapropriação em vias de imissão de posse ao ente expropriante; e bem assim quem for efetivamente identificado como participante de invasão de prédio público, de atos de ameaça, sequestro ou manutenção de servidores públicos e outros cidadãos em cárcere privado, ou de quaisquer outros atos de violência real ou pessoal praticados em tais situações.

Pune, também, a lei agrária, empoderando o Incra e o poder público em geral a negar transferência, a qualquer título, de recursos públicos à entidade, organização, pessoa jurídica, movimento ou sociedade de fato que, de qualquer forma, direta ou indiretamente, auxiliar, colaborar, incentivar, incitar, induzir ou participar de invasão de imóveis rurais ou de bens públicos, ou em conflito agrário ou fundiário de caráter coletivo, que tenha como causa a luta pela posse da terra. E se a transferência ou repasse dos recursos públicos já tiverem sido autorizados, assiste ao poder público o direito de retenção, bem assim o de rescisão do contrato, convênio ou instrumento similar.

Em havendo fraude ou simulação de esbulho ou invasão, por parte do proprietário ou legítimo possuidor do imóvel, o Incra deve aplicar as punições administrativas de cancelamento do cadastro do imóvel no Sistema Nacional de Cadastro Rural, sem prejuízo das demais sanções penais e civis cabíveis, bem como a multa de R$ 55.000,00 (cinquenta e cinco mil reais) a R$ 535.000,00 (quinhentos e trinta e cinco mil reais) atualizados, a partir de maio de 2000, no dia 1º de janeiro de cada ano, com base na variação acumulada do Índice Geral de Preços – Disponibilidade Interna – IGP-DI, da Fundação Getulio Vargas, no respectivo período.

De outro giro, o art. 20 da Lei n. 8.629/96, alterado pela Lei n. 13.465/2017, aponta quem não pode ser selecionado como beneficiário de projetos de assentamento, inclusive nos ambientalmente diferenciados: ocupante de cargo, emprego ou função pública remunerada; o que tiver sido excluído ou se afastado do programa de reforma agrária, de regularização fundiária ou de crédito fundiário sem consentimento de seu órgão executor; o proprietário rural, exceto o desapropriado do imóvel e o agricultor cuja propriedade seja insuficiente para o sustento próprio e o de sua família; o proprietário, cotista ou acionista de sociedade empresária em atividade; o menor de dezoito anos não emancipado civilmente; e quem auferir renda familiar proveniente de atividade não agrária superior a três salários mínimos mensais ou superior a um salário mínimo *per capita*.

Todos enumerados acima, excluindo-se o menor de dezoito anos não emancipado, têm a regra proibitória de seleção extensiva aos respectivos cônjuges e conviventes, inclusive em regime de união estável, exceto em relação ao cônjuge que, em caso de separação judicial ou de fato, não tenha sido beneficiado pelos programas de reforma agrária, de regularização fundiária ou de crédito fundiário.

Todavia, a vedação imposta ao ocupante de cargo, emprego ou função pública remunerada não se aplica ao candidato que preste serviços de interesse comunitário[6] à comunidade rural ou à vizinhança da área objeto do projeto de assentamento, desde que o exercício do cargo, do emprego ou da função pública seja compatível com a exploração da parcela pelo indivíduo ou pelo núcleo familiar beneficiado.

Não perdem a condição de beneficiário da parcela, uma vez já a tendo recebido, o ocupante de cargo, emprego ou função pública remunerada, ou o proprietário rural, ou o proprietário, cotista ou

6 Consideram-se serviços de interesse comunitário, as atividades prestadas nas áreas de saúde, educação, transporte, assistência social e agrária (redação do § 3º do art. 20 da Lei n. 6.829/93, emprestada pela Lei n. 13.465/2017).

acionista de sociedade empresária em operação, nem aquele que auferir renda familiar proveniente de atividade não agrária superior a três salários mínimos mensais ou superior a um salário mínimo *per capita*, se a atividade assumida seja compatível com a exploração da parcela pelo indivíduo ou pelo núcleo familiar beneficiado.

A Lei n. 13.465/2017 inovou introduzindo o art. 22-A à Lei n. 8.629/93, que contempla o beneficiário da reforma agrária com a possibilidade de cessão das benfeitorias reprodutivas ou não existentes no imóvel, para exploração individual ou coletiva, bem como possibilitar doá-las em benefício da comunidade de assentados.

7.1.5. *Instrumentos legais de transferência das parcelas aos beneficiários*

O Texto Magno, em seu art. 189, preceitua que os beneficiários da distribuição de imóveis rurais pela reforma agrária receberão Títulos de Domínio (TD) ou firmarão Contrato de Concessão de Uso (CCU), inegociáveis pelo prazo de dez anos, cujo teor normativo é regulamentado no art. 18 da Lei n. 8.629/93, que dispõe no mesmo sentido, mas acrescentada a Concessão de Direito Real de Uso (CDRU), instituída pelo art. 7º do Decreto-Lei n. 271, de 28-2-1967, como meio de distribuição de imóveis rurais no projeto reformista.

Assim, na implantação do projeto de assentamento, o beneficiário terá direito, a título provisório, a firmar contrato de concessão de uso (CCU), gratuito, inegociável, de forma individual ou coletiva, que conterá cláusulas resolutivas, estipulando os direitos e as obrigações da entidade concedente e dos concessionários. A eles, posteriormente, uma vez cumpridas as obrigações creditícias estabelecidas nos créditos de instalação do projeto de assentamento, ficam assegurados o direito de adquirir a parcela rural, em caráter definitivo, por Título de Domínio (TD), oneroso ou gratuito, ou por Contrato de Direito Real de Uso (CDRU), gratuito.

Em qualquer titulação dos lotes do programa de reforma agrária, provisória ou definitiva, são obrigatórias, dentre outras, a cláusula de inegociabilidade por dez anos, contados da data do CCU ou de qualquer outro instrumento equivalente; a de assunção do compromisso dos beneficiários de cultivar o imóvel direta e pessoalmente, ou por meio de seu núcleo familiar, mesmo que por intermédio de cooperativas; a de não ceder o seu uso a terceiros, a qualquer título, pelo prazo de 10 (dez) anos (art. 21 da Lei n. 8.629/93); a de rescisão contratual e retorno do imóvel ao Incra, em havendo descumprimento de qualquer obrigação assumida pelo adquirente ou concessionário de uso.

Os beneficiários dos projetos de assentamento devem manifestar concordância com a escolha do imóvel a ser desapropriado, com o valor de sua desapropriação e com relação aos recursos naturais, pois deverão ressarcir o Incra do valor de suas parcelas e das despesas coletivas para implantação do projeto de assentamento (art. 17, II, da Lei n. 8.629/93)[7].

O contrato de concessão de uso constitui o contrato administrativo em que a Administração Pública outorga ao particular, para exercer de modo privado, o bem público, de acordo com as condições e a finalidade estipuladas na avença pública.

No CCU entre o Incra e o beneficiário reformista, a União fica como proprietária e possuidora indireta do imóvel, e o particular, com a posse direta para fins de emprestar ao imóvel a função social.

O CCU é formalizado junto ao Incra por instrumento inegociável, podendo ser firmado individual ou coletivamente, e autoriza de forma provisória e gratuita o direito de uso para a exploração rural de imóvel da reforma agrária. O CCU individual é outorgado ao homem, na ausência de cônjuge ou companheira, à mulher, na ausência de cônjuge ou companheiro, ou ao homem e à mulher, obrigatoriamente, nos casos de casamento ou união estável. Já o CCU coletivo é contratado com entidade representativa de assentados legalmente constituída.

O CCU é transferível a qualquer tempo por sucessão legítima ou testamentária, desde que os herdeiros ou legatários atendam aos critérios de elegibilidade do PNRA e assumam as obrigações constantes do instrumento, vedado o fracionamento do lote.

É possível a rescisão unilateral do CCU pelo Incra por desistência formal do beneficiário, quando haverá a reintegração administrativa do lote ao Incra e a transferência para novo beneficiário. Em caso de indenização de benfeitorias de boa-fé ao desistente, o Incra o faz administrativamente.

O beneficiário do Plano Nacional de Reforma Agrária tem direito de optar a ter o lote transferido definitivamente por Título de

7 FIDELIS, Junior Divino (coord.). **Lei n. 8.629/1993**: comentada por Procuradores Federais. 2. ed., revisada, atualizada. Instituto Nacional de Colonização e Reforma Agrária - Incra, Procuradoria Federal Especializada junto ao Incra - PFE/Incra. Brasília: Incra, 2018. p. 178.

Domínio ou por Contrato de Direito Real de Uso, individual ou coletivo, após a realização dos serviços de medição e demarcação topográfica do imóvel a ser alienado, e cujas obrigações contratuais contêm cláusulas resolutivas.

Com o TD, o beneficiário do projeto de reforma agrária torna-se definitivamente proprietário do lote agrícola, devido à sua força de escritura pública, cuja alienação é gratuita ou onerosa[8], devendo obedecer a condições específicas.

A CDRU transfere definitivamente, com força de escritura pública, o uso gratuito do imóvel rural, como direito real resolúvel, condicionada à exploração de atividade agrária. Tem caráter eminentemente social e se aproxima do direito de propriedade, tendo em comum o efeito típico dos direitos reais – é oponível *erga omnes*. Assim, a CDRU pode ser utilizada para garantia real aos créditos rurais concedidos à agricultura familiar.

A transferência definitiva dos lotes, por meio de TD ou CDRU, é efetuada posteriormente ao CCU, uma vez satisfeitas as condições legais previstas no art. 29 de Decreto n. 8.738/2016, a saber: estar a área registrada em nome do Incra ou da União; haver os serviços de georreferenciamento, medição e demarcação dos lotes individuais e do perímetro dos assentamentos; e cumprimento das cláusulas contratuais do CCU pelos assentados.

Para resolver contingência circunstancial da prática quotidiana nos assentamentos, a Lei n. 13.465/2017, que altera a Lei n. 8.629/93, incluiu norma constante no § 1° do art. 18-A, que autoriza o Incra, nos assentamentos com data de criação anterior ao período de dois

8 Para se ter o valor da alienação, na hipótese de outorga de título de domínio, é considerado o tamanho da área, sendo estabelecido entre 10% (dez por cento) e 50% (cinquenta por cento) do valor mínimo da pauta de valores da terra nua para fins de titulação e regularização fundiária elaborada pelo Incra, com base nos valores de imóveis avaliados para a reforma agrária, conforme regulamento (art. 18, § 5º, da Lei n. 8.629/93, com redação dada pela Lei n. 13.465/2017). Os TDs emitidos anteriormente à reforma dada pela Lei n. 13.465/2017 à Lei n. 8.629/93, que eram regidos, portanto, por outras normas, podem ter seus valores reenquadrados de acordo com a regra citada anteriomente, mediante requerimento do interessado, sendo vedada a restituição de valores já pagos que, porventura, exceda o valor devido após o reenquadramento (art. 18, § 15, da Lei n. 8.629/93, com redação dada pela Lei n. 13.465/2017).

anos, contado retroativamente a partir de 22 de dezembro de 2016, a conferir o TD ou a CDRU relativos às áreas onde ocorreram desmembramentos ou remembramentos após a concessão de uso, desde que observadas as seguintes condições: (a) o lote desmembrado tenha área não inferior à fração mínima de parcelamento ou ao módulo fiscal e não superior a quatro módulos fiscais; (b) o beneficiário não possua outro imóvel, a qualquer título; (c) que seja caracterizado legalmente agricultor familiar ou empreendedor familiar rural; e (d) o desmembramento ou remembramento deve ter ocorrido também nos dois anos anteriores contados retroativamente a 22 de dezembro de 2016.

Tais beneficiários, como outro qualquer, fazem jus ao crédito de instalação que o Incra concede aos assentados e os títulos fundiários respectivos são inegociáveis pelo prazo de dez anos, contados da data de expedição.

A titulação definitiva transfere aos beneficiários todas as responsabilidades decorrentes do uso da parcela, inclusive as ambientais.

O TD, o CDRU e o CCU individuais são outorgados ao homem, na ausência de cônjuge ou companheira, à mulher, na ausência de cônjuge ou companheiro, ou ao homem e à mulher, obrigatoriamente, nos casos de casamento ou união estável.

O TD, o CDRU e o CCU são outorgados coletivamente quando concedidos à entidade representativa de assentados, legalmente constituída, e pode compreender toda a área do projeto de assentamento, nos termos de ato normativo do Incra, mas não é permitida a titulação, provisória ou definitiva, a pessoa jurídica.

A inegociabilidade decenal da CDRU é por ato *inter vivos,* sob pena de rescisão do instrumento e a retomada do lote em caso de descumprimento de suas cláusulas. Decorrido o prazo de dez anos, cumpridas as condições resolutivas e mediante anuência do Incra, a CDRU poderá ser negociável por ato *inter vivos*, sendo proibida a incorporação a outro imóvel que ultrapasse a área de quatro módulos fiscais.

Todavia, a CDRU é transferível, antes do prazo de dez anos, por sucessão legítima ou testamentária, desde que os herdeiros ou legatários atendam aos requisitos de elegibilidade do PNRA, sendo, sempre, vedado o fracionamento do lote rural.

O beneficiário da CDRU pode, a qualquer tempo, optar por convertê-la em TD.

O TD é inegociável por ato *inter vivos* durante o período de dez anos, sob pena de rescisão do instrumento e a retomada do lote em caso de descumprimento de suas cláusulas. Ao prazo de dez anos, pode ser computado o período decorrido entre a data de emissão da CDRU e a data de sua conversão em TD.

Após o prazo decenal de inegociabilidade, uma vez cumpridas as condições resolutivas, o TD é transferível por ato *inter vivos*, sendo proibida a incorporação a outro imóvel rural cuja área final ultrapasse quatro módulos fiscais.

Os TDs referentes a áreas de até um módulo fiscal em projetos de assentamento criados em terras devolutas discriminadas e registradas em nome do Incra ou da União serão expedidos de forma gratuita e receberão certidão de quitação, independentemente de qualquer pagamento.

Na vigência das cláusulas resolutivas, o TD é transferível por sucessão legítima ou testamentária, desde que os herdeiros ou legatários atendam aos requisitos de elegibilidade do Plano Nacional de Reforma Agrária, não sendo permitida a divisão do lote rural.

Com a aquisição definitiva do lote agrícola, o beneficiário reformista, graças à natureza de direito real do TD e do CDRU, tem a seu favor todos os efeitos jurídicos que os direitos reais proporcionam ao proprietário, enquanto o CCU, por ter natureza contratual, é regido por normas de direito obrigacional.

Se a parcela rural titulada passar a integrar zona urbana ou de expansão urbana, o Incra deve priorizar a análise do requerimento de liberação das condições resolutivas constantes no título fundiário.

No projeto de assentamento, se for identificado algum ocupante ou explorador de lote que não seja beneficiário do programa de reforma agrária, o intruso será notificado para desocupar a área e se sujeita a responder nas esferas cível e penal por seu ato ilícito.

Exceção a essa norma foi introduzida pela Lei n. 13.465/2017, ao incluir o art. 26-B integrante da Lei n. 8.629/93, cuja regra possibilita ser regularizada ocupação irregular de lote por quem não é beneficiário de programa de reforma agrária, desde que a referida ocupação tenha ocorrido em projeto de assentamento criado há, no mínimo, dois anos, contados a partir de 22 de dezembro de 2016, observadas as vedações já referidas anteriormente a quem não pode ser selecionado como beneficiário dos projetos de assentamento, constantes no art. 20 da lei reformada.

Entretanto, a regularização, que pode ser, inclusive, iniciada, de ofício, pelo Incra, tem que atender, cumulativamente, a determinados requisitos, a saber: (a) ocupação e exploração da parcela pelo interessado há, no mínimo, um ano, contado a partir de 22 de dezembro de 2016; (b) inexistência de candidatos excedentes interessados na parcela elencados na lista de selecionados para o projeto de assentamento; (c) observância pelo interessado dos requisitos de elegibilidade para ser beneficiário da reforma agrária; e (d) quitação ou assunção pelo interessado, até a data de assinatura de novo CCU, dos débitos relativos ao crédito de instalação reembolsável concedido ao beneficiário original. Uma vez atendidos todos os requisitos, é celebrado o CCU entre o interessado e o Incra.

7.2. DESAPROPRIAÇÃO POR INTERESSE SOCIAL PARA FINS DE REFORMA AGRÁRIA

7.2.1. *Escorço histórico*

A desapropriação por interesse social para fins de reforma agrária, como instrumento jurídico fundamental de realização reformista no campo, é imprescindível para o direito agroambiental brasileiro, na medida em que constitui ato que retira um bem da propriedade privada, mediante indenização prévia e justa, para democratizar o uso e posse da terra rural, buscando a concretização da função social da propriedade agrária.

Historicamente, a desapropriação em geral encontrou seu primeiro esboço em 1821, com o Príncipe Regente Dom Pedro I. Posteriormente, a Constituição Imperial, de 25 de março de 1824, previu exceções à plenitude do direito de propriedade privada.

A Constituição da República de 1891 contemplou casos de desapropriação por necessidade ou utilidade pública, mediante indenização prévia, o que foi regulado com a promulgação do Código Civil de 1916.

As Constituições de 1934 e de 1937 replicaram tal previsão. Mas foi com a Constituição Federal de 1946 que houve a principal inovação quanto à desapropriação, ao ser criada mais uma causa de desapropriação: a de interesse social, além de assegurar o pagamento prévio e justo de indenização em dinheiro, e a vinculação do uso da propriedade ao bem-estar social, visando à promoção da justa distribuição da propriedade, com igual oportunidade a todos.

Passaram-se quase 16 anos para que houvesse a regulamentação infraconstitucional da desapropriação por interesse social, o que ocorreu com o advento da Lei n. 4.132, de 10 de setembro de 1962.

Todavia, a desapropriação por interesse social para fins de reforma agrária só foi introduzida no Direito brasileiro com a Emenda Constitucional n. 10, de 9 de novembro de 1964, à Carta Republicana de 1946. Coube à União[9] promover tal expropriação, mediante pagamento da prévia e justa indenização em títulos especiais da dívida pública, com cláusula de exata correção monetária, segundo índices fixados pelo Conselho Nacional de Economia, resgatáveis no prazo máximo de vinte anos, em parcelas anuais sucessivas, assegurada a sua aceitação a qualquer tempo, como meios de pagamento de até cinquenta por cento do Imposto Territorial Rural e como pagamento do preço de terras públicas. Para regulamentar a então novel espécie de desapropriação por interesse social, foi editado o Decreto-Lei n. 554, de 25 de abril de 1969.

O Estatuto da Terra, em seu art. 18, tratou de dispor sobre as finalidades da desapropriação por interesse social para fins de reforma agrária, detalhando que se presta a: a) condicionar o uso da terra à sua função social; b) promover a justa e adequada distribuição da propriedade; c) obrigar a exploração racional da terra; d) permitir a recuperação social e econômica de regiões; e) estimular pesquisas pioneiras, experimentação, demonstração e assistência técnica; f) efetuar obras de renovação, melhoria e valorização dos recursos naturais; g) incrementar a eletrificação e a industrialização no meio rural; e h) facultar a criação de áreas de proteção à fauna, à flora ou a outros recursos naturais, a fim de preservá-los de atividades predatórias.

A Carta Constitucional de 1967 estipulou a desapropriação por interesse social, necessidade ou utilidade pública em redação muito semelhante à da *Lex Mater* de 1946[10], sem, contudo, especificar quanto à reforma agrária.

---

9 O § 3º do art. 5º da Emenda Constitucional n. 10/64 determinou ser exclusiva a competência da União para promover a desapropriação, limitando-se-á às áreas incluídas nas zonas prioritárias, a serem fixadas em Decreto do Poder Executivo, devendo somente recair sobre propriedade rural cuja forma de exploração contrariasse o disposto nesse artigo, conforme fosse definido em lei.

10 O § 22 do art. 150 da Constituição de 1967 previu que é garantido o direito de propriedade, salvo o caso de desapropriação por necessidade ou utilidade pública ou por interesse social, mediante prévia e justa indenização em dinheiro, ressalvado o disposto no art. 157, § 1º. Em caso de perigo público iminente, as autoridades competentes poderiam usar da propriedade particular, assegurada ao proprietário indenização ulterior.

A Constituição Federal de 1988, no art. 184, outorga competência à União para desapropriar por interesse social, para fins de reforma agrária, o imóvel rural que não cumpra a função social da propriedade, mediante prévia e justa indenização em títulos da dívida agrária, com cláusula de preservação do valor real, resgatáveis no prazo de até vinte anos, a partir do segundo ano de sua emissão, e cuja utilização é definida em lei, sendo que as benfeitorias úteis e necessárias são indenizadas em dinheiro.

O Decreto que declarar o imóvel como de interesse social, para fins de reforma agrária, autoriza a União a propor a ação de desapropriação, competindo à Lei Complementar estabelecer procedimento contraditório especial, de rito sumário, para o processo judicial de desapropriação de imóvel rural, por interesse social para fins de reforma agrária, sendo que tal previsão constitucional restou normatizada pela Lei Complementar n. 76, de 6 de julho de 1993, enquanto a Lei n. 8.629, de 25 de fevereiro de 1993, regula os dispositivos constitucionais relativos à reforma agrária e o Decreto n. 95.715, de 10 de fevereiro de 1988, é o responsável pela regulamentação das desapropriações para reforma agrária.

Já o Código Civil de 2002, no art. 1.228, reza que o proprietário tem a faculdade de usar, gozar e dispor da coisa, e o direito de reavê-la do poder de quem quer que, injustamente, a possua ou detenha. Mas o direito de propriedade deve estar em congruência com as suas finalidades econômicas e sociais e de modo que sejam preservados, de conformidade com o estabelecido em lei especial, a flora, a fauna, as belezas naturais, o equilíbrio ecológico e o patrimônio histórico e artístico, bem como evitada a poluição do ar e das águas.

A lei codificada ainda proibiu os atos do proprietário que não tragam qualquer comodidade, ou utilidade, e sejam animados pela intenção de prejudicar outrem – o que caracteriza abuso do exercício do direito de propriedade – e prevê, ainda, a possibilidade de privação da coisa, nos casos de desapropriação por necessidade ou utilidade pública ou interesse social, bem como no de requisição, em caso de perigo público iminente.

Possibilita, também, a privação da propriedade privada se o imóvel reivindicado consistir em extensa área que esteja na posse ininterrupta e de boa-fé de um considerável número de pessoas, por mais de cinco anos, e estas nela houverem realizado, em conjunto ou separadamente, obras e serviços considerados pelo juiz de interesse social e econômico relevante.

Nesse caso, o Judiciário é quem será o responsável legítimo pela expropriação imobiliária, desde que satisfeitos os requisitos legalmente previstos, a saber: posse ininterrupta de um grande número de pessoas, por mais de cinco anos, com a realização de obras e serviços.

7.2.2. *Conceito*

A desapropriação pode ser entendida como a transferência compulsória da propriedade particular (ou pública, a depender da hierarquia administrativa entre a entidade expropriante e a expropriada) para o poder público ou seus delegados, seja em razão de utilidade e/ou necessidade pública, ou, ainda, por interesse social, mediante prévia e justa indenização em dinheiro (art. 5º, XXIV, da Constituição de 1988), com exceção das previsões constitucionais quanto à indenização em títulos da dívida pública de emissão previamente aprovada pelo Senado Federal, no caso de áreas urbanas não edificadas, subutilizadas ou não utilizadas (art. 182, § 4º, III, da Constituição de 1988), e de pagamento em títulos da dívida agrária, no caso de reforma agrária, sob o fundamento do interesse social (art. 184 da Constituição Federal de 1988)[11].

Portanto, desapropriação corresponderia ao procedimento administrativo pelo qual o Estado (ou seus delegados) tomam para si, munidos de um dos fundamentos de utilidade e/ou necessidade pública, ou interesse social, a partir do pagamento prévio e justo de indenização em dinheiro, com exceção das previsões constitucionalmente previstas (títulos da dívida pública, de emissão autorizada pelo Senado Federal, resgatáveis em até dez anos, ou em títulos da dívida agrária, resgatáveis no prazo de vinte anos).

Desapropriação e expropriação, por vezes, são tidos como expressões sinônimas, vez que ambas correspondem à incorporação compulsória do patrimônio particular ao público, destinando-o de acordo com os interesses do Decreto expropriatório. Ocorre que toda expropriação não enseja obrigatoriamente o pagamento de indenização em favor do particular, tal como sói acontecer com a desapropriação. No confisco, por sua vez, não há indenização de qualquer espécie, apesar de constituir a privação compulsória da propriedade particular por ação do poder público.

---

11 MEIRELLES, Hely Lopes. **Direito administrativo brasileiro.** 34. ed. São Paulo: Malheiros, 2008, p. 608-609.

O confisco é uma expropriação da propriedade privada, sem indenização, pela prática de crime, seja a plantação ilegal de plantas psicotrópicas ou a exploração de trabalho análogo ao escravo no interior da propriedade. Assim, pode-se dizer que expropriação é o gênero e desapropriação, uma espécie, ao lado do confisco.

A desapropriação fundada no interesse social é concretizada quando o poder público visa a promover a justa distribuição da propriedade ou condicionar seu uso ao bem-estar social, nos termos do art. 1º da Lei n. 4.132/62[12]. Na hipótese de justa distribuição da terra, cabe à União a promoção do ato desapropriatório, sendo específico para casos de reforma agrária, enquanto no caso de bem-estar social pode ser promovida por todos os entes federativos (União, Estados, Distrito Federal, Municípios e Territórios Federais) e visa adequar a utilização da terra com as exigências da coletividade.

Nos estritos limites de sua competência, portanto, cada ente federativo público pode desapropriar, sob fundamento de interesse social, a propriedade particular, desde que o objeto do procedimento e sua destinação se contenham na alçada da Administração Pública interessada. Nessa perspectiva, o interesse social deve ser encarado como da coletividade, quando as circunstâncias impõem a distribuição ou o condicionamento da propriedade para seu melhor aproveitamento, utilização ou produtividade em benefício da coletividade ou de categorias sociais merecedoras de amparo específico do poder público[13].

A desapropriação por interesse social para fins de reforma agrária sobre imóvel particular que não esteja cumprindo sua função social ou ambiental da propriedade é de competência exclusiva da União, devendo o imóvel estar situado em zona prioritária para fins de reforma agrária, cuja definição também é exclusiva do Poder Executivo federal, através do órgão fundiário federal competente – o Incra – nos termos constitucionais e legislação infraconstitucional. Essa desapropriação, na concepção constitucional, tem o papel de desapropriação-sanção para o proprietário absenteísta da função social da propriedade rural.

---

12 O art. 1º da Lei n. 4.132/62 prevê que a desapropriação por interesse social será decretada para promover a justa distribuição da propriedade ou condicionar o seu uso ao bem-estar social.

13 MEIRELLES, Hely Lopes. **Direito administrativo brasileiro.** 34. ed. São Paulo: Malheiros, 2008, p. 615-616.

7.2.3. *Exigência do cumprimento da função social da propriedade agrária*

A Constituição Federal, no art. 186, cláusula que a função social da propriedade rural é cumprida quando atende, simultaneamente, segundo critérios e graus de exigência estabelecidos em lei, aos seguintes requisitos: (a) aproveitamento racional e adequado; (b) utilização adequada dos recursos naturais disponíveis e preservação do meio ambiente; (c) observância das disposições que regulam as relações de trabalho; e (d) exploração que favoreça o bem-estar dos proprietários e dos trabalhadores.

Em cumprimento ao Texto Maior, a Lei n. 8.629/93, em seu art. 9º, repete o paradigma normativo do art. 186 constitucional e torna explicativos os critérios constitucionais de avaliação da propriedade rural que cumpra a função social.

Assim, regula a Lei n. 8.629/93, no art. 9º, § 1º, que se considera racional e adequado o aproveitamento que atinja os graus de utilização da terra (GUT) e de eficiência da exploração (GEE) especificados naquela mesma lei para definir a propriedade produtiva, que está prevista no art. 6º.

Enuncia a lei que se considera adequada a utilização dos recursos naturais disponíveis quando a exploração se faz respeitando a vocação natural da terra, de modo a manter o potencial produtivo da propriedade.

Estende a lei regulamentar, no art. 8º, a definição legal de racional e adequado do aproveitamento de imóvel rural, ao esclarecer que também é assim caracterizado o imóvel quando esteja oficialmente destinado à execução de atividades de pesquisa e experimentação que objetivem o avanço tecnológico da agricultura.

Todavia, como tal, só serão consideradas as propriedades que tenham destinados às atividades de pesquisa, no mínimo, 80% (oitenta por cento) da área total aproveitável do imóvel, sendo consubstanciadas tais atividades em projeto adotado pelo poder público, se pertencente a entidade de administração direta ou indireta, ou a empresa sob seu controle, e aprovado pelo poder público, se particular o imóvel.

Tendo em vista que o terreno de um imóvel rural não é totalmente voltado para a exploração econômica, porque se presta também para localizar benfeitorias e construções, ou para a finalidade de preservação ambiental, ou é área de terra arenosa ou rochosa, a lei considera não aproveitáveis as áreas ocupadas por construções e instalações, excetuadas aquelas destinadas a fins produtivos, como estufas, viveiros, sementeiros, tanques de reprodução e criação de peixes e outros semelhantes; as áreas comprovadamente imprestáveis para qualquer tipo de exploração agrícola, pecuária, florestal ou extrativa vegetal; bem como as áreas sob efetiva exploração mineral; e as áreas de efetiva preservação permanente e demais áreas protegidas por legislação relativa à conservação dos recursos naturais e à preservação do meio ambiente.

Por sua vez, a preservação do meio ambiente é cumprida com a manutenção das características próprias do meio natural e da qualidade dos recursos ambientais, na medida adequada à manutenção do equilíbrio ecológico da propriedade e da saúde e qualidade de vida das comunidades vizinhas.

A lei explicativa reza que a observância das disposições que regulam as relações de trabalho implica tanto o respeito às leis trabalhistas e previdenciárias quanto aos contratos coletivos de trabalho, bem como às disposições que disciplinam os contratos de arrendamento e parceria rurais.

Por fim, a lei regulamentar prega que a exploração que favorece o bem-estar dos proprietários e trabalhadores rurais é a que objetiva o atendimento das necessidades básicas dos que trabalham a terra, observa as normas de segurança do trabalho e não provoca conflitos e tensões sociais no imóvel.

Contrário, entretanto, ao mandamento constitucional referente ao cumprimento simultâneo dos requisitos dos incisos do art. 186, nos albores da Constituição de 1988, o Incra focou apenas a produtividade econômica da terra e se manteve inerte quanto à análise dos demais requisitos de exigência do cumprimento da função social, ao avaliar a propriedade agrária para fins de desapropriação por interesse social para fins de reforma agrária, levando em conta somente os percentuais de Graus de Utilização da Terra (GUT) e Graus de Eficiência da Exploração (GEE), e olvidando dos atos que degradavam o meio ambiente, assim como os que violavam as leis trabalhistas e não contribuíam para o bem-estar dos trabalhadores.

Essa postura administrativa motivou o Tribunal de Contas da União (TCU) recomendar à autarquia fundiária federal que elaborasse norma técnica e adotasse as demais medidas cabíveis, com o apoio do então Ministério do Desenvolvimento Agrário e do Instituto Brasileiro do Meio Ambiente, a fim de conferir efetividade aos incisos II a IV do art. 9º da Lei n. 8.629/93. Em obediência à decisão do TCU, o então Ministério do Desenvolvimento Agrário aprovou o parecer jurídico vinculante ao Incra[14].

O Incra passou a interpretar que o imóvel rural, para ser catalogado como propriedade produtiva e estar imune de desapropriação-sanção, tem que cumprir simultaneamente todos os requisitos previstos no art. 186 da Constituição Federal.

Nessa esteira, o Decreto de 7 de dezembro de 2009 declarou de interesse social, para fins de reforma agrária, o imóvel rural denominado "Fazenda Escalada do Norte ou Juliana", localizado no Município de Rio Maria/PA, ao fundamento do descumprimento da função ambiental da propriedade (art. 186, II, da CF/88)[15].

Sobre o assunto, o Supremo Tribunal Federal já se manifestou nos autos do Mandado de Segurança 22.164/SP, dizendo que a própria Constituição Republicana de 1988 exige do poder público o dever de respeitar a integridade do patrimônio ambiental, impondo-se o dever de intervir na propriedade privada, a fim de promover a desapropriação de imóveis rurais para fins de reforma agrária, especialmente porque um dos requisitos da função social consiste na utilização adequada dos recursos naturais disponíveis e de fazer preservar o equilíbrio do meio ambiente desapropriação-sanção a que se refere o art. 184 da lei fundamental[16].

Em outra oportunidade, nos autos da Ação Direta de Inconstitucionalidade 2.213 MC/DF, a Corte Suprema também se pronunciou nesse sentido: "O direito de propriedade não se reveste de caráter absoluto, vez que, sobre ele, pesa grave hipoteca social, a significar que, descumprida a função social que lhe é inerente (CF, art. 5º, XXIII), legitimar-se-á a intervenção estatal na esfera dominial privada, observados, contudo, para esse efeito, os limites, as formas e os procedimentos fixados na própria Constituição da República: o acesso à terra, a solução dos conflitos sociais, o aproveitamento racional e

14 FIDELIS, Júnior Divino (coord.). Op. cit., p. 123.

15 **Diário Oficial da União**, n. 234, Seção 1, p. 39. Disponível em: http://pesquisa.in.gov.br/imprensa/jsp/visualiza/index.jsp?jornal=1&pagina=39&data=08/12/2009. Acesso em: 12 set. 2023.

16 MS 26.531/DF, rel. Marco Aurélio, Tribunal Pleno, julgado em 13-10-2020, *DJ* 28-10-2020. Disponível em: https://www.jusbrasil.com.br/jurisprudencia/stf/1112936195. Acesso em: 28 ago. 2023.

adequado do imóvel rural, a utilização apropriada dos recursos naturais disponíveis e a preservação do meio ambiente constituem elementos de realização da função social da propriedade"[17].

Essa proteção se dá em razão de o meio ambiente ecologicamente equilibrado compor o rol de direitos de terceira dimensão, inclusive previsto como indispensável à sadia qualidade de vida (art. 225 da Constituição Federal), correspondendo à tutela dos direitos difusos, pertencentes à cesta de cidadania da coletividade social.

7.2.4. *Imóveis insuscetíveis de desapropriação*

O Texto Magno, no art. 185, determina ser insuscetível de sofrer desapropriação para fins de reforma agrária: (i) a pequena e média propriedade rural, assim definida em lei, desde que seu proprietário não possua outra; (ii) a propriedade produtiva.

Em obediência à norma constitucional, a Lei n. 8.629/94 tomou como referência-padrão o módulo fiscal para estabelecer a definição legal de pequena e média propriedade rural.

Por módulo fiscal entende-se a medida de extensão, expressa em hectares, para cada Município, levando-se em conta o tipo de exploração predominante e sua renda, e outras explorações existentes no Município que, embora não predominantes, sejam expressivas em função da renda ou da área utilizada, bem como o conceito de propriedade familiar (art. 50, § 2º, do Estatuto da Terra)[18].

Assim, a Lei n. 8.629/93 define que pequena propriedade é o imóvel rural de área compreendida até 4 (quatro) módulos fiscais,

---

17 ADI 2.213 MC, rel. Min. Celso de Mello, Tribunal Pleno, julgado em 4-4-2002, *DJ* 23-4-2004. Disponível em: http://www.stf.jus.br/portal/jurisprudencia/listarJurisprudencia.asp?s1=(22164)&pagina=2&base=baseAcordaos&url=http://tinyurl.com/zpdk9eg. Acesso em: 12 set. 2023.

18 Historicamente, em direito agroambiental, o sentimento primeiro de unidade padrão como medida para catalogação de imóvel rural é o módulo rural. Todavia, a despeito, também, da existência de outras unidades de medida agroambientais, nos últimos anos o legislador tem preferido eleger o módulo fiscal com o fim de parametrizar definições. Cotejando as duas unidades de medida de extensão, infere-se que ambas têm praticamente os mesmos elementos como critério definidor; diferem-se porque o módulo rural é calculado para cada imóvel individualmente considerado, enquanto o módulo fiscal é fixado por Município.

respeitada a fração mínima de parcelamento (art. 4º, II, *a*), e média propriedade, o imóvel rural de área superior a 4 (quatro) e até 15 (quinze) módulos fiscais (art. 4º, III, *a*), sendo ambas tipos inexpropriáveis para fins de reforma agrária, desde que o seu proprietário não possua outra propriedade rural.

O Supremo Tribunal Federal já se manifestou sobre o tema, quando da análise do Mandado de Segurança 24.719, reconhecendo que a pequena e a média propriedade rural, desde que o seu proprietário não possua outra, são insuscetíveis de sofrer a desapropriação para fins de reforma agrária[19]. O Superior Tribunal de Justiça também seguiu esse entendimento[20].

---

19 APELAÇÃO E REMESSA OFICIAL EM MANDADO DE SEGURANÇA. IMÓVEL RURAL. VISTORIA ANTECEDENTE A PROCEDIMENTO EXPROPRIATÓRIO. MÉDIA PROPRIEDADE RURAL. IMPROVIMENTO. A irresignação não merece prosperar, haja vista que o acórdão recorrido está em conformidade com a orientação jurisprudencial desta Suprema Corte, firmada no sentido de que a pequena e média propriedades rurais são insuscetíveis de desapropriação para reforma agrária, desde que seu proprietário não possua outro imóvel (...) (STF – RE 1.291.053/SE, rel. Min. Dias Toffoli, decisão em 17-4-2021, *DJe* 73, divulgado em 16-4-2021. Disponível em: https://portal.stf.jus.br/processos/downloadPeca.asp?id=15346181036&ext=.pdf. Acesso em: 9 set. 2023.)

20 AGRAVO INTERNO. AGRAVO EM RECURSO ESPECIAL. PROCESSUAL CIVIL. DECISÃO SINGULAR. POSSIBILIDADE. PRINCÍPIO DA COLEGIALIDADE NÃO VIOLADO. IMPENHORABILIDADE. PEQUENA PROPRIEDADE RURAL. QUATRO MÓDULOS FISCAIS. AGRAVO INTERNO NÃO PROVIDO. 1. O relator está autorizado a decidir singularmente recurso (art. 932 do Código de Processo Civil de 2015). Ademais, eventual nulidade da decisão singular fica superada com a apreciação do tema pelo órgão colegiado competente, em sede de agravo interno. 2. Nos termos da tese fixada pelo Supremo Tribunal Federal: "É impenhorável a pequena propriedade rural familiar constituída de mais de 01 (um) terreno, desde que contínuos e com área total inferior a 04 (quatro) módulos fiscais do município de localização" (ARE 1038507, rel. Edson Fachin, Tribunal Pleno, julgado em 21-12-2020, *DJe* 12-3-2021). 3. No caso dos autos, é incontroverso que a área em discussão não se enquadra no conceito legal de pequena propriedade rural, pois ultrapassa o limite de quatro módulos fiscais do município em que se localiza, de modo que ausente requisito essencial para configurar a impenhorabilidade prevista no art. 649, VIII, do CPC/1973 (atual art. 833, VIII, do CPC/2015). 4. Agravo interno a que se nega provimento. (STJ - AgInt no AREsp 1988973-MS 2021/0302709-6, julgado em 15-8-2022, Quarta Turma, *DJe* 17-8-2022. Disponível em: https://www.jusbrasil.com.br/jurisprudencia/stj/1629041163. Acesso em: 8 set. 2023.)

A jurisprudência é uníssona em ter a pequena propriedade rural como o bem de proteção constitucional imune de penhora para pagamento de débitos decorrentes de sua atividade produtiva, para fins do direito fundamental agroambiental cristalizado no art. 5º, XXVI, da Constituição Federal. Todavia, na jurisprudência superior nacional não há consenso sobre a definição infraconstitucional do que seja a pequena propriedade rural, para atender à garantia fundamental do mencionado art. 5º, XXVI, constitucional.

Com o ingresso da Constituição Republicana de 1988 no ordenamento jurídico e não havendo lei anterior nem infraconstitucional posterior que defina o que seja pequena propriedade rural para fins de impenhorabilidade, a jurisprudência tem decidido utilizar o conceito estabelecido pela Lei n. 8.629/93, conforme já explanado no item 1.5.3. *retro*.

A principiologia do direito agroambiental, desde sua gênese no Direito brasileiro, e sua técnica respondem à indagação à qual pequena propriedade rural familiar se refere a Constituição. Senão vejamos.

Com a então nova concepção jurídica do direito de propriedade inaugurada com o Estatuto da Terra, em 1964, o módulo rural passou a integrar o Direito nacional como medida de extensão padrão do imóvel no campo.

A ideia de uma unidade padrão de extensão para imóveis rurais já vinha desde a década anterior com Coutinho Cavalcante e, no Estatuto da Terra, ficou consagrado o módulo rural como a unidade padrão para cada região e de acordo com o tipo de atividade agrária, em área suficiente que, direta e pessoalmente explorada pelo agricultor e sua família, lhes absorva toda a força de trabalho, garantindo-lhes a subsistência e o progresso social e econômico.

Assim, a referência de imóvel rural que minimamente proporcione a sobrevivência digna do trabalhador rural e sua família é o módulo rural.

Posteriormente, para fins tributários, foi criado o módulo fiscal de cada Município que, de maneira simplória, pode-se dizer ser o resultado da média dos módulos rurais somado a outros fatores econômicos do referido Município.

Por seu turno, a pequena propriedade, definida no art. 4º, II, *a*, da Lei n. 8.629/93, foi criada para fins da reforma agrária, conforme expressamente disposto na lei. A área da pequena propriedade rural, nestes termos legais, é o imóvel rural de área até quatro módulos fiscais, respeitada a fração mínima de parcelamento. Essa medida foi fruto, exclusivamente, de embate de forças políticas aquando do processo legislativo no Congresso Nacional, sendo desprovida de qualquer técnica ou de cunho científico.

Portanto, de acordo com os postulados científicos agroambientais, é o módulo rural, conforme disposto no art. 4º, III, do Estatuto da Terra (Lei n. 4.504/64), que define infraconstitucionalmente a pequena propriedade familiar prevista como direito fundamental do microprodutor rural, cristalizado no art. 5º, XXVI, do Texto Maior.

Em obediência ao mandamento constitucional, o imóvel rural caracterizado como propriedade produtiva tem sua norma definidora no art. 6º da Lei n. 8.629/93, quando dispõe ser aquela que, explorada econômica e racionalmente, atinge, simultaneamente, graus de utilização da terra (GUT) e de eficiência da exploração (GEE), segundo índices fixados pelo Incra[21].

Nesse sentido, de acordo com a lei regulamentar, o grau de utilização da terra (GUT) deverá ser igual ou superior a 80% (oitenta por cento), calculado pela relação percentual entre a área efetivamente utilizada e a área aproveitável total do imóvel.

Já o grau de eficiência da exploração da terra (GEE) deverá ser igual ou superior a 100% (cem por cento), e será obtido de acordo com a seguinte sistemática: (a) para os produtos vegetais e para os produtos que não tenham índices de rendimentos fixados, divide-se a quantidade colhida de cada produto pelos respectivos índices de rendimento estabelecidos pelo órgão competente do Poder Executivo, para cada Microrregião Homogênea; (b) para a exploração pecuária, divide-se o número total de Unidades Animais (UA) do rebanho, pelo índice de lotação estabelecido pelo órgão competente do Poder Executivo, para cada Microrregião Homogênea; e (c) a soma dos resultados obtidos dos produtos vegetais e da exploração pecuária, dividida pela área efetivamente utilizada e multiplicada por 100 (cem), determina o grau de eficiência na exploração. Neste caso, se houver explo-

---

21 Segundo a Lei n. 8.629/93, art. 11, os parâmetros, índices e indicadores que informam o conceito de produtividade serão ajustados, periodicamente, de modo a levar em conta o progresso científico e tecnológico da agricultura e o desenvolvimento regional, pelo Ministro de Estado do Desenvolvimento Agrário, Agricultura e Abastecimento, ouvido o Conselho Nacional de Política Agrícola.

ração apenas de produto vegetal ou só de exploração pecuária, divide-se o resultado da exploração única pela área efetivamente utilizada e multiplica-se por 100 (cem), para determinar o grau de eficiência na exploração.

Nos termos já expostos anteriormente, produtiva é a propriedade agrária que além de explorar a terra em índices minimamente exigidos para o GUT e GEE, respeita o meio ambiente ecologicamente equilibrado, as leis trabalhistas e contribui para o bem-estar dos trabalhadores.

A norma explicativa da Lei n. 8.629/93 prega que se consideram efetivamente utilizadas as áreas plantadas com produtos vegetais; as áreas de pastagens nativas e plantadas, observado o índice de lotação por zona de pecuária, fixado pelo Poder Executivo; as áreas de exploração extrativa vegetal ou florestal, observados os índices de rendimento estabelecidos pelo órgão competente do Poder Executivo, para cada Microrregião Homogênea, e a legislação ambiental; as áreas de exploração de florestas nativas, de acordo com plano de exploração e nas condições estabelecidas pelo órgão federal competente; bem como as áreas sob processos técnicos de formação ou recuperação de pastagens ou de culturas permanentes, tecnicamente conduzidas e devidamente comprovadas, mediante documentação e Anotação de Responsabilidade Técnica.

Ressalva a lei que, no caso de consórcio ou intercalação de culturas, considera-se efetivamente utilizada a área total do consórcio ou intercalação; e, em havendo mais de um cultivo no ano, com um ou mais produtos, no mesmo espaço, considera-se efetivamente utilizada a maior área usada no ano considerado.

Não perde a qualificação de propriedade produtiva o imóvel que, por razões de força maior, caso fortuito ou de renovação de pastagens tecnicamente conduzida, devidamente comprovados pelo órgão competente, deixar de apresentar, no ano respectivo, o GEE exigido para a espécie.

A Lei n. 8.629/93 imuniza de desapropriação, para fins de reforma agrária, o imóvel que comprove estar sendo objeto de implantação de projeto técnico que atenda aos seguintes requisitos: seja elaborado por profissional legalmente habilitado e identificado; esteja cumprindo o cronograma físico-financeiro originalmente previsto, não admitidas prorrogações dos prazos; preveja que, no mínimo, 80% (oitenta por cento) da área total aproveitável do imóvel seja efetivamente utilizada em, no máximo, 3 (três) anos para as culturas anuais e 5 (cinco) anos para as culturas permanentes, sendo que tais prazos podem ser prorrogados em até 50% (cinquenta por cento), desde que o projeto receba, anualmente, a aprovação do órgão competente para fiscalização e tenha sua implantação iniciada no prazo de 6 (seis) meses, contado de sua aprovação; e, haja sido aprovado pelo órgão federal competente, na forma estabelecida em regulamento, no mínimo seis meses antes da comunicação escrita do Incra, ao proprietário, para fazer levantamento de dados e informações do imóvel objeto de desapropriação.

A norma reguladora garante os incentivos fiscais referentes ao Imposto Territorial Rural relacionados com o GUT e GEE, obedecendo a critérios de progressividade e regressividade, nos termos legais.

Por fim, esclareça-se que, para efeitos de desapropriação por interesse social para fins de reforma agrária, a lei abraça o critério da destinação econômica para definir o que seja imóvel rural, ao rezar que é o prédio rústico de área contínua, qualquer que seja a sua localização, que se destine ou possa se destinar à exploração agrícola, pecuária, extrativa vegetal, florestal ou agroindustrial.

7.2.5. Imóveis suscetíveis de desapropriação

A desapropriação para fins de reforma agrária objetiva expropriar terras úteis economicamente, aquilatadas pela qualidade do solo, potencialidade hídrica, proximidade de centros consumidores, dentre outros fatores, de preferência na região habitada pelos trabalhadores rurais potencialmente beneficiários, cabendo ao Incra defini-las, após estudo prévio sobre a viabilidade econômica e a potencialidade dos recursos naturais[22].

Não sendo propriedade produtiva, nem pequena e nem média propriedade, com o pressuposto de não cumprir a função social da propriedade agrária, o imóvel rural está sujeito à desapropriação-sanção por interesse social para fins de reforma agrária.

A postura exigida constitucionalmente ao proprietário rural contemporâneo é de operador ativo que respeita o plexo mandamental previsto no art. 186 do Texto Magno, pois a função social torna a propriedade em um poder-dever. Para estar em conformidade com o Direito, em estado de licitude, o proprietário tem a obrigação de explorar a sua propriedade. É o que se observa, por exemplo, no art. 185, II, da CF.

---

22 FIDELIS, Júnior Divino (coord.). Op. cit., p. 176.

Em respeito ao mandamento constitucional, a Lei n. 8.629/93, no art. 2º, reza que a propriedade rural que não cumprir a função social clausulada no art. 9º da própria lei é passível de desapropriação, cuja função social da propriedade já foi exposada no Capítulo 1, item 1.5.1[23].

Todavia, a função social da propriedade não se resume à exploração econômica do bem. A conduta ativa do proprietário deve operar-se de maneira racional, sustentável, em respeito aos ditames da justiça social, e como instrumento para a realização do fim de assegurar a todos uma existência digna[24].

Portanto, se o imóvel rural, ainda que produtivo, desrespeitar algum dos demais requisitos componentes da função social da propriedade, juridicamente, haverá de sofrer a desapropriação por interesse social para fins de reforma agrária, afastando, por conseguinte, a excepcionalidade do art. 185, II, da atual Constituição Federal.

Uma vez efetuada a desapropriação, o Incra tem que dar destinação das terras, aos beneficiários do plano de reforma agrária, através do pro-

---

23 O art. 15 do Estatuto da Terra dispõe que a implantação da reforma agrária em terras particulares será feita em caráter prioritário, quando se tratar de zonas críticas ou de tensão social, mas a Lei n. 6.829/93, nos parágrafos do art. 2º, impõe algumas restrições nesses casos, conforme será visto mais adiante.

24 A orientação jurisprudencial superior é pacífica nesse sentido. Em face aos precedentes, o Ministro Benedito Gonçalves exarou a decisão monocrática: PROCESSUAL CIVIL RECURSO ESPECIAL. REQUISITOS DE ADMISSIBILIDADE. NÃO PREENCHIMENTO. RECURSO NÃO CONHECIDO. (...) Vejamos, no que interessa, o que está consignado no voto condutor do acórdão recorrido (fls. 335/343): A questão central discutida nos autos é se a Fazenda Santa Helena trata-se de propriedade produtiva ou não. A Constituição Federal previu expressamente que os imóveis rurais que não estejam cumprindo sua função social serão desapropriados (art. 184). A função social só é cumprida quando a propriedade atender, simultaneamente, os seguintes requisitos: aproveitamento racional e adequado; utilização adequada dos recursos naturais disponíveis e preservação do meio ambiente; observância das disposições que regulam as relações de trabalho; exploração que favoreça o bem-estar dos proprietários e dos trabalhadores (art.186 da CF) (...) Após transcurso do prazo recursal, voltem-me conclusos para julgamento do agravo interno de fls. 593/600. Brasília, 25 de novembro de 2022. (REsp n. 1.946.597/RJ (2021/0018623-2), rel. Min. Benedito Gonçalves, Primeira Turma, julgado em 25-11-2022, publicado em 28-11-2021. Disponível em: https://processo.stj.jus.br/processo/dj/documento/mediado/?tipo_documento=documento&componente=MON&sequencial=171671236&num_registro=202100186232&data=20221128. Acesso em: 20 set. 2023.)

jeto de assentamento, no prazo de três anos, a contar da data de registro, no Registro de Imóveis, do título translativo do domínio. A exploração das parcelas pelos beneficiários será da forma individual, condominial, cooperativa, associativa ou mista (art. 16 da Lei n. 8.629/93).

Na desapropriação judicial, o juiz tem o dever legal de expedir em favor do expropriante, no prazo de 48 horas, o mandado translativo do domínio para o Cartório do Registro de Imóveis competente, sob a forma e para os efeitos da Lei de Registros Públicos.

O projeto de assentamento de reforma agrária constitui uma redivisão em parcelas (lotes) do imóvel rural desapropriado acompanhado de um conjunto de ações visando emprestar à terra a função social nela ausente quando estava sob o domínio do ex-proprietário.

Na exploração individual da parcela/lote rural, cada família decide a atividade agrária a explorar, obedecendo à vocação da terra. Na exploração condominial, os beneficiários coletivamente repartem as áreas a serem produzidas, objetivando fortalecer o produto final. Na forma cooperativa, os beneficiários implementam um consórcio de recursos e trabalho para, ao final, partilharem a produção. Por fim, mista é a exploração que alterna o modelo de exploração individual e formas de exploração condominial ou cooperativa[25].

Nos projetos de reforma agrária é elaborado um Plano de Desenvolvimento de Assentamento (PDA), que serve para identificar a vocação agrícola do solo, propor alternativas para aumento da renda e adição de valor agregado para os produtos primários, além de delimitar as áreas ambientalmente protegidas, enfim, serve para orientar a fixação de normas técnicas para sua implantação e respectivos investimentos.

O Incra tem o dever legal de acompanhar o processo de implantação do assentamento até sua emancipação ou consolidação, quando é desligado da autarquia federal, que se dá com a concessão dos créditos de instalação (ex. alimentação, fomento, construção de casas), realização de obras de infraestrutura social (ex. estradas, rede de esgoto, de água), e concessão dos Títulos Definitivos de domínio ou Concessão de Direito Real de Uso[26]. Ressalva a lei que a quitação dos créditos de instalação, concedidos pelo Incra, aos assentados não é requisito para a liberação das condições resolutivas do Título de Do-

25 FIDELIS, Júnior Divino (coord.). Op. cit., p. 173.

26 Lei n. 8.629/93, art. 18.

mínio (TD) ou da Concessão de Direito Real de Uso (CDRU), restando ao Incra cobrar a dívida, se não for paga[27].

Todavia, a Lei n. 13.465/2017 trouxe duas exceções aos requisitos de independência do projeto de assentamento. Referida lei prescreveu que se considera consolidado o assentamento que (a) independentemente da implementação dos requisitos da consolidação, o projeto de assentamento atinja o prazo de quinze anos de sua implantação, salvo por decisão fundamentada do Incra[28]; bem assim, (b) os assentamentos que, em 1º de junho de 2017, contarem com quinze anos ou mais de criação, devendo ser consolidados em até três anos[29].

7.2.6. A indenização da terra e das benfeitorias desapropriadas

Dispõe o art. 184 do Estatuto Constitucional que o proprietário tem direito à indenização, prévia e justa, em títulos da dívida agrária, com cláusula de preservação do valor real, resgatáveis no prazo de até vinte anos, a partir do segundo ano de sua emissão, e cuja utilização está definida na Lei n. 8.629/93, enquanto as benfeitorias úteis e necessárias são indenizadas em dinheiro (CF, art. 184, § 1º). Por isso, indispensável constitucionalmente que o orçamento federal fixe, a cada ano, o montante de recursos para atender ao programa de reforma agrária no exercício orçamentário (§ 4º do art. 184 da Constituição Federal).

A indenização tem natureza compensatória ao proprietário desatento à função social, vez que, quando o Estado dele retira a propriedade imobiliária, faz na tentativa de dar finalidade adequada e sustentável, seja incorporando-a ao patrimônio público ou cedendo-a para utilização dos beneficiários da reforma agrária a fim de ser promovida a justiça social.

É prévia a indenização porque a União tem de fazer, em momento anterior à imissão de sua posse no imóvel desapropriando, o lançamento dos Títulos da Dívida Agrária correspondente ao valor ofertado para pagamento de terra nua e depositar em banco oficial (a União deposita na Caixa Econômica Federal), ou outro estabelecimento no caso de inexistência de agência na localidade do imóvel, dinheiro correspondente ao valor ofertado para pagamento das benfeitorias úteis e necessárias[30].

---

27 Lei n. 8.629/93, art. 17, § 8º.

28 Lei n. 8.629/93, art. 17, § 6º, incluído pela Lei n. 13.465/2017.

29 Lei n. 8.629/93, art. 17, § 7º, incluído pela Lei n. 13.465/2017.

30 Sobre o assunto, o Superior Tribunal Justiça entende que: ADMINISTRATIVO. DESAPROPRIAÇÃO. IMISSÃO PROVISÓRIA. REQUISITOS.

A indenização é justa porque deve representar o preço atual de mercado do imóvel em sua totalidade, aí incluídas as terras e acessões

---

ART. 15 DO DL 3.365/1941. DEMONSTRAÇÃO DA URGÊNCIA E DEPÓSITO INICIAL. AUSÊNCIA DE DEPÓSITO PRÉVIO DO VALOR DO BEM. DESCUMPRIMENTO DOS REQUISITOS LEGAIS. REVISÃO DE PROVAS. IMPOSSIBILIDADE. SÚMULA 7/STJ. 1. Discute-se o direito à imissão provisória na posse, conforme o art. 15 do DL 3.365/1941. 2. No REsp 1.185.583/SP, julgado sob a sistemática dos recursos repetitivos, o STJ firmou a orientação de que, demonstrada a urgência na desapropriação e depositado o valor de cadastro do bem, utilizado para lançamento do IPTU ou do ITR, deve ser deferida a imissão provisória independentemente de citação do réu e da avaliação prévia. Confira-se: REsp 1.185.583/SP, Rel. Ministro Benedito Gonçalves, Rel. p/ Acórdão Ministro Cesar Asfor Rocha, Primeira Seção, *DJe* 23/8/2012. 3. Na hipótese dos autos, o Tribunal de origem consignou no acórdão recorrido que o recorrente demonstrou a urgência na imissão na posse e apresentou laudo de valor estimado do bem de R$ 22.502,57, sem efetuar depósito prévio, *verbis*: "No presente caso. embora o pressuposto da urgência esteja presente, por cuidar-se de obra pública paralisada, o agravante não efetuou o depósito prévio da indenização, conforme determina a legislação." (fl. 353, e-STJ). 4. Em que pese a desnecessidade de perícia, verifica-se que não se realizou depósito prévio, motivo por que não estão preenchidos os requisitos do art. 15, § 1º, do Decreto-Lei 3.365/1941 para que o expropriante obtenha a imissão provisória na posse. 5. Dessume-se que o acórdão recorrido está em sintonia com o atual entendimento do STJ, razão pela qual não merece prosperar a irresignação. Incide, in casu, o princípio estabelecido na Súmula 83/STJ: "Não se conhece do Recurso Especial pela divergência, quando a orientação do Tribunal se firmou no mesmo sentido da decisão recorrida." 6. Cumpre ressaltar que a referida orientação é aplicável também aos recursos interpostos pela alínea a do art. 105, III, da Constituição Federal de 1988. Nesse sentido: REsp 1.186.889/DF, Segunda Turma, Relator Ministro Castro Meira, *DJe* de 2.6.2010. 7. Ademais, para acolher os argumentos de que não foi oportunizada a realização do citado depósito, é proceder ao reexame do conjunto fático-probatório, e não simplesmente atribuir nova valoração aos elementos de prova referidos no acórdão, o que esbarra no óbice da Súmula 7/STJ. 8. Recurso Especial não conhecido. (REsp n. 1.901.798/MG (2020/0259901-1), rel. Min. Herman Benjamin, Segunda Turma, julgado em 2-2-2021, publicado em 13-4-2021. Disponível em: https://processo.stj.jus.br/SCON/GetInteiroTeorDoAcordao?num_registro=202002599011&dt_publicacao=13/04/2021. Acesso em: 20 set. 2023.) Também, em dinheiro, pode ser o pagamento de imóvel rural comprado ou arrematado judicialmente com destino à implementação de projetos integrantes do Programa Nacional de Reforma Agrária (art. 5º, § 7º, Lei n. 8.629/93).

Também, em dinheiro, pode ser o pagamento de imóvel rural comprado ou arrematado judicialmente com destino à implementação de projetos integrantes do Programa Nacional de Reforma Agrária (§ 7º do art. 5º da Lei n. 8.629/93).

naturais, matas e florestas e as benfeitorias indenizáveis, observados os seguintes aspectos: a localização do imóvel, sua aptidão agrícola, sua dimensão, a área ocupada e ancianidade das posses, bem como a funcionalidade, tempo de uso e estado de conservação das benfeitorias[31].

Uma vez verificado o preço atual de mercado do imóvel expropriado, deve proceder-se à dedução do valor das benfeitorias indenizáveis a serem pagas em dinheiro, obtendo-se o preço da terra a ser indenizado em TDA[32].

---

31 O valor da indenização baseado no critério mercadológico é obedecido pela jurisprudência superior, a saber: O valor da indenização baseado no critério mercadológico é obedecido pela jurisprudência superior, a saber: PROCESSUAL CIVIL. AGRAVO INTERNO NO RECURSO ESPECIAL. CÓDIGO DE PROCESSO CIVIL DE 2015. APLICABILIDADE. DIREITO ADMINISTRATIVO. ANCIANIDADE DAS OCUPAÇÕES. DEPRECIAÇÃO. ARTIGO 12, IV, DA LEI 8.629/1993. ARGUMENTOS INSUFICIENTES PARA DESCONSTITUIR A DECISÃO ATACADA. APLICAÇÃO DE MULTA. ART. 1.021, § 4º, DO CÓDIGO DE PROCESSO CIVIL DE 2015. DESCABIMENTO. I – Consoante o decidido pelo Plenário desta Corte na sessão realizada em 09.03.2016, o regime recursal será determinado pela data da publicação do provimento jurisdicional impugnado. *In casu*, aplica-se o Código de Processo Civil de 2015. II – O acórdão recorrido contrariou entendimento consolidado nesta Corte, segundo o qual a presença de posseiros é fator de depreciação do valor do imóvel expropriado, em observância ao art. 12, IV, da Lei 8.629/93. III – Não apresentação de argumentos suficientes para desconstituir a decisão recorrida. IV – Em regra, descabe a imposição da multa, prevista no art. 1.021, § 4º, do Código de Processo Civil de 2015, em razão do mero improvimento do Agravo Interno em votação unânime, sendo necessária a configuração da manifesta inadmissibilidade ou improcedência do recurso a autorizar sua aplicação, o que não ocorreu no caso. V – Agravo Interno improvido. (AgInt no AgInt no REsp n. 1.426.780/MA (2013/0416787-5), rel. Min. Regina Helena Costa, Primeira Turma, julgado em 23-9-2019, publicado em 26-9-2019. Disponível em: https://processo.stj.jus.br/SCON/GetInteiroTeorDoAcordao?num_registro=201304167875&dt_publicacao=26/09/2019. Acesso em: 20 set. 2023.)

32 Nesse sentido, o STJ já se manifestou: PROCESSUAL CIVIL E ADMINISTRATIVO. RECURSO ESPECIAL. AÇÃO DE DESAPROPRIAÇÃO PARA REFORMA AGRÁRIA. O VALOR DA INDENIZAÇÃO DEVE SER CONTEMPORÂNEO À DATA DA AVALIAÇÃO JUDICIAL. TESE QUE OSTENTA ENTENDIMENTO SEDIMENTADO NO ÂMBITO DAS TURMAS DE DIREITO PÚBLICO. (...) RECURSO ESPECIAL PARCIALMENTE CONHECIDO E, NESSA EXTENSÃO, NÃO PROVIDO. (Recurso Especial n. 1.943.774/RO (2021/0176582-7), rel. Min. Benedito Gonçalves, Primeira Turma, julgado em 6-10-2021, publicado em 7-10-2021. Disponível em: https://pro-

Fazem parte do preço da terra as florestas naturais, matas nativas e qualquer outro tipo de vegetação natural, porque têm valor econômico para fins de exploração, não podendo o preço apurado superar, em qualquer hipótese, o preço de mercado do imóvel[33].

7.2.6.1. *Os Títulos da Dívida Agrária (TDAs)*

Os Títulos da Dívida Agrária, comumente chamados TDAs, são papéis emitidos pela União para pagamento de indenização do valor da terra nua[34] e das benfeitorias voluptuárias do imóvel rural desapro-

cesso.stj.jus.br/processo/dj/documento/mediado/?tipo_documento=documento&componente=MON&sequencial=136773162&num_registro=202101765827&data=20211007; no mesmo sentido: REsp n. 1.456.776/RN (2014/0126938-2), rel. Min. Gurgel de Faria, Primeira Turma, julgado em 14-8-2019, publicado em 16-10-2019. Disponível em: https://processo.stj.jus.br/processo/revista/documento/mediado/?componente=MON&sequencial=96542668&num_registro=201401269382&data=20190816; AgInt nos EDcl no Recurso Especial n. 1.479.390/PE (2014/0226069-9), rel. Min. Napoleão Nunes Maia Filho, Primeira Turma, julgado em 11-11-2020, publicado em 17-11-2020. Disponível em: https://scon.stj.jus.br/SCON/GetInteiroTeorDoAcordao?num_registro=201402260699&dt_publicacao=17/11/2020. Acesso em: 20 set. 2023.)

33 O STJ já entendeu o seguinte: PROCESSUAL CIVIL E ADMINISTRATIVO. AGRAVO INTERNO NO AGRAVO EM RECURSO ESPECIAL. DESAPROPRIAÇÃO POR INTERESSE SOCIAL, PARA FINS DE REFORMA AGRÁRIA. ENUNCIADO ADMINISTRATIVO N. 2/STJ. ART. 535 DO CPC/1973. INEXISTÊNCIA DE VÍCIOS. JUSTA INDENIZAÇÃO. SUPORTE FÁTICO-PROBATÓRIO. IDONEIDADE TÉCNICA DO LAUDO PERICIAL. REVISÃO DO JUÍZO. SÚMULA 7/STJ. COBERTURA VEGETAL DESTACADA DA TERRA NUA. PLANO DE MANEJO FLORESTAL SUSTENTÁVEL. ÁREA DE MANEJO EFETIVAMENTE AUTORIZADA PELO IBAMA PARA EXPLORAÇÃO ECONÔMICA. INDENIZAÇÃO. EXPLORAÇÃO ECONÔMICA LÍCITA DOS RECURSOS FLORESTAIS. (...) Agravo interno não provido. (Agravo Interno no REsp n. 1.609.457/MA (2016/0166515-5), rel. Min. Benedito Gonçalves, Primeira Turma, julgado em 3-10-2022, publicado em 5-10-2022. Disponível em: https://scon.stj.jus.br/SCON/GetInteiroTeorDoAcordao?num_registro=201601665155&dt_publicacao=05/10/2022. Acesso em: 20 set. 2023.)

34 Em cumprimento à cláusula constitucional, a Lei Complementar n. 76, de 6-7-1993, responsável pela normatização do procedimento judicial para a desapropriação por interesse social para fins de reforma agrária, no seu art. 14, dispunha que "o valor da indenização, estabelecido por sentença, deverá ser depositado pelo

priado, por interesse social, para fins de reforma agrária. O orçamento federal fixa anualmente o volume total de TDAs para atender ao programa de reforma agrária no exercício orçamentário (art. 184, § 4º, da Constituição Federal).

Até 1992, os TDAs eram emitidos pelo Instituto Nacional de Colonização e Reforma Agrária (Incra), sob a forma cartular. Com o Decreto n. 578, de 24 de junho de 1992, foram transferidas à Secretaria do Tesouro Nacional (STN) as atribuições de gestão, controle, lançamento, resgate e pagamento de juros. A partir de então, esses títulos com a denominação TDAEs (Títulos da Dívida Agrária Escriturais), passaram a ser lançados sob a forma escritural, registrados na Central de Custódia e de Liquidação Financeira de Títulos (CETIP), mediante solicitação expressa do Incra à STN[35].

Com a edição da Medida Provisória n. 2.027-38, de 4-5-2000, os TDAs escriturais emitidos para desapropriação a partir de 5-5-2000 passaram a ter prazos de 15, 18 e 20 anos com juros remuneratórios de 3% a.a., 2% a.a. e 1% a.a., respectivamente, e corrigidos pela Taxa Referencial (TR), para preservação do valor real.

Os TDAs escriturais emitidos de 24-6-1992 até 4-5-2000 e os a serem emitidos a partir desta data para aquisição por compra e venda de imóveis rurais destinados à implantação de projetos integrantes do Programa Nacional de Reforma Agrária permanecem com a nomenclatura expressa por TDAE, prazos de resgate de 5, 10, 15 e 20 anos, juros remuneratórios de 6% a.a., e corrigidos pela Taxa Referencial (TR), para preservação do valor real.

O art. 5º, § 3º, da Lei n. 8.629/93 reza que os TDAs conterão cláusula assecuratória de preservação de seu valor real, serão resgatáveis a partir do segundo ano de sua emissão, em percentual proporcional

---

expropriante à ordem do juízo, em dinheiro, para as benfeitorias úteis e necessárias, inclusive culturas e pastagens artificiais e, em Títulos da Dívida Agrária, para a terra nua". Todavia, esta regra foi revogada pela Lei n. 13.465/2017. Sendo o art. 14 da Lei Complementar n. 76/93 revogado por lei ordinária, resta eivada de inconstitucionalidade a norma revogadora, pelo que fica restabelecida a força legal complementar à Constituição Federal.

35 Caderno de fórmulas: Títulos da Dívida Agrária (TDA). Disponível em: https://www.b3.com.br/data/files/BF/41/10/0B/692DE610BC232DE6AC094EA8/Caderno%20de%20Formulas%20-%20TDA%20Titulos%20da%20Divida%20Agraria%20.pdf. Acesso em: 6 set. 2023.

ao prazo, observados os seguintes critérios: (i) do segundo ao décimo quinto ano, quando emitidos para indenização de imóvel com área de até setenta módulos fiscais; (ii) do segundo ao décimo oitavo ano, quando emitidos para indenização de imóvel com área acima de setenta e até cento e cinquenta módulos fiscais; e (iii) do segundo ao vigésimo ano, quando emitidos para indenização de imóvel com área superior a cento e cinquenta módulos fiscais.

Caso haja acordo administrativo ou realizado no âmbito do procedimento judicial, o pagamento será efetuado de forma escalonada em TDA, resgatáveis em parcelas anuais, iguais e sucessivas, a partir do segundo ano de sua emissão, observadas as seguintes condições:

(i) imóveis com área de até três mil hectares, no prazo de cinco anos;

(ii) imóveis com área superior a três mil hectares: a) o valor relativo aos primeiros três mil hectares, no prazo de cinco anos; b) o valor relativo à área superior a três mil e até dez mil hectares, em dez anos; c) o valor relativo à área superior a dez mil hectares até quinze mil hectares, em quinze anos; e d) o valor da área que exceder quinze mil hectares, em vinte anos.

Os prazos previstos acima, quando iguais ou superiores a dez anos, poderão ser reduzidos em cinco anos, desde que o proprietário concorde em receber o pagamento do valor das benfeitorias úteis e necessárias integralmente em TDAs.

Caso o proprietário aceite o pagamento das benfeitorias úteis e necessárias em TDAs, os prazos de resgate dos respectivos títulos serão fixados mantendo a mesma proporcionalidade estabelecida para aqueles relativos ao valor da terra e suas acessões naturais.

O Texto Magno, no art. 184, § 5º, determina a isenção de impostos federais, estaduais e municipais nas operações de transferência de imóveis desapropriados para fins de reforma agrária. Repreenda-se a letra constitucional que não se trata de isenção, mas, sim, imunidade e "tem por fim não onerar o procedimento expropriatório ou dificultar a realização da reforma agrária, sendo que os títulos da dívida agrária constituem moeda de pagamento da justa indenização devida pela desapropriação de imóveis por interesse social e, dado o seu caráter indenizatório, não podem ser tributados"[36].

---

36 A jurisprudência do STF é firme nesse sentido. Cf. STF, Recurso Extraordinário 168.110-1/DF, rel. Min. Moreira Alves, Primeira Turma, julgado em 4-4-2000, *DJ* 19-5-2000; Recurso Extraordinário 179.696/DF, rel. Min. Néri da Silveira, Segunda Turma, julgado em 16-12-1999, *DJ* 3-3-2000. In: BRASIL. **A**

A imunidade sobre os TDAs só alcança o expropriado, não beneficiando o terceiro adquirente desses papéis que com ele negocie, pois o terceiro realiza com o expropriado negócio jurídico estranho à reforma agrária, não sendo assim destinatário daquele favor fiscal[37].

7.2.7. *Fase administrativa: preparatória à judicial*

A desapropriação agrária apresenta pressupostos fáticos que são fornecidos alternativamente em lei, a saber, o imóvel ser indicativo de descumprimento da função social; ou imóvel constante no Cadastro de Empregadores que tenha mantido trabalhadores em condições análogas à de escravo; ou, ainda, seja o imóvel indicado pelas entidades estaduais representativas de trabalhadores rurais e agricultores, porque, não raro, palco de tensão social por ocupação da terra[38]; ou imóvel de localização em área de influência de outros assentamentos e de centros consumidores[39].

Constituição e o Supremo. Disponível em: http://www.stf.jus.br/portal/constituicao/artigoBD.asp?item=1751. Idêntico teor: RE 1319398 AgR, rel. Rosa Weber, Primeira Turma, julgado em 21-2-2022, processo eletrônico *DJe*-040 2-3-2022, publicado em 3-3-2022. Disponível em: https://redir.stf.jus.br/paginadorpub/paginador.jsp?docTP=TP&docID=759415532. Acessos em: 16 ago. 2023.)

37 Assim entende a jurisprudência do STF: (...) "II – A imunidade a tributos incidentes sobre venda de títulos da dívida agrária, amparada pelo art. 184, § 5º, da Constituição Federal, é benefício outorgado ao expropriado, não alcançando terceiros que realizem sua alienação..." (Ementa: AGRAVO REGIMENTAL NO RECURSO EXTRAORDINÁRIO. REITERAÇÃO DA TESE DO RECURSO INADMITIDO. SUBSISTÊNCIA DA DECISÃO AGRAVADA. ALIENAÇÃO DE TÍTULOS DA DÍVIDA AGRÁRIA. IMUNIDADE TRIBUTÁRIA. BENEFÍCIO LIMITADO AO EXPROPRIADO ALIENANTE. PRECEDENTES (...). STF - ED-AgR RE 1.170.512/SP - São Paulo 0026684-73.2000.4.03.6100, rel. Min. Ricardo Lewandowski, julgado em 15-5-2020, Segunda Turma, *DJe*-127 22-5-2020. Disponível em: https://www.jusbrasil.com.br/jurisprudencia/stf/853401085. Acesso em: 2 set. 2023.)

38 A doutrina fundiária distingue os termos ocupação e invasão. Ocupação significa movimento de reivindicação para implementar reforma agrária, enquanto invasão é ação de quem pretende subtrair algo de alguém, sem a compensação devida. In: FIDELIS, Júnior Divino (coord.). Op. cit., p. 44.

39 Instrução Normativa n. 83, de 30-7-2015, do Incra. Disponível em: https://www.gov.br/incra/pt-br/centrais-de-conteudos/legislacao/in_83_2015.pdf. Acesso em: 2 set. 2023.

Para coibir a invasão de terras, a lei enuncia que se o imóvel rural de domínio público ou particular for objeto de esbulho possessório ou invasão motivada por conflito agrário ou fundiário de caráter coletivo, não será vistoriado, avaliado ou desapropriado nos dois anos seguintes a sua desocupação, ou no dobro desse prazo, em caso de reincidência, devendo ser apurada a responsabilidade civil e administrativa de quem concorra com qualquer ato omissivo ou comissivo que propicie o descumprimento dessas vedações.

Entretanto, o Supremo Tribunal Federal tem decidido que esta norma só incide se o esbulho possessório for a causa que levou o imóvel a se tornar improdutivo, quer dizer, a ocupação foi a causa direta do estado de improdutividade, ou, ainda, se o esbulho ocorreu em área ínfima do imóvel ou por tempo efêmero[40].

Já o esbulho em terras públicas, é considerado crime, a teor da Lei n. 4.947/66, art. 20.

A jurisprudência do STF tem entendimento pacífico de que as invasões hábeis a ensejar a aplicação do § 6º do art. 2º da Lei n. 8.629/93 são as ocorridas durante a vistoria, ou antes dela, mas não o esbulho ocorrido após a referida medida administrativa[41].

---

40 FIDELIS, Júnior Divino (coord.). Op. cit., p. 43-44.

41 "(...) a argumentação no sentido de que houve invasão da propriedade por integrantes do movimento dos trabalhadores rurais sem terra não tem o condão de inviabilizar o Decreto Presidencial, tendo em vista que referida invasão teria ocorrido somente após a vistoria do imóvel, conforme pode se verificar à fl. 92, item 10 da vistoria, que afirma não ter havido ocupação do imóvel antes ou durante a vistoria, assim como não foram identificadas tensões sociais no entorno da propriedade". Sobre o tema, anote-se o seguinte precedente: Mandado de segurança. Desapropriação. Invasão por integrantes do Movimento dos Trabalhadores Rurais Sem Terra – MST. Alteração da produtividade do imóvel. Decreto editado antes da finalização do processo administrativo. Existência de área de preservação ambiental não considerada pelo Incra. A jurisprudência do STF é firme em considerar que as invasões hábeis a ensejar a aplicação do § 6º do art. 2º da Lei n. 8.629/93 são aquelas ocorridas durante a vistoria, ou antes dela (MS 26.136). No caso, as invasões ocorreram vários meses depois da medida administrativa (MS 25.186, rel. Min. Ayres Britto, julgado em 13-9-2006, Plenário, *DJE* 2-3-2007). No mesmo sentido: MS 24.924, rel. p/ o ac. Min. Joaquim Barbosa, julgado em 24-2-2011, Plenário, *DJE* 7-11-2011; MS 27.327, rel. Min. Ricardo Lewandowski, decisão monocrática, julgado em 16-6-8-2009, *DJE* 22-6-2009;

Identificada a área a ser desapropriada e precedendo a ação de desapropriação por interesse social para fins de reforma agrária, o Incra dá início ao procedimento administrativo de desapropriação para se chegar ao seu ápice representado pelo Decreto do Presidente da República, declarando de interesse social o imóvel para fins de desapropriação agrária.

Com a publicação do Decreto expropriatório, o proprietário expropriando pode defender judicialmente seus interesses. Se tiver provas pré-constituídas suficientes, pode ajuizar Mandado de Segurança contra o referido Decreto presidencial[42]. Senão, pode, também, ajuizar Ação Declaratória de Produtividade pretendendo que o juiz declare produtivo seu imóvel rural. O fato de estar em curso ação declaratória para elucidar a produtividade do imóvel não é óbice à tramitação de processo administrativo voltado à desapropriação (MS 25.006, rel. Min. Marco Aurélio, julgado em 17-11-2004, Plenário, *DJ* 17-12-2004)[43].

O ato inaugural do procedimento administrativo é a prévia comunicação escrita ao proprietário rural, seu preposto ou representante, dando ciência da vistoria preliminar do imóvel, para ser feito levantamento de dados e obter informações, a tudo devendo-se obediência ao devido processo legal, ampla defesa e contraditório (art. 2º,

---

MS 27.042-MC, rel. Min. Menezes Direito, decisão monocrática, julgado em 11-12-2007, *DJ* 19-12-2007. In: BRASIL. **A Constituição e o Supremo**. Disponível em: http://www.stf.jus.br/portal/constituicao/artigoBD.asp?item=1751. 16 ago. 2023.

42 Remansosamente, tem decidido o STF: MANDADO DE SEGURANÇA 31.198 DISTRITO FEDERAL. (...) Reafirmo, desde logo, que o presente mandamus bem se presta à discussão trazida pelos impetrantes, posto que esta Suprema Corte de há muito já pacificou o entendimento de que se mostra admissível a impugnação, pela via do mandado de segurança, de Decreto Presidencial que declara determinado imóvel rural como sendo de interesse social para fins de reforma agrária, vez que a questão aqui em discussão não demanda dilação probatória. (...). (Mandado de Segurança 31.198 Distrito Federal, rel. Min. Dias Toffoli, Primeira Turma, julgado em 13-10-2020, publicado em 14-10-2020. Disponível em: https://portal.stf.jus.br/processos/downloadPeca.asp?id=15344675396&ext=.pdf. Acesso em: 18 set. 2023.)

43 BRASIL. **A Constituição e o Supremo**. Disponível em: http://www.stf.jus.br/portal/constituicao/artigoBD.asp?item=1751. Acesso em: 16 ago. 2023.

§ 2º, da Lei n. 8.629/93). Tal comunicação pessoal é também chamada de "real" e tem por fim avaliar todos os requisitos indispensáveis ao cumprimento da função social do imóvel rural.

Para ser considerada prévia, a comunicação tem de ser efetivada pelo menos três dias antes da vistoria. Todavia, se a fiscalização no imóvel for de rotina, proveniente do poder de polícia, não vinculada a procedimento expropriatório, para fins de verificação da função social da propriedade, não há exigência legal da comunicação escrita prévia, tal como ocorre com a fiscalização do IBAMA e do Ministério do Trabalho, porquanto o elemento surpresa é indispensável para o êxito do ato (art. 2º, § 5º, da Lei n. 8.629/93).

Na ausência do proprietário, do preposto ou do representante, ainda que envidados todos os esforços para que a comunicação escrita seja pessoal (podendo ter sido feita por servidor do Incra, ou via postal ou, mesmo, via extrajudicial), a comunicação prévia será editalícia, a ser publicada, por três vezes consecutivas, em jornal de grande circulação na capital do Estado de localização do imóvel. Esta comunicação é chamada "ficta ou presumida", tendo em vista que se tem a presunção relativa de que o proprietário toma conhecimento do ato.

Após a comunicação prévia escrita de vistoria ao proprietário, se este fizer qualquer modificação, quanto ao domínio, à dimensão ou às condições de uso do imóvel, até seis meses após a data daquela comunicação para levantamento de dados e informações, tal modificação não será considerada para fins de verificação de cumprimento da função social da propriedade.

Para levantamento de dados e informações do imóvel, o Incra elabora, a título de vistoria preliminar, o Laudo Agronômico de Fiscalização (LAF), assinado por Engenheiro Agrônomo do Incra, que responde civil, penal e administrativamente pela superavaliação comprovada ou fraude na identificação das informações.

O Laudo Agronômico de Fiscalização (LAF) deve ser conclusivo acerca do cumprimento da função social da propriedade sob os aspectos econômico, ambiental, trabalhista e de bem-estar, e conter manifestação quanto à viabilidade técnica, ambiental, econômica e ao potencial de uso dos recursos naturais do imóvel rural para o assentamento de trabalhadores rurais.

Em seguida, há a vistoria e avaliação, identificadas por dois atos administrativos distintos, seguindo-se um ao outro e que resulta no Laudo de Vistoria e Avaliação (LVA).

O LVA é elaborado com a finalidade de determinar tecnicamente o valor de mercado do imóvel rural, devendo os dados da pesquisa de mercado integrar o banco de dados de preços de terras.

Por ocasião do ajuizamento da ação de desapropriação, se não for possível assegurar a contemporaneidade do valor ofertado a partir do LVA elaborado, deve ser realizada nova vistoria e lavrado novo laudo.

Não raro, o Incra, em seu laudo avaliatório, utiliza critério que leva a resultados afrontosos ao texto constitucional, como, por exemplo, quando o valor das benfeitorias pode igualar ou superar o valor do imóvel e dessa forma o valor da terra nua pode não ser indenizado, e, assim, o mecanismo de cálculo realizado pela Administração Pública não chega à justa indenização pretendida pela Constituição Federal.

Importante frisar que é possível juridicamente que a avaliação seja feita concomitantemente à vistoria, desde que a Administração julgue ter colhido dados suficientes que, antecipadamente, disponha de elementos que permitam identificar incontestável condição de improdutividade do imóvel rural, bem como ser o mesmo viável para o assentamento[44].

Uma vez concluídos o Laudo Agronômico de Fiscalização (LAF) e o Laudo de Vistoria e Avaliação (LVA), o Incra notifica o proprietário, preposto ou representante legal, para comparecer à Superintendência Regional com o fim de possibilitar o acordo extrajudicial da desapropriação. Em havendo acordo administrativo, o pagamento é efetuado de forma escalonada em Títulos da Dívida Agrária (TDA), resgatáveis em parcelas anuais, iguais e sucessivas, a partir do segundo ano de emissão, observando-se as condições previstas no § 4º do art. 5º da Lei n. 8.629/93.

Como incentivo à realização do acordo, a Lei n. 8.629/93, no art. 5º, § 6º, estabelece que se o proprietário aceitar o pagamento das benfeitorias úteis e necessárias em TDAs, os prazos de resgates dos respectivos títulos serão fixados mantendo-se a mesma proporcionalidade estabelecida para aqueles relativos ao valor da terra e suas acessões naturais.

Sendo exitoso o acordo, é firmado Protocolo de Intenções para fins de lavratura da escritura pública de acordo administrativo de desapropriação e para a dotação orçamentária e disponibilidade financeira para o pagamento da indenização.

O imóvel desapropriado passa a ser objeto de assentamento rural, seguindo o curso pretendido pela lei para as terras rurais de posse e

---

44 FIDELIS, Júnior Divino (coord.). Op. cit., p. 36.

domínio da União, bem como dos Estados e dos Municípios, que são destinadas, preferencialmente, para a execução dos planos de reforma agrária (art. 13 da Lei n. 8.629/93).

Se for frustrada a realização de acordo, inicia-se a impugnação administrativa até decisão final no âmbito do Ministério do Desenvolvimento Agrário. Ao final, permanecendo não se chegar a um denominador comum, dá-se início às providências necessárias à fase judicial da desapropriação.

7.2.8. Procedimento judicial da desapropriação

O art. 184 do Texto Maior prevê, no § 3º, que cabe à Lei Complementar estabelecer procedimento contraditório especial, de rito sumário, para o processo judicial de desapropriação, o que ficou a cargo da Lei Complementar n. 76, de 6 de julho de 1993, alterada, posteriormente, pela Lei Complementar n. 88, de 23 de dezembro de 1996.

É clamoroso o interesse social na desapropriação agrária, fazendo-a distinguir das demais ações desapropriatórias, vez que nestas o legislador autoriza o ajuizamento de qualquer outra demanda judicial direta, inclusive a ação reivindicatória, enquanto naquela, o legislador proíbe, expressamente, a ação reivindicatória do bem expropriado, depois de registrado em nome da União.

O art. 1º da LC n. 76/93 dispõe sobre o atendimento ao rito sumário para os procedimentos de desapropriação de imóvel rural por interesse social, para fins de reforma agrária, obedecendo-se ao contraditório especial. Cabe à União, privativamente, iniciar o procedimento expropriatório, mediante Decreto declaratório de interesse social, afirmando o imóvel desapropriando como de interesse social para os fins de reforma agrária.

O procedimento judicial de desapropriação deve ser proposto dentro do prazo de dois anos, contados a partir da publicação do Decreto expropriatório. Se o procedimento não for proposto neste lapso temporal, o Decreto caducará, devendo o Poder Executivo federal editar outro, caso ainda seja pertinente a desapropriação sobre aquela área.

A ação de desapropriação, proposta pelo órgão federal executor da reforma agrária (Incra), será processada e julgada pelo juiz federal competente, inclusive durante as férias forenses, conforme redação do § 1º do art. 1º da LC n. 76/93.

Com a declaração do interesse social, fica o Incra legitimado a promover a vistoria e a avaliação do imóvel, inclusive com o auxílio de força policial, mediante prévia autorização do juiz, responsabilizando-se por eventuais perdas e danos que seus agentes vierem a causar, sem prejuízo das sanções penais cabíveis.

O art. 4º da LC n. 76/93 possibilita desapropriar parcialmente o imóvel rural, cabendo ao proprietário requerer, na contestação, a desapropriação de todo o imóvel, quando a área remanescente ficar: (a) reduzida à superfície inferior à da pequena propriedade rural; ou (b) prejudicada substancialmente em suas condições de exploração econômica, caso seja o seu valor inferior ao da parte desapropriada.

A petição inicial, além dos requisitos previstos pelo Código de Processo Civil, arts. 319 e 320, conterá a oferta do preço pela União e será instruída com os seguintes documentos:

a) Texto do Decreto declaratório de interesse social para fins de reforma agrária, publicado no *Diário Oficial da União*;

b) Certidões atualizadas de domínio e de ônus real do imóvel;

c) Documento cadastral do imóvel;

d) Laudo de Vistoria e Avaliação (LVA) elaborado pelo Incra na fase administrativa, que conterá, necessariamente: (a) descrição do imóvel, por meio de suas plantas, tanto geral quanto de situação, e memorial descritivo da área objeto da ação; (b) relação das benfeitorias úteis, necessárias e voluptuárias, das culturas e pastos naturais e artificiais, da cobertura florestal, seja natural ou decorrente de florestamento ou reflorestamento, e dos semoventes; (c) discriminadamente, os valores de avaliação da terra nua e das benfeitorias indenizáveis[45].

e) Certificado de lançamento dos Títulos da Dívida Agrária correspondentes ao valor ofertado para pagamento de terra nua; e

f) Comprovante de depósito em conta remunerada na Caixa Econômica Federal, ou outro estabelecimento no caso de inexistência de agência na localidade, à disposição do juízo, correspondente ao

---

45 Benfeitorias indenizáveis são as úteis e necessárias e podem ser todas as acessões e melhoramentos incorporados ao solo por trabalho humano; podem constituir-se em casas, cercas, currais, barragens, açudes, galpões, silos, plantações e até mesmo florestas ou pastagens plantadas pelo particular, dentre outros. In: BRASIL, Instituto Nacional de Colonização e Reforma Agrária. Procuradoria Federal Especializada junto ao Incra. Op. cit., p. 84.

valor ofertado para pagamento das benfeitorias úteis e necessárias, pois, nesse caso, não há de se falar em precatório.

Cabe ao magistrado, ao despachar a inicial, de plano ou no prazo limite de 48 horas: (i) mandar imitir o autor na posse do imóvel[46]. Se houver imissão prévia na posse e, posteriormente, for verificada divergência entre o preço ofertado em juízo e o valor do bem fixado na sentença definitiva, expressos em termos reais, sobre a diferença eventualmente apurada incidirão juros compensatórios a contar da imissão de posse, em percentual correspondente ao fixado para os títulos da dívida agrária depositados como oferta inicial para a terra nua, vedado o cálculo de juros compostos[47]; (ii) determinar a citação do expropriando para contestar o pedido e indicar assistente técnico, se quiser; e/ou (iii) expedir mandado ordenando a averbação do ajuizamento da ação no Registro do imóvel expropriando, para conhecimento de terceiros.

A citação do particular a ser desapropriado será feita na pessoa do proprietário do bem, ou de seu representante legal[48]. Em se tratando de enfiteuse ou aforamento sobre o bem desapropriado, são citados os titulares do domínio útil e do domínio direto, exceto quando for contratante a União. Se se tratar de espólio, inexistindo inventariante, a citação é feita na pessoa do cônjuge sobrevivente ou na de qualquer herdeiro ou legatário que esteja na posse do imóvel.

São cientificados da ação os titulares de direitos reais sobre o imóvel desapropriando, bem como os confrontantes que tenham,

---

46 De acordo com o § 2º do art. 6º da Lei Complementar n. 76/93, o juiz poderá, para a efetivação da imissão na posse, requisitar força policial.

47 § 9º do art. 5º da Lei n. 8.629/93, nova regra incluída pela Lei n. 13.465/2017.

48 Faz-se referência ao art. 75 do Código de Processo Civil, que trata da representação em juízo, ativa e passivamente: (i) a União, pela Advocacia-Geral da União, diretamente ou mediante órgão vinculado; (ii) o Estado e o Distrito Federal, por seus procuradores; (iii) o Município, por seu prefeito, procurador ou Associação de Representação de Municipios, quando expressamente autorizada; (iv) a autarquia e a fundação de direito público, por quem a lei do ente federado designar; (v) a massa falida, pelo administrador judicial; (vi) a herança jacente ou vacante, por seu curador; (vii) o espólio, pelo inventariante; (viii) a pessoa jurídica, por quem os respectivos atos constitutivos designarem ou, não havendo essa designação, por seus diretores; (ix) a sociedade e a associação irregulares e outros entes organizados sem personalidade jurídica, pela pessoa a quem couber a administração de seus bens; (x) a pessoa jurídica estrangeira, pelo gerente, representante ou administrador de sua filial, agência ou sucursal aberta ou instalada no Brasil; (xi) o condomínio, pelo administrador ou síndico.

fundamentadamente, contestado as divisas do imóvel expropriando na fase administrativa do procedimento expropriatório.

O Incra, além de outras formas previstas na legislação processual civil, poderá requerer que a citação do desapropriado seja feita pelos correios, por meio de carta com aviso de recebimento, firmado pelo destinatário ou por seu representante legal.

Se não existir dúvida acerca do domínio do imóvel, ou de algum direito real sobre ele, ou sobre os direitos dos titulares do domínio útil e do domínio direto, em caso de enfiteuse ou aforamento, ou, ainda, inexistindo divisão[49], poderá o expropriando requerer o levantamento de oitenta por cento da indenização depositada, uma vez quitados os tributos e publicados os editais, para conhecimento de terceiros, a expensas do expropriante, duas vezes na imprensa local e uma na oficial, decorrido o prazo de trinta dias.

Ao longo da demanda judicial, o Juiz poderá designar audiência de conciliação[50], com a finalidade de fixar a prévia e justa indenização, devendo ser realizada nos dez primeiros dias a contar da citação, e na qual deverão estar presentes o autor, o réu e o Ministério Público. As partes ou seus representantes legais serão intimadas via postal.

Tão logo seja aberta a audiência, o magistrado ouvirá as partes e o Ministério Público, propondo a conciliação. Havendo acordo, lavrar-se-á o respectivo termo que será assinado pelas partes e pelo Ministério Público, ou seus representantes legais.

Após o acordo, o valor avençado deverá ser integralizado, nos dez dias úteis subsequentes à avença entre as partes, e o juiz expedirá mandado ao Registro Imobiliário, determinando a matrícula do bem expropriado em nome do expropriante.

Como dito anteriormente, caberá ao particular expropriado, em sede de contestação a ser proposta no prazo de quinze dias, versar qualquer matéria de interesse da defesa, como, por exemplo, argu-

---

49 Se existir divergência quanto ao domínio do imóvel, ou de algum direito real sobre ele, ou sobre os direitos dos titulares do domínio útil e do domínio direto, em caso de enfiteuse ou aforamento ou quanto à divisão do imóvel a ser desapropriado, o valor da indenização ficará depositado à disposição do juízo enquanto os interessados não resolverem seus conflitos em ações próprias (§ 1º do art. 6º da LC n. 76/93).

50 De acordo com a redação do art. 6º, § 7º, da LC n. 76/93, a audiência de conciliação não suspende o curso da ação.

mentações referentes ao vício na legalidade do procedimento ou irresignação aos valores das indenizações, sendo excluída de defesa a matéria relativa à conveniência e oportunidade do ato expropriatório, que é, no caso, a apreciação quanto ao interesse social declarado, tampouco cabe ao Judiciário invadir o mérito administrativo, e valorar o motivo e a finalidade do ato, sob pena de ofensa ao princípio da separação dos Poderes da República.

Assim que receber a contestação, o Magistrado, se for o caso, determinará a realização de prova pericial[51], adstrita a pontos impugnados do Laudo de Vistoria e Avaliação (LVA) do Incra, juntado com a inicial, e, simultaneamente: (i) designará o perito do juízo; (ii) formulará os quesitos que julgar necessários; (iii) intimará o perito e os assistentes para prestar compromisso, no prazo de cinco dias; e (iv) intimará as partes para apresentar quesitos, no prazo de dez dias.

O art. 18 da LC n. 76/93 prevê que as ações concernentes à desapropriação de imóvel rural, por interesse social, para fins de reforma agrária, têm caráter preferencial e prejudicial em relação a outras ações referentes ao imóvel expropriando, e independem do pagamento de preparo ou de emolumentos.

Qualquer ação que tenha como objeto o bem expropriando é distribuída, por dependência, à Vara Federal onde tiver curso a ação de desapropriação, determinando-se a pronta intervenção da União; inclusive, o Ministério Público Federal intervém, obrigatoriamente, após a manifestação das partes, antes de cada decisão manifestada no processo, em qualquer instância.

Havendo acordo sobre o preço do imóvel, o pagamento é efetuado nas mesmas condições do acordo administrativo, previstas no § 4º do art. 5º da Lei n. 8.629/93, e a avença é homologada por sentença. Caso não haja, o valor que vier a ser acrescido ao depósito inicial por força de laudo pericial acolhido pelo Juiz é depositado em espécie para as benfeitorias, juntado aos autos o comprovante de lançamento de Títulos da Dívida Agrária para a terra nua, como integralização dos valores ofertados.

Para a instrução processual, a realização da audiência de instrução e julgamento deve ser realizada em prazo não superior a quinze dias,

51 O art. 9º, § 2º, da LC n. 76/93 determina que a prova pericial deverá ser concluída no prazo fixado pelo juiz, não excedente a sessenta dias, contado da data do compromisso do perito.

a contar da conclusão da perícia. Cabe ao magistrado proferir sentença[52] na própria audiência de instrução de julgamento, ou nos trinta dias subsequentes a sua realização, indicando os fatos que motivaram o seu convencimento.

Na fixação do valor da indenização, o Juiz considerará outros meios objetivos de convencimento, além dos laudos periciais, inclusive se utilizando da pesquisa de mercado.

Essa indenização corresponderá ao valor apurado na data da perícia, ou ao consignado pela autoridade judiciária, corrigido monetariamente até a data de seu efetivo pagamento.

Em se tratando de enfiteuse ou aforamento, o valor da indenização será depositado em nome dos titulares do domínio útil e do domínio direto e disputado por via de ação própria.

O art. 13, *caput*, da Lei Complementar n. 76/93 afirma que da publicação da sentença que fixar o preço da indenização caberá apelação[53], com efeito somente devolutivo, quando interposta pelo particular desapropriado, e, em ambos os efeitos, quando proposta pelo autor da demanda. Ademais, o § 1º do mesmo dispositivo legal estipula que a sentença que condenar o expropriante, em quantia superior a cinquenta por cento sobre o valor oferecido na inicial, fica sujeita a duplo grau de jurisdição[54].

Ocorrendo o trânsito em julgado da sentença, a indenização ou o depósito judicial efetuados pela União poderão ser levantados em favor do desapropriado, se houver requerimento deste, sendo deduzido o valor de tributos e multas incidentes sobre o imóvel, exigíveis até a data da imissão na posse pelo autor, nos termos do art. 16 da Lei Complementar n. 76/93.

---

52 A sentença conterá a individualização do valor do imóvel, de suas benfeitorias e dos demais componentes do valor da indenização.

53 O art. 15 da Lei Complementar n. 76/93 dispunha que "Em caso de reforma de sentença, com o aumento do valor da indenização, o expropriante será intimado a depositar a diferença, no prazo de quinze dias", o qual foi revogado pela Lei superveniente n. 13.465/2017. Ocorre que a lei revogadora é hierarquicamente inferior à Lei Complementar, não podendo derrogá-la, em qualquer de seus dispositivos. Assim, mantém-se válida a norma complementar aparentemente revogada.

54 No julgamento dos recursos decorrentes da ação desapropriatória, não haverá revisor, conforme redação do § 2º do art. 13 da LC n. 76/93.

Após o levantamento da indenização ou do depósito judicial, ainda que de maneira parcial, será expedido em favor do ente público, no prazo de 48 horas, mandado translativo do domínio para o Cartório do Registro de Imóveis competente, sob a forma e para os efeitos da Lei de Registros Públicos[55].

O sucumbente da demanda arca com as despesas judiciais e honorários advocatícios[56] e periciais[57], que serão pagos pelo expropriado, se o valor da indenização for igual ou inferior ao preço oferecido, ou pela União, na hipótese de valor superior ao preço oferecido.

Por fim, em qualquer fase processual, ainda que após a prolação da sentença, compete ao magistrado arbitrar valor para desmonte e transporte de móveis e semoventes, a requerimento de qualquer das partes, a ser suportado pelo ente autor, ao final, e cominar prazo para que o promova o particular desapropriado.

As ações de desapropriação por interesse social para fins de reforma agrária, de acordo com o previsto na Lei Complementar n. 76/93 e demais regramentos legais, refletem o interesse do legislador infraconstitucional em favorecer o poder público, tendo em vista o grande apelo social, a fim de que esse promova as políticas voltadas para a reforma agrária. E isso se verifica com clareza nos seguintes dispositivos:

a) O art. 9º da LC n. 76/93, que versa sobre a matéria de defesa a ser arguida pelo proprietário desapropriado, limita as argumentações do particular;

b) A sentença, conforme art. 13 do mesmo diploma legal, prevê a possibilidade de o ente desapropriante interpor apelação no duplo efeito (suspensivo e devolutivo), enquanto a apelação do expropriado tem efeito apenas devolutivo, e suspende, por oportuno, a execução

---

55 Conforme redação do *caput* do § 3º do art. 17 da Lei Complementar n. 76/93, o registro da propriedade no Cartório de Registro de Imóveis competente é feito no prazo improrrogável de três dias, contado da data da apresentação do mandado.

56 Os honorários do advogado do expropriado são fixados em até vinte por cento sobre a diferença entre o preço oferecido e o valor da indenização, conforme § 1º do art. 19 da LC n. 76/93.

57 Os honorários periciais são pagos em valor fixo, estabelecido pelo juiz, atendida a complexidade do trabalho desenvolvido (redação do § 2º do art. 19 da LC n. 76/93).

provisória do julgado em favor do particular. Ademais, o § 1º desse mesmo dispositivo legal determina que se o valor da condenação for superior a 50% do preço ofertado na inicial, a sentença ficará sujeita ao duplo grau de jurisdição; e

c) O art. 21 preceitua que os imóveis rurais desapropriados, uma vez registrados em nome do expropriante, não poderão ser objeto de ação reivindicatória.

Caso a sentença já transitada em julgado fixar indenização da terra nua ou das benfeitorias indenizáveis em valor superior ao ofertado pelo ente autor, corrigido monetariamente, a diferença será paga em Precatório, de acordo com o art. 100 da Constituição Republicana de 1988[58].

58 O art. 100 da Constituição Federal de 1988 estipula que os pagamentos devidos pelas Fazendas Públicas Federal, Estaduais, Distrital e Municipais, em virtude de sentença judiciária, far-se-ão exclusivamente na ordem cronológica de apresentação dos precatórios e à conta dos créditos respectivos, proibida a designação de casos ou de pessoas nas dotações orçamentárias e nos créditos adicionais abertos para esse fim.

CAPÍTULO 8
POLÍTICA AGRÁRIA

A política agrária, ou agrícola, constitui uma das manifestações da política pública em geral. Assim, a agrária é política pública voltada ao setor rural da sociedade, a fim conduzir adequadamente as pessoas e manejar apropriadamente os bens no meio agroambiental, com vistas a promover o bem-estar não só da comunidade rural, mas da sociedade em geral, sob as bandeiras democráticas do desenvolvimento sustentável e justiça social.

Nessa perspectiva, a política agrária se realiza através de instrumentos de que lançam mão os governos para implementá-la. A Constituição Federal elenca exemplificativamente os instrumentos que fazem a política agrária brasileira. Tais ações são dirigidas para a finalidade principal, que é a produção de bens indispensáveis à vida humana. Com o instrumental da política agrária, o Estado tem o propósito de aquinhoar qualidade de vida minimamente digna ao ser humano.

Por isso, indispensável é o estudo sobre a política agrária a seguir empreendido.

8.1. DEFINIÇÃO DE POLÍTICA AGRÁRIA (AGRÍCOLA)

O primeiro diploma legal a tratar especificamente do que hoje é conhecido como política agrícola foi a Lei n. 4.504, de 30 de novembro de 1964 – o Estatuto da Terra. Nos termos do Estatuto (art. 1º, § 2º), a política agrícola é o conjunto de providências de amparo à propriedade da terra, destinadas a orientar as atividades agropecuárias no interesse da economia rural, seja no sentido de garantir-lhes o pleno emprego, seja no de harmonizá-las com o processo de industrialização do país.

A expressão "política agrícola" poderia induzir ao raciocínio de que essas providências estariam restritas à produção agrícola, isto é, da agricultura. Em que pese o uso da expressão "agrícola", o objetivo do Estatuto da Terra é disciplinar as políticas públicas de amparo ao empreendedor que explore qualquer atividade agrária (agricultura, pecuária, agroindústria ou extrativismo).

Por isso, mais harmônico ao espírito não só da norma estatutária mas também do direito agroambiental que se prefira a denominação política agrária, apesar de a expressão política agrícola ter se consagrado no ordenamento jurídico brasileiro. A Constituição Federal, por exemplo, adota esse termo em Capítulo específico sobre Política Agrícola, Fundiária e Reforma Agrária; além disso, editada em 1991, a Lei n. 8.171, de 17 de janeiro, que dispõe sobre a matéria, também abraça o termo – a conhecida Lei Agrícola.

O Texto Constitucional esclarece a abrangência do termo, ao destacar expressamente que, no âmbito do planejamento agrícola, estão incluídas as atividades agroindustriais, agropecuárias, pesqueiras e florestais, conforme redação do art. 187, § 1º.

Para ser fiel às preferências da Constituição, adotaremos a terminologia eleita pelo legislador constituinte.

Independentemente de qualquer terminologia, pode-se definir política agrícola como o conjunto de ações e providências tomadas pelo poder público no sentido de resguardar os interesses de produtores rurais, da indústria e dos consumidores, buscando o desenvolvimento e o aprimoramento das técnicas de produção e cultivo, e incentivando o incremento da produção agrícola e da valorização do homem do campo e do meio ambiente, tudo em observância aos preceitos constitucionalmente estipulados no que se refere à atividade agrária.

Nessa perspectiva, a política agrícola envolve a política fundiária, assim entendida o conjunto de ações e programas que visam disciplinar a posse da terra e seu uso adequado, dentro de sistemática moderna, especializada e profissionalizada.

Para se implementar uma política agrícola séria e eficiente, não se pode deixar de contemplar a proteção ao meio ambiente, à sustentabilidade dos recursos naturais e demais bens ambientais, pois integram a consistência da política agrícola, na medida em que a atividade agrária obrigatoriamente há de ser harmônica às normas ambientais.

A base principiológica para que se compreendam as regras de política agrícola no país está assentada, mais estritamente, na dignidade da pessoa humana e nos valores sociais do trabalho e da livre-iniciativa, eleitos como fundamentos da República do Brasil, consubstanciados no art. 1º, III e IV, da Constituição Federal.

A par dos princípios, a agrícola é política pública que persegue os objetivos fundamentais (art. 3º da Constituição Federal de 1988) da República Federativa, a saber, a construção de uma sociedade livre, justa e solidária, a garantia do desenvolvimento nacional, a erradicação da pobreza e da marginalização, a redução das desigualdades sociais e regionais, bem como a promoção do bem de todos, sem preconceito de qualquer forma de discriminação.

É comum dizer que o Brasil é país de vocação agrícola, tendo em vista, especialmente, o histórico das principais atividades econômicas que se desenvolveram desde o período colonial. Por essa razão, a atividade agrária recebe especial atenção do ordenamento jurídico pátrio.

A *Lex Mater* destinou um capítulo próprio para a matéria – Título VII, Capítulo III –, que trata especificamente sobre Política Agrícola, Fundiária e Reforma Agrária (arts. 184 a 191), precisando no art. 187 um rol de instrumentos possíveis através dos quais a política agrícola pode promover o desenvolvimento no campo, com a participação efetiva do setor de produção, envolvendo produtores e trabalhadores rurais, bem como dos setores de comercialização, de armazenamento e de transportes, levando em conta, especialmente: os instrumentos creditícios e fiscais, os preços compatíveis com os custos de produção e a garantia de comercialização, o incentivo à pesquisa e à tecnologia, a assistência técnica e extensão rural, o seguro agrícola, o cooperativismo, a eletrificação rural e irrigação, a habitação para o trabalhador rural, dentre outros.

As ações e instrumentos estatais que compõem a política agrícola, necessários ao desenvolvimento da atividade agrária, estão claramente incorporados no âmbito da Constituição Federal e da legislação infraconstitucional, com destaque para o Estatuto da Terra e para a Lei de Política Agrícola (Lei n. 8.171/71).

A previsão para a elaboração de uma Lei de Política Agrícola no país está disposta na própria Constituição, no art. 50 do Ato das Disposições Constitucionais Transitórias (ADCT), ao preceituar que a Lei Agrícola deveria ser promulgada um ano após a edição da Constituição, para tratar sobre os objetivos e instrumentos de política agrícola, prioridades, planejamento de safras, comercialização, abastecimento interno, mercado externo e instituição de crédito fundiário.

No plano regional, as Constituições dos Estados estabeleceram as diretrizes regionais em seus respectivos Textos, sendo regulamentados pelas leis estaduais que deitaram suas bases em políticas agrícolas adequadas às respectivas particularidades econômicas de produção rural, comercialização e consumo, buscando a fixação do homem nas zonas rurais, para lhes propiciar melhores condições de vida e justiça social.

8.2. FUNDAMENTOS DA POLÍTICA AGRÍCOLA

Consentâneo aos princípios constitucionais da política agrícola estabelecidos no art. 187, o Estatuto da Terra, no art. 47, elenca critérios básicos para incentivar a política de desenvolvimento rural através dos seguintes instrumentos: tributação progressiva da terra, imposto de renda, colonização pública e particular, assistência e proteção à economia rural e ao cooperativismo, e regulamentação do uso e posse temporários da terra.

Segundo o Estatuto, esses instrumentos têm como objetivos norteadores: (i) desestimular os que exercem o direito de propriedade sem observância da função social e econômica da terra; (ii) estimular a racionalização da atividade agropecuária dentro dos princípios de conservação dos recursos naturais renováveis; (iii) proporcionar recursos à União, aos Estados e aos Municípios para financiar os projetos de reforma agrária; e (iv) aperfeiçoar os sistemas de controle da arrecadação dos impostos.

A norma estatutária, no art. 73, também se preocupou em estabelecer, no âmbito do desenvolvimento rural, diretrizes específicas para a assistência e proteção à economia rural, como assistência técnica, produção e distribuição de sementes e mudas, criação, venda e distribuição de reprodutores e uso da inseminação artificial, mecanização agrícola, cooperativismo, assistência financeira e creditícia, assistência à comercialização, industrialização e beneficiamento dos produtos, eletrificação rural e obras de infraestrutura, seguro agrícola, educação, através de estabelecimentos agrícolas de orientação profissional e garantia de preços mínimos à produção agrícola.

A Lei de Política Agrícola – Lei n. 8.171, de 17 de janeiro de 1991 –, em seu art. 2º, estabelece os fundamentos seguintes: (i) a atividade agrícola compreende processos físicos, químicos e biológicos, no qual os recursos naturais envolvidos devem ser utilizados e gerenciados, subordinando-se às normas e princípios de interesse público, de forma que seja cumprida a função social e econômica da propriedade; (ii) o setor agrícola é constituído por segmentos (produção, insumos, agroindústria, comércio, abastecimento e afins), os quais respondem diferenciadamente às políticas públicas e às forças de mercado; (iii) a agricultura deve propiciar, como atividade econômica aos que a ela se dediquem, rentabilidade compatível com a de outros setores da economia; (iv) o adequado abastecimento alimentar é condição básica para garantir a tranquilidade social, a ordem pública e o processo de desenvolvimento econômico-social; (v) a produção agrícola ocorre em estabelecimentos rurais heterogêneos quanto à estrutura fundiária, condições edafoclimáticas, disponibilidade de infraestrutura, capacidade empresarial, níveis tecnológicos e condições sociais, econômicas e culturais; e (vi) o processo de desenvolvimento agrícola deve proporcionar ao homem do campo o acesso aos serviços essenciais: saúde, educação, segurança pública, transporte, eletrificação, comunicação, habitação, saneamento, lazer e outros benefícios sociais.

Um dos princípios que merece especial atenção diz respeito à heterogeneidade da produção agrícola nacional, que inclui diferenças na estrutura fundiária, nas condições edafoclimáticas, na disponibilidade de infraestrutura, na capacidade empresarial, nos níveis tecnológicos e condições sociais, econômicas e culturais.

A Amazônia é um grande exemplo de heterogeneidade social, ambiental e de produção agrícola. Ao mesmo tempo em que existem setores altamente mecanizados focados na produção de *commodities* agrícolas para o mercado externo (com grande destaque para soja, cacau, mandioca, gado bovino e dendê no Estado do Pará), existe também a produção familiar de pequenos produtores, posseiros e povos e comunidades tradicionais, que desenvolvem atividades que não se resumem à monocultura, além do exército de trabalhadores rurais sem-terra.

8.3. OBJETIVOS DA POLÍTICA AGRÍCOLA

Os objetivos da política agrícola brasileira encontram respaldo legal no art. 3º da Lei de Política Agrícola, em que estão elencados objetivos de cunho social, ao mesmo tempo em que constam regras de viés econômico:

I – nos termos do disposto no art. 174 da Constituição da República, o Estado deve exercer função de planejamento, determinante para o setor público e indicativo para o setor privado, destinado a promover, regular, fiscalizar, controlar, avaliar atividade e suprir necessidades, objetivando assegurar o incremento da produção e da produtividade agrícolas, a regularidade do abastecimento interno, especialmente alimentar, e a redução das disparidades regionais;

II – sistematizar a atuação do Estado para que os diversos segmentos intervenientes da agricultura possam planejar suas ações e investimentos numa perspectiva de médio e longo prazos, reduzindo as incertezas do setor;

III – eliminar as distorções que afetam o desempenho das funções econômica e social da agricultura;

IV – tutelar o meio ambiente, garantir o seu uso racional e estimular a recuperação dos recursos naturais;

V – promover a descentralização da execução dos serviços públicos de apoio ao setor rural, visando à complementariedade de ações com Estados, Distrito Federal, Territórios e Municípios, cabendo a estes assumir suas responsabilidades na execução da política agrícola, adequando os diversos instrumentos às suas necessidades e realidades;

VI – compatibilizar as ações da política agrícola com as de reforma agrária, assegurando aos beneficiários o apoio à sua integração ao sistema produtivo;

VII – promover e estimular o desenvolvimento da ciência e da tecnologia agrícola pública e privada, em especial aquelas voltadas para a utilização dos fatores de produção internos;

VIII – possibilitar a participação efetiva de todos os segmentos atuantes no setor rural, na definição dos rumos da agricultura brasileira;

IX – prestar apoio institucional ao produtor rural, com prioridade de atendimento ao pequeno produtor e sua família;

X – estimular o processo de agroindustrialização junto às respectivas áreas de produção;

XI – promover a saúde animal e a sanidade vegetal;

XII – promover a idoneidade dos insumos e serviços empregados na agricultura;

XIII – garantir a qualidade dos produtos de origem agropecuária, seus derivados e resíduos de valor econômico;

XIV – promover a concorrência leal entre os agentes que atuam nos setores e a proteção destes em relação a práticas desleais e a riscos de doenças e pragas exóticas no País;

XV – melhorar a renda e a qualidade de vida no meio rural.

Um dos grandes desafios da política agrícola brasileira é equilibrar as forças produtivas econômicas rurais perante o clamor social emergente do campo, sendo tanto mais sintomático quando se considera que, historicamente, a prevalência do setor da produção, mecanização e industrialização do meio rural sempre preponderou diante dos segmentos rurais que, por muito tempo, foram olvidados do âmbito das políticas públicas institucionais.

8.4. INSTRUMENTOS DA POLÍTICA AGRÍCOLA

Para o desenvolvimento das atividades agropecuárias, agroindustriais e de planejamento das atividades pesqueira e florestal, consoante o art. 4º da Lei n. 8.171/91, as políticas públicas agrícolas devem se valer das seguintes ações e instrumentos: I – planejamento agrícola; II – pesquisa agrícola tecnológica; III – assistência técnica e extensão rural; IV – proteção do meio ambiente, conservação e recuperação dos recursos naturais; V – defesa da agropecuária; VI – informação agrícola; VII – produção, comercialização, abastecimento e armazenagem; VIII – associativismo e cooperativismo; IX – formação profissional e educação rural; X – investimentos públicos e privados; XI – crédito rural; XII – garantia da atividade agropecuária; XIII – seguro agrícola; XIV – tributação e incentivos fiscais; XV – irrigação e drenagem; XVI – habitação rural; XVII – eletrificação rural; XVIII – mecanização agrícola; XIX – crédito fundiário.

As ações de Estado e o planejamento do poder público estão voltados para o bom desenvolvimento das atividades agrícolas, assim entendidas, nos termos da Lei de Política Agrícola, (art. 1º, parágrafo único), as atividades de produção, processamento e comercialização dos produtos, subprodutos e derivados, serviços e insumos agrícolas, pecuários, pesqueiros e florestais, com o fim de perseguir o incremento da produção e da produtividade agrícolas, a regularidade do abastecimento interno, especialmente alimentar, e a redução das disparidades regionais.

A seguir, os principais instrumentos de política agrícola manejados no Brasil.

8.5. CRÉDITO RURAL

O crédito rural, como instrumento de política agrícola, exerce papel de extrema relevância, por se constituir o centro em torno do qual gravitam, praticamente, todas as demais medidas elencadas como instrumentos da política agrícola.

Tanto quanto qualquer outro crédito, o rural tem dois elementos básicos: a confiança e o tempo. Todavia, em face de suas peculiaridades, difere dos créditos comercial e industrial, graças a três fatores: (a) o processo produtivo rural é mais lento que as demais atividades econômicas; (b) a produção agrícola está sujeita a riscos imprevisíveis, como pragas, clima; e (c) o lucro da atividade primária, em geral, é inferior que o de empresários[1].

No Brasil, a primeira tentativa de introdução do crédito rural ocorreu em 1870, com a colocação, no mercado de títulos, de letras hipotecárias emitidas pelo Banco do Brasil, com o fim de incrementar a agricultura.

Iniciativas esparsas, ligadas ao incremento à assistência financeira para a agricultura, foram criadas no país ao longo do século XX, como é o caso, por exemplo, da antiga "Carteira de Crédito Agrícola e Industrial" (CREAI), de 1937, com destaque para a atuação do Banco do Brasil nessa linha de crédito.

Em 1964, o Estatuto da Terra determinou a utilização de instrumentos de assistência financeira e creditícia para o desenvolvimento rural. Nesse raciocínio, em 1965, com a Lei n. 4.829, de 5 de novembro de 1965, responsável pela institucionalização do crédito rural, definiu-o, segundo o art. 2º, como o suprimento de recursos financeiros por entidades públicas e estabelecimentos de crédito particulares a produtores rurais ou a suas cooperativas para aplicação exclusiva em atividades que se enquadrem nos objetivos indicados na legislação em vigor.

A partir da definição legal de crédito rural, é possível destacar duas características: (i) o aspecto de ser suprimento: significa que o beneficiário, em princípio, deve arcar com recursos próprios parte da execução de seus projetos, tendo o crédito caráter complementar. Todavia, atualmente, para os microprodutores, o crédito rural tem servido, também, para provimento de fundos iniciais à execução da atividade agrícola; (ii) o alvo de beneficiários: originariamente, são os produtores rurais e as suas cooperativas. Somam-se a esse grupo, as pessoas físicas e jurídicas dedicadas às atividades de pesquisa, produção

---

1 LOPES, Wellington dos Mendes. Crédito agrário. **Revista de Direito Agrário**. Brasília, ano 10, n. 10, 2º sem. 1983, p. 83-84.

de sementes e mudas melhoradas, bem como à prestação de serviços mecanizados, nos termos do Decreto-Lei n. 784, de 25-8-1969, e mais, de acordo com o art. 49 da Lei de Política Agrícola, os produtores rurais extrativistas não predatórios e indígenas, assistidos por instituições competentes, pessoas físicas ou jurídicas que, embora não conceituadas como produtores rurais, se dediquem às atividades vinculadas ao setor: de produção de mudas ou sementes básicas, fiscalizadas ou certificadas; de produção de sêmen para inseminação artificial e embriões; de atividades de pesca artesanal e aquicultura para fins comerciais; de atividades florestais e pesqueiras.

Os objetivos do crédito rural legalmente previstos são: (a) estimular os investimentos rurais para produção, extrativismo não predatório, armazenamento, beneficiamento e instalação de agroindústria, sendo esta quando realizada por produtor rural ou suas formas associativas; (b) favorecer o custeio oportuno e adequado da produção, do extrativismo não predatório e da comercialização de produtos agropecuários; (c) incentivar a introdução de métodos racionais no sistema de produção, visando ao aumento da produtividade, à melhoria do padrão de vida das populações rurais e à adequada conservação do solo e preservação do meio ambiente; (d) propiciar, através de modalidade de crédito fundiário, a aquisição e regularização de terras pelos pequenos produtores, posseiros e arrendatários e trabalhadores rurais; (e) desenvolver atividades florestais e pesqueiras; (f) apoiar a substituição do sistema de pecuária extensivo pelo sistema de pecuária intensivo; (g) estimular o desenvolvimento do sistema orgânico de produção agropecuária[2].

De acordo com o Decreto n. 58.380, de 10 de maio de 1966, as atividades agrícolas a serem financiadas pelo crédito rural são divididas em custeio, investimento, comercialização e industrialização de produtos agropecuários: (a) custeio para cobrir as despesas normais dos ciclos produtivos de lavouras permanentes, exploração pecuária, dentre outros; (b) investimento em bens ou serviços, cujo desfrute se estenda por vários períodos de produção; (c) comercialização, quando destinados, isoladamente, ou como extensão do custeio, a cobrir despesas próprias da fase sucessiva à coleta da produção, sua estocagem, transporte ou à monetização de títulos oriundos da venda pelos produtores; e (d) industrialização de produtos agropecuários, quando efetuada por cooperativas ou pelo produtor na sua propriedade rural.

2 Art. 48 da Lei de Política Agrícola.

Entre essas despesas normais, podem ser incluídas, por exemplo, as despesas de todos os encargos da produção agrícola, o preparo das terras. Na produção pecuária, pode ser citado o custeio para a aquisição de sal, arame, forragens, rações, concentrados minerais, sêmen, dentre outros.

A segunda linha de financiamento é a de investimento que se aplica quando o crédito se destinar à aquisição em bens e serviços indispensáveis à atividade agrária, como por exemplo, construção, reforma ou ampliação de benfeitorias, aquisição de máquinas e equipamentos de longa duração, eletrificação rural, entre outros.

A terceira linha de crédito é para a comercialização e se destina a facilitar aos produtores rurais, diretamente ou através de suas cooperativas, a colocação de suas safras no mercado, podendo ser concedido isoladamente, ou como extensão do custeio, para cobrir despesas inerentes à fase imediata à colheita da produção própria, compreendendo armazenamento, seguro, manipulação, preservação, acondicionamento, impostos, fretes e carretos; mediante a negociação ou conversão em dinheiro de títulos oriundos da venda de produção comprovadamente própria; e mediante operações para garantia de preços mínimos fixados pelo Governo Federal.

A quarta linha é industrialização ou beneficiamento de produtos agropecuários, podendo ser financiadas despesas com mão de obra, manutenção e conservação do equipamento, aquisição de materiais secundários indispensáveis ao processamento industrial, sacaria, embalagem, armazenamento, seguro, preservação, impostos, fretes, carretos e outros encargos que venham a ser admitidos.

Tendo em vista a situação diferenciada de pequenos e médios produtores, os créditos para custeio e investimento podem incluir recursos para a manutenção do agricultor e sua família, para a aquisição de animais destinados à produção necessária a sua subsistência, medicamentos, agasalhos, roupas, utilidades domésticas, bem assim para instalações sanitárias, construção e reforma de benfeitorias e ainda para satisfação de necessidades outras fundamentais ao bem-estar da família rural.

Quando destinado ao agricultor familiar, o crédito rural terá por objetivo estimular a geração de renda e o melhor uso da mão de obra familiar, por meio do financiamento de atividades e serviços rurais agropecuários e não agropecuários, desde que desenvolvidos em estabelecimento rural ou áreas comunitárias próximas, inclusive o turismo rural, a produção de artesanato e assemelhados; além disso poderá ser destinado à construção ou reforma de moradias no imóvel rural e em pequenas comunidades rurais.

A Lei n. 4.829/65 instituiu o Sistema Nacional de Crédito Rural, cujo órgão controlador é o Banco Central do Brasil (BACEN). Ao lado do BACEN, são órgãos básicos do sistema o Banco do Brasil (BB), o Banco da Amazônia (Basa) e o Banco do Nordeste (BNB). O Conselho Monetário Nacional (CMN) também participa da estrutura, disciplinando as normas operativas do crédito rural no país[3].

Há, também, o *Manual de Crédito Rural*[4], instrumento pelo qual são codificadas as normas aprovadas pelo Conselho Monetário Nacional (CMN) e aquelas divulgadas pelo Banco Central do Brasil relativas ao crédito rural. A essas normas subordinam-se os beneficiários e as instituições financeiras que operam no Sistema Nacional de Crédito Rural (SNCR), sem prejuízo da observância da regulamentação e da legislação aplicáveis.

A operacionalização do Sistema Nacional de Crédito Rural ocorre através de cédulas de crédito rural, cuja emissão e circulação estão previstas no Decreto-Lei n. 167/67. A formalização do crédito rural se dá por títulos de financiamento que são a Cédula Rural Pignoratícia (CRP), a Cédula Rural Hipotecária (CRH), a Cédula Rural Pignoratícia e Hipotecária (CRPH), a Nota de Crédito Rural (NCR), a Nota Promissória Rural (NPR) e a Duplicata Rural (DR). Contudo, a lei faculta a formalização do crédito rural por meio de contrato específico, em caso de peculiaridades insuscetíveis de adequação aos títulos previamente admitidos no Sistema Nacional de Crédito Rural.

As operações de crédito rural admitem a constituição de garantias reais e fidejussórias. A Lei n. 4.829/65, em seu art. 25, permite a constituição de penhor agrícola, penhor pecuário, penhor mercantil, penhor industrial, bilhete de mercadoria, *warrant*, caução, hipoteca, fidejussória e outras que o Conselho Monetário Nacional admitir.

---

3 O Superior Tribunal de Justiça consignou que o CMN deve figurar no polo passivo de Mandado de Segurança quando se questionar a formulação do preço mínimo de algum produto agrícola. Cf. AgRg no MS 15.417/DF, rel. Min. Herman Benjamin, Primeira Seção, julgado em 14-3-2011, *DJe* 19-4-2011. Disponível em: http://www.stj.jus.br/SCON/jurisprudencia/doc.jsp?livre=pol%EDtica+agr%EDcola+&b=ACOR&p=true&t=JURIDICO&l=10&i=10. Acesso em: 2 set. 2023.

4 **Manual de Crédito Rural**. Disponível em: http://www3.bcb.gov.br/mcr. Acesso em: 3 set. 2023.

Todavia, a concessão de incentivos de crédito fiscal e rural, em todas as suas modalidades, bem como a constituição das respectivas contrapartidas ou garantias, ficam condicionadas à comprovação do recolhimento do ITR, relativo ao imóvel rural, correspondente aos últimos cinco exercícios, ressalvados os casos em que a exigibilidade do imposto esteja suspensa, ou em curso de cobrança executiva em que tenha sido efetivada a penhora (art. 20 da Lei n. 9.393/96).

A partir 1988, com a Constituição Republicana, houve inovação porque a utilização de instrumentos creditícios e fiscais para o desenvolvimento das atividades agrárias passou a ser um comando constitucional.

Foi editada a Lei n. 9.138, de 29 de novembro de 1995, responsável por disposições complementares ao crédito rural, e que contempla condições de refinanciamento do crédito rural e a possibilidade de readequação dos encargos pactuados, tanto que seu art. 1º autoriza a equalização[5] de encargos financeiros oriundos desse crédito.

O art. 5º da Lei n. 9.138/95 permite as instituições e os agentes financeiros do Sistema Nacional de Crédito Rural a procederem ao alongamento de dívidas originárias desses créditos, contraídas por produtores rurais, suas associações, cooperativas e condomínios, inclusive as já renegociadas, realizadas até 20 de junho de 1995, relativas às seguintes operações: (i) de crédito rural de custeio, investimento ou comercialização, excetuados os empréstimos do Governo Federal com opção de venda (EGF/COV); (ii) realizadas ao amparo da Lei n. 7.827, de 27 de setembro de 1989 – Fundos Constitucionais de Financiamento do Norte, do Nordeste e do Centro-Oeste (FNO, FNE e FCO); (iii) realizadas com recursos do Fundo de Amparo ao Trabalhador (FAT) e de outros recursos operados pelo Banco Nacional de Desenvolvimento Econômico e Social (BNDES); e (iv) realizadas ao amparo do Fundo de Defesa da Economia Cafeeira (FUNCAFÉ).

É jurisprudência pacífica do Superior Tribunal de Justiça que se constitui em direito subjetivo do devedor rural o alongamento da

---

5 Os §§ 1º e 2º do art. 1º definem a equalização de encargos financeiros como sendo o abatimento no valor das prestações com vencimento em 1995, de acordo com os limites e condições estabelecidos pelo Conselho Monetário Nacional, cabendo ao Poder Executivo e o Poder Legislativo as providências quanto à alocação de recursos e a suplementação orçamentária necessárias à subvenção econômica.

dívida prevista no art. 5º da Lei n. 9.138/95, direito sedimentado via Súmula 298[6]. É clarividente que a finalidade da decisão jurisprudencial é proteger os agricultores e produtores rurais que, porventura, tenham inadimplido com suas obrigações[7].

---

6 ADMINISTRATIVO. CONTRATOS BANCÁRIOS. CÉDULA RURAL. ALONGAMENTO DA DÍVIDA. SÚMULA 298 DO STJ. 1. A questão referente à possibilidade de alongamento de dívida originada de crédito rural restou sumulada pelo Superior Tribunal de Justiça, nos termos da Súmula 298: O alongamento de dívida originada de crédito rural não constitui faculdade da instituição financeira, mas, direito do devedor nos termos da lei. 2. Há que se observar, que a Lei n. 10.186/01, no seu art. 5º, delegou ao Conselho Monetário Nacional (CMN) a competência para autorizar e estabelecer as condições de prorrogação e composição de dívidas decorrentes. 3. Em atenção ao comando legal acima, o Manual do Crédito Rural (MCR), que consolida as normas aprovadas pelo Conselho Monetário Nacional e aquelas divulgadas pelo Banco Central do Brasil relativas ao crédito rural, no item 2.6.9, previu as hipóteses em que é possível a prorrogação da dívida. 4. Considerando que o alongamento do prazo independe da vontade da instituição financeira, sendo necessário apenas o atendimento das condições previstas no Manual de Crédito Rural, tendo restado demonstrado pelo devedor o atendimento aos requisitos previstos no MCR e não havendo prova dos motivos alegados pela instituição financeira para a negativa do pedido de alongamento, deve ser reconhecido o direito do devedor à análise da renegociação requerida. (TRF-4 - AC: 50022869820214047106/RS, rel. Vânia Hack De Almeida, julgado em 7-3-2023, Terceira Turma. Disponível em: https://www.jusbrasil.com.br/jurisprudencia/trf-4/1778149832. Acesso em: 15 set. 2023.)

7 ADMINISTRATIVO. AGRAVO DE INSTRUMENTO. EXECUÇÃO DE TÍTULO EXTRAJUDICIAL. CÉDULA DE CRÉDITO RURAL. ALONGAMENTO DE DÍVIDA RURAL. LEI N. 9.138/95. LIQUIDAÇÃO POR ARBITRAMENTO. DESNECESSIDADE. 1. De acordo com o julgamento da ação revisional proposta, o agravante tem direito a aplicação do alongamento previsto no art. 5º da Lei 9.138/95, com observância ao disposto nos respectivos parágrafos do art. 5º (carência, redução dos juros, condições, etc.)". Dessa forma, conforme previsão do inciso Ido parágrafo 5º supramencionado, os saldo devedores"terão seus vencimentos alongados pelo prazo mínimo de sete anos,", com vencimento da primeira parcela em outubro de 1997. 2. A agravante impugna genericamente os cálculos apresentados, de modo que a mera alegação de complexidade dos cálculos é insuficiente para subsidiar o pedido de liquidação por arbitramento. 3. O Recurso Ordinário em Mandado de Segurança n. 33.620 não foi provido, tendo transitado em julgado em 14-9-2022. (TRF-4 - AI 50170637120184040000, rel. Roger Raupp Rios, julgado em 18-7-2023, Terceira Turma. Disponível em: https://www.jusbrasil.com.br/jurisprudencia/trf-4/1904569451. Acesso em: 15 set. 2023.)

O STJ, também, já se posicionou no sentido de que a contratação de crédito rural está sujeita à legislação do Código de Defesa do Consumidor (Lei n. 8.078, de 11 de setembro de 1990), bem como aos seus princípios e fundamentos, comparando o contratante produtor rural ao consumidor, igualando-os à hipossuficiência[8].

No afã de democratizar o crédito, colocando-o nas mãos do microempreendedor rural, há o Programa Nacional de Fortalecimento da Agricultura Familiar (Pronaf), que é um programa do governo federal que se destina a estimular a geração de renda e melhorar o uso da mão de obra familiar por meio do financiamento de atividades e serviços rurais agropecuários e não agropecuários desenvolvidos em estabelecimento rural ou em áreas comunitárias próximas.

Historicamente, o crédito rural foi destinado ao atendimento das demandas de financiamentos e créditos dos setores mais mecanizados do campo, mas, desde 1996, o lado da produção rural esquecida no âmbito das políticas agrícolas - os agricultores familiares e pequenos proprietários - viram consolidar a seu favor aquela importante política creditória.

Atualmente, o Pronaf financia uma gama diversificada de beneficiários por meio de subprogramas, tais como Pronaf Jovem, Pronaf Mulher, Pronaf ABC+Agroecologia, dentre outros. E a lei dispensa a comprovação de regularidade do recolhimento do imposto relativo ao imóvel rural, para efeito de concessão de financiamento ao amparo do Pronaf (art. 20, parágrafo único, da Lei n. 9.393/96).

Para os assentados dos programas de reforma agrária, há o benefício inicial do crédito de instalação, previsto no art. 17, V, da Lei n.

---

8 AGRAVO EM RECURSO ESPECIAL. CIVIL E PROCESSUAL CIVIL (CPC/2015). BANCÁRIO. CONTRATO DE CÉDULA RURAL. EMBARGOS DO DEVEDOR. APLICABILIDADE DO CÓDIGO DE DEFESA DO CONSUMIDOR, NO CASO, RECONHECIDA PELA CORTE DE ORIGEM, DIANTE DA VULNERABILIDADE DO CONTRATANTE PRODUTOR RURAL. REEXAME DE MATÉRIA FÁTICA. VEDAÇÃO. SÚMULA 7/STJ. FALTA DE PREQUESTIONAMENTO DA TESE DESENVOLVIDA EM TORNO DO ART. 71 DO DECRETO-LEI N. 167/67. AGRAVO CONHECIDO PARA NÃO CONHECER DO RECURSO ESPECIAL. (Agravo no REsp n. 1.109.856/SE (2017/0125928-5), rel. Min. Paulo de Tarso Sanseverino, Terceira Turma, julgado em 7-2-2019, publicado em 8-2-2019. Disponível em: https://processo.stj.jus.br/processo/revista/documento/mediado/?componente=MON&sequencial=91347451&tipo_documento=documento&num_registro=201701259285&data=20190208&formato=PDF. Acesso em: 18 set. 2023.)

8.629/93, com o fim de o assentado ter condições econômicas mínimas de montar sua casa, realizar o plantio e poder suprir demais necessidades para começar seu novo projeto de vida.

A assistência financeira dada pelo Incra, através do crédito de instalação, aos assentados tem, entre as modalidades, a destinada para construção, ampliação ou reforma de habitação. Nesses casos, a teor do art. 1º da Lei n. 13.001, de 20-6-2014, os créditos concedidos, no período de 10 de outubro de 1985 até 27 de dezembro de 2013, podem ser liquidados nas mesmas condições de pagamento previstas no Programa Nacional de Habitação Rural (PNHR), instituído pela Lei n. 11.977, de 7-7-2009.

Uma vez concedido o título de terra, seja o TD, seja a CDRU, o titulado sai da alçada do Incra, para se tornar autônomo. Assim, perde a assistência de alguns benefícios da autarquia federal, como, por exemplo, o crédito do PRONAF, restando buscar crédito no mercado financeiro.

Em face de paradigmas contemporâneos, como a sustentabilidade, o protagonismo feminino, a igualdade de gênero, o amparo a jovens, dentre outros, o governo federal incentivou, por exemplo, o crédito para mulheres rurais por meio do programa Quintais Produtivos para mulheres rurais, instituído pela Lei n. 11.642/2023, garantindo-lhes base mínima de autonomia econômica familiar; também há programa de amparo a jovens por meio de financiamentos ao amparo da linha de crédito de investimento para jovens maiores de 16 (dezesseis) anos e com até 29 (vinte e nove) anos, integrantes de unidades familiares que preencham determinadas condições de acordo com o Pronaf Jovem.

Outros programas setorizados são incentivos no âmbito de políticas públicas creditícias, nas esferas de governos federal, estadual e municipal.

8.6. INCENTIVO FISCAL

Outro instrumento de política agrícola, especialmente ligado ao setor mais mecanizado da agropecuária nacional, é a política de incentivos fiscais. Os incentivos fiscais são destinados a atrair interesses econômicos e financeiros e se tornaram uma prática comum na Amazônia, principalmente com a criação da Superintendência de Desenvolvimento da Amazônia (Sudam), em 1966, pela Lei n. 5.173, de 27 de outubro.

Em outras regiões do País, também, com a criação dos respectivos órgãos desenvolvimentistas regionais (Superintendência do Desenvolvimento do Nordeste – SUDENE); Superintendência do Desenvolvimento do Centro-Oeste – SUDECO, os incentivos fiscais se tornaram um efetivo instrumento de fomento e estímulo para o desenvolvimento agrícola.

A SUDAM atua promovendo o desenvolvimento econômico através de incentivos creditícios e fiscais, dentre outras ações. Tem finalidade institucional de: (a) promover o incremento da iniciativa privada em âmbito agropecuário, ambiental, industrial, fazendo gerar empregos; (b) fomentar a produção agrícola em comunidades amazônicas; (c) apoiar a implantação de projetos de infraestrutura nos segmentos de transporte, energia e saneamento básico; (d) estimular outras atividades econômicas em megaprojetos capitalistas de interesse para o desenvolvimento regional.

É atribuído à SUDENE estimular os investimentos privados prioritários, as atividades produtivas e as iniciativas de desenvolvimento sub-regional em sua respectiva área de atuação, através da administração de incentivos e benefícios fiscais[9], conforme definição do Conselho Deliberativo, em consonância com o § 2º do art. 43 da Constituição Federal e na forma da legislação vigente[10].

No âmbito de atuação da SUDECO, destacam-se os seguintes fundos de investimento: (i) o Fundo Constitucional de Financiamento do Centro-Oeste (FCO), (ii) o Fundo de Desenvolvimento do Centro-Oeste (FDCO) e (iii) os Benefícios e Incentivos Fiscais. Aquele foi criado pela Lei n. 7.827, de 27 de setembro de 1989, responsável pela regulamentação do art. 159, I, *c*, da Constituição

9 Informações disponíveis em: http://www.sudene.gov.br/incentivos-fiscais. Acesso em: 3 set. 2023.

10 O § 2º do art. 43 da Constituição da República prevê que os incentivos regionais compreenderão, além de outros, na forma da lei: I – igualdade de tarifas, fretes, seguros e outros itens de custos e preços de responsabilidade do Poder Público; II – juros favorecidos para financiamento de atividades prioritárias; III – isenções, reduções ou diferimento temporário de tributos federais devidos por pessoas físicas ou jurídicas; IV – prioridade para o aproveitamento econômico e social dos rios e das massas de água represadas ou represáveis nas regiões de baixa renda, sujeitas a secas periódicas.

Federal[11], com o objetivo de contribuir para o desenvolvimento econômico e social da Região, mediante a execução de programas de financiamento aos setores produtivos. O FDCO, ao seu turno, foi instituído pela Lei Complementar n. 129, de 8 de janeiro de 2009, e tem como objetivo assegurar recursos para a implantação de projetos de desenvolvimento e a realização de investimentos em infraestrutura, ações e serviços públicos considerados prioritários no Plano Regional de Desenvolvimento do Centro-Oeste.

8.7. SEGURO AGRÍCOLA

O seguro é instrumento fundamental que contribui para a estabilidade da atividade agrária, diante das calamidades e circunstâncias imprevisíveis que sempre assolam o relevo, o clima, a economia e, por consequência, a própria sociedade. Por se sujeitar a essas situações adversas da natureza, as atividades agrícolas possuem alto grau de vulnerabilidade, o que influencia diretamente na produção e na renda dos produtores rurais.

Nos termos do art. 56, da Lei de Política Agrícola, o seguro agrícola foi concebido para cobrir prejuízos decorrentes de sinistros que atinjam bens fixos e semifixos ou semoventes e para cobrir danos provenientes de fenômenos naturais, pragas, doenças e outras intempéries que atinjam a atividade agrária. A lei estabelece ainda que as atividades florestais e pesqueiras também estão amparadas pelo seguro agrícola.

O seguro agrícola é negócio jurídico que vem sendo celebrado através de cláusula de adesão inserida na própria cédula que constitui o crédito rural.

Com o advento da Lei n. 12.058/2009, responsável pela prestação de apoio financeiro pela União aos entes federados que recebem recursos do Fundo de Participação dos Municípios, no exercício de

11 O art. 159 da CF/88 determina que a União entregará do produto da arrecadação dos impostos sobre renda e proventos de qualquer natureza e sobre produtos industrializados, 49% (quarenta e nove por cento), na forma de três por cento, para aplicação em programas de financiamento ao setor produtivo das Regiões Norte, Nordeste e Centro-Oeste, por meio de suas instituições financeiras de caráter regional, de acordo com os planos regionais de desenvolvimento, ficando assegurada ao semiárido do Nordeste a metade dos recursos destinados à Região, na forma que a lei estabelecer.

2009, com o objetivo pontual de superar as dificuldades financeiras emergenciais, foram introduzidas alterações na Lei de Política Agrícola, bem como a Lei n. 5.969/73 fora totalmente revogada. A nova legislação aprimorou o Proagro e criou ainda o "Proagro Mais" (Programa de Garantia da Atividade Agropecuária da Agricultura Familiar), destinado a assegurar coberturas aos agricultores familiares, conforme disposto nos arts. 59 a 66 da Lei de Política Agrícola.

Através do "Proagro Mais" instituiu-se o Seguro da Agricultura Familiar (Seaf), tendo como beneficiados os agricultores familiares que acessam o financiamento de custeio agrícola vinculado ao Programa Nacional de Fortalecimento da Agricultura Familiar (Pronaf).

Na contratação do seguro rural, produtores e agricultores podem acessar ainda o Programa de Subvenção ao Prêmio do Seguro Rural (PSR), criado através da Lei n. 10.823/2003, que oferece a oportunidade de segurar sua produção com custo reduzido, por meio de auxílio financeiro do governo federal, o que reduz os custos de contratação do seguro.

O seguro agrícola é apenas uma das modalidades de seguro rural. Sendo assim, no "gênero" seguro rural estão incluídas as seguintes modalidades[12]: (i) Seguro agrícola; (ii) Seguro pecuário; (iii) Seguro aquícola; (iv) Seguro de benfeitorias e produtos agropecuários; (v) Seguro de penhor rural; (vi) Seguro de florestas; (vii) Seguro de vida do produtor rural; e (viii) Seguro de cédula do produto rural.

No seguro, para cobertura do sinistro contratado, importante é que a perícia feita na área logre constatar a influência das intempéries climáticas na ocorrência do sinistro, ainda que a comunicação do sinistro seja feita após o início da colheita, conforme pacífica jurisprudência do STJ[13].

---

12 Sugere-se a consulta ao site da Superintendência de Seguros Privados (Susep), que é o órgão responsável pelo controle e fiscalização dos mercados de seguro, previdência privada aberta, capitalização e resseguro. É autarquia vinculada ao Ministério da Fazenda e criada pelo Decreto-Lei n. 73, de 21 de novembro de 1966.

13 Tendo em vista precedentes, o Ministro Raul Araújo prolatou a decisão monocrática: "(...) 2. A conclusão do Tribunal de origem está de acordo com o entendimento jurisprudencial desta Corte, o qual determina que o seguro da atividade agropecuária, na forma dos artigos 1º e 4º da Lei 5.969/73 e 59 da Lei 8.171/91, garante a satisfação do financiamento concedido por instituição financeira, além da

8.8. OUTROS INSTRUMENTOS DE POLÍTICA AGRÍCOLA

8.8.1. Planejamento agrícola

Nos termos do art. 8° da Lei n. 8.171/91, o planejamento agrícola é feito em consonância com o que dispõe o art. 174 da Constituição Federal, de forma democrática e participativa, através de planos nacionais de desenvolvimento agrícola plurianuais, planos de safras e planos operativos anuais. Esses planos devem levar em consideração o tipo de produto, fatores e ecossistemas homogêneos, o planejamento das ações dos órgãos e entidades da administração federal direta e indireta, as especificidades regionais e estaduais, de acordo com a vocação agrícola e as necessidades diferenciadas de abastecimento, formação de estoque e exportação. Os planos de safra constituem importantes ferramentas de planejamento que conjugam diversos instrumentos de política agrícola como crédito rural, zoneamento agrícola, seguro rural, comercialização e programas setoriais.

8.8.2. Assistência técnica e extensão rural

Mais conhecida como ATER, constitui-se em serviço de educação não formal, de caráter continuado, no meio rural, que promove processos de gestão, produção, beneficiamento e comercialização das atividades e dos serviços agropecuários e não agropecuários, inclusive das atividades agroextrativistas, florestais e artesanais. A Lei n. 12.188, de 11 de janeiro de 2010, instituiu a Política Nacional de Assistência Técnica e Extensão Rural para a Agricultura Familiar e Reforma Agrária (Pnater) que tem como principal instrumento de implementação o Programa Nacional de Assistência Técnica e Exten-

---

parcela de recursos próprios do produtor, sem abranger os lucros cessantes decorrentes da frustração da safra. 3. Na hipótese, independentemente da comunicação das perdas ter sido efetuada posteriormente à colheita, ficou comprovado que houve perda parcial da produção, de modo que o mutuário faz jus ao ressarcimento, deduzido o valor do produto que ficou à salvo (...)". (Agravo em REsp n. 1.449.013/ES (2019/0039480-2), rel. Min. Raul Araújo, Quarta Turma, julgado em 29-3-2019, publicado em 1°-4-2019. Disponível em: https://processo.stj.jus.br/processo/revista/documento/mediado/?componente=MON&sequencial=93902680&num_registro=201900394802&data=20190401. Acesso em: 21 set. 2023.)

são Rural na Agricultura Familiar e na Reforma Agrária (Pronater). Esse diploma legal, regulamentado pelo Decreto n. 7.215, de 15 de junho de 2010, instituiu princípios[14] que visam:

(i) promover o desenvolvimento rural sustentável;

(ii) apoiar iniciativas econômicas que promovam as potencialidades e vocações regionais e locais;

(iii) aumentar a produção, a qualidade e a produtividade das atividades e serviços agropecuários e não agropecuários, inclusive agroextrativistas, florestais e artesanais;

(iv) promover a melhoria da qualidade de vida de seus beneficiários;

(v) assessorar as diversas fases das atividades econômicas, a gestão de negócios, sua organização, a produção, inserção no mercado e abastecimento, observando as peculiaridades das diferentes cadeias produtivas;

(vi) desenvolver ações voltadas ao uso, manejo, proteção, conservação e recuperação dos recursos naturais, dos agroecossistemas e da biodiversidade;

(vii) construir sistemas de produção sustentáveis a partir do conhecimento científico, empírico e tradicional;

(viii) aumentar a renda do público beneficiário e agregar valor a sua produção;

(ix) apoiar o associativismo e o cooperativismo, bem como a formação de agentes de assistência técnica e extensão rural;

(x) promover o desenvolvimento e a apropriação de inovações tecnológicas e organizativas adequadas ao público beneficiário e a integração deste ao mercado produtivo nacional;

---

14 Os seis incisos do art. 3º da Lei n. 12.188/2010 determinam como princípios da Política Nacional de Assistência Técnica e Extensão Rural para a Agricultura Familiar e Reforma Agrária os seguintes: (i) desenvolvimento rural sustentável, compatível com a utilização adequada dos recursos naturais e com a preservação do meio ambiente; (ii) gratuidade, qualidade e acessibilidade aos serviços de assistência técnica e extensão rural; (iii) adoção de metodologia participativa, com enfoque multidisciplinar, interdisciplinar e intercultural, buscando a construção da cidadania e a democratização da gestão da política pública; (iv) adoção dos princípios da agricultura de base ecológica como enfoque preferencial para o desenvolvimento de sistemas de produção sustentáveis; (v) equidade nas relações de gênero, geração, raça e etnia; e (vi) contribuição para a segurança e soberania alimentar e nutricional.

(xi) promover a integração da Ater com a pesquisa, aproximando a produção agrícola e o meio rural do conhecimento científico; e

(xii) contribuir para a expansão do aprendizado e da qualificação profissional e diversificada, apropriada e contextualizada à realidade do meio rural brasileiro.

O art. 5° da Lei n. 12.188/2010 prevê como beneficiários do Pnater[15]: (i) os assentados da reforma agrária, os povos indígenas, os remanescentes de quilombos e os demais povos e comunidades tradicionais; bem como (ii) os agricultores familiares ou empreendimentos familiares rurais, os silvicultores, aquicultores, extrativistas e pescadores, bem como os beneficiários de programas de colonização e irrigação enquadrados nos limites da Lei n. 11.326, de 24 de julho de 2006 (responsável por estabelecer as diretrizes para a formulação da Política Nacional da Agricultura Familiar e Empreendimentos Familiares Rurais).

8.8.3. Habitação rural

O Programa Nacional de Habitação Rural foi criado no âmbito do Programa Minha Casa, Minha Vida (art. 1°, II, da Lei n. 11.977, de 9 de julho de 2009) e tem como objetivo subsidiar a construção de unidades habitacionais aos agricultores familiares e trabalhadores rurais, a partir das operações de repasse de recursos do orçamento geral da União ou de financiamento habitacional com recursos do Fundo de Garantia do Tempo de Serviço (FGTS), desde 14 de abril de 2009, nos termos do art. 11 da Lei n. 11.977/2009.

O art. 13 desse diploma legal permite que seja concedido subvenção econômica, no ato da contratação do financiamento, buscando: (i) facilitar a produção ou reforma do imóvel residencial; (ii) complementar o valor necessário a assegurar o equilíbrio econômico-financeiro das operações de financiamento realizadas pelos agentes financeiros; ou (iii) complementar a remuneração do agente financeiro, nos casos em que o subsídio não esteja vinculado a financiamento[16].

---

15 O parágrafo único desse mesmo dispositivo legal exige que, para comprovação da qualidade de beneficiário do Pnater, necessário ser detentor da Declaração de Aptidão ao Programa Nacional de Fortalecimento da Agricultura Familiar (DAP) ou constar na Relação de Beneficiário (RB), homologada no Sistema de Informação do Programa de Reforma Agrária (Sipra).

16 O § 1° desse mesmo dispositivo legal prevê que a subvenção econômica do PNHR será concedida uma única vez por imóvel e por beneficiário e, com exceção

8.8.4. Eletrificação rural

O serviço público essencial de energia elétrica, por ser muito custoso, sempre foi serviço de infraestrutura social precário no Brasil. De início, na década de 1950, a eletrificação rural dependia essencialmente de capital privado, de modo que a participação financeira do produtor rural na extensão de redes de eletrificação rural era uma realidade constante. Tendo em vista as condições econômico-sociais regionais, historicamente, no Sul e Sudeste do país, seus produtores tiveram melhores condições de financiar a extensão de suas redes de eletrificação.

O diploma legal inaugural sobre a extensão de redes de eletrificação rural foi o Decreto n. 41.019/57. Inicialmente, foram previstas hipóteses em que o custeio da expansão dos sistemas de distribuição era encargo exclusivo da concessionária, mas também previsões legais em que o produtor rural contribuía para a expansão, sozinho ou em concorrência com a companhia.

A universalização do serviço público de energia elétrica ficou plasmado na Lei n. 10.438, de 26 de abril de 2002, regulamentado pelo Decreto n. 11.628, de 4 de agosto de 2023, que dispõe sobre o Programa Nacional de Universalização do Acesso e Uso da Energia Elétrica - Luz Para Todos[17], destinado a propiciar o atendimento em energia elétrica à parcela da população do meio rural que não possui acesso a esse serviço público.

8.8.5. Educação rural

No âmbito da Educação Rural, importante programa foi lançado com o Decreto n. 7.352, de 4 de novembro de 2010, que dispõe sobre

---

dos casos previstos no inciso III desse artigo (complementar a remuneração do agente financeiro, nos casos em que o subsídio não esteja vinculado a financiamento), será cumulativa, até o limite máximo a ser fixado em ato do Poder Executivo federal, com os descontos habitacionais concedidos nas operações de financiamento realizadas na forma do art. 9º da Lei n. 8.036, de 11 de maio de 1990, com recursos do FGTS. A subvenção poderá ser cumulativa com subsídios concedidos no âmbito de programas habitacionais dos Estados, Distrito Federal ou Municípios.

17 Anteriormente, houve o primeiro programa de universalização de rede de energia elétrica rural denominado "Luz no Campo", instituído pelo decreto de 2 de dezembro de 1999, com o objetivo de suprir com energia elétrica as áreas rurais não atendidas, promovendo a melhoria das condições socioeconômicas das áreas distantes no interior do país, com atenção diferenciada às regiões Norte, Nordeste e Centro-Oeste, em razão de seu baixo índice de eletrificação rural.

a política de educação do campo e o Programa Nacional de Educação na Reforma Agrária (Pronera), que realiza cursos de educação básica (alfabetização e ensinos fundamental e médio), técnicos profissionalizantes de nível médio e diferentes cursos superiores e de especialização para jovens e adultos, beneficiados com a política agrária.

O programa também capacita educadores e coordenadores locais, tanto para atuar nas escolas dos assentamentos quanto como multiplicadores e organizadores de atividades educativas comunitárias, respectivamente.

O Pronera é desenvolvido pela União em regime de colaboração com os Estados, o Distrito Federal e os Municípios. Mencionada política de educação está atrelada às disposições e princípios estabelecidos na Lei de Diretrizes e Bases da Educação (Lei n. 9.394/96) e nos Planos Nacionais de Educação.

O Programa tem a principal função de ampliar os níveis de escolarização dos trabalhadores rurais assentados, para ser um instrumento de democratização do conhecimento no campo. O governo federal, por meio do Programa, apoia projetos de educação que tenham metodologias voltadas para o desenvolvimento das áreas de reforma agrária.

O Pronera tem o poder de transformar os assentamentos em espaços produtivos e sustentáveis, pautados na própria função social da terra, uma vez que a educação se mostra como principal ferramenta de política pública para o benefício do país.

Assim, há capacitação pessoal para transformação dos trabalhadores rurais acompanhada de potencial de mudança positiva do cotidiano das famílias beneficiadas pela reforma agrária, de modo a enraizar o conhecimento e constituir-se numa poderosa ferramenta em prol da reforma agrária.

8.8.6. Pesquisa agrícola tecnológica

Com a Portaria n. 193, de 7 de agosto de 1992, do Ministério da Agricultura, foi instituído o Sistema Nacional de Pesquisa Agropecuária (SNPA). O SNPA é constituído pela Embrapa (Empresa Brasileira de Pesquisa Agropecuária), pelas Organizações Estaduais de Pesquisa Agropecuária (Oepas), por universidades e institutos de pesquisa de âmbito federal ou estadual, além de outras organizações públicas e privadas, direta ou indiretamente vinculadas à atividade de pesquisa agropecuária. A finalidade maior do Sistema Nacional de Pesquisa Agropecuária é compatibilizar as diretrizes e estratégias de pesquisa agropecuária com as políticas de desenvolvimento, definidas para o país, como um todo, e para cada região, em particular.

8.8.7. *Crédito fundiário – Programa Nacional de Crédito Fundiário*

O crédito fundiário é instrumento de política agrícola que objetiva dar condições para que os trabalhadores rurais sem-terra ou com pouca terra possam comprar um imóvel rural através de financiamento. No âmbito do então Ministério do Desenvolvimento Agrário, hoje Ministério do Desenvolvimento Agrário e Agricultura Familiar, através da então Secretaria de Reordenamento Agrário, hoje Secretaria de Governança Fundiária, Desenvolvimento Territorial e Socioambiental, foi desenvolvido o Programa Nacional de Crédito Fundiário (PNCF), cujo fundamento legal está na Lei Complementar n. 93, de 4 de fevereiro de 1998, que instituiu o Fundo de Terras e da Reforma Agrária – Banco da Terra.

O Programa Nacional de Crédito Fundiário (PNCF) busca oferecer condições para que os trabalhadores rurais não proprietários (por exemplo, assalariados, parceiros, posseiros e arrendatários), bem como agricultores proprietários de imóveis cuja área não alcance a dimensão da propriedade familiar possam comprar um imóvel rural por meio de financiamento. Além da terra, como crédito, o agricultor pode construir sua casa, preparar o solo, comprar implementos, ter acompanhamento técnico e o que mais for necessário para se desenvolver a atividade agrária de forma independente e autônoma.

8.8.8. *Política de garantia de preços mínimos dos produtos agrícolas*

No âmbito federal, cabe à Companhia Nacional de Abastecimento (CONAB) a missão de executar a política agrícola, no segmento do abastecimento alimentar, a política de garantia de preços mínimos e fornecer subsídios ao Ministério da Agricultura e Pecuária, na formulação, no acompanhamento das referidas políticas e na fixação dos volumes mínimos dos estoques reguladores e estratégicos.

Os objetivos institucionais da Conab são planejar, normatizar e executar a política de garantia de preços mínimos do governo federal; implementar a execução de outros instrumentos de sustentação de preços agropecuários; executar as políticas públicas federais referentes à armazenagem da produção agropecuária; coordenar ou executar as políticas oficiais de formação, armazenagem, remoção e escoamento dos estoques reguladores e estratégicos de produtos agropecuários; encarregar-se da execução das políticas do Governo Federal, nas áreas de abastecimento e regulação da oferta de produtos agropecuários, no mercado interno; desenvolver ações no âmbito do comércio exterior, consoante diretrizes baixadas pelo Ministério da Agricultura e Pecuária; participar da formulação da política agrícola; e exercer outras atividades, compatíveis com seus fins, que lhe sejam atribuídas ou delegadas pelo Poder Executivo (art. 6º do Decreto n. 4.514, de 13-12-2002).

A ação da Conab tem o propósito de apoiar a agricultura. Como política pública fundamental da Conab tem-se a garantia de preços mínimos para produtos agrícolas, que visa renumeração mínima ao produtor e atenua o ciclo de baixos e altos dos preços. Para tanto, a Conab realiza aquisições oficiais para retirar os excedentes de produção e corrigir distorções nos preços recebidos pelos produtores. Tal política garante a renda do agricultor e a viabilidade de venda da produção da agricultura familiar.

Outra política pública da Conab é a gestão de estoques públicos e consiste na "adoção de medidas para organizar o mercado agrícola e viabilizar o abastecimento regular das áreas de consumo, compreendendo as ações de aquisições de alimentos, fiscalização de estoques, comercialização de produtos e concessões de subvenções, que resultam em apoio logístico aos produtores e atenção aos programas de abastecimento e armazenamento"[18].

Outras políticas são: (a) a Rede de Fortalecimento do Comércio Familiar de Produtos Básicos (Refap), que apoia uma associação voluntária que reúne pequenos comerciantes varejistas que trabalham com produtos de linha básica de consumo e tem como objetivo fortalecer e expandir o segmento varejista de pequeno porte; (b) o programa Política de Garantia de Preços Mínimos para produtos da Sociobiodiversidade (PGPM-Bio), que assegura preço mínimo para produtos da sociobiodiversidade em todo o Brasil, como o açaí, amêndoas de andiroba, borracha, cacau extrativo, castanha-do-Pará e pequi. Nessa ação, quando o preço de mercado está abaixo do preço mínimo, o governo federal paga a diferença para o extrativis-

18 ROCHA, Moacir da Cruz. Apoio ao agronegócio. **Agronegócio**: Pará agromineral. Belém, ano 2, n. 7, ago. 2017, p. 8.

ta. Essa política assegura renda às populações que possuem formas próprias de organização social e que ocupam e exploram territórios e recursos naturais como a condição para sua reprodução cultural, social, religiosa, ancestral e econômica[19].

19 Idem, p. 8-10.

Capítulo 9

CADASTRO E IMPOSTO TERRITORIAL RURAL

Para que o poder público possa ter governança no setor rural, é indispensável ter ciência da realidade do meio agroambiental, a partir da construção de banco de dados com informações jurídicas, econômicas, sociais, ambientais e demais elementos úteis à elaboração de planejamento governamental que encaminhe o país ao desenvolvimento sustentável.

Nesse quadro, o cadastro rural e suas espécies são fundamentais, mas dos governos exige investimentos, às vezes de grande monta, para que, de fato, a realidade rural possa ser espelhada nos dados em poder do Estado. Por isso, o cadastro é essencial para a política pública agroambiental.

Um dos instrumentos de captação de recursos financeiros para a implementação da política pública ao meio rural é a tributação da terra que, por sua vez, se vale dos dados registrados no cadastro rural para poder ser instituída. No poder impositivo tributário, o Estado lança mão do Imposto Territorial Rural, que cobra sobre imóveis rurais e direitos a eles relativos para ter receita nos cofres públicos, a fim de implementar aquelas políticas públicas.

Assim, cadastro rural e tributação da terra através do imposto territorial rural são temas jurídicos imprescindíveis nesta obra.

9.1. CADASTRO RURAL

O cadastro rural constitui uma fotografia da estrutura agrária do país, funcionando como um repositório de informações dos imóveis rurais, no qual são catalogados dados econômicos, financeiros, sociais e jurídicos do imóvel, do proprietário e da produção, informados por possuidor imobiliário[1].

---

1 SILVA, Pedro Cordeiro da. **Cadastro e Tributação.** Brasília: Fundação Petrônio Portella., 1982, p. 17. (Curso de direito agrário, 4.)

O embrião do cadastro rural está na Lei de Terras do Império – Lei n. 601/1850 –, quando seu art. 13 mandou o Governo organizar o registro das terras possuídas[2]. Para tanto, criou o Registro Paroquial ou Registro do Vigário[3], regulamentado pelo Decreto n. 1.318, de 30 de janeiro de 1854[4].

Mas foi o Estatuto da Terra, a partir de seu art. 46, que tratou do cadastro dos imóveis rurais no país, atribuindo ao Incra a responsabilidade por sua realização, podendo ser delegado aos Estados, ao Distrito Federal e aos Municípios, mediante convênio, para que haja facilitação.

A Lei n. 5.868, de 12-12-1972, criou o Sistema Nacional de Cadastro Rural, que compreende a organização de cinco tipos cadastrais, a saber: Cadastro de Imóveis Rurais, Cadastro de Proprietários e Detentores de Imóveis Rurais, Cadastro de Arrendatários e Parceiros Rurais, Cadastro de Terras Públicas e Cadastro Nacional de Florestas Públicas.

A par dos cadastros que fazem parte do Sistema Nacional de Cadastro Rural, o Código Florestal – Lei n. 12.651, de 25 de maio de 2012 –, em seu art. 29, criou o Cadastro Ambiental Rural (CAR), que integra o Sistema Nacional de Informação sobre Meio Ambiente (SINIMA).

Cada espécie de cadastro será a seguir estudada.

Cadastro de Imóveis Rurais – Estão obrigados a prestar declaração de cadastro todos os proprietários, titulares de domínio útil ou possuidores a qualquer título de imóveis rurais que sejam ou possam ser destinados à exploração agrícola, pecuária, extrativa vegetal ou agroindustrial, bem como quando houver alteração nos imóveis rurais, em relação à área ou à titularidade, e nos casos de preservação, conservação e proteção de recursos naturais (art. 2º da Lei n. 5.868/72).

---

2 O art. 13 regia que "O mesmo Governo fará organizar por freguezias o registro das terras possuídas, sobre as declarações feitas pelos respectivos possuidores, impondo multas e penas áquelles que deixarem de fazer nos prazos marcados as ditas declarações, ou as fizerem inexactas".

3 Assim denominado porque as terras possuídas eram cadastradas perante o Vigário da Paróquia (freguesia, nas palavras da lei) de localização do imóvel. O Império utilizou os serviços da Igreja Católica para tais fins, uma vez que o Catolicismo era a religião oficial do Estado brasileiro, nos termos da Constituição de 25 de marco de 1824, e tinha *know-how* de realização de censo dos fiéis.

4 Os arts. 91 a 108 desse diploma legal exigia que todos os possuidores de terras, independentemente do título, eram obrigados a registrar as terras que possuíam, dentro dos prazos regulamentados.

O cadastramento imobiliário rural tem três finalidades principais: econômico-social, fiscal e jurídica. A finalidade econômico-social se dá por fornecer dados para o planejamento do desenvolvimento rural com a implementação de política agrícola, bem como oferece informações para os órgãos assistenciais técnicos e creditícios orientarem os lavradores e pecuaristas. Pelo cadastro tem-se um panorama da situação de cada região sobre a exploração agrária no país, identificando os problemas existentes.

A segunda finalidade visa individualizar o imóvel e o tipo de sua exploração para fins de cobrança do Imposto Territorial Rural (ITR) e demais exações tributárias, bem assim para a isenção e anistia, quando o governo estatal desejar implementar política de incentivo fiscal. O objetivo fiscalizatório está vivo na lei na medida em que inflige punição para o obrigado fazer o cadastro (§ 1º do art. 2º da Lei n. 5.868/72).

A finalidade jurídica revela a situação jurídica de cada possuidor em relação à terra (se a possui na condição de proprietário, arrendatário, usufrutuário, posseiro), assim como dá conhecimento da disponibilidade das terras públicas, para fins de consecução de políticas agrárias adequadas[5].

A despeito da racionalização dos tipos de cadastro, o Brasil se ressente historicamente da certeza e seriedade dos dados cadastrais. Para dar mais efetividade aos fins cadastrais, a Lei n. 10.267/2001 modificou a Lei n. 5.868/72 e trouxe o Cadastro Nacional de Imóveis Rurais (CNIR), que tem base comum de informações, passando a ser gerenciada conjuntamente pelo Incra e pela Secretaria da Receita Federal do Brasil, sendo produzida e compartilhada pelas diversas

---

5 O Supremo Tribunal Federal já consignou, quando da apreciação do Mandado de Segurança 26.129/DF, mantendo o entendimento quando do julgamento do Agravo Regimental na Ação Rescisória 2.150/DF, que o cadastro efetivado pelo Sistema Nacional de Cadastro Rural possui somente caráter declaratório, tendo como finalidades: (i) a aferição de dados necessários à aplicação dos critérios de lançamentos fiscais atribuídos ao Incra e à concessão das isenções a eles relativas, previstas na Constituição e na legislação específica; e (ii) o levantamento sistemático dos imóveis rurais, para conhecimento das condições vigentes na estrutura fundiária das várias regiões do país, buscando a provisão de elementos que informem a orientação da política agrícola a ser promovida pelos órgãos competentes. (Ag. Reg. Na Ação Rescisória 2.150 Distrito Federal, rel. Min. Edson Fachin, Plenário Virtual, julgado em 6-6-2022, *DJe* 112/2022 9-6-2022. Disponível em: https://portal.stf.jus.br/processos/downloadPeca.asp?id=15351994819&ext=.pdf. Acesso em: 5-9-2023.)

instituições públicas federais e estaduais produtoras e usuárias de informações sobre o meio rural brasileiro.

Integram o CNIR as bases próprias de informações produzidas e gerenciadas pelo Incra e pela Receita Federal do Brasil, constituídas por dados específicos de seus interesses, que poderão por elas ser compartilhados, respeitadas as normas regulamentadoras de cada entidade.

Com a criação do CNIR pretende-se que haja simetria mais consistente entre o Incra, a Receita Federal do Brasil e os Cartórios de Registro de Imóveis, para que o sistema de tributação da terra tenha mais eficiência no processo arrecadatório.

O Sistema Nacional de Cadastro possibilita ampla visão da estrutura agrária brasileira, de sorte que a política agrícola e a reforma agrária possam ser implementadas com relativa segurança a partir dos elementos de fato coletados. Exatamente por esse motivo, a Lei n. 13.465, de 11-7-2017, introduziu o § 2º ao art. 4º da Lei n. 8.629/93, ordenando que passa a ser obrigatória a manutenção no Sistema Nacional de Cadastro Rural (SNCR) de informações específicas sobre imóveis rurais com área de até um módulo fiscal. Ou seja, todo e qualquer imóvel rural tem que ter suas informações contidas no cadastro rural.

Manda a lei estatutária que os registros sejam atualizados para inclusão das novas propriedades que forem sendo constituídas, sendo que, no mínimo, de cinco em cinco anos devem ser feitas revisões gerais para as atualizações das fichas já levantadas[6].

Uma vez cadastrado, o Incra fornece o Certificado de Cadastro de Imóvel Rural (CCIR), que é documento indispensável para que o proprietário imobiliário rural pleiteie as facilidades proporcionadas pelos órgãos federais de administração centralizada ou descentralizada, ou por empresas de economia mista de que a União possua a maioria das ações, e, também, para obter inscrição, aprovação e registro de projetos de colonização particular, no Incra, ou aprovação de projetos de loteamento[7], com a ressalva de que os documentos expedidos pelo Incra, para fins cadastrais, não fazem prova de propriedade imobiliária ou de direitos a ela relativos, porquanto somente o registro do título

---

6 O art. 46, § 5º, do Estatuto da Terra faculta aos proprietários requererem a atualização de suas fichas, dentro de um ano da data das modificações substanciais relativas aos respectivos imóveis rurais, desde que comprovadas as alterações, a critério do Incra.

7 Lei n. 4.947/66, art. 22.

translativo da propriedade no registro de imóvel é o meio competente para provar o domínio imobiliário (art. 1.245 do Código Civil).

Caso não haja a apresentação do CCIR, os proprietários não podem, sob pena de nulidade, desmembrar, arrendar, hipotecar, vender ou prometer em venda imóveis rurais. Nos casos de sucessão *causa mortis*, nenhuma partilha amigável ou judicial poderá ser homologada pela autoridade competente, sem a apresentação do Certificado de Cadastro[8].

A apresentação do CCIR será feita sempre com o acompanhamento da prova de quitação do Imposto sobre a Propriedade Territorial Rural (ITR), correspondente aos últimos cinco exercícios fiscais, ressalvados os casos de inexigibilidade e dispensa[9].

Exige-se, ainda, que dos títulos de domínio destacados do patrimônio público conste, obrigatoriamente, o número de inscrição do CCIR (§ 4º do art. 22 da Lei n. 4.947/66).

Ademais, nos casos de usucapião (hipótese em que os requisitos principais são posse e tempo) o juiz manda intimar o Incra do teor da sentença, para fins de cadastramento do imóvel rural.

Para que haja identificação indubitável do imóvel entre os dados cadastrais do Incra e a respectiva documentação jurídica que legitima a propriedade, a lei manda que os serviços notariais sejam obrigados a mencionar nas escrituras públicas relativas a direitos imobiliários, os seguintes dados do CCIR: (i) código do imóvel; (ii) nome do detentor; (iii) nacionalidade do detentor; (iv) denominação do imóvel; e (v) localização do imóvel (Lei n. 4.947/66, art. 22, § 6º).

Nesse ponto a lei merece repreensão. Veja-se que a lei refere-se à figura do detentor (não é possuidor, nem proprietário), o que reme-

---

8 Lei n. 4.947/66, art. 22, §§ 1º e 2º.

9 O art. 20 da Lei n. 9.393, de 20 de dezembro de 1996, regra que a concessão de incentivos fiscais e de crédito rural, em todas as suas modalidades, bem como a constituição das respectivas contrapartidas ou garantias, ficam condicionadas à comprovação do recolhimento do ITR, relativo ao imóvel rural, correspondente aos últimos cinco exercícios, ressalvados os casos em que a exigibilidade do imposto esteja suspensa, ou em curso de cobrança executiva em que tenha sido efetivada a penhora. O parágrafo único ainda complementa que fica dispensada a comprovação de regularidade do recolhimento do imposto relativo ao imóvel rural, para efeito de concessão de financiamento ao amparo do Programa Nacional de Fortalecimento da Agricultura Familiar (PRONAF).

te o intérprete à distinção na legislação civil entre os institutos da posse e detenção[10], sendo que o art. 2º da Lei n. 5.868/72 não exige a feitura da declaração cadastral de detentores, senão apenas dos proprietários, titulares do domínio útil ou possuidores a qualquer título.

Há, portanto, uma dissintonia normativa entre o § 6º do art. 2º da Lei n. 4.947/66 e o art. 2º da Lei n. 5.868/72. Mas o defeito técnico-jurídico na lei não ilude o intérprete: deve-se ter em linha de conta que é a figura do possuidor que deva constar na escritura pública dos serviços notariais, nos termos da exigência do § 6º do art. 2º da Lei n. 4.947/66, uma vez que detentor não tem direito a ter escriturado o lote de terra que detém, pois não tem direito à terra, já que o detentor acha-se em relação de dependência para com outra pessoa, conservando a posse em nome deste e em cumprimento de ordens ou instruções suas.

No sítio eletrônico do Incra[11] há informações relevantes que destacam a imprescindibilidade do CCIR como constituição de prova do cadastro do imóvel rural, sendo indispensável para desmembrar, arrendar, hipotecar, vender ou prometer em venda o imóvel rural e para homologação de partilha amigável ou judicial (sucessão *causa mortis*) de acordo com os §§ 1º e 2º do art. 22 da Lei n. 4.947/66, modificado pelo art. 1º da Lei n. 10.267/2001, sendo essencial, também, para a concessão de crédito agrícola, exigido por bancos e agentes financeiros.

Os dados constantes do CCIR são exclusivamente cadastrais, não legitimando direito de domínio ou posse, conforme preceitua o parágrafo único do art. 3º da Lei n. 5.868/72.

Aliás, o Superior Tribunal de Justiça tem o entendimento pacificado de que o Certificado de Cadastro de Imóvel Rural constitui

10 O art. 1.196 do Código Civil considera possuidor todo aquele que tem de fato o exercício, pleno ou não, de algum dos poderes inerentes à propriedade, sendo que a posse direta, de pessoa que tem a coisa em seu poder, temporariamente, em virtude de direito pessoal, ou real, não anula a indireta, de quem aquela foi havida, podendo o possuidor direto defender a sua posse contra o indireto (art. 1.197). Considera-se detentor aquele que, achando-se em relação de dependência para com outro, conserva a posse em nome deste e em cumprimento de ordens ou instruções suas (art. 1.198).

11 Disponível em: https://www.gov.br/incra/pt-br. Nesse mesmo endereço eletrônico é possível fazer a inclusão cadastral do imóvel rural. Acesso em: 10 set. 2023.

indício de prova material da condição de trabalhador rural para fins de aposentadoria, a qual, se corroborada por prova testemunhal, configura os requisitos mínimos para concessão do benefício pleiteado[12].

---

12 Sobre a matéria, destacam-se as seguintes decisões que mantiveram o entendimento de que o Certificado de Cadastro de Imóvel Rural constitui início de prova material do exercício de atividade rurícola, para fins previdenciários: RECURSO ESPECIAL N. 2045283/SE (2022/0402529-0) (...) 3. Para demonstrar a prestação de serviço rural em regime de economia familiar, a apelada juntou aos autos: a) comprovante de recebimento de pensão por morte (trabalhador rural) do marido da requerente; b) certidão emitida pela Justiça Eleitoral; c) declaração de exercício de atividade rural emitida pelo Sindicato dos Trabalhadores Rurais de Tobias Barreto-SE; d) comprovante de contribuição sindical na condição de Agricultor Familiar; e) contrato de comodato; f) certificado de cadastro de imóvel rural; g) recibos de compra e venda de imóvel rural; h) ficha de matricula do filho da requerente com a sua qualificação como sendo lavradora. 4. O conjunto da prova demostra a prestação de serviço rural, pelo período equivalente ao período de carência legal, de modo que, associada à idade mínima exigida (55 anos, para mulher e 60 para homens), conferem o direito à apelante de receber a aposentadoria por idade, com efeitos retroativos à data do requerimento administrativo, respeitada a prescrição quinquenal. (...) Por outro lado, é irrefutável que o Tribunal de origem, ao apreciar o conjunto fático e probatório dos autos, consignou expressamente que "O conjunto da prova demostra a prestação de serviço rural, pelo período equivalente ao período de carência legal, de modo que, associada à idade mínima exigida (55 anos, para mulher e 60 para homens), conferem o direito à apelante de receber a aposentadoria por idade, com efeitos retroativos à data do requerimento administrativo, respeitada a prescrição quinquenal" (fl. 403). Dessa forma, para rever tal posição, e interpretar os dispositivos legais indicados como violados, seria necessário o reexame desses mesmos elementos fáticoprobatórios, o que é vedado no âmbito estreito do recurso especial. Incide na hipótese a Súmula n. 7/STJ. Ante o exposto, conheço parcialmente do recurso especial e, nessa parte, negolhe provimento, com fundamento no art. 255, § 4º, I e II, do RISTJ. Determino a majoração dos honorários sucumbenciais em 1 (um) ponto percentual, em virtude da previsão contida no § 11 do art. 85 do CPC/2015, desde que respeitados os limites previstos no § 3º do mencionado dispositivo legal. Publique-se. Intimem-se. Brasília, 30 de janeiro de 2023. (REsp n. 2.045.283/SE (2022/0402529-0), rel. Min. Francisco Falcão, Segunda Turma, julgado em 1º-2-2023, DJe/STJ n. 3568 de 2-2-2023, publicado em 2-2-2023. Disponível em: https://processo.stj.jus.br/processo/dj/documento/mediado/?tipo_documento=documento&componente=MON&sequencial=175963525&num_registro=202204025290&data=20230202. No mesmo sentido: REsp n. 2081614/SP (2023/0207680-7), Rel. Min. Assusete Magalhães, Segunda Turma, julgado em 3-8-2023, *DJe*/STJ n. 3691, de 4-8-2023, publicado em 4-8-2023. Disponível em: https://processo.stj.jus.br/processo/dj/

Outrossim, quando se tratar de desapropriação de área rural já cadastrada no catálogo do Governo Federal, é ônus do ente público interessado se utilizar do amplo acervo probatório de que dispõe o Incra, para não cometer qualquer tipo de abuso, conforme restou pacificado pelo Supremo Tribunal Federal[13].

O Oficial do Registro de Imóveis tem o dever de encaminhar ao Incra, mensalmente, as modificações ocorridas nas matrículas imobiliárias decorrentes de mudanças de titularidade, parcelamento, desmembramento, loteamento, remembramento, retificação de área, reserva legal e reserva particular do patrimônio natural e outras limitações e restrições de caráter ambiental dos imóveis rurais, inclusive os destacados do patrimônio público (Lei n. 4.947/66, art. 22, § 7º).

Cabe ao Incra encaminhar, mensalmente, aos serviços de registro de imóveis, os códigos dos imóveis rurais que sofreram mudança em sua vida registral, para serem averbados de ofício, nas respectivas matrículas. A lei é silente no que tange aos custos operacionais dessa providência, já que é feita de ofício pela autarquia federal. Entretanto, o Decreto n. 4.449, de 30 de outubro de 2002, preceitua que esses custos

---

documento/mediado/?tipo_documento=documento&componente=MON&sequencial=198876903&tipo_documento=documento&num_registro=202302076807&data=20230804&formato=PDF; Embargos de Divergência em Agravo em REsp n. 1.955.765/SP (2021/0269918-5), rel. Min. Maria Isabel Gallotti, Segunda Turma, julgado em 29-8-2023, publicado em 31-8-2023. Disponível em: https://processo.stj.jus.br/processo/dj/documento/mediado/?tipo_documento=documento&componente=MON&sequencial=204932145&tipo_documento=documento&num_registro=202102699185&data=20230831&formato=PDF. Acessos em: 5 set. 2023.)

13 AG. REG. E M MANDADO DE SEGURANÇA 29.005 DISTRITO FEDERAL. Agravo regimental no mandado de segurança. 2. Desapropriação. 3. Decreto Presidencial que declara imóvel rural de interesse social para fins de reforma agrária. 3. Desmembramento do imóvel em data anterior à notificação para vistoria. Escritura pública da divisão amigável registrada no cartório de imóveis. Presunção iuris tantum. 4. Média propriedade rural. Art. 4º, da Lei 8.629/93. Impossibilidade de desapropriação para fins de reforma agrária. Art. 185, I, da CF. 5. Inexistência de comprovação inequívoca da titularidade de outro imóvel rural pelo impetrante. Ônus da entidade expropriante. Precedentes. 6. Ausência de argumentos capazes de infirmar a decisão agravada. 7. Agravo regimental a que se nega provimento. (Agravo Regimental em Mandado de Segurança 29.005/DF, rel. Min. Gilmar Mendes, Tribunal Pleno, julgado em 26-5-2017, publicado em 30-6-2017.) Disponível em: https://redir.stf.jus.br/paginadorpub/paginador.jsp?docTP=TP&docID=13118321. Acesso em: 5 set. 2023.

devem ser satisfeitos pelo interessado, estando isento somente nos casos de imóvel cujo somatório não supere quatro módulos fiscais – a pequena propriedade –, conforme definição do art. 4º da Lei n. 8.629/93.

Cadastro de Proprietários e Detentores de Imóveis Rurais – Implica a relação do número e nome das pessoas que têm suas escrituras de compra e venda de terras rurais transcritas no Registro de Imóveis e, também, daqueles que exploram economicamente terras que não são suas, independentemente de sua designação como possuidor, posseiro ou ocupante. Nesse tipo cadastral há, efetivamente, o cadastro de detentores, pois o Incra quer saber quem ocupa terra pública, porque a terra pública é rotineiramente objeto de simples detenção (ocupação) pelo Brasil afora, com fins de moradia e meio de sobrevivência.

Cadastro de Arrendatários e Parceiros Rurais. Nessa espécie, a União tem por fim catalogar aqueles que exploram a terra particular por meio do contrato agrário, mais especificamente por contratos de arrendamento e parceria rural.

Arrendamento rural é o contrato agrário pelo qual uma pessoa se obriga a ceder à outra, por tempo determinado ou não, o uso e gozo de imóvel rural, ou partes dele, incluindo, ou não, outros bens, benfeitorias e/ou facilidades, com o objetivo de sobre ele ser exercida atividade de exploração agrícola, pecuária, agroindustrial, extrativa ou mista, mediante certa retribuição ou aluguel (art. 3º do Decreto n. 59.566, de 14 de novembro de 1966).

Já parceria rural é o contrato agrário pelo qual uma pessoa se obriga a ceder à outra, por tempo determinado ou não, o uso específico de imóvel rural, de parte ou partes do mesmo, incluindo, ou não, benfeitorias, outros bens e/ou facilidades, com o objetivo de nele ser exercida atividade de exploração agrícola, pecuária, agroindustrial, extrativa vegetal ou mista; e/ou lhe entrega animais para cria, recria, invernagem, engorda ou extração de matérias-primas de origem animal, mediante partilha de riscos em razão de caso fortuito e de força maior do empreendimento rural, e dos frutos, produtos ou lucros havidos nas proporções que estipularem, em tudo observados o art. 96 do Estatuto da Terra (art. 4º do Decreto n. 59.566, de 14 de novembro de 1966)[14].

---

14 Os contratos agrários devem obedecer aos princípios elencados no Estatuto da Terra e no Decreto n. 59.566/66, tais como: prazos de término e duração de contrato, forma de pagamento do arrendamento e da parceria, preferência do arrendatário e do parceiro-outorgado, vedação do subarrendamento ou sub-parceria, dentre outros.

Essa espécie de cadastro visa, justamente, facilitar as condições para que o arrendatário e o parceiro-outorgado tenham acesso ao crédito rural, assistência técnica proporcionada pelos órgãos oficiais e outros incentivos e benefícios oferecidos pelo governo, inclusive fazendo prova de sua condição de produtor rural para obtenção de benefícios da previdência social rural.

Cadastro de Terras Públicas – Sua primeira regulamentação adveio com o Decreto n. 55.891, de 31 de março de 1965, que estatuiu em seu art. 48, parágrafo único, que, além do cadastro de posseiros, o Incra realizaria o cadastramento das terras públicas e terras devolutas já identificadas. Em seguida, no art. 57, faz complemento normativo sobre o cadastro de terras públicas quando preceitua que será, também, organizado, progressivamente, cadastro complementar das terras públicas federais e estaduais, e das terras devolutas, visando ao conhecimento das disponibilidades de áreas apropriadas à colonização, e em cujo cadastro devem ser registradas as ocorrências de posseiros e suas respectivas situações, para os fins da regularização prevista no Estatuto da Terra[15].

O registro das terras públicas visa ao conhecimento das disponibilidades de áreas que possam ser objeto adequado para as políticas de reforma agrária e de colonização, como também serve para conhecimento, pelo poder público, das situações dos posseiros e ocupantes dessas terras.

No entanto, infelizmente, o poder público federal despreza implementar política pública de conhecimento e catalogação de suas terras rurais, motivo por que é ineficiente e precário o cadastro das terras públicas no país.

Cadastro Nacional de Florestas Públicas – Esta ferramenta está vinculada ao Ministério do Meio Ambiente e Mudança do Clima, e constitui instrumento de planejamento da organização florestal, reunindo dados georreferenciados sobre as florestas públicas nacionais, a fim de refletir aos gestores públicos e à população uma base confiável de mapas, imagens e dados com as informações relevantes à gestão florestal.

Os dados do CNFP auxiliam os processos de destinação das florestas públicas para uso comunitário, criação de unidades de conservação e realização de concessões florestais. O Cadastro contribui para a transparência, participação social e unificação das informações sobre as florestas públicas[16].

---

15 Art. 57 do Decreto n. 55.891, de 31 de março de 1965.

16 O CNFP é formado pelo Cadastro de Florestas Públicas da União e pelos Cadastros de Florestas Públicas dos Estados, Distrito Federal e Municípios, sendo

Cadastro Ambiental Rural – O art. 29 do Código Florestal de 2012 inaugurou o Cadastro Ambiental Rural (CAR), que é o registro público eletrônico de âmbito nacional, obrigatório para todos os imóveis rurais, visando a integrar as informações ambientais das propriedades e posses rurais, e compõe uma base de dados para controle, monitoramento, planejamento ambiental e econômico, e combate ao desmatamento. Por isso, faz parte do Sistema Nacional de Informação sobre Meio Ambiente (SINIMA).

A inscrição do imóvel deverá ser feita, preferencialmente, no órgão ambiental municipal ou estadual, que, nos termos do regulamento, exigirá do proprietário ou possuidor rural: (i) identificação do proprietário ou possuidor rural; (ii) comprovação da propriedade ou posse; e a (iii) identificação do imóvel em planta e memorial descritivo, contendo a indicação das coordenadas geográficas com pelo menos um ponto de amarração do perímetro do imóvel, informando a localização dos remanescentes de vegetação nativa, das Áreas de Preservação Permanente, das Áreas de Uso Restrito, das áreas consolidadas e, caso existente, também da localização da Reserva Legal.

Entretanto, o proprietário não está obrigado a fornecer ao órgão ambiental as informações relativas à identificação detalhada do imóvel, nos casos em que a Reserva Legal já tenha sido averbada na matrícula do imóvel e essa averbação identifica o perímetro e a localização da reserva, devendo, em substituição, o proprietário apresentar a certidão de registro de imóveis onde conste a averbação da Reserva Legal ou termo de compromisso já firmado nos casos de posse (art. 30 e seu parágrafo único da Lei n. 12.651/2012).

Tal qual o Certificado de Cadastro de Imóvel Rural (CCIR), o Código Florestal ressalva que o CAR não se presta como título jurídico para fins de reconhecimento do direito de propriedade ou de posse sobre a terra (§ 2º do art. 29 do Código Florestal).

Exige-se, ainda, que a inscrição no CAR deva ser de todas as propriedades e posses rurais, obrigatoriamente, concedido prazo indeterminado[17].

---

interligação ao Sistema Nacional de Cadastro Rural (SNCR) do Incra. Informações disponíveis em: https://www.gov.br/agricultura/pt-br/assuntos/servico-florestal-brasileiro/cadastro-nacional-de-florestas-publicas. Acesso em: 15 set. 2023.

17 Art. 29, § 3º, Lei n. 12.651/2012.

9.2. ESCORÇO HISTÓRICO DO IMPOSTO TERRITORIAL RURAL

Desde o Império Romano, a tributação da terra é fonte arrecadadora aos cofres públicos de que lança mão o Estado, tendo a segurança de incidir sobre bem de raiz. Ao longo da História ocidental, a tributação da terra foi mecanismo utilizado pelo poder vigente como uma das fontes para abastecer os cofres públicos.

Na República brasileira, com a Constituição da República dos Estados Unidos do Brasil, de 1891, a competência impositiva de impostos sobre imóveis rurais e urbanos era dos Estados da Federação.

Nas Constituições posteriores, o imposto sobre imóveis rurais, ora era competência privativa dos Estados (Constituições de 1934, 1937 e 1946), ora dos Municípios (Emenda Constitucional n. 5, de 21 de novembro de 1961, à Constituição de 1946), ora da União (Emenda Constitucional n. 10, de 9 de novembro de 1964, à Constituição 1946 e Constituição de 1967), o que foi mantido pela Constituição Federal de 1988 (art. 153).

O Estatuto da Terra, em 1964, enunciou os objetivos da tributação do imóvel rural, identificando-o como meio de incentivar a política de desenvolvimento rural, visando: (a) desestimular os que exercem o direito de propriedade sem observância da função social e econômica da terra; (b) estimular a racionalização da atividade agropecuária dentro dos princípios de conservação dos recursos naturais renováveis; (c) proporcionar recursos à União, aos Estados e Municípios para financiar os projetos de reforma agrária; e (d) aperfeiçoar os sistemas de controle da arrecadação dos impostos[18].

Atualmente, o Imposto sobre a Propriedade Territorial Rural (ITR) é regulado pela Lei n. 9.393, de 19 de dezembro de 1996.

9.3. HIPÓTESE DE INCIDÊNCIA TRIBUTÁRIA

O Código Tributário Nacional (Lei n. 5.172, de 25 de outubro de 1966), no art. 29, ao tratar do imposto sobre a propriedade territorial rural (ITR), preleciona, em harmonia à Lei Maior, ser de competência impositiva da União e ter como fato gerador a propriedade, o domínio útil ou a posse de imóvel por natureza, como definido na lei civil, localizado fora da zona urbana do Município[19].

---

18 Art. 47 do Estatuto da Terra (Lei n. 4.504/64).

19 Seção I, inserida no Capítulo III – Impostos sobre o Patrimônio e a Renda.

O art. 1º da Lei n. 9.393/96 – que dispõe sobre o ITR – apresenta mesma redação que a do Código Tributário Nacional, acrescentando ser a apuração anual, em 1º de janeiro de cada ano.

Incide, também, o ITR, inclusive sobre o imóvel declarado de interesse social para fins de reforma agrária, enquanto não transferida a propriedade, desde que não haja imissão prévia da União na posse do imóvel.

Caso a propriedade rural esteja localizada em mais de um Município, o ITR deverá ser enquadrado naquele onde fique a sede do imóvel e, se esta não existir, deve ser cobrado pela municipalidade onde se localize a maior parte da propriedade.

Assim, o legislador condicionou a incidência do ITR sobre a propriedade rural a partir da caracterização de um dos seguintes requisitos: (a) propriedade, ou (b) domínio útil, ou, ainda, (c) a posse do imóvel por natureza, como definido na lei civil. Uma vez verificado um desses três pressupostos materiais, incide o imposto.

O objeto sobre o qual incide o imposto é o "imóvel por natureza, como definido na lei civil". Assim, o conceito jurídico de imóvel por natureza é o solo e tudo quanto se lhe incorpore naturalmente (Código Civil, art. 79).

A lei tributária enuncia que o imóvel é rural quando "localizado fora da zona urbana do Município". O legislador se valeu, claramente, da definição de imóvel rural sob o critério de sua localização.

Todavia, conforme já explanado, a Lei n. 5.868, de 23 de dezembro de 1972, que cria o Sistema Nacional de Cadastro Rural, no art. 6º, prevê para incidência do ITR a que se refere o art. 29 do CTN, que se considera imóvel rural aquele que se destinar à exploração agrícola, pecuária, extrativa vegetal ou agroindustrial e que, independentemente de sua localização, tiver área superior a 1 (um) hectare.

E seu parágrafo único reza que os imóveis que não se enquadrem no disposto no *caput* do artigo, independentemente de sua localização, estão sujeitos ao Imposto sobre a Propriedade Predial e Territorial Urbana (IPTU).

Assim, a definição de imóvel rural foi dada a partir do critério da destinação econômica do imóvel, nesse normativo legal, o que gerou uma antinomia: a regra do CTN elegeu o critério da localização para incidência do Imposto Territorial Rural (ITR), enquanto a lei que versa sobre o cadastro rural, o da destinação econômica.

Instado a se manifestar, o Supremo Tribunal Federal entendeu, unanimemente, que a fixação de critérios de classificação do imóvel, se urbano ou rural, para fins específicos de tributação, é dirimida somente pelo CTN, por ser Lei Complementar, não podendo, portanto, ter seu entendimento modificado por lei hierarquicamente inferior, que é a Lei n. 5.868/72[20].

Deve ser gizado que a posição do STF é aplicada apenas quando se tratar de matéria tributária, conforme deixado claro pelo Excelso Pretório, pois, dependendo do objetivo da lei agrária, é adotado um ou outro critério de definição de imóvel rural.

Já a área contínua de que nos fala a lei do ITR corresponde aos imóveis confrontantes e que tenham o mesmo proprietário, bem como o imóvel dividido fisicamente por uma estrada ou rio, desde que tenha unidade econômica, conforme entendimento preconizado pelo art. 4º, I, do Estatuto da Terra, e art. 4º, I, da Lei n. 8.629/93[21].

Definido o objeto de incidência da hipótese tributária, vejamos os casos específicos de incidência da norma.

As hipóteses de incidência do ITR tratam sobre a forma com a qual o indivíduo se relaciona juridicamente com a terra, podendo ser, nos termos legais, na qualidade de proprietário, enfiteuta, possuidor, usufrutuário, fiduciário, fideicomissário ou promissário comprador. Em todos os casos, são hipóteses de direito real em que seu titular ou é proprietário, expresso no domínio jurídico do bem, ou possui estado de fato juridicamente protegido, por suposição de domínio.

---

20 RE 93.850-8/MG, STF, Plenário, 20-5-1982, *DJ* 27-8-1982. Ementa: Imposto predial. Critério para a caracterização do imóvel como rural ou como urbano – A fixação desse critério, para fins tributários, é princípio geral de direito tributário e portanto só pode ser estabelecido por lei complementar. O CTN, segundo jurisprudência do STF, é lei complementar. Inconstitucionalidade ao artigo 6° e seu parágrafo único da Lei Federal n. 5.868, de 12 de dezembro de 1972, uma vez que, não sendo lei complementar, não poderia ter estabelecido critério, para fins tributários, de caracterização de imóvel como rural ou urbano diverso do fixado nos artigos 29 e 32 do CTN – Recurso extraordinário conhecido e provido, declarando-se a inconstitucionalidade do artigo 6° e seu parágrafo único da Lei Federal n. 5.868, de 12 de dezembro de 1972 (RE 93.850, rel. Min. Moreira Alves, Tribunal Pleno, julgado em 20-5-1982, *DJ* 27-8-1982). Disponível em: http://www.stf.jus.br/portal/jurisprudencia/visualizarEmenta.asp?s1=000119618&base=baseAcordaos. Acesso em: 29 set. 2023.

21 Mencionados dispositivos legais conceituam, com a mesma redação, o que seria imóvel rural, correspondendo ao prédio rústico, de área contínua, qualquer que seja a sua localização, que se destina à exploração extrativa agrícola, pecuária ou agroindustrial, quer por meio de planos públicos de valorização, quer por meio de iniciativa privada.

Ao proprietário caberá o dever tributário de pagamento decorrente do ITR, ainda que esse domínio seja resolúvel. O direito de propriedade outorga ao seu titular os direitos de usar, gozar, dispor do bem e reavê-lo de quem quer que injustamente o possua ou detenha.

Nos termos do Código Civil, os arts. 1.359 e 1.360 ainda que não conceituem a propriedade resolúvel, especificam que, superadas as condições resolutivas (ou o termo) para sua concretização, o proprietário, que tenha em seu benefício a resolução, poderá reivindicar a coisa do poder de quem a possua ou detenha; ou o possuidor, que a tiver adquirido por título anterior a sua resolução, será considerado proprietário perfeito, restando à pessoa, em cujo benefício houve a resolução, ação contra aquele cuja propriedade se resolveu para haver a própria coisa ou o seu valor. Em qualquer dessas hipóteses, o pagamento do ITR será devido.

A enfiteuse, por se tratar de direito real sobre coisa alheia, estando o enfiteuta contemplado de posse juridicamente protegida, sujeita-o também à condição de contribuinte do ITR. Na propriedade enfitêutica, o enfiteuta tem o domínio útil do imóvel, daí por que é contribuinte do imposto.

O Código Civil de 2002, no art. 2.038, proibiu a constituição de enfiteuses e subenfiteuses, e subordinou as existentes, até sua extinção, às disposições do Código Civil de 1916, segundo o qual a enfiteuse ocorre, por ato entre vivos ou de última vontade, quando o proprietário atribui a outro o domínio útil, pagando a pessoa que o adquire, chamado enfiteuta, uma pensão, ou foro, anual, certo e invariável ao senhorio direto (art. 678, Código Civil de 1916).

Outra figura jurídica contribuinte do ITR é o titular da posse do bem imóvel, uma vez que o possuidor tem de fato o exercício, pleno ou não, de algum dos poderes inerentes à propriedade (*jus utendi* – usar, *jus fruendi* – gozar e *jus abutendi* – dispor).

O ITR é tributo que incide sobre o patrimônio de seu titular. Assim, a posse denominada tributável é a proveniente da relação de direito real, porque originada da vinculação patrimonial, e não a produzida de relação jurídica contratual como sói acontecer com o locatário, comodatário, e outros da mesma natureza[22].

---

22 Orientação jurisprudencial do Superior Tribunal de Justiça exclui o locatário da legitimidade passiva do ITR: RECURSO ESPECIAL N. 1.826.458 - SP (2019/0204718-0) (...) Por outro lado, é de ser reconhecida a ilegitimidade do locatário para o ajuizamento de repetição de indébito relativo a IPTU e taxas de conser-

Há, também, a situação do proprietário particular de imóvel rural ser injustamente desapossado de suas terras, fato comum no meio agrário brasileiro. Nesses casos, o Superior Tribunal de Justiça assentou que o titular da propriedade deixa de ser sujeito passivo da obrigação tributária, porque perdeu a pose, uso, gozo e fruição, restando vazio seu direito. É que o fato gerador do ITR é a propriedade, o domínio útil, ou a posse, consoante disposição do art. 29 do Código Tributário Nacional. Sem a presença dos elementos objetivos e subjetivos que a lei, expressa ou implicitamente, exige ao qualificar a hipótese de incidência, não se constitui a relação jurídico-tributária.

Assim, o proprietário de imóvel rural que tem suas terras invadidas por sem-terras não responde pelo ITR. Com a invasão, sobre cuja legitimidade não se faz qualquer juízo de valor, o direito de propriedade fica desprovido de praticamente todos os elementos a ele inerentes: não há mais posse, nem possibilidade de uso ou fruição do bem. E direito de propriedade sem posse, uso e fruição é incapaz de gerar qualquer tipo de renda ao seu titular, e deixa de ser, na essência, direito de propriedade, pois não passa de uma casca vazia à procura de seu conteúdo e sentido, uma formalidade legal negada pela realidade dos fatos[23].

---

vação e limpeza, conforme decidido por esta Corte no AgRg no REsp 836.089/SP (...). Posto isso, com fundamento nos arts. 932, IV e V, do Código de Processo Civil de 2015 e 34, XVIII, *b* e *c*, e 255, I e III, do RISTJ, CONHEÇO E DOU PARCIAL PROVIMENTO ao Recurso Especial para determinar a extinção do processo sem resolução do mérito, nos termos da fundamentação acima. Publique-se e intimem-se. Brasília (DF), 1º de agosto de 2019. (REsp n. 1.826.458/SP (2019/0204718-0), rel. Min. Regina Helena Costa, Primeira Turma, julgado em 1º-8-2019, publicado em 2-8-2019. Disponível em: https://processo.stj.jus.br/processo/revista/documento/mediado/?componente=MON&sequencial=99055482&num_registro=201902047180&data=20190802. Acesso em: 5 set. 2023.)

23 PROCESSUAL CIVIL E TRIBUTÁRIO. OFENSA AO ART. 535 DO CPC NÃO CONFIGURADA. ITR. IMÓVEL INVADIDO POR INTEGRANTES DE MOVIMENTO DE FAMÍLIAS SEM-TERRA. AÇÃO DECLARATÓRIA. PRESCRIÇÃO QUINQUENAL. FATO GERADOR DO ITR. PROPRIEDADE. MEDIDA LIMINAR DE REINTEGRAÇÃO DE POSSE NÃO CUMPRIDA PELO ESTADO DO PARANÁ. INTERVENÇÃO FEDERAL ACOLHIDA PELO ÓRGÃO ESPECIAL DO TJPR. INEXISTÊNCIA DE HIPÓTESE DE INCIDÊNCIA TRIBUTÁRIA. PERDA ANTECIPADA DA POSSE SEM O DEVIDO PROCESSO DE DESAPROPRIAÇÃO. ESVAZIAMENTO DOS ELEMENTOS DA PROPRIEDADE. DESAPARECIMENTO

DA BASE MATERIAL DO FATO GERADOR. PRINCÍPIOS DA RAZOABILIDADE E DA BOA-FÉ OBJETIVA. (...) 3. O Fato Gerador do ITR é a propriedade, o domínio útil, ou a posse, consoante disposição do art. 29 do Código Tributário Nacional. 4. Sem a presença dos elementos objetivos e subjetivos que a lei, expressa ou implicitamente, exige ao qualificar a hipótese de incidência, não se constitui a relação jurídico-tributária. 5. A questão jurídica de fundo cinge-se à legitimidade passiva do proprietário de imóvel rural, invadido por 80 famílias de sem-terra, para responder pelo ITR. 6. Com a invasão, sobre cuja legitimidade não se faz qualquer juízo de valor, o direito de propriedade ficou desprovido de praticamente todos os elementos a ele inerentes: não há mais posse, nem possibilidade de uso ou fruição do bem. 7. Direito de propriedade sem posse, uso, fruição e incapaz de gerar qualquer tipo de renda ao seu titular deixa de ser, na essência, direito de propriedade, pois não passa de uma casca vazia à procura de seu conteúdo e sentido, uma formalidade legal negada pela realidade dos fatos. 8. Por mais legítimas e humanitárias que sejam as razões do Poder Público para não cumprir, por 14 anos, decisão judicial que determinou a reintegração do imóvel ao legítimo proprietário, inclusive com pedido de Intervenção Federal deferido pelo TJPR, há de se convir que o mínimo que do Estado se espera é que reconheça que aquele que – diante da omissão estatal e da dramaticidade dos conflitos agrários deste Brasil de grandes desigualdades sociais – não tem mais direito algum não pode ser tributado por algo que só por ficção ainda é de seu domínio. 9. Ofende o Princípio da Razoabilidade, o Princípio da Boa-Fé Objetiva e o bom senso que o próprio Estado, omisso na salvaguarda de direito dos cidadãos, venha a utilizar a aparência desse mesmo direito, ou o resquício que dele restou, para cobrar tributos que pressupõem a sua incolumidade e existência nos planos jurídico (formal) e fático (material). 10. Irrelevante que a cobrança do tributo e a omissão estatal se encaixem em esferas diferentes da Administração Pública. União, Estados e Municípios, não obstante o perfil e personalidade próprios que lhes conferiu a Constituição de 1988, são parte de um todo maior, que é o Estado brasileiro. Ao final das contas, é este que responde pela garantia dos direitos individuais e sociais, bem como pela razoabilidade da conduta dos vários entes públicos em que se divide e organiza, aí se incluindo a autoridade tributária. 11. Na peculiar situação dos autos, considerando a privação antecipada da posse e o esvaziamento dos elementos da propriedade sem o devido processo de Desapropriação, é inexigível o ITR ante o desaparecimento da base material do fato gerador e a violação dos Princípios da Razoabilidade e da Boa-Fé Objetiva. 12. Recurso Especial parcialmente provido somente para reconhecer a aplicação da prescrição quinquenal) (REsp 963.499/PR, rel. Min. Herman Benjamin, Segunda Turma, julgado em 19-3-2009, *DJe* 14-12-2009). Precedentes: REsp 1144982/PR, rel. Min. Mauro Campbell Marques, Segunda Turma, julgado em 13-10-2009, *DJe* 15-10-2009). Disponível em: http://www.stj.jus.br/SCON/jurisprudencia/doc.jsp?livre=perda+posse+ITR&b=ACOR&p=true&t=JURIDICO&l=10&i=3. Acesso em: 29 set. 2023.

O usufrutuário, conforme disposição do art. 1.390 do Código Civil, é aquele que goza, durante certo tempo, de um bem cuja propriedade pertence a outrem, podendo recair em um ou mais bens, móveis ou imóveis, em um patrimônio inteiro, ou parte deste, abrangendo-lhe, no todo ou em parte, os frutos e utilidades; sua relação de posse juridicamente protegida também condiciona o usufruto à hipótese de incidência do ITR, sendo seu principal obrigado, em razão de sua posse direta e por gozar dos frutos e utilidades da terra, numa relação de direito real.

A alienação fiduciária de imóvel também é objeto de hipótese de incidência tributária do ITR. Como a alienação fiduciária se caracteriza pela transferência, ao credor, da propriedade do bem garantidor da dívida, ficando o devedor fiduciário com a posse direta do imóvel, ou seja, o devedor fica com o contato e a utilização direta do bem, este é, então, o contribuinte do ITR. Na prática, o devedor fiduciário continua com a posse legítima do imóvel rural que já não mais lhe pertence. Uma vez paga a dívida ao credor fiduciário, o devedor, automaticamente, volta ser o proprietário do imóvel rural dado em garantia ao empréstimo.

Nos casos em que o testador instituir herdeiros ou legatários, estabelecendo que, por ocasião de sua morte, a herança ou o legado se transmita ao fiduciário, resolvendo-se o direito deste, por sua morte, a certo tempo ou sob certa condição, em favor de outrem, que é o fideicomissário, é o fiduciário o contribuinte do ITR, pois é o legítimo proprietário do bem. Uma vez ocorrendo o implemento da condição ou termo, o fideicomissário passa a ser o proprietário último e, nestas condições, o sujeito passivo da obrigação tributária do ITR.

O Decreto-Lei n. 58, de 10 de dezembro de 1937, ao dispor sobre loteamento e venda de terrenos para pagamento em prestações, vinculou ao promissário comprador, em negócio de compra e venda irretratável e irrevogável, o direito real sobre a coisa (imóvel) alienada, atribuindo-o a responsabilidade de se assumir os encargos tributários, dentre eles o ITR, em se tratando de imóvel rural.

A jurisprudência nacional já firmou o entendimento, nesses casos, de que tanto o promitente vendedor quanto o promitente comprador são contribuintes responsáveis pelo pagamento do ITR, vez que nas hipóteses em que verificada a "contemporaneidade" dos exercícios da posse direta e da propriedade (e não a efetiva sucessão do direito real de propriedade, tendo em vista a inexistência de registro do compromisso de compra e venda no Cartório competente), o imposto sobre o patrimônio poderá ser exigido de qualquer um dos sujeitos passivos "coexistentes"[24].

Apossamentos há que podem gerar dúvida em saber se sobre a posse incide o ITR. Veja-se o usufruto exclusivo de indígenas sobre as terras que tradicionalmente têm a posse permanente. Como o domínio dessas terras pertencem à União, por força do art. 20, XI, da Constituição Federal, sobre elas não há incidência tributária de ITR.

As terras ocupadas pelos remanescentes de quilombos, com previsão no Ato das Disposições Constitucionais Transitórias (ADCT), art. 68, que reconheceu a propriedade definitiva das terras por eles ocupadas, mandando o Estado emitir-lhes os títulos privados respectivos, há a incidência do ITR, todavia, estão isentas por força da Lei n. 13.043, de 13 de novembro de 2014, que em seu art. 82 determinou que "os imóveis rurais oficialmente reconhecidos como áreas ocupadas por remanescentes de comunidades de quilombos que estejam sob a ocupação direta e sejam explorados, individual ou coletivamente, pelos membros destas comunidades, são isentos do Imposto sobre a Propriedade Territorial Rural – ITR", bem como anistiou qualquer dívida existente.

9.4. SUJEITOS E DOMICÍLIO DA RELAÇÃO TRIBUTÁRIA

Quanto ao sujeito passivo do ITR– o contribuinte –, figura-se a pessoa obrigada por seu pagamento, podendo ser o proprietário, enfiteuta ou possuidor a qualquer título, desde que apresente o *animus domini*, conforme entendimento preconizado pelo próprio art. 4º da Lei n. 9.393/96.

No que concerne à responsabilidade tributária do ITR – situação jurídica na qual a lei pode atribuir de modo expresso a responsabilidade pelo crédito tributário a terceira pessoa, vinculada ao fato gerador

24 Tal foi objeto do Tema Repetitivos 209 do STJ: "O promitente vendedor é parte legítima para figurar no pólo passivo da execução fiscal que busca a cobrança de ITR nas hipóteses em que não há registro imobiliário do ato translativo de propriedade". Disponível em: https://processo.stj.jus.br/repetitivos/temas_repetitivos/pesquisa.jsp?novaConsulta=true&tipo_pesquisa=T&cod_tema_inicial=209&cod_tema_final=209 . Acesso em: 12 set. 2023.

da respectiva obrigação –, excluindo a responsabilidade do contribuinte ou atribuindo-a a este em caráter supletivo do cumprimento total ou parcial da referida obrigação – são responsáveis do ITR, o sucessor, a qualquer título, e o adquirente, salvo quando conste do título a prova de sua quitação[25]. O adquirente fica obrigado a pagar o ITR devido pela pessoa que sucedeu, exceto se ficar constando no título translativo de domínio que há prova de quitação do imposto.

O CTN, nos termos do art. 134, ainda, determina a responsabilidade de terceiros pelo pagamento do ITR, em havendo impossibilidade de exigência do cumprimento da obrigação principal pelo contribuinte. Respondem solidariamente com o contribuinte nos atos em que intervierem ou pelas omissões de que forem responsáveis: os pais, tutores e curadores, pelo ITR devido, respectivamente, por seus filhos menores, tutelados ou curatelados; os administradores de bens de terceiros, pelo ITR devido por estes; o inventariante, pelo ITR devido pelo espólio; o administrador judicial, pelo ITR devido em falência e em recuperação judicial; os tabeliães, escrivães e demais serventuários de ofício, pelo ITR devido sobre os atos praticados por eles, ou perante eles, em razão do seu ofício; e, os sócios, no caso de liquidação de sociedade de pessoas.

O domicílio tributário do contribuinte do ITR é o Município de situação do imóvel rural, proibida a eleição de qualquer outro, segundo os ditames legais do art. 4º, parágrafo único, da Lei n. 9.393/96.

O sujeito ativo responsável pela cobrança do ITR é a União, tendo sido o Incra o órgão responsável pela cobrança até o advento da Lei n. 8.022, de 12 de abril de 1990, a partir de quando ficou a cargo da Receita Federal do Brasil a competência de administração das receitas arrecadadas pelo Incra, e transferida para a Procuradoria-Geral da Fazenda Nacional a competência para a apuração, inscrição e cobrança da respectiva dívida ativa, o que antes da lei também era atribuição legal daquela autarquia fundiária.

Segundo o art. 158, II, da Constituição Federal de 1988, pertencem aos Municípios cinquenta por cento do produto da arrecadação do imposto da União sobre a propriedade territorial rural, relativamente aos imóveis neles situados, cabendo a totalidade na hipótese em que o próprio Muni-

25 O art. 130 do CTN estipula que os créditos tributários relativos a impostos cujo fato gerador seja a propriedade, o domínio útil ou a posse de bens imóveis, e bem assim os relativos a taxas pela prestação de serviços referentes a tais bens, ou a contribuições de melhoria, subrogam-se na pessoa dos respectivos adquirentes, salvo quando conste do título a prova de sua quitação.

cípio fiscalize e cobre o ITR na forma legal, desde que não implique redução do imposto ou qualquer outra forma de renúncia fiscal, nos termos do art. 153, § 4º, III, da Lei Magna. Nesses casos, a Municipalidade em questão também é interessada na cobrança do imposto.

9.5. BASE DE CÁLCULO E ALÍQUOTAS

O Código Tributário Nacional, conforme o art. 30, estipula que a base de cálculo do valor do imposto corresponde ao valor venal fundiário do imóvel, ou seja, o valor de mercado.

Em cumprimento ao CTN, o art. 10, § 1º, da Lei n. 9.393/96, determina que a apuração e o pagamento do ITR serão feitos pelo contribuinte, independentemente de prévio procedimento administrativo da Secretaria da Receita Federal, sujeito a posterior homologação pela administração tributária.

O contribuinte, ao apurar o ITR, tem de levar em consideração os seguintes elementos: o VTN (Valor da Terra Nua), que é o valor do imóvel, excluídos os valores relativos a: a) construções, instalações e benfeitorias; b) culturas permanentes e temporárias; c) pastagens cultivadas e melhoradas; e d) florestas plantadas (art. 10, § 1º, I, da Lei n. 9.393/96).

O valor fundiário, ao seu turno, corresponderá à diferença entre o valor venal total do imóvel, declarado pelo contribuinte e não impugnado pelo Fisco, ou resultante de avaliação feita por este, e o valor das benfeitorias e outros bens incorporados ao imóvel. Ou seja, o valor fundiário é o valor da terra nua (sem as benfeitorias).

A área tributável corresponderá à área total do imóvel, menos as áreas: a) de preservação permanente[26] e de reserva legal, previstas no

---

26 Para a exclusão da área de preservação permanente, da base de cálculo do ITR, não é premente haver o Ato Declaratório Ambiental do IBAMA. Veja-se a decisão do STJ: PROCESSUAL CIVIL. RECURSO ESPECIAL. TRIBUTÁRIO. VIOLAÇÃO DO ART. 1.022 DO CPC/2015. NÃO OCORRÊNCIA. PRECLUSÃO DA MATÉRIA. ITR. BASE DE CÁLCULO. EXCLUSÃO DA ÁREA DE PRESERVAÇÃO PERMANENTE. DESNECESSIDADE DE ATO DECLARATÓRIO DO IBAMA. ACÓRDÃO RECORRIDO EM CONFORMIDADE COM O ENTENDIMENTO DO STJ. RECURSO ESPECIAL NÃO CONHECIDO. (REsp n. 1.942.734/PR (2021/0174852-4), rel. Min. Benedito Gonçalves, Primeira Turma, julgado em 30-8-2021, publicado em 31-8-2021. Disponível em: https://processo.stj.jus.br/processo/dj/documento/mediado/?tipo_documento=documento&componente=MON&sequencial=132276185&num_registro=202101748524&data=20210831. Acesso em: 5 set. 2023.)

Código Florestal[27]; b) de interesse ecológico para a proteção dos ecossistemas, assim declaradas mediante ato do órgão competente, federal

---

27 O Superior Tribunal de Justiça decidiu que a exclusão da área de reserva legal, da base de cálculo do ITR, está condicionada à sua prévia averbação no respectivo registro imobiliário. Nesse sentido, *vide*: RECURSO ESPECIAL N. 1592595/PR (2016/0083725-8). Quanto ao mais, o acórdão recorrido apresenta-se em harmonia com a orientação do Superior Tribunal de Justiça, segundo a qual é desnecessária a apresentação do Ato Declaratório Ambiental - ADA para que se reconheça o direito à isenção do ITR, mormente quando essa exigência estava prevista apenas em instrução normativa da Receita Federal (IN SRF 67/1997). Nesse sentido, os seguintes julgados: TRIBUTÁRIO. AGRAVO REGIMENTAL NO RECURSO ESPECIAL. IMPRESCINDIBILIDADE DA AVERBAÇÃO PARA O DEFERIMENTO DA ISENÇÃO DE ITR DECORRENTE DO RECONHECIMENTO DA ÁREA DE RESERVA LEGAL. AGRAVO REGIMENTAL DA SOCIEDADE EMPRESÁRIA A QUE SE NEGA PROVIMENTO. 1. Este Superior Tribunal de Justiça firmou o entendimento de que ser inexigível, para as áreas de preservação permanente, a apresentação do Ato Declaratório Ambiental com vistas à isenção do ITR. Porém, tratandose de área de reserva legal, é imprescindível a sua averbação no respectivo registro imobiliário (REsp. 1.638.210/MG, Rel. Min. OG FERNANDES, DJe 5.12.2017; REsp. 1.450.344/SC, Rel. Min. HERMAN BENJAMIN, DJe 19.12.2016; AgInt no AREsp. 666.122/RN, Rel. Min. BENEDITO GONÇALVES, DJe 10.10.2016; EDcl no AREsp 550.482/RS, Rel. Min. SÉRGIO KUKINA, DJe 21.8.2015) 2. Agravo Regimental da Sociedade Empresária a que se nega provimento. (AgRg no REsp 1.429.841/SC, Rel. Ministro NAPOLEÃO NUNES MAIA FILHO, PRIMEIRA TURMA, julgado em 19/02/2019, DJe 25/02/2019) (Grifos nossos). (...) Ante o exposto, com base no art. 255, § 4º, I, do RISTJ, NÃO CONHEÇO do recurso especial de AECIO FLAVIO DA SILVA. Com base no art. 253, parágrafo único, II, *a*, do RISTJ, CONHEÇO do agravo para CONHECER EM PARTE do recurso especial da FAZENDA NACIONAL e, nessa parte, NEGO-LHE PROVIMENTO. Sem condenação ao pagamento de honorários recursais, por se tratar de recursos especiais interpostos na vigência do CPC/1973. Publique-se. Intimem-se. Brasília, 23 de agosto de 2021. (REsp n. 1.592.595/PR (2016/0083725-8), rel. Min. Gurgel de Faria, Primeira Turma, julgado em 27-8-2021, publicado em 30-8-2021. Disponível em: https://processo.stj.jus.br/processo/dj/documento/mediado/?tipo_documento=documento&componente=MON&sequencial=132724994&tipo_documento=documento&num_registro=201600837258&data=20210830&formato=PDF. Ainda no mesmo sentido: AgRg no REsp 1.505.446/GO, rel. Min. Sérgio Kukina, Primeira Turma, julgado em 15-3-2021, DJe 18-3-2021. Disponível em: https://scon.stj.jus.br/SCON/pesquisar.jsp.; REsp n. 1.968.304/SP (2021/0335874-2), rel. Min. Assusete Magalhães, Segunda Turma, julgado em 18-11-2021, publicado em 22-11-2021. Disponível em: https://processo.stj.jus.br/processo/dj/documento/mediado/?tipo_documento=documento&componente=MON&sequen-

ou estadual, e que ampliem as restrições de uso previstas na alínea anterior; c) comprovadamente imprestáveis para qualquer exploração agrícola, pecuária, granjeira, aquícola ou florestal, declaradas de interesse ecológico mediante ato do órgão competente, federal ou estadual; d) sob regime de servidão ambiental; e) cobertas por florestas nativas, primárias ou secundárias em estágio médio ou avançado de regeneração; e f) alagadas para fins de constituição de reservatório de usinas hidrelétricas autorizada pelo poder público (art. 10, § 1º, II, da Lei n. 9.393/96).

O valor da terra nua tributável (VTNt) é obtido a partir da multiplicação do VTN pelo quociente entre a área tributável e a área total.

Nos termos do art. 153, § 4º, I, da *Lex Mater*, a alíquota do ITR será progressiva e terá sua fixação realizada de forma a desestimular a manutenção de propriedades improdutivas.

A razão de ser do disposto constitucional é tanto a finalidade fiscal quanto extrafiscal. Fiscal, por traduzir o caráter pessoal dos impostos, sendo graduados segundo a capacidade econômica do contribuinte, facultado à administração tributária, especialmente para conferir efetividade a esses objetivos, identificar, respeitados os direitos individuais e nos termos da lei, o patrimônio, os rendimentos e as atividades econômicas do contribuinte (Constituição Federal, art. 145, § 1º).

A extrafiscalidade visa ao desestímulo da manutenção de propriedades improdutivas, atribuindo progressividade e regressividade da alíquota, está vinculada diretamente ao grau de exploração econômica do imóvel, ou seja, à obediência ao mandamento constitucional da função social da propriedade. Isto é, estimulam-se o desenvolvimento econômico e a exploração da propriedade rural como forma de cumprimento à função social que lhe é inerente.

9.6. IMUNIDADES E ISENÇÕES

Imunidade tributária é vedação constitucional à competência impositiva do poder tributante. Assim, o ente tributante não tem competência impositiva constitucional para tributar, em observância a situações de fato ou pessoas.

---

cial=140261644&tipo_documento=documento&num_registro=202103358742&data=20211122&formato=PDF. Acessos em: 12 set. 2023.)

Nesse sentido, a imunidade retira do campo de abrangência tributária determinada hipótese que normalmente seria tributável.

As imunidades relativamente ao ITR são as genericamente previstas na Constituição Federal e que se aplicam a qualquer imposto (CF, art. 150, VI, *a), b), c)* e §§ 2º, 3º e 4º), além da específica contemplada no art. 153, § 4º, do Texto Magno, que protege as pequenas glebas rurais, assim definidas no art. 2º da Lei n. 9.393/96.

A autorização imunitória cumprida pelo referido dispositivo de lei exige que o proprietário explore o imóvel rural e que não possua outro; a lei considera pequena gleba rural o imóvel com área igual ou inferior a 100 ha, se localizado em Município compreendido na Amazônia Ocidental ou no Pantanal Mato-grossense e Sul-mato-grossense; 50 ha, se localizado em Município compreendido no Polígono das Secas ou na Amazônia Oriental; ou 30 ha, se localizado em qualquer outro Município.

Na isenção, assim considerada o favor fiscal outorgado por lei, embora haja a hipótese de incidência tributária, o ente tributante decide dispensar do pagamento do tributo por reconhecer a existência de circunstância fática específica de determinado grupo de contribuintes que deve ser incentivado.

Assim, o art. 3º da Lei n. 9.393/96 prevê a isenção do ITR sobre: o imóvel rural compreendido em programa oficial de reforma agrária, caracterizado pelas autoridades competentes como assentamento, que, cumulativamente, atenda aos seguintes requisitos: a) seja explorado por associação ou cooperativa de produção; b) a fração ideal por família assentada não ultrapasse o tamanho das pequenas glebas rurais, há pouco definidas; e c) o assentado não possua outro imóvel.

A mesma norma legal outorga, ainda, isenção de ITR sobre o conjunto de imóveis rurais de um mesmo proprietário, cuja área total observe os limites fixados para as pequenas glebas rurais, desde que, cumulativamente, o proprietário: a) explore o imóvel só ou com sua família, admitida ajuda eventual de terceiros; e b) não possua imóvel urbano.

As operações de transferência de imóveis desapropriados para fins de reforma agrária, bem como a transferência ao beneficiário do projeto de assentamento do programa de reforma agrária são isentas de impostos federais, estaduais e municipais, inclusive do Distrito Federal[28],

---

28 Lei n. 8.629/93, art. 26.

bem como não são cobradas custas ou emolumentos para registro de títulos translativos de domínio de imóveis rurais desapropriados para fins de reforma agrária[29].

9.7. LANÇAMENTO DO ITR

O lançamento do ITR é feito por homologação, consistindo em auxílio à Fazenda Pública feito pelo particular quando do ato de lançamento, sendo de responsabilidade do Fisco a conferência das informações prestadas para que haja homologação, tácita ou expressa, se estiver de acordo com a lei.

Para tanto, o art. 6º da Lei n. 9.393/96 determina que o contribuinte ou o seu sucessor comunique ao órgão local da Secretaria da Receita Federal (SRF), por meio do Documento de Informação e Atualização Cadastral do ITR (DIAC), as informações cadastrais correspondentes a cada imóvel, bem como qualquer alteração ocorrida, na forma estabelecida pela Secretaria da Receita Federal[30].

Desta feita, as informações cadastrais integraram o Cadastro de Imóveis Rurais (CAFIR), administrado pela Secretaria da Receita Federal, que poderá, a qualquer tempo, solicitar informações visando à sua atualização.

O contribuinte pode indicar no DIAC, somente para fins de intimação, endereço diferente daquele constante do domicílio tributário (Município de localização do imóvel rural), que vale exclusivamente para efeito de intimação até ulterior alteração (§ 3º, art. 6º, da Lei n. 9.393/96).

O contribuinte do ITR entrega, obrigatoriamente, em cada ano, o Documento de Informação e Apuração do Imposto (DIAT), correspondente a cada imóvel, observadas data e condições fixadas pela Secretaria da Receita Federal. E nesse ato, o particular declara o Valor da Terra Nua (VTN) correspondente ao imóvel, que reflete o preço

---

29 Lei n. 8.629/93, art. 26-A.

30 Conforme § 1º, desse mesmo dispositivo legal, o contribuinte tem a obrigação fiscal, no prazo de sessenta dias, contado de sua ocorrência, de comunicar à SRF, as seguintes alterações no imóvel: I – desmembramento; II – anexação; III – transmissão, por alienação da propriedade ou dos direitos a ela inerentes, a qualquer título; IV – sucessão *causa mortis*; V – cessão de direitos; VI – constituição de reservas ou usufruto.

de mercado de terras, apurado em 1º de janeiro do ano a que se referir o DIAT, e é considerado autoavaliação da terra nua.

O contribuinte, cujo imóvel se enquadre nas hipóteses de imunidade e isenção de recolhimento do ITR, fica dispensado da apresentação do DIAT.

CAPÍTULO 10
CONTRATOS AGRÁRIOS

Dentre as múltiplas relações de trabalho no meio agroambiental, os contratos agrários constituem significativo fator na economia rural. Muitas são as formas de contratar: os modelos legalmente previstos em lei, os chamados contratos nominados ou típicos e aqueles que, embora se submetam ao império dos princípios e regras contratuais agrárias, não têm previsão legal explícita, por isso, conhecidos como inominados ou atípicos, os quais são quantitativamente mais praticados, porque informais.

Os contratos agrários movimentam a economia regional e contribuem consideravelmente com o Produto Interno Bruto nacional, porque o Brasil, desde suas origens, tem vocação agrícola. Daí, então, a importância do presente estudo.

10.1. ESCORÇO HISTÓRICO E ARCABOUÇO LEGAL

O tema "contratos agrários" há muito tem sido objeto de estudo e, na prática, já aconteciam há muito tempo desde sua primeira regulamentação do Capítulo IV, Título II, do Estatuto da Terra.

Ainda que esse diploma legal não tenha abrangido todos os tipos de contratos até então verificados na realidade brasileira[1], serviu como pontapé inicial de sua tratativa. Posteriormente, sobreveio a Lei n. 4.947, de 06 de abril de 1966, responsável pela fixação de normas de Direito Agrário e disposição do Sistema de Organização e Funcionamento do Instituto Brasileiro de Reforma Agrária (IBRA), posteriormente fundido com o Instituto Nacional de Desenvolvimento Agrário (INDA) e transformados no Incra. Ainda, em 14 de novembro de 1966, publicou-se o Decreto n. 59.566, responsável pela regulamentação daquele Capítulo do Estatuto.

---

1 OPITZ, Silvia C. B.; OPITZ, Oswaldo. **Curso completo de direito agrário.** 6. ed. São Paulo: Saraiva, 2012, p. 273.

O art. 80 do Decreto n. 59.566 preceituou que a adaptação dos contratos existentes à data de sua publicação, deveriam obedecer ao seguinte: (i) convindo às partes, os contratos agrários então em vigor poderiam ser substituídos por novos, que atendessem a todos os requisitos daquele Regulamento; (ii) se assim não conviessem, não poderiam ser renovados, sem que se ajustassem às exigências das Leis n. 4.504/64 e 4.947/66 e daquele Regulamento.

Posteriormente, quando da regulamentação da Lei n. 4.947/66, destinou-se um único capítulo[2] para tratar sobre contratos agrários, abordando, ainda que brevemente em três artigos, algumas características inatas aos contratos agrários. Mas foi, principalmente, com o Decreto n. 59.566/66 que houve o aprofundamento da temática, disciplinando sobre os tipos de contrato, as modalidades, a forma, os direitos e deveres dos contratantes, dos parceiros, dentre outras características.

10.2. DEFINIÇÃO

Contrato agrário é espécie do gênero contrato, e pode ser conceituado como o negócio jurídico bilateral que visa a adquirir, resguardar, modificar ou extinguir direitos vinculados à atividade agrária, obedecendo-se aos termos do art. 104 do Código Civil de 2002[3].

10.3. PRINCÍPIOS COMUNS AOS CONTRATOS AGRÁRIOS

O art. 13 da Lei n. 4.947/66 preceitua que os contratos agrários serão regulados pelos princípios gerais que regem os contratos de Direito Comum, no que concerne ao acordo de vontade e ao objeto, sendo: (i) autonomia contratual; (ii) boa-fé; (iii) probidade; e (iv) função social do contrato.

A autonomia contratual significa a liberdade que têm as partes na celebração do acordo entre elas (quanto a condições, termos, pagamento, modalidade etc.), estabelecendo-se as cláusulas negociais que regerão a obrigatoriedade contratual, o *pacta sunt servanda*.

---

2 Capítulo III – Dos Contratos Agrários.

3 Mencionado artigo preceitua que a validade do negócio jurídico requer: (i) agente capaz; (ii) objeto lícito, possível, determinado ou determinável; e (iii) forma prescrita ou não defesa em lei.

A boa-fé traduz-se na conduta adotada regularmente pelo homem médio inserido no meio social, tomando atitudes ao bem-estar comum, na intenção correta de seu procedimento; é conduzir-se eticamente.

A probidade é considerada como a transparência e honestidade com que as partes revestem suas atitudes quando da realização do negócio jurídico.

E a função social do contrato imprime a ideia de que o negócio jurídico firmado entre as partes não poderá servir como instrumento de acutilamento a terceiros, tampouco às próprias partes envolvidas na avença.

Além dos princípios gerais aplicáveis aos contratos, na seara agrária, pode-se citar, ainda, princípios especiais que estipulam condutas e cláusulas contratuais obrigatórias às partes, porque "o contrato agrário sofre repercussões do direito público em razão de sua importância para o Estado, do protecionismo que quer prestar ao homem do campo, à função social da propriedade e ao meio ambiente, fazendo com que a máxima do *pacta sunt servanda* não se opere em absoluto neste caso"[4]. Eis as condutas proibidas e cláusulas obrigatórias:

(i) proibição de prática contratual atentatória à valorização do trabalho como condição da dignidade humana – insculpido no art. 1º, III e IV, da Constituição Federal de 1988, colocando a dignidade da pessoa humana e os valores sociais do trabalho e da livre-iniciativa como fundamentos da República Federativa do Brasil. Ademais, o art. 170 desse mesmo texto normativo, ao prever os princípios gerais da atividade econômica, utiliza-se da valorização do trabalho humano e da livre-iniciativa como fundamentos para a ordem econômica;

(ii) cláusulas que assegurem a conservação de recursos naturais – mencionado princípio encontra respaldo no art. 13, III, da Lei n. 4.947/66, que prevê a obrigatoriedade de cláusulas, que são irrevogáveis, estabelecidas previamente pelo Incra, que visem à conservação dos recursos naturais. O art. 13, *caput* e inciso II, do Decreto n. 59.566/66 também exige a presença de cláusulas irrevogáveis nos contratos agrários que visem à conservação dos recursos naturais;

---

4 REsp 1.182.967/RS, rel. Min. Luis Felipe Salomão, Quarta Turma, julgado em 9-6-2015, *DJe* 26-6-2015. Disponível em: https://processo.stj.jus.br/SCON/jurisprudencia/toc.jsp?livre=%28RESP.clas.+e+%40num%3D%221182967%22%29+ou+%28RESP+adj+%221182967%22%29.suce. Acesso em: 12 set. 2023.

(iii) prazos mínimos nos contratos agrários, sejam típicos ou atípicos, conforme redação do art. 13, II, *a*, do Decreto n. 59.566/66, combinado com o Estatuto da Terra, art. 95, XI, *b*, e art. 96, V, *b*, cujos prazos são: (a) de 3 (três), anos nos casos de arrendamento em que ocorra atividade de exploração de lavoura temporária e ou de pecuária de pequeno e médio porte; ou em todos os casos de parceria; (b) de 5 (cinco) anos nos casos de arrendamento em que ocorra atividade de exploração de lavoura permanente e/ou de pecuária de grande porte para cria, recria, engorda ou extração de matérias-primas de origem animal[5]; e (c) de 7 (sete) anos nos casos em que ocorra atividade de exploração florestal[6];

---

5 Nesse sentido: AGRAVO EM RECURSO ESPECIAL N. 2134405 - SP (2022/0160264-8). AGRAVO EM RECURSO ESPECIAL. AÇÃO REIVINDICATÓRIA CUMULADA COM INDENIZAÇÃO POR DANOS MATERIAIS E MORAIS. RESCISÃO DO CONTRATO DE ARRENDAMENTO RURAL. CONVENÇÃO DAS PARTES. NÃO CABIMENTO. DESRESPEITO AO ESTATUTO DA TERRA. ACÓRDÃO EM PERFEITA HARMONIA COM A JURISPRUDÊNCIA DESTA CORTE. SÚMULA 83/STJ. JULGAMENTO ANTECIPADO DA LIDE. AUSÊNCIA DE CERCEAMENTO DE DEFESA. PROCESSO ADEQUADAMENTE INSTRUÍDO. PRESCINDIBILIDADE DA PROVA TESTEMUNHAL. AGRAVO CONHECIDO PARA NEGAR PROVIMENTO AO RECURSO ESPECIAL. (...) Destarte, o acórdão recorrido encontra-se em perfeita harmonia com a jurisprudência desta Corte quanto à impossibilidade de derrogação do contrato rural por convenção das partes, porquanto desrespeita os preceitos do Estatuto da Terra, que tem cunho protetivo do produtor rural (...). (Agravo em Recurso Especial n. 2134405/SP (2022/0160264-8), rel. Min. Marco Aurélio Bellizze, Segunda Turma, julgado em 2-2-2023, publicado em 3-2-2023. Disponível em: https://processo.stj.jus.br/processo/dj/documento/mediado/?tipo_documento=documento&componente=MON&sequencial=17"1179'6&tipo_documento=documento&num_registro=202201602648&data=20230203&formato=PDF. Em idêntico sentido: AgInt no Agravo em REsp n. 1.972.895/SP (2021/0264437-8), rel. Min. Antônio Carlos Ferreira, Quarta Turma, julgado em 12-12-2022, publicado em 15-12-2022. Disponível em: https://scon.stj.jus.br/SCON/GetInteiroTeorDoAcordao?num_registro=202102644378&dt_publicacao=15/12/2022. Acessos em: 21 set. 2023.)

6 CIVIL. AGRAVO INTERNO NO RECURSO ESPECIAL. CONTRATO DE ARRENDAMENTO RURAL. PRAZO MÍNIMO LEGAL. NORMA COGENTE. PRECEDENTES. DECISÃO MANTIDA. 1. Segundo a jurisprudência mais recente desta Corte Superior, "os prazos mínimos de vigência para os contratos agrários constituem norma cogente e de observância obrigatória, não podendo ser derrogado por convenção das partes contratantes" (Resp 1.455.709/SP,

(iv) cláusulas que assegurem a proteção social e econômica do arrendatário ou do parceiro-outorgado – previsto a partir do art. 13, V, da Lei n. 4.947/66, que determinou a necessidade de proteção social e econômica aos arrendatários cultivadores diretos e pessoais.

O art. 13, I, do Decreto n. 59.566/66 previu a proibição de renúncia dos direitos ou vantagens estabelecidas em Leis ou Regulamentos, por parte dos arrendatários e parceiros-outorgados. E no inciso VII desse mesmo dispositivo legal descreveu as normas voltadas para a proteção desses contratantes, quais sejam:

a) concordância do arrendador ou do parceiro-outorgante, à solicitação de crédito rural feita pelos arrendatários ou parceiros-outorgados;

b) cumprimento das proibições fixadas no art. 93 do Estatuto da Terra[7];

c) direito e oportunidade de dispor dos frutos ou produtos repartidos, nos termos do art. 96, V, *f*, da Lei n. 4.504/64, da seguinte forma: (i) nenhuma das partes poderá dispor dos frutos ou dos frutos ou produtos havidos antes de efetuada a partilha, devendo o parceiro outorgado avisar o parceiro outorgante, com antecedência, da data em que iniciará a colheita ou repartição dos produtos pecuários; (ii) ao parceiro outorgado será garantido o direito de dispor livremente dos frutos e produtos que lhe cabem por força do contrato; e (iii) em nenhum caso será dado em pagamento ao credor do cedente ou do parceiro outorgado, o produto da parceria, antes de efetuada a partilha[8].

Rel. Min. RICARDO VILLAS BÔAS CUEVA, TERCEIRA TURMA, julgado em 5/5/2016, *Dje* 13/5/2016). 2. Agravo interno a que se nega provimento. (Agravo Interno no Recurso Especial 1.568;933/MS (2013/0137933-3), rel. Ministro Antonio Carlos Ferreira, Quarta Turma, julgado em 28-9-2020, publicado em 1º-10-2020. Disponível em: https://scon.stj.jus.br/SCON/GetInteiroTeorDoAcordao?num_registro=201301379333&dt_publicacao=01/10/2020. Acesso em: 20 set. 2023.)

7 As proibições previstas no art. 93 da Lei n. 4.504/64 são: (i) prestação do serviço gratuito pelo arrendatário ou parceiro-outorgado; (ii) exclusividade da venda dos frutos ou produtos ao arrendador ou ao parceiro-outorgante; (iii) obrigatoriedade do beneficiamento da produção em estabelecimento determinado pelo arrendador ou pelo parceiro-outorgante: (iv) obrigatoriedade da aquisição de gêneros e utilidades em armazéns ou barracões determinados pelo arrendador ou pelo parceiro-outorgante; (v) aceitação pelo parceiro-outorgado, do pagamento de sua parte em ordens, vales, borós, ou qualquer outra forma regional substitutiva da moeda.

8 A regra não alcança a garantia que ambos podem dar, quando tiverem de tomar empréstimo em estabelecimentos públicos ou particulares, tal como o penhor

(v) irrenunciabilidade de direitos e vantagens legalmente definidos em prol do arrendatário ou do parceiro outorgado – como visto no art. 13, I, do Decreto n. 59.566/66, reforçado pela redação do inciso IV do art. 13 da Lei n. 4.947/66, sendo proibida a renúncia dos direitos ou vantagens estabelecidas em Leis ou Regulamentos, por parte dos arrendatários e parceiros outorgados;

(vi) proibição de usos e costumes predatórios da economia agrícola – o art. 93, do Estatuto da Terra, o art. 13, I, da Lei n. 4.947/66, em consonância com o art. 13, VII, do Decreto n. 59.566/66, rezam a impossibilidade de se utilizar de práticas abusivas e que firam a economia agrícola.

10.4. TIPOS DE CONTRATOS

Os contratos agrários podem ser classificados em dois tipos: (i) nominados ou típicos e (ii) inominados ou atípicos.

Os primeiros são os contratos que têm regime jurídico expressamente normatizado em lei; são o arrendamento e a parceria.

Os segundos, ainda que não encontrem arregimentação explícita em lei, não deixam de ser regulamentados pelo ordenamento jurídico agroambiental.

Aplicam-se, por extensão, as normas dos contratos nominados aos inominados, conforme entendimento exarado pelo art. 39 do Decreto n. 59.566/66, vez que quando o uso ou posse temporária da terra for exercido por qualquer outra modalidade contratual, diversa dos contratos de arrendamento e parceria, serão observadas pelo proprietário do imóvel as mesmas regras aplicáveis a arrendatários e parceiros, e, em especial a condição estabelecida no art. 38 desse mesmo diploma normativo[9].

---

agrícola ou pecuário, mas nenhum deles pode dispor dos frutos ou produtos, para pagamento de suas dívidas antes da partilha. Qualquer deles terá apenas um domínio ideal sobre o montante dos frutos ou produtos produzidos. Trata-se de obrigação de dar coisa incerta, em que já se sabe, ao menos, a quantidade e o gênero, por força do contrato de parceria. Feita a partilha, temos então uma obrigação de dar coisa certa, caso em que cabe o pagamento ao credor do parceiro-outorgante ou outorgado, quando for o caso. In: OPITZ, Silvia C. B.; OPITZ, Oswaldo. Op. cit., p. 435.

9 O art. 38 em questão reza que “A exploração da terra, nas formas e tipos regulamentados por êste Decreto, somente é considerada como adequada a permitir

Aliás, o próprio art. 2º desse mesmo decreto regulamentador ressalta que todos os contratos agrários serão regidos por suas normas, as quais são de obrigatória aplicação em todo o território nacional e irrenunciáveis os direitos e vantagens nelas instituídos.

Os contratos inominados, nos termos do art. 107 do Código Civil[10], não têm forma previamente definida, podendo ser escritos ou verbais, sendo que nesse último tipo, presumem-se ajustadas as cláusulas obrigatórias estabelecidas no art. 13, do Decreto n. 59.566/66[11].

O art. 12 do Decreto exige as seguintes cláusulas para os contratos escritos:

(i) lugar e data da assinatura do contrato;

(ii) nome completo e endereço dos contratantes;

(iii) características do arrendador ou do parceiro-outorgante (espécie, capital registrado e data da constituição, se pessoa jurídica, e, tipo e número de registro do documento de identidade, nacionalidade e estado civil, se pessoa física e sua qualidade (proprietário, usufrutuário, usuário ou possuidor);

---

ao arrendatário e ao parceiro-outorgado gozar dos benefícios aqui estabelecidos, quando fôr realizada de maneira: (i) eficiente, quando satisfizer as seguintes condições, especificadas no art. 25 do Decreto n. 55.891, de 1965 e as contidas nos parágrafos daquele artigo: a) que a área utilizada nas várias explotações represente porcentagem igual ou superior a 50% (cinquenta por cento) de sua área agricultável, equiparando-se, para este fim, as áreas cultivadas, as pastagens, as matas naturais e artificias e as áreas ocupadas com benfeitorias; b) que obtenha rendimento médio, nas várias atividades de explotação, igual ou superior aos mínimos fixados em tabela própria, periodicamente; (ii) direta e pessoal, nos termos do art. 8º deste Regulamento estendido o conceito ao parceiro-outorgado; (iii) correta, quando atender às seguintes disposições estaduais no mencionado art. 25 do Decreto número 55.891, de 1965: a) adote práticas conservacionistas e empregue no mínimo, a tecnologia de uso corrente nas zonas em que se situe; b) mantenha as condições de administração e as formas de exploração social estabelecidas como mínimas para cada região".

10 Mencionado artigo preceitua que a validade da declaração de vontade não dependerá de forma especial, senão quando a lei expressamente a exigir. Por isso os contratos atípicos não têm forma previamente definida.

11 O art. 13 do Decreto em comento prevê que nos contratos agrários, qualquer que seja a sua forma, contarão obrigatoriamente, cláusulas que assegurem a conservação dos recursos naturais e a proteção social e econômica dos arrendatários e dos parceiros-outorgados nos termos descritos nesse artigo.

(iv) característica do arrendatário ou do parceiro-outorgado (pessoa física ou conjunto família);

(v) objeto do contrato (arrendamento ou parceria), tipo de atividade de exploração e destinação do imóvel ou dos bens;

(vi) identificação do imóvel e número do seu registro no Cadastro de imóveis rurais do IBRA (constante do Recibo de Entrega da Declaração, do Certificado de Cadastro e do Recibo do Imposto Territorial Rural);

(vii) descrição da gleba (localização no imóvel, limites e confrontações e área em hectares e fração), enumeração das benfeitorias (inclusive edificações e instalações), dos equipamentos especiais, dos veículos, máquinas, implementos e animais de trabalho e, ainda, dos demais bens e ou facilidades com que concorre o arrendador ou o parceiro-outorgante;

(viii) prazo de duração, preço do arrendamento ou condições de partilha dos frutos, produtos ou lucros havidos, com expressa menção dos modos, formas e épocas desse pagamento ou partilha;

(ix) cláusulas obrigatórias com as condições enumeradas no art. 13 do Decreto n. 59.566/66, nos arts. 93 a 96 do Estatuto da Terra, e no art. 13 da Lei n. 4.947/66;

(x) foro do contrato;

(xi) assinatura dos contratantes ou de pessoa a seu rôgo e de 4 (quatro) testemunhas idôneas, se analfabetos ou não puderem assinar[12].

Para fins de prova contratual, o § 8º do art. 92 da Lei n. 4.504/64 prevê que será permitida a produção de testemunhas para fins de prova dos contratos de uso ou posse da terra. Nesse mesmo sentido é que se declina o art. 14 do Decreto n. 59.566/66[13]. Aliás, o próprio Código Civil já salientou que qualquer que seja o valor do negócio jurídico, a prova testemunhal é admissível como subsidiária ou complementar da prova por escrito (parágrafo único do revogado art. 227).

Na seara dos contratos inominados (ou atípicos), a realidade nacional apresentou o que os teóricos e a jurisprudência denominaram

12 Conforme parágrafo único desse artigo, faculta-se as partes realizar outros ajustes que julguem convenientes aos seus interesses, desde que não infrinjam o Estatuto da Terra, a Lei n. 4.947/66 e o presente Regulamento.

13 Mencionado artigo preceitua que os contratos agrários, qualquer que seja o seu valor e sua forma, poderão ser provados por testemunhas (art 92, § 8º, do Estatuto da Terra).

de "falsa parceria", que pode ser entendida como o contrato realizado entre as partes, sob a roupagem de uma parceria rural, mas é a camuflagem de relações de emprego (caracterizado por trabalho de pessoa física, pessoalidade, habitualidade, onerosidade e subordinação), tudo com a finalidade de burlar o recolhimento previdenciário e o pagamento dos direitos trabalhistas.

Ao lado da "falsa parceria", há, também, o trabalho degradante à dignidade da pessoa humana – trabalho sob condição análoga a escravo – muito comum na Amazônia brasileira, cuja realidade agroambiental constata uma de suas múltiplas feições: o aviamento, constituindo verdadeira servidão por dívida. No Estado do Amazonas, no alto e médio rio Negro, na propriedade dos patrões (nome dado aos comerciantes que controlam a produção), extrativistas de origem indígena[14] trabalham no corte da palha de piaçaba (palmeira cuja fibra é usada na confecção de vassouras), para pagar dívidas a eles, patrões.

No aviamento, a relação se baseia em um sistema de empréstimos fornecidos pelos patrões, que vendem, aos piaçabeiros, comida, roupas e demais produtos de consumo pessoal; por outro lado, os patrões compram o quilo da piaçaba por valor baixíssimo, determinado pelos patrões mesmos. No final do mês, há o encontro de contas e o trabalhador recebe apenas o que sobra (quando sobra), descontados os empréstimos para transporte, itens básicos de trabalho, o rancho (nome dado pela população local à alimentação) e demais produtos vendidos aos piaçabeiros. Do total pago no final do mês, o empregador ainda desconta 20% por possíveis impurezas na palha. Esse sistema mantém o piaçabeiro sucessivamente endividado e subordinado a vida inteira; é uma forma de trabalho escravo contemporâneo[15].

A prática ilegal do aviamento na Amazônia vem por tradição histórica de exploração das riquezas extrativas da castanha-do-Pará e da borracha (o látex), tendo sido objeto de estudo por Fernando Pereira Sodero, quem definiu o aviamento como o "contrato de trabalho rural mediante o qual uma pessoa denominada *aviador* entrega a outra, denominada *aviado*, dinheiro e/ou mercadorias e/ou gêneros alimen-

14 Chamados piaçabeiros.

15 EXTRAÇÃO DA PIAÇABA para vassouras cria dependência trabalhista no AM. **Amazônia**: notícia e informação. São Paulo, 20 out. 2017. Disponível em: http://amazonia.org.br/2017/10/extracao-da-piacaba-para-vassouras-cria-dependencia-trabalhista-no-am/. Acesso em: 11 set. 2023.

tícios, por determinado valor unilateral estabelecido pelo primeiro, a fim de que o segundo se obrigue a vender-lhe toda ou parte de coleta da castanha ou de látex de seringueira transformado em pélas de borracha, obtidos tais produtos em determinado período avençado e em áreas certas de terra ou não"[16].

Por outro lado, o Superior Tribunal de Justiça consignou o entendimento de que a natureza dos contratos agrários é de cunho agrocivil, não possuindo relação vertical entre as partes, senão horizontal, colocando-as em patamar igualitário de negociação[17].

10.5. PARTES CONTRATANTES

Segundo a redação do art. 1º do Decreto n. 59.566/66, os contratos agrários típicos (arrendamento e parceria) são contratos que a lei reconhece entre o proprietário, quem detenha a posse ou tenha a livre administração de imóvel rural, de um lado, e aquele que nela exerça qualquer atividade agrícola, pecuária, agroindustrial, extrativa ou mista na propriedade de outro.

---

16 SODERO, Fernando Pereira apud HIRONAKA, Giselda Maria Fernandes Novaes. **Atividade agrária e proteção ambiental**: simbiose possível. São Paulo: Cultural Paulista Editora, 1997, p. 53.

17 AGRAVO EM RECURSO ESPECIAL N. 1.307.811 – RS (2018/0140118-9). (...) A matéria aqui tratada foi objeto de exame pela eg. Terceira Turma desta Corte, no julgamento do REsp n. 1.541.045/RS, de relatoria do em. Min. RICARDO VILLAS BÔAS CUEVA (...) A propósito, confira-se a ementa do referido julgado: RECURSO ESPECIAL. PARCERIA RURAL. PRODUÇÃO AVÍCOLA. CONTRATO AGROCIVIL. EXTINÇÃO DO VÍNCULO. PLANO DE SAÚDE COLETIVO. PARCEIRO OUTORGADO. MANUTENÇÃO COMO BENEFICIÁRIO. DESCABIMENTO. INEXISTÊNCIA DE RELAÇÃO DE EMPREGO. DISPENSA SEM JUSTA CAUSA. NÃO CONFIGURAÇÃO (...) Logo, diante da jurisprudência consolidada desta Corte Superior, a negativa de provimento ao especial é medida que se impõe, nos termos da Súmula nº 568 do STJ, segundo a qual o relator, monocraticamente e no Superior Tribunal de Justiça, poderá dar ou negar provimento ao recurso quando houver entendimento dominante acerca do tema.(...) (Agravo em Recurso Especial n. 1.307.811/RS (2018/0140118-9), rel. Min. Moura Ribeiro, Terceira Turma, julgado em 26-6-2019, publicado em 27-6-2019. Disponível em: https://processo.stj.jus.br/processo/revista/documento/mediado/?componente=MON&sequencial=97677034&num_registro=201801401189&data=20190627. Acesso em: 16 set. 2023.)

Assim, tem-se o proprietário, possuidor, usufrutuário, administrador ou quem, detenha posse legal num dos lados do polo do contrato, e noutro lado, aquele que exercerá a atividade agrária.

10.6. ARRENDAMENTO RURAL

O contrato de arrendamento rural, ainda que possa guardar semelhanças e muitas vezes ser confundido com outras avenças da mesma natureza[18], possui características peculiares e intrínsecas, pois, nos termos do art. 3º do Decreto n. 59.566/66, é o contrato agrário pelo qual uma pessoa se obriga a ceder à outra, por tempo determinado ou não, o uso e gozo de imóvel rural, parte ou partes do mesmo, incluindo, ou não, outros bens, benfeitorias e ou facilidades, com o objetivo de nele ser exercida atividade de exploração agrícola, pecuária, agroindustrial, extrativa ou mista, mediante certa retribuição ou aluguel, observados os limites percentuais de lei.

O § 2º desse mesmo dispositivo denomina arrendador o que cede o imóvel rural ou o aluga; e arrendatário a pessoa ou conjunto familiar, representado pelo seu chefe que o recebe ou toma por aluguel.

Dentro dessa perspectiva, o subarrendamento, nos termos do § 1º, ainda desse mesmo artigo, é o contrato pelo qual o arrendatário transfere a outrem, no todo ou em parte, os direitos e as obrigações do seu contrato de arrendamento, ou seja, é um contrato acessório, dependente do principal (arrendamento)[19].

Nos termos do art. 16 ainda do Decreto n. 59.566/66, a renda anual dos contratos de arrendamento será ajustada pelos contratantes, não podendo ser superior a 15% (quinze por cento) do valor cadastral do imóvel, incluídas as benfeitorias que entrarem na composição do contrato, salvo se o arrendamento for parcial e recair apenas em glebas selecionadas para fins de exploração intensiva de alta rentabilidade, caso em que a remuneração poderá ir até o limite de 30% (trinta por cento), nos termos do art. 95, XII, do Estatuto da Terra.

Os contratos poderão ser anualmente corrigidos a partir da data de assinatura, na parte que se refere ao valor da terra, conforme o índice de correção monetário divulgado pelo Incra.

---

18 OPITZ, Silvia C. B.; OPITZ, Oswaldo. Op. cit., p. 382.

19 O arrendatário outorgante de subarrendamento será, para todos os efeitos, classificado como arrendador.

O § 2º do art. 16 desse mesmo diploma normativo reza que nos casos em que ocorrer a exploração de produtos com preço oficialmente fixado, a relação entre os preços reajustados e os iniciais não poderá ultrapassar a relação entre o novo preço fixado para os produtos e o respectivo preço na época do contrato.

O art. 17 do Decreto n. 59.566/66 determina que para cálculo dos preços de arrendamento em cada imóvel rural, serão observados, com base no limite previsto pelo inciso XII do art. 95 do Estatuto da Terra, os seguintes critérios:

Nos casos de arrendamento da área total do imóvel rural, a um ou mais arrendatários, a soma dos preços de arrendamento não pode ser superior a 15% (quinze por cento) do valor da terra nua, fornecido na Declaração de Propriedade de imóvel rural e aceito para o cadastro de imóveis rurais do Incra, constante do recibo de pagamento do Imposto Territorial Rural (ITR)[20].

Nos casos de arrendamento parcial a um ou mais arrendatários, a soma dos preços de aluguel não poderá exceder a 30% (trinta por cento) do valor das áreas arrendadas, avaliado este com base no valor do hectare declarado e aceito, para o cadastro de imóveis rurais do Incra, conforme § 2º desse mesmo dispositivo legal.

Em caso de área não arrendada, admite-se um preço potencial de arrendamento, que será de 15% (quinze por cento) do valor mínimo por hectare estabelecido na Instrução Especial do Incra, na forma prevista no § 3º do art. 14 do Decreto n. 55.891, de 31 de março de 1965[21].

O preço potencial de arrendamento da área não arrendada, mais a soma dos preços de arrendamento das áreas arrendadas, não poderá exceder o preço máximo de arrendamento da área total do imóvel 15% (quinze por cento) do valor da terra nua, fornecido na Declaração de Propriedade de imóvel rural e aceito para o cadastro de imóveis rurais do Incra, constante do recibo de pagamento do imposto territorial rural.

---

20 Redação dada pelo § 1º do art. 17.

21 O § 3º em questão reza que os principais tipos de explotação que se enquadrem em cada uma das classes ou das subclasses definidas neste artigo serão enumerados e especificados na Instrução, a ser baixada por Portaria do Ministro do Planejamento, fixando as normas para execução deste Decreto.

O preço de arrendamento das benfeitorias que entrarem na composição do contrato não poderá exceder a 15% (quinze por cento) do valor das mesmas benfeitorias, expresso na Declaração de Propriedade do imóvel rural, nos termos do § 5º, ainda do mesmo dispositivo legal.

O arrendamento será quantificado e ajustado somente em quantia fixada em dinheiro, mas seu pagamento pode ser ajustado que se faça em moeda ou em quantidade de frutos cujo preço corrente no mercado local equivalha ao do aluguel, nunca inferior ao preço mínimo oficial, à época da liquidação, mas sendo vedado ajustar como preço de arrendamento quantidade fixa de frutos ou produtos, ou seu equivalente em dinheiro (art. 18, parágrafo único, do Decreto n. 59.566/66)[22].

Há contratos de arrendamento nos quais fica clausulado o pagamento em frutos ou produtos agrícolas. Nesses casos, fica assegurado ao arrendatário o direito de pagar em moeda corrente, caso o arrendado exija que a equivalência seja calculada com base em preços inferiores aos vigentes na região, à época desse pagamento, ou fique comprovada qualquer outra modalidade de simulação ou fraude por parte do arrendador (art. 19 do Decreto n. 59.566/66)[23].

---

22 Cf. RECURSO ESPECIAL. ARRENDAMENTO RURAL. AÇÃO DECLARATÓRIA E DESCONSTITUTIVA. OMISSÃO. INOCORRÊNCIA. CONTINÊNCIA. JULGAMENTO SIMULTÂNEO. FACULDADE DO MAGISTRADO. RENOVAÇÃO AUTOMÁTICA DO CONTRATO. FIXAÇÃO DO PREÇO EM PRODUTOS AGRÍCOLAS. ART. 18 DO DECRETO N. 56.666/1966. NULIDADE DA CLÁUSULA CONTRATUAL. CÉDULA DE PRODUTO RURAL. GARANTIA DO PAGAMENTO FIXADO EM PRODUTOS. NULIDADE. (...) 5. Dessa forma, se as CPR's foram expedidas como forma de garantir o pagamento do arrendamento, e sendo proibido fixar o pagamento em quantidade de produto ou seu equivalente em dinheiro consequentemente tem-se que as CPR's também se tornam ilegais, numa relação de causa e efeito. (Recurso Especial n. 1546856/MT (2015/0185951-6), rel. Min. Luis Felipe Salomão, Quarta Turma, julgado em 27-3-2022, publicado em 29-3-2022. Disponível em: https://processo.stj.jus.br/processo/dj/documento/mediado/?tipo_documento=documento&componente=MON&sequencial=148726780&num_registro=201501859516&data=20220329. Acesso em: 21 set. 2023.)

23 Nos termos do art. 92, § 7º, do Estatuto da Terra, qualquer simulação ou fraude do proprietário nos contratos de arrendamento ou de parceria, em que o preço seja satisfeito em produtos agrícolas, dará ao arrendatário ou ao parceiro o direito de pagar pelas taxas mínimas vigorantes na região para cada tipo de contrato.

De outro lado, ao arrendador que financiar o arrendatário por inexistência ou impossibilidade de financiamento pelos órgãos oficiais de credito, é facultado o direito de, vencida a obrigação, exigir a venda dos frutos até o limite da dívida acrescida dos juros legais devidos, observados os preços do mercado local[24].

Os prazos do arrendamento encontra guarida no art. 21 do Decreto n. 59.566/66. O *caput* preleciona que ao arrendamento por tempo indeterminado se presume ser pelo prazo mínimo de 3 (três) anos[25].

O § 1º do art. 21 do Regulamento, com mesma redação do inciso I do art. 95 do Estatuto da Terra, regra que os prazos do arrendamento terminam sempre depois de ultimada a colheita, inclusive a de plantas forrageiras cultiváveis, após a parição dos rebanhos ou depois da safra de animais de abate[26]. Em caso de retardamento da colheita por motivo de força maior, esses prazos ficarão automaticamente prorrogados até o final da colheita. Todavia, a espera da colheita e sua finalização bem como a parição de rebanho e o abate de animais não podem servir de justificativa para a prorrogação contratual se o arrendatário for inadimplente com suas obrigações a tal sorte que motive situação de perigo de lesão irreparável ou de difícil e incerta reparação ao outro contratante, o arrendante[27].

---

24 O parágrafo único do art. 93, ainda do Estatuto da Terra, reza que será facultado exigir a venda da colheita até o limite do financiamento concedido, observados os níveis de preços do mercado local, em favor do proprietário que houver financiado o arrendatário ou parceiro, por inexistência de financiamento direto.

25 O art. 95, II, da Lei n. 4.504/64 sinaliza que se presume feito, no prazo mínimo de três anos, o arrendamento por tempo indeterminado, observando-se, em todo caso, os prazos gerais de arrendamento, que terminarão sempre depois de ultimada a colheita, inclusive a de plantas forrageiras temporárias cultiváveis. No caso de retardamento da colheita por motivo de força maior, considerar-se-ão esses prazos prorrogados nas mesmas condições, até sua ultimação, conforme redação do inciso I desse mesmo artigo legal.

26 No § 2º do art. 21 do Decreto n. 59.566/66 entende-se por safra de animais de abate, o período oficialmente determinado para a matança, ou o adotado pelos usos e costumes da região.

27 Ação reivindicatória. Parceria agrícola (2007/2011) para plantio de cana-de-açúcar. Dois contratos escritos. Referências ao Estatuto da Terra. Possibilidade de última colheita (6ª) entre agosto e setembro de 2013, não prevista contratualmente (menciona apenas uma 5ª). Necessidade de pagamento de 70% da quantia obtida com venda da safra de cana-de-açúcar (6º corte), já que não se po-

Caso o arrendatário, no curso do contrato, pretenda iniciar uma nova cultura cujos frutos não possam ser colhidos antes de terminado o prazo contratual, deve ser ajustada, previamente, com o arrendador, a forma de pagamento do uso da terra por esse prazo excedente, sob pena de rescisão contratual e despejo[28].

As benfeitorias úteis e necessárias são indenizadas, quando do término do contrato em favor do arrendatário, inclusive as voluptuárias,

---

deria permitir o enriquecimento sem causa dos dois réus. Há ainda que se considerar sobra contábil referente aos custos de produção encontrada por um dos experts à fl. 291, que deverá ser igualmente paga ao acionante. Decisão monocrática parcialmente reformada. Dá-se parcial provimento ao recurso do autor (parceiro outorgado), negando-se ao dos dois requeridos. (Apelação Cível n. 0000348-60.2013.8.26.0067, rel. Des. Campos Petroni, 27ª Câmara de Direito Privado, julgado em 21-5-2019, publicado em 22-5-2019. Disponível em: https://esaj.tjsp.jus.br/cjsg/getArquivo.do?cdAcordao=12515645&cdForo=0https://esaj.tjsp.jus.br/cjsg/getArquivo.do?cdAcordao=12515645&cdForo=0. No mesmo sentido: Agravo em Recurso Especial n. 1779390/SP (2020/0277536-9), rel. Min. Marco Aurélio Bellizze, Quarta Turma, julgado em 11-2-2021, publicado em 12-2-2021). Disponível em: https://processo.stj.jus.br/processo/dj/documento/mediado/?tipo_documento=documento&componente=MON&sequencial=120626566&tipo_documento=documento&num_registro=202002775369&data=20210212&formato=PDF. Acessos em: 16 set. 2023.)

28 EMENTA: APELAÇÃO CÍVEL – AÇÃO RENOVATÓRIA DE ARRENDAMENTO RURAL – PEDIDO DE DESPEJO – CONTRATO DE ARRENDAMENTO RURAL – NOTIFICAÇÃO – DESNECESSIDADE NA HIPÓTESE – EXISTÊNCIA DE REGRA CONTRATUAL ESPECÍFICA – CONVENÇÃO EXPRESSA DE DESOCUPAÇÃO DO IMÓVEL COM O TÉRMINO DO PRAZO DETERMINADO ENTRE AS PARTES – DISPENSA EXPRESSA DE QUALQUER NOTIFICAÇÃO – PREVALÊNCIA DAS NORMAS CONTRATUAIS – FRUTOS COLHIDOS APÓS O FIM DO PRAZO CONTRATUAL – NECESSIDADE DE PRÉVIO AJUSTE.(...) (Recurso Especial n. 1645741/MG (2016/0060626-7), rel. Min. Marco Buzzi, Quarta Turma, julgado em 27-8-2021, publicado em 31-8-2021). Disponível em: https://processo.stj.jus.br/processo/dj/documento/mediado/?tipo_documento=documento&componente=MON&sequencial=124256367&num_registro=201600606267&data=20210831. Em igual sentido: Recurso Especial n. 1645741/MG (2016/0060626-7), rel. Min. Marco Buzzi, Quarta Turma, julgado em 27-8-2021, publicado em 31-8-2021. Disponível em: https://processo.stj.jus.br/processo/dj/documento/mediado/?tipo_documento=documento&componente=MON&sequencial=124256367&num_registro=201600606267&data=20210831. Acesso em: 16 set. 2023.)

sendo que a essas últimas exige a lei que a construção tenha sido expressamente autorizada pelo arrendador, nos termos do art. 25 do Decreto n. 59.566/66[29].

Nesse mesmo sentido, o Código Civil, em seu art. 1.219, determina que o possuidor de boa-fé tem direito à indenização das benfeitorias necessárias e úteis, bem como, quanto às voluptuárias, se não lhe forem pagas, a levantá-las, quando o puder sem detrimento da coisa, e poderá exercer o direito de retenção pelo valor das benfeitorias necessárias e úteis.

A classificação das benfeitorias agroambientais, disposta pelo art. 24 do Decreto n. 59.566/66, são: (i) voluptuárias, as de mero deleite ou recreio, que não aumentam o uso habitual do imóvel rural, ainda que o tornem mais agradável, ou seja, de elevado valor; (ii) úteis, as que aumentam ou facilitam o uso do imóvel rural; e (iii) necessárias, as que têm por fim conservar o imóvel rural ou evitar que se deteriore e as que decorram do cumprimento das normas estabelecidas no Decreto regulamentador para a conservação de recursos naturais[30].

O Superior Tribunal de Justiça já assentou o entendimento de que é nula a cláusula de renúncia à indenização pelas benfeitorias úteis e necessárias nos contratos agrários, qualquer que seja sua modalidade[31].

---

29 O inciso VIII do art. 95 do Estatuto da Terra, com o mesmo entendimento do art. 25 do Decreto n. 59.566/66, reza que o arrendatário, ao termo do contrato, tem direito à indenização das benfeitorias necessárias e úteis; será indenizado das benfeitorias voluptuárias quando autorizadas pelo proprietário do solo; e, enquanto o arrendatário não for indenizado das benfeitorias necessárias e úteis, poderá permanecer no imóvel, no uso e gozo das vantagens por ele oferecidas, nos termos do contrato de arrendamento e das disposições do inciso I deste artigo.

30 O parágrafo único desse mesmo dispositivo legal afirma que, se houver dúvida sobre a finalidade da benfeitoria, e quanto à sua classificação, prevalecerá o que for ajustado pelos contratantes.

31 Nesse sentido: CIVIL E PROCESSUAL CIVIL. AGRAVO INTERNO NO RECURSO ESPECIAL. CONTRATO AGRÁRIO. CLÁUSULA DE RENÚNCIA AO DIREITO DE INDENIZAÇÃO POR BENFEITORIAS. IMPOSSIBILIDADE. DECISÃO MANTIDA. 1. "Nos contratos agrários, é proibida a cláusula de renúncia à indenização pelas benfeitorias necessárias e úteis, sendo nula qualquer disposição em sentido diverso" (Resp 1182967/RS, Rel. Ministro LUIS FELIPE SALOMÃO, QUARTA TURMA, julgado em 09/06/2015, *Dje* 26/06/2015.) 2. Agravo interno a que se nega provimento. AGRAVO EM

O § 1º do art. 25 do Decreto ora estudado faculta ao arrendatário reter o imóvel em seu poder, no uso e gozo das vantagens por ele oferecidas, nos termos do contrato de arrendamento, enquanto não for indenizado das benfeitorias necessárias e úteis.

O art. 92, § 3º, da Lei n. 4.504/64 trata do direito de preempção em favor do arrendatário, na medida em que, nos casos de alienação do imóvel arrendado, tem preferência sobre terceiros para adquirir a propriedade arrendada em igualdade de condições, devendo o proprietário dar-lhe conhecimento da venda, para se manifestar dentro de trinta dias, a contar da notificação judicial ou comprovadamente efetuada, mediante recibo.

O art. 45 do Decreto n. 59.566/66 ratifica ao arrendatário o direito de preempção na aquisição do imóvel rural arrendado. Caso manifestada a vontade do proprietário de alienar o imóvel, deverá notificar o arrendatário para, no prazo de 30 (trinta) dias, contado da notificação, exercer o seu direito.

Importante esclarecer que o prazo de exercício do direito de preempção deve ser exercido dentro do período de trinta dias, não se interrompendo, nem se prorrogando. Caso o termo final recaia em dia não útil, deve ser antecipado para o último dia útil.

Em caso de pluralidade de arrendatários, o art. 46 do Decreto n. 59.566/66 determina que, se o imóvel rural em venda estiver sendo explorado por mais de um arrendatário, o direito de preempção só pode ser exercido para aquisição total da área, sendo que o proprietário de imóvel rural arrendado não está obrigado a vender parcela ou parcelas arrendadas, se estas não abrangerem a totalidade da área[32].

A preempção tem natureza de direito real, tanto que o art. 47 do Decreto em comento reza que o arrendatário a quem não se notificar

---

RECURSO ESPECIAL. PARCERIA AGRÍCOLA. CONCLUSÃO NO SENTIDO DA EXISTÊNCIA DE COLHEITA OU SAFRA PENDENTE. SÚMULA 7/STJ. DISTRIBUIÇÃO DA CONDENAÇÃO. INCIDÊNCIA IGUALMENTE DO VERBETE SUMULAR N. 7 DESTA CORTE SUPERIOR. AGRAVO CONHECIDO PARA NÃO CONHECER DO RECURSO ESPECIAL. (AgInt no REsp n. 1.998.155/MG (2022/0115222-5), rel. Min. Antonio Carlos Ferreira, Quarta Turma, julgado em 12-9-2022, publicado em 15-9-2022. Disponível em: https://scon.stj.jus.br/SCON/GetInteiroTeorDoAcordao?num_registro=202201152225&dt_publicacao=15/09/2022. Acesso em: 16 set. 2023.)

32 O § 2º desse mesmo dispositivo legal assegura a qualquer dos arrendatários, se os outros não usarem do direito de preempção, adquirir para si o imóvel.

previamente, a venda, pode, depositando o preço, haver para si o imóvel arrendado, se o requerer no prazo de 6 (seis) meses, a contar da transcrição da escritura de compra e venda no Registro de Imóveis local, resolvendo-se em perdas e danos o descumprimento da obrigação[33].

Conforme entendimento do STJ, a preferência, em razão da natureza de direito real em favor do arrendatário, ser-lhe-á observada, independentemente da forma do contrato (tácito ou escrito) ou do registro do contrato no cartório imobiliário respectivo[34].

A renovação do contrato de arrendamento é dada nos termos do art. 22 do Decreto n. 59.566/66, ao dispor que, em igualdade de condições com terceiros, o arrendatário tem preferência à renovação do arrendamento, devendo o arrendador, até 6 (seis) meses antes do vencimento do contrato, notificá-lo das propostas recebidas, instruindo a respectiva notificação com cópia autêntica das mesmas[35].

---

33 Nesse mesmo sentido é a regra do art. 92, § 4º, do Estatuto da Terra.

34 Sobre o assunto, vide RECURSO ESPECIAL N. 1888585 – GO (2020/0200119-4) que, em decisão monocrática, o Ministro Raul Araújo, consignou: "(...) A pretensão dos recorrentes é justamente o reconhecimento do direito de preferência na coisa vendida com base no Estatuto da Terra, pretensão esta que, conforme a jurisprudência desta Corte, tem natureza de direito real. (...)" REsp n. 1.888.585/GO (2020/0200119-4), rel. Min. Raul Araújo, Quarta Turma, julgado em 25-52022, publicado em 27-5-2022. Disponível em: https://processo.stj.jus.br/processo/dj/documento/mediado/?tipo_documento=documento&componente=MON&sequencial=154336747&tipo_documento=documento&num_registro=202002001194&data=20220527&formato=PDF; em idêntico sentido: AgInt no REsp n. 1.823.746/PR (2019/0174279-6), rel. Min. Maria Isabel Gallotti, Quarta Turma, julgado em 17-10-2022, publicado em 20-10-2022. Disponível em: https://scon.stj.jus.br/SCON/GetInteiroTeorDoAcordao?num_registro=201901742796&dt_publicacao=20/10/2022; REsp 263.774/MG, rel. Min. Aldir Passarinho Junior, Quarta Turma, julgado em 15-8-2006, *DJ* 5-2-2007, p. 237. Disponível em: http://www.stj.jus.br/SCON/jurisprudencia/doc.jsp?livre=contrato+arrendamento+notifica%E7%E3o+prefer%EAncia&b=ACOR&p=true&t=JURIDICO&l=10&i=5. Acessos em: 20 set. 2023.

35 Nesses mesmos termos, o art. 95, IV, do Estatuto da Terra dispôs que o arrendatário, em igualdade de condições com estranhos, terá preferência à renovação do arrendamento, devendo o proprietário, até 6 (seis) meses antes do vencimento do contrato, fazer-lhe a competente notificação extrajudicial das propostas existentes. Não se verificando a notificação extrajudicial, o contrato considera-se automaticamente renovado, desde que o arrendador, nos 30 (trinta) dias seguintes, não manifeste sua desistência ou formule nova proposta, tudo mediante simples registro de suas declarações no competente Registro de Títulos e Documentos.

As partes não têm a faculdade de estabelecer forma diferente de renovação do contrato, da prevista no Estatuto da Terra, pois é condição obrigatória no arrendamento rural. Afinal, "em se tratando de contrato agrário, o imperativo de ordem pública determina sua interpretação de acordo com o regramento específico, visando obter uma tutela jurisdicional que se mostre adequada à função social da propriedade. As normas de regência do tema disciplinam interesse de ordem pública, consubstanciado na proteção, em especial, do arrendatário rural, o qual, pelo desenvolvimento do seu trabalho, exerce a relevante função de fornecer alimentos à população"[36].

Caso não haja a notificação, o contrato será considerado automaticamente renovado, salvo se o arrendatário manifestar sua desistência ou formular nova proposta, nos 30 (trinta) dias seguintes ao do término do prazo para a notificação (inteligência do § 1° do art. 22).

Os direitos de renovação do contrato não prevalecem se até o prazo de seis meses antes do vencimento do contrato, o arrendador, por via de notificação, declarar sua intenção de retomar o imóvel para explorá-lo diretamente, para cultivo direto e pessoal, na forma dos arts. 7° e 8° do Regulamento, ou através de descendente seu[37] (retomada do imóvel), em congruência com o art. 95, VI, da Lei n. 4.504/64.

---

36 AGRAVO DE INSTRUMENTO – AÇÃO DE DESPEJO – TUTELA DE URGÊNCIA – REQUISITOS NÃO ATENDIDOS – CONTRATO DE ARRENDAMENTO RURAL – SUBMISSÃO ÀS REGRAS DO ESTATUTO DA TERRA (LEI N. 4.504/1964) E DO DECRETO N. 549.566/1966 – PRAZO MÍNIMO DE DURAÇÃO E NOTIFICAÇÃO PRÉVIA – INOBSERVÂNCIA – RECURSO PROVIDO EM PARTE. (...) (TJMG - Agravo de Instrumento-Cv 1.0000.22.260326-8/001, rel. Des. Lílian Maciel, 20ª Câmara Cível, julgado em 15-3-2023, publicação da súmula em 16-3-2023. Disponível em: https://www5.tjmg.jus.br/jurisprudencia/pesquisaNumeroCNJEspelhoAcordao.do?&numeroRegistro=1&totalLinhas=4&paginaNumero=1&linhasPorPagina=1&numeroUnico=2603276-50.2022.8.13.0000&pesquisaNumeroCNJ=Pesquisar&. Acesso em: 21 set. 2023.)

37 Nos termos do art. 7°, a exploração direta é aquela em que o beneficiário da exploração assume riscos do empreendimento, custeando despesas necessárias. Para todos os efeitos, cultivador direto é aquele que exerce atividade de exploração na forma prevista neste artigo, e os arrendatários serão sempre admitidos como cultivadores diretos. O art. 8°, ainda do Decreto n. 59.566/66, prevê que para os fins do disposto no art. 13, V, da Lei n. 4.947/66, entende-se por cultivo direto e pessoal a exploração direta na qual o proprietário, ou arrendatário ou o parceiro, e seu conjunto familiar, residindo no imóvel e vivendo em mútua dependência, utilizam assalariados em número que não

Todas as notificações, desistências ou propostas deverão ser feitas por carta através do Cartório de Registro de Títulos e Documentos da Comarca da situação do imóvel, ou por requerimento judicial, sendo importante mencionar que o prazo para notificação de preferência do arrendamento tem natureza decadencial[38].

Caso haja proposta de terceiro interessado no imóvel (terceiros não integrantes da relação bilateral, incluindo-se o subarrendatário), objeto do contrato de arrendamento, por prazo pelo menos igual ao mínimo constante da proposta em condições melhores ou no caso do art. 95, IV, do Estatuto da Terra (explicado anteriormente), a proposta deve ser assinada por seu proponente, ou procurador com poderes especiais, com firmas reconhecidas, indicando-se que o uso do imóvel será igual ao do arrendatário pretendente à renovação[39].

A ausência de verdade, legalmente denominada insinceridade, do arrendador, que pode ser provada por qualquer meio em direito permitido, importa na obrigação de responder pelas perdas e danos causados ao arrendatário, nos termos do § 4º do art. 22 do Decreto n. 59.566/66.

O art. 23 desse mesmo diploma ressalta que, se o imóvel rural for partilhado entre vários herdeiros em razão de sucessão *causa mortis*, quaisquer deles poderão exercer o direito de retomada, de sua parte, com obediência aos termos do Decreto regulamentador. Entretanto, assegura-se ao arrendatário o direito à renovação do contrato, quanto às partes dos herdeiros não interessados na retomada.

---

ultrapassa o número de membros ativos daquele conjunto, e o cultivado direto e pessoal é aquele que exerce atividade de exploração na forma deste artigo.

38 Em razão do prazo decadencial, as partes podem convencioná-lo de modo distinto da legislação especial, de modo que não é inválida a cláusula prevista entre as partes que estipula prazo inferior a seis meses do término do contrato, para ser usado o direito de preferência à renovação. Nesse mesmo sentido, OPITZ, Silvia C. B.; OPITZ, Oswaldo. Op. cit., p. 402-403.

39 Esse mesmo autor afirma que, se a proposta tiver indicação de um fiador, este deverá ser nomeado para que se verifique a igualdade de condições, ou seja, o arrendatário também deverá dar fiador idôneo, que poderá ou não ser aceito pelo proprietário. A idoneidade do fiador deve ser comprovada, desde logo, bem como de que aceita os encargos da fiança. Se casado, deve também acompanhar o consentimento da cônjuge, para valer contra ambos. A aceitação da fiança deve ser feita por documento autêntico, e de valor legal, de que o fiador ou fiadores indicados na proposta aceitam, solidariamente, os encargos da fiança, bem como têm qualidade legal para essa aceitação. In: OPITZ, Silvia C. B.; OPITZ, Oswaldo. Op. cit., p. 400.

Insta ressaltar que o contrato de arrendamento rural, ainda que tenha natureza eminentemente privada, sofre repercussões de direito público, justamente pela importância que detém para a sociedade e Estado, do protecionismo que se quer dar ao homem do campo e à função social da propriedade e ao meio ambiente, sendo o direito de preferência um dos instrumentos legais que visam a conferir tal perspectiva para manter o arrendatário na exploração da terra, garantindo-se o uso sustentável da terra, com produtividade econômica.

O contrato de arrendamento pode se extinguir, em observância ao art. 26 do Decreto n. 59.566/66, pelos casos: (i) término do prazo do contrato e do de sua renovação; (ii) retomada do imóvel; (iii) aquisição da gleba arrendada, pelo arrendatário; (iv) distrato ou rescisão do contrato; (v) resolução ou extinção do direito do arrendador[40]; (vi) motivo de força maior, que impossibilite a execução do contrato; (vii) sentença judicial irrecorrível; (viii) perda do imóvel rural; (ix) desapropriação, parcial ou total, do imóvel rural; ou (x) qualquer outra causa prevista em lei.

Quando o arrendatário for o conjunto familiar, a morte do seu chefe não é motivo de extinção do contrato, em havendo naquele conjunto outra pessoa devidamente qualificada que prossiga na execução do mesmo.

O art. 27 do Decreto em comento prevê que o inadimplemento das obrigações assumidas por qualquer das partes e a inobservância de qualquer cláusula asseguradora dos recursos naturais prevista no Regulamento[41] permitem, facultativamente, a rescisão do contrato, ficando a parte inadimplente obrigada a ressarcir a outra de perdas e danos causados[42].

---

40 APELAÇÃO CÍVEL – EMBARGOS DE TERCEIRO – CONTRATO DE ARRENDAMENTO RURAL – PERDA DO DIREITO DE PROPRIEDADE DO PROPRIETÁRIO ORIGINAL EM RAZÃO DE DECISÃO JUDICIAL – CONTRATO DE ARRENDAMENTO RURAL EXTINTO – ART. 26, "V" E "VIIII" DO DECRETO N. 59.566/66 (...). RECURSO CONHECIDO, A QUE SE DÁ PARCIAL PROVIMENTO. (TJPR – 16ª Câmara Cível - 0004800-98.2018.8.16.0170 – Toledo – rel. Des. Luiz Antonio Barry, julgado em 31-5-2021. Disponível em: https://portal.tjpr.jus.br/jurisprudencia/j/4100000014752311/Ac%C3%B3rd%C3%A3o-0004800-98.2018.8.16.0170#. Acesso em: 19 set. 2023.)

41 O art. 13, II, *c*, do Decreto n. 59.566/66, outrora explanado, detalha as cláusulas assecuratórias dos recursos naturais.

42 O § 6º do art. 92 do Estatuto da Terra, com a mesma inteligência do art. 27 do Decreto n. 59.566/66, estipula que o inadimplemento das obrigações assu-

Quando se verificar a resolução ou extinção do direito pelo arrendador sobre o imóvel rural, fica garantido ao arrendatário a permanecer no imóvel até o término dos trabalhos que forem necessários à colheita[43].

E em caso de ocorrência de força maior que resulte na perda total do objeto do contrato, este é extinto, não respondendo por perdas e danos quaisquer dos contratantes (art. 29, *caput*, do Decreto n. 59.566/66).

Havendo desapropriação parcial do imóvel rural, assegura-se ao arrendatário o direito à redução proporcional da renda ou o de rescindir o contrato, deixando ao seu livre arbítrio.

É proibido, pelo Decreto em comento, art. 31, ao arrendatário ceder, subarrendar ou emprestar, total ou parcialmente, o imóvel rural, sem prévio e expresso consentimento do arrendador, vedação também prevista pelo art. 95, VI, do Estatuto da Terra[44].

Nos casos em que houver subarrendamento, atendidos aos preceitos legais, em findando-se o contrato, extingue de pleno direito o subarrendamento, salvo disposição convencional ou legal em contrário.

A cessão do arrendamento dar-se-á quando o arrendatário transfere a outrem os direitos decorrentes do uso e gozo do imóvel arren-

---

midas por qualquer das partes dará lugar, facultativamente, à rescisão do contrato de arrendamento ou de parceria, observado o disposto em lei.

43 RECURSO DE AGRAVO DE INSTRUMENTO – AÇÃO DE REINTEGRAÇÃO DE POSSE – INDEFERIMENTO DA LIMINAR - AUSENCIA DOS REQUISITOS LEGAIS DO ARTIGO 561 DO CPC/15 – CONTRATO DE ARRENDAMENTO RURAL – PERDA DO DIREITO DE PROPRIEDADE DO PROPRIETÁRIO ORIGINAL EM RAZÃO DE DECISÃO JUDICIAL – CONTRATO DE ARRENDAMENTO RURAL EXTINTO – ARTIGO 26, V E VII DO DECRETO N. 59.566/66 – PERMANÊNCIA ATÉ A COLHEITA – ARTIGO 28 DO DECRETO N. 59.566/66 – DECISÃO MANTIDA – ARTIGO 29 DO DECRETO N. 59.566/66 – ALIENAÇÃO VOLUNTÁRIA E IMPOSIÇÃO DE ÔNUS REAL AO IMÓVEL – RECURSO DESPROVIDO. (...) (TJMT, Agravo de Instrumento n. 1005644-55.2022.8.11.0000, Câmaras Isoladas Cíveis de Direito Privado, rel. Des. Marilsen Andrade Addario, Segunda Câmara de Direito Privado, julgado em 15-6-2022, *DJe* 20-6-2022. Disponível em: https://jurisprudencia.tjmt.jus.br/consulta?aba=Acordao&txtBusca=1005644-55.2022.8.11.0000&isBasica=true&indice=1&quantidade=5&ordenarPor=DataDecrescente&ordenarDataPor=Julgamento&tipoBusca=1&thesaurus=false&fqTermos=&k=bcbu7. Acesso em: 20 de set. de 2023.)

44 Esse inciso reza que, sem o expresso consentimento do proprietário, fica proibido o subarrendamento.

dado, de que era titular, bem como os encargos, os direitos e vantagens constantes do contrato e da lei. É, portanto, uma novação subjetiva, pois a obrigação permanece entre o arrendador e o novo arrendatário, ficando o antigo alijado da nova relação jurídica[45].

O art. 32 do Decreto n. 59.566/66 dispõe sobre a possibilidade de despejo do arrendatário. Eis as situações legais: (i) término do prazo contratual ou de sua renovação; (ii) se o arrendatário subarrendar, ceder ou emprestar o imóvel rural, no todo ou em parte, sem o prévio e expresso consentimento do arrendador; (iii) se o arrendatário não pagar o aluguel ou renda no prazo convencionado; (iv) dano causado à gleba arrendada ou às colheitas, provado o dolo ou culpa do arrendatário; (v) se o arrendatário mudar a destinação do imóvel rural[46]; (vi) abandono total ou parcial do cultivo; (vii) inobservância das normas obrigatórias fixadas no art. 13 do Regulamento – cláusulas obrigatórias dos contratos agrários; (viii) pedido de retomada, permitidos e previstos em lei e no Regulamento, comprovada em juízo a sinceridade do pedido; ou (ix) se o arrendatário infringir obrigado legal, ou cometer infração grave de obrigação contratual.

Importante esclarecer que, na hipótese de a colheita não se perfazer por culpa do arrendatário, seja em razão da cultura do objeto do contrato ou outro motivo justo, cabe ao próprio arrendatário provar que a

---

45 OPITZ, Silvia C. B.; OPITZ, Oswaldo. Op. cit., p. 406.

46 AGRAVO DE INSTRUMENTO – AÇÃO DE RESCISÃO CONTRATUAL – ARRENDAMENTO RURAL – NULIDADE DA DECISÃO – FUNDAMENTAÇÃO DEFICIENTE – INOCORRÊNCIA – TUTELA DE URGÊNCIA – DESPEJO – INCISOS III E V, DO ART. 32, DO DECRETO FEDERAL 59.566/66 – PREENCHIMENTO DOS REQUISITOS (...) Segundo dispõe art. 32, do Decreto Federal 59.566/66, o não pagamento do aluguel no prazo convencionado e a mudança da destinação do imóvel rural são hipóteses autorizativas para o despejo do arrendatário. Presentes os requisitos constantes do art. 300, do CPC, o deferimento da tutela de urgência é medida que se impõe. (TJMG - Agravo de Instrumento-Cv 1.0000.21.119901-3/001, rel. Des. Adriano de Mesquita Carneiro , 21ª Câmara Cível Especializada, julgado em 3-8-2022, publicação da súmula em 4-8-2022. Disponível em: https://www5.tjmg.jus.br/jurisprudencia/pesquisaPalavrasEspelhoAcordao.do?&numeroRegistro=1&totalLinhas=2&paginaNumero=1&linhasPorPagina=1&palavras=despejo%20mudan%E7a%20destina%E7%E3o%20im%F3vel%20arrendamento%20rural&pesquisarPor=ementa&orderByData=2&referenciaLegislativa=Clique%20na%20lupa%20para%20pesquisar%20as%20refer%EAncias%20cadastradas...&pesquisaPalavras=Pesquisar&. Acesso em: 19 set. 2023.)

colheita não se verificou por motivo de força maior, impondo-se o ônus ao arrendador de provar a culpa ou dolo do arrendatário, para que possa despejá-lo, a fim de evitar a renovação automática do contrato[47].

Nos casos de o arrendatário não pagar o aluguel ou renda no prazo convencionado, pode, a fim de evitar a rescisão do contrato e o consequente despejo, requerendo no prazo da contestação da ação de despejo, que lhe seja admitido o pagamento judicial do aluguel ou renda e encargos devidos, as custas do processo e os honorários do advogado do arrendador, fixados de plano pelo juiz. Se aceito, o pagamento deverá ser realizado no prazo que o juiz determinar, não excedente de 30 (trinta) dias, contados da data da entrega em Cartório do mandado de citação devidamente cumprido, procedendo-se a depósito, em caso de recusa.

A jurisprudência é remansosa ao assentar que a ausência de notificação do arrendatário na ação de despejo por falta de pagamento não gera a nulidade da demanda[48].

Nos termos do art. 33 do Decreto n. 59.566/66, o arrendador e o arrendatário poderão ajustar por acordo a substituição da área arrendada por outra equivalente, localizada no mesmo imóvel rural, respeitadas as demais cláusulas e condições do contrato e os direitos do arrendatário, em obediência, também, ao art. 95, VII, da Lei n. 4.504/64[49].

---

47 OPITZ, Silvia C. B.; OPITZ, Oswaldo. Op. cit., p. 397.

48 REsp 33.469/MG, rel. Min. Ruy Rosado de Aguiar, Quarta Turma, julgado em 16-8-1994, DJ 12-9-1994, p. 23766. Disponível em: http://www.stj.jus.br/SCON/jurisprudencia/doc.jsp?livre=contrato+arrendamento+notifica%E7%E3o+prefer%EAncia&b=ACOR&p=true&t=JURIDICO&l=10&i=6; Igual teor: TJMG - Apelação Cível 1.0621.18.001849-4/002, rel. Des. Evandro Lopes da Costa Teixeira, 17ª Câmara Cível, julgado em 23-7-2020, publicação da súmula em 27-7-2020. Disponível em: https://www5.tjmg.jus.br/jurisprudencia/pesquisaPalavrasEspelhoAcordao.do?&numeroRegistro=1&totalLinhas=2&paginaNumero=1&linhasPorPagina=1&palavras=CONTRATO%20ARRENDAMENTO%20RURAL%20INADIMPL%CANCIA%20NOTIFICA%C7%C3O%20DESNECESSIDADE%20DESPEJO&pesquisarPor=ementa&orderByData=2&referenciaLegislativa=Clique%20na%20lupa%20para%20pesquisar%20as%20refer%EAncias%20cadastradas...&pesquisaPalavras=Pesquisar&; TJMS. Apelação Cível n. 0801094-63.2016.8.12.0006, Camapuã, 2ª Câmara Cível, rel. Des. Nélio Stábile, julgado em 28-4-2021, publicado em 30-4-2021). Disponível em: https://esaj.tjms.jus.br/cjsg/getArquivo.do?cdAcordao=1114276&cdForo=0. Acesso em: 21 set. 2023.)

49 Mencionado dispositivo legal faculta o acerto entre o proprietário e arrendatário de uma cláusula que permita a substituição de área arrendada por

Insta mencionar que o Código de Processo Civil antigo – Lei n. 5.869, de 11 de janeiro de 1973 – previa, no art. 275, II, *b*, que as causas que tivessem por objeto arrendamento rural ou parceria agrícola obedeceriam o procedimento sumaríssimo. No atual Código Processual Civil, o rito processual é o comum, podendo a parte contratante valer-se das tutelas provisórias trazidas na novel legislação, se justificado for.

10.7. PARCERIA RURAL

A parceria rural encontra conceituação no *caput* do art. 4º do Decreto n. 59.566/66: é o contrato pelo qual uma pessoa se obriga a ceder à outra, por tempo determinado ou não, o uso específico de imóvel rural, de parte ou partes do mesmo, incluindo, ou não, benfeitorias, outros bens e ou facilidades, com o objetivo de nele ser exercida atividade de exploração agrícola, pecuária, agroindustrial, extrativa vegetal ou mista; e/ou lhe entrega animais para cria, recria, invernagem, engorda ou extração de matérias-primas de origem animal, mediante partilha de riscos do caso fortuito e da força maior do empreendimento rural, e dos frutos, produtos ou lucros havidos nas proporções que estipularem, observados os limites percentuais da lei.

As partes contratantes são: o parceiro outorgante, o cedente, proprietário ou não, que entrega os bens; e parceiro-outorgado, a pessoa ou o conjunto familiar, representado pelo seu chefe, que os recebe para os fins próprios das modalidades de parcerias definidas no art. 5º do Decreto n. 59.566/66, que podem ser: (i) agrícola; (ii) pecuária; (iii) agroindustrial; (iv) extrativa; (v) e mista.

A parceria agrícola ocorre quando o objeto da cessão for o uso de imóvel rural, de parte ou partes do mesmo, com o objetivo de nele ser exercida a atividade de produção vegetal.

A parceria rural do tipo pecuária é executada quando o objetivo da cessão forem animais para cria, recria, invernagem ou engorda.

A parceria do tipo agroindustrial ocorre quando o objeto da sessão for o uso do imóvel rural, de parte ou partes do mesmo, ou maquinaria e implementos e implementos, com o objetivo de ser exercida atividade de transformação de produto agrícola, pecuário ou florestal.

Sob perspicaz interpretação, o Superior Tribunal de Justiça considerou que o Estatuto da Terra (Lei n. 4.504/64) e o Decreto

---

outra equivalente no mesmo imóvel rural, desde que respeitadas as condições de arrendamento e os direitos do arrendatário.

n. 59.566/66 não são aplicados em contrato de parceria agroindustrial suinícola, celebrado entre sociedade empresária industrial e proprietários de imóvel rural dedicados à produção de suínos como insumo daquela indústria, sob orientação e com apoio técnico daquela, ao argumento de que "o contrato dessa natureza pode-se dizer como uma hibridação dos contratos de parceria agrícola e de sociedade, sem, contudo, traduzir-se fielmente em nenhum deles"; e que "nos contratos agrários, a reação do ordenamento jurídico foi a de criar normas de ordem pública para remediar os efeitos da desigualdade porventura existente entre o dono da terra – em geral o contratante mais forte – e o trabalhador – em geral o contratante mais fraco. E essa reação se encontra na legislação agrária referida várias vezes neste trabalho, confessadamente e ditada para proteger o trabalhador rural, e que portanto visava limitar o alcance do princípio da autonomia da vontade, no âmbito dos contratos agrários", o que não se configurou no contrato entre a sociedade empresária industrial e os proprietários de imóvel rural, do caso decidido no STJ, pois não havia a desigualdade entre as partes contratantes[50].

A parceria rural do tipo extrativa se concretiza quando o objeto da cessão for o uso de imóvel, de parte ou partes do mesmo, e/ou animais de qualquer espécie, com o objetivo de ser exercida atividade extrativa de produto agrícola, animal ou florestal.

Por fim, a parceria do tipo mista ocorre quando o objeto da cessão abranger mais de uma das modalidades de parceria pelos tipos anteriormente tratados.

As quotas limites (ou limites percentuais) mencionadas pelo Decreto n. 59.566/66, art. 35, e estipuladas por lei, estão dispostas nos

---

50 RECURSO ESPECIAL. PARCERIA AGROINDUSTRIAL. RECRIA E ENGORDA DE SUÍNOS. CONTRATO ATÍPICO. ESTATUTO DA TERRA (LEI 4.504/64). INAPLICABILIDADE. CÓDIGO CIVIL DE 1916. APELO PARCIALMENTE CONHECIDO E, NESSA PARTE, DESPROVIDO. 1. O Estatuto da Terra (Lei 4.504/64) e seu regulamento (Decreto 59.566/66) não se aplicam ao contrato de parceria agroindustrial suinícola, celebrado entre sociedade empresária industrial, voltada para a produção e comercialização de produtos agrícolas industrializados, de um lado, e, de outro lado, os proprietários de imóvel rural, dedicados à produção de suínos como insumo daquela indústria, sob orientação e com apoio técnico daquela. 2. Recurso especial parcialmente conhecido e, nessa parte, improvido (REsp 865.132/SC, rel. Min. Raul Araújo, Quarta Turma, julgado em 13-9-2016, *DJe* 29-9-2016) Disponível em: http://www.stj.jus.br/SCON/jurisprudencia/doc.jsp?livre=contrato+parceria+rural&b=ACOR&p=true&t=JURIDICO&l=10&i=7. Acesso em: 4 set. 2023.

arts. 96, VI, do Estatuto da Terra, que rezam que na participação dos frutos da parceria, a quota do proprietário não poderá ser superior a:

(a) 20% (vinte por cento), quando concorrer apenas com a terra nua;

(b) 25% (vinte e cinco por cento), quando concorrer com a terra preparada;

(c) 30% (trinta por cento), quando concorrer com a terra preparada e moradia;

(d) 40% (quarenta por cento), caso concorra com o conjunto básico de benfeitorias, constituído especialmente de casa de moradia, galpões, banheiro para gado, cercas, valas ou currais, conforme o caso;

(e) 50% (cinquenta por cento), caso concorra com a terra preparada e o conjunto básico de benfeitorias enumeradas na alínea *d* deste inciso e mais o fornecimento de máquinas e implementos agrícolas, para atender aos tratos culturais, bem como as sementes e animais de tração, e, no caso de parceria pecuária, com animais de cria em proporção superior a 50% (cinquenta por cento) do número total de cabeças objeto de parceria; e

(f) 75% (setenta e cinco por cento), nas zonas de pecuária ultraextensiva em que forem os animais de cria em proporção superior a 25% (vinte e cinco por cento) do rebanho e onde se adotarem a meação do leite e a comissão mínima de 5% (cinco por cento) por animal vendido.

Mencionados índices correspondem aos limites percentuais que o parceiro-outorgante tem como participação dos frutos e rendimentos produzidos e decorrentes do contrato de parceria.

A alínea *g* do art. 96, VI, do Estatuto da Terra preleciona que nos casos não previstos anteriormente, a quota adicional do proprietário é fixada com base em percentagem máxima de 10% (dez por cento) do valor das benfeitorias ou dos bens postos à disposição do parceiro.

A Lei n. 11.443, de 5 de janeiro de 2007, utilizando-se da faculdade proposta pelo art. 12, VIII, do Decreto n. 59.566/66[51], acrescentou os §§ 2º e 3º ao Estatuto da Terra, autorizando as partes contratantes estabelecerem a prefixação, em quantidade ou volume, do montante da participação do proprietário, desde que, ao final do contrato, seja realizado o ajustamento do percentual pertencente ao proprietário, de acordo com a produção.

---

51 Mencionado dispositivo legal preceitua sobre o prazo de duração, preço do arrendamento ou condições de partilha dos frutos, produtos ou lucros havidos, com expressa menção dos modos, formas e épocas desse pagamento ou partilha.

O proprietário poderá sempre cobrar do parceiro, pelo seu preço de custo, o valor de fertilizantes e inseticidas fornecidos no percentual que corresponder à participação deste, em qualquer das modalidades de quotas previstas pelo inciso VI do art. 96 do Estatuto.

Ademais, aplicam-se à parceria agrícola, pecuária, agropecuária, agroindustrial ou extrativa as normas pertinentes ao arrendamento rural, no que couber, bem como as regras do contrato de sociedade, no que não estiver regulado pelo Regulamento.

O contrato de parceria rural, da mesma forma que o arrendamento, poderá ser extinto pela ocorrência de uma das hipóteses a seguir: (i) término do prazo do contrato e o de sua renovação; (ii) retomada do imóvel pelo proprietário[52]; (iii) distrato ou rescisão da avença; (iv) resolução ou extinção do direito do parceiro-outorgante; (v) motivo de força maior, que impossibilite a execução do contrato; (vi) sentença judicial irrecorrível; (vii) perda do imóvel rural; (viii) desapropriação parcial ou total do imóvel; e (ix) outra hipótese prevista em lei[53].

As mesmas anotações sobre a extinção do contrato de arrendamento aplicam-se ao contrato de parceria rural, rememorando que a morte não extingue a parceria, tanto por parte do parceiro-outorgante como do outorgado, desde que este seja um conjunto familiar e haja alguém devidamente habilitado que prossiga na execução do instrumento pactuado entre as partes[54].

---

52 No curso da vigência contratual, se falecer o parceiro outorgante, seus herdeiros continuam a relação negocial, o contrato não se extingue, e poderão exercer o direito de retomada ao término do prazo estabelecido no contrato. Veja-se: RECURSO ESPECIAL E AGRAVO EM RECURSO ESPECIAL. DIREITO CIVIL. PARCERIA AGRÍCOLA. FALECIMENTO. PARCEIRO OUTORGANTE. EXTINÇÃO. CONTRATO. NÃO OCORRÊNCIA. SUCESSORES. SUB-ROGAÇÃO. DIREITOS E OBRIGAÇÕES DO OUTORGANTE. RETOMADA. EXERCÍCIO. HIPÓTESES LEGAIS. PRAZO EM DOBRO. NÃO APLICAÇÃO. 1. O falecimento do parceiro outorgante não extingue o contrato de parceria rural. 2. Os herdeiros poderão exercer o direito de retomada ao término do contrato, obedecendo o regramento legal quanto ao prazo para notificação e às causas para retomada. 3. Não se aplica o benefício do artigo 191 do Código de Processo Civil de 1973 quando os litisconsortes possuem advogados comuns a todos. Precedentes. 4. Recurso especial provido e agravo em recurso especial não provido (REsp 1.459.668/MG, rel. Min. Ricardo Villas Bôas Cueva, Terceira Turma, julgado em 5-12-2017, *DJe* 18-12-2017. Disponível em: http://www.stj.jus.br/SCON/jurisprudencia/toc.jsp?livre=201401392423.REG. Acesso em: 6 set. 2023.)

53 OPITZ, Silvia C. B.; OPITZ, Oswaldo. Op. cit., p. 439-440.

54 É o que a doutrina chama de Parceria Hereditária. Para mais informações, *vide*: OPITZ, Silvia C. B.; OPITZ, Oswaldo. Idem.

Caso o contrato de parceria dê origem ao contrato de arrendamento, aquele extingue-se, devendo as partes convencionarem um novo instrumento, obedecendo aos termos legalmente previstos.

Aliás, na hipótese de o imóvel rural, objeto da avença entre as partes, ser alienado, a parceria subsiste, independentemente de contrato expresso e de correspondente registro, sub-rogando o adquirente nos direitos e nas obrigações do alienante[55].

Ainda, o Decreto n. 59.566/66 prevê as obrigações do parceiro-outorgante e parceiro-outorgado quando da execução de um contrato de parceria rural, qualquer que seja a modalidade. Para isso, o art. 40 determina que parceiro outorgante é obrigado a: (i) entregar ao parceiro-outorgado o imóvel rural objeto do contrato, na data estabelecida ou segundo os usos e costumes da região; (ii) garantir ao parceiro-outorgado o uso e gozo do imóvel dado em parceria, durante todo o prazo do contrato[56]; (iii) fazer no imóvel, durante a vigência do contrato, as obras e os reparos necessários; bem como (iv) pagar as taxas, impostos, foros e toda e qualquer contribuição que incida ou venha incidir sobre o imóvel rural dado em parceria, se de outro modo não houver convencionado.

Ainda, o art. 48, § 1º, do Decreto em apreço exige que o parceiro-outorgante assegure ao parceiro-outorgado que residir no imóvel rural, e para atender ao uso exclusivo da família deste, casa de moradia higiênica e área suficiente para horta e criação de animais de pequeno porte, nos mesmos termos do art. 96, IV, do Estatuto da Terra[57].

---

55 PROCESSUAL CIVIL E DIREITO CIVIL. AGRAVO INTERNO NO AGRAVO EM RECURSO ESPECIAL. AÇÃO DE CONSIGNAÇÃO EM PAGAMENTO PROPOSTA POR CONTRATANTE EM PARCERIA AGRÍCOLA. (...) 3. O arrematante do imóvel que, em outros autos, foi obrigado a suportar o contrato de parceria, se sub-roga, a partir da arrematação, nos direitos e obrigações do parceiro outorgante. 4. Agravo interno a que se nega provimento. (AgInt no AREsp n. 917.482/MG, rel. Min. Antonio Carlos Ferreira, Quarta Turma, julgado em 31-8-2020, *DJe* 8-9-2020. Disponível em: https://scon.stj.jus.br/SCON/GetInteiroTeorDoAcordao?num_registro=201601224443&dt_publicacao=08/09/2020. Acesso em: 19 set. 2023.)

56 O art. 92, § 1º, do Estatuto da Terra também garante ao arrendatário ou parceiro o uso e gozo do imóvel arrendado ou cedido em parceria.

57 Mencionado dispositivo legal, de mesma redação do art. 48, § 1º, do Decreto n. 59.566/66, exige que o proprietário assegure ao parceiro que residir no imóvel rural, e para atender ao uso exclusivo da família deste, casa de moradia higiênica e área suficiente para horta e criação de animais de pequeno porte.

Já o art. 41, combinado com o art. 48, ambos desse mesmo diploma normativo, preceitua que o parceiro-outorgado é obrigado a: (i) pagar pontualmente a quota que lhe couber da partilha; (ii) usar o imóvel rural, conforme o convencionado, ou presumido, e a tratá-lo com o mesmo cuidado como se fosse seu, não podendo mudar sua destinação contratual; (iii) levar ao conhecimento do parceiro-outorgante, imediatamente, qualquer ameaça ou ato de turbação ou esbulho que contra a sua posse vier a sofrer, e ainda, de qualquer fato do qual resulte a necessidade da execução de obras e reparos indispensáveis à garantia do uso do imóvel rural; (iv) fazer no imóvel, durante a vigência do contrato, as benfeitorias úteis e necessárias, salvo convenção em contrário; (v) devolver o imóvel, ao término do contrato, tal como o recebeu com seus acessórios, salvo as deteriorações naturais ao uso regular. O parceiro-outorgado é responsável por qualquer prejuízo resultante do uso predatório, culposo ou doloso, quer em relação à área cultivada, quer em relação a benfeitorias, equipamentos, máquinas, instrumentos de trabalho e quaisquer outros bens a ele cedidos pelo parceiro-outorgante.

Nos casos em que não haja o pagamento por parte do parceiro-outorgado, o STJ já consignou o entendimento de que a Ação Monitória é via legítima para cobrar judicialmente o crédito, desde que comprove a relação entre as partes e a obrigação creditícia, mediante apresentação de contrato escrito ou, ainda que oral, seja comprovado pela via testemunhal[58].

---

58 AGRAVO EM RECURSO ESPECIAL. AÇÃO MONITÓRIA. DOCUMENTOS INSUFICIENTES. REVISÃO. SÚMULA 7/STJ. 1. De acordo com o entendimento desta Corte, em sede de ação monitória, não se exige prova robusta demonstrando a existência da obrigação, mas é necessário documento idôneo que permita juízo de probabilidade acerca do direito afirmado pelo autor. (REsp 1.197.638/MG, rel. Min. Luis Felipe Salomão, Quarta Turma, julgado em 8-9/-015, *DJe* 29-9-2015.) 2. Rever a conclusão do acórdão recorrido – de que inexiste prova escrita suficiente para ajuizamento de ação monitória – demandaria o reexame de matéria fático-probatória, o que é vedado em recurso especial, nos termos da Súmula 7/STJ. Precedente. 3. Agravo interno não provido. (Agravo em REsp n. 1.156.963/SP (2017/0209820-4), rel. Min. Luis Felipe Salomão, Quarta Turma, julgado em 12-12-2017, publicado em 19-12-2017. Disponível em: https://scon.stj.jus.br/SCON/GetInteiroTeorDoAcordao?num_registro=201702098204&dt_publicacao=19/12/2017. Acesso em: 20 set. 2023.)

O ordenamento jurídico pátrio transluze que a principal diferença constante dos contratos agrários típicos, arrendamento e parceria rural, constitui-se no risco contratual inerente à parceria, vez que o de parceria assemelha-se à sociedade de capital e indústria, tendo o parceiro-outorgante posição semelhante à do sócio capitalista.

Ademais, importante consignar que o STJ reconheceu que o direito de preempção que se confere ao arrendatário rural não alcança o contrato de parceria, sob o fundamento de que, "enquanto no arrendamento rural as regras reguladoras do contrato se assemelhem à locação, versando ele sobre o uso de coisa alheia, na parceria agrícola e pecuária o objeto envolve não só coisa alheia. Mas também os frutos dela produzidos, que seriam repartidos entre os parceiros, estabelecendo a propriedade de ambos e aproximando o contrato dos princípios reguladores da sociedade. O Estatuto da Terra, ao assegurar o direito da preferência do arrendatário sobre as terras objeto do contrato (art. 92, § 3º), inclui no Capítulo Geral, onde cogitou do uso ou posse temporária da terra, tratando dos princípios fundamentais relativos não somente ao arrendatário rural, mas também a parceria rural, nada dispondo quanto à extensão desta. É verdade que o art. 96, VII, do referido Estatuto manda aplicar à parceria agrícola, pecuária, agropecuária, agroindustrial ou extrativa, as normas pertinentes ao arrendamento rural, no que couber, bem como as regras do contrato de sociedade, no que estiver regulado por aquela lei, porém, como já foi observado, o direito de preferência não foi previsto na seção relativa ao arrendamento rural, mas, sim, no capítulo geral, que fez inteira abstração quanto à sua extensão à parceria, embora dela cogitasse para outro fim. Não resta dúvida, pois, que o direito de preferência não é extensivo ao parceiro rural, quer seja em relação à venda do imóvel, ou dos produtos a objetos de parceria"[59].

Por outro lado, as principais semelhanças dos contratos típicos/nominados são:

---

59 Decisão monocrática do Ministro Ricardo Villas Bôas Cuevas autorizado pela Súmula 83/STJ tendo em vista os precedentes de que o direito de preferência que se confere ao arrendatário rural não alcança o contrato de parceria, em cuja decisão o Ministro não estendeu o direito de preferencia ao contrato de parceria. Cf. Agravo em REsp n. 2.329.097/RS (2023/0094688-6), rel. Min. Ricardo Villas Bôas Cueva, Terceira Turma, julgado em 23-8-2023, publicado em 24-8-2023. Disponível em: https://processo.stj.jus.br/processo/dj/documento/mediado/?tipo_documento=documento&componente=MON&sequencial=204352245&tipo_documento=documento&num_registro=202300946886&data=20230824&formato=PDF. Acesso em: 20 set. 2023.)

a) Não possuem forma legal exigida por Lei, ou seja, a legislação pátria não exige forma predeterminada (escrita ou verbal), tanto que o art. 11 do Decreto n. 59.566/66 preceitua que os contratos de arrendamento e de parceria poderão ser escritos ou verbais[60].

O art. 92, *caput*, da Lei n. 4.504/64, em complemento à inexigência de forma para os contratos agrários, ressalta que a posse ou uso temporário da terra são exercidos em virtude de contrato expresso ou tácito, estabelecido entre o proprietário e os que nela exercem atividade agrícola ou pecuária, sob forma de arrendamento rural, de parceria agrícola, pecuária, agroindustrial e extrativa, obedecidos os ditames legais.

b) A prova contratual também é outra semelhança, o que, nos termos do art. 14, do Decreto n. 59.566/66, determina que os contratos agrários, qualquer que seja o seu valor e sua forma, podem ser provados por testemunhas.

As avenças em questão também possuem regras comuns, previstas tanto pelo Estatuto da Terra quanto pelo Decreto n. 59.566/66, delimitando que:

a) Nos termos do art. 93 do Estatuto da Terra, fica vedado ao proprietário exigir do arrendatário ou do parceiro: (a) prestação de serviço gratuito; (b) exclusividade da venda da colheita; (c) obrigatoriedade do beneficiamento da produção em seu estabelecimento; (d) obrigatoriedade da aquisição de gêneros e utilidades em seus armazéns ou barracões; assim como (e) aceitação de pagamento em "ordens", "vales", "borós" ou outras formas regionais substitutivas da moeda.

Caso o proprietário tenha financiado a atividade agrária do arrendatário ou do parceiro, por inexistência de financiamento direto, será facultado exigir a venda da colheita até o limite do financiamento concedido, devendo observar os níveis de preços do mercado local.

b) O art. 13, II, *a*, do Decreto n. 59.566/66 exige compulsoriamente a cláusula de prazos contratuais mínimos para arrendamento e parceria, segundo o tipo de atividade agrária desenvolvida.

c) O art. 13, II, *b*, do Decreto n. 59.566/66 exige que devem constar as cláusulas de proteção dos recursos naturais, observando,

60 Se o contrato for verbal, presumem-se como ajustadas as cláusulas obrigatórias estabelecidas no art. 13 do Regulamento (cláusulas obrigatórias). O § 2º, ainda do art. 11, do Decreto n. 59.566/66, faculta às partes contratantes exigir da outra a celebração do ajuste por escrito, correndo as despesas pelo modo que convencionarem.

quando couberem, as normas estabelecidas pela Lei n. 12.651/2012, responsável pela instituição do Código Florestal.

O art. 6º, ainda do Decreto n. 59.566/66, preluz que, ocorrendo entre as mesmas partes e num mesmo imóvel rural avenças de arrendamento e de parceria, serão celebrados contratos distintos, cada qual regendo-se pelas normas específicas estabelecidas no Estatuto da Terra, na Lei n. 4.947/66 e no próprio Decreto em questão.

Ademais, são regidos pelas normas do Decreto n. 59.566/66 os direitos e obrigações dos meeiros, terceiros quartistas, parcentistas ou de qualquer outro tipo de parceiro outorgado, que mantinham tais contratos ao tempo da publicação daquele Decreto regulamentador, cujos termos contratuais estipulem, no todo ou em parte, a partilha em frutos, produtos ou no seu equivalente em dinheiro.

Por fim, a execução dos contratos agrários, nos termos previstos pelo ordenamento jurídico, deve observar a exploração adequada e conveniente do imóvel, alcançando os níveis satisfatórios legalmente previstos, fazendo-o cumprir as funções sociais da propriedade e do contrato.

Capítulo 11
COLONIZAÇÃO RURAL

O estabelecimento de uma nação não se faz sem a colonização. O colonizador tem de implantar política colonizadora à terra conquistada para nela poder firmar sua bandeira. Dado início ao sistema de colonização, o crescimento do lugar faz o povo se espraiar em novas fronteiras.

Estabelece-se, então, uma colonização natural, com o aumento da população corrente. É o que se chama de colonização espontânea, porque não dirigida ou incentivada pelos governos. A par da colonização espontânea, há a dirigida, que é programada e incentivada pelo poder público com vistas a que determinado lugar, considerado despovoado ou necessário estrategicamente ser povoado, passe a ter ocupação demográfica, para satisfazer a metas de planos governamentais.

O Brasil experimentou ambos os tipos de colonização. A expansão agrícola exigiu colonização planejada, seja particular, seja pública, no Sudeste, Sul e Centro-Oeste, com obtenção de relativo sucesso, mas a direcionada para a Amazônia restou fracassada.

O modelo de desenvolvimento agrícola pensado para o Brasil na década de 1970, no regime militar, considerou a Amazônia um vazio econômico-demográfico e laborou ação colonizadora com orientação estimulada de fluxo migratório integrada à implantação de grandes obras de infraestrutura nacional.

Hoje em dia, constata-se ter sido um grande equívoco, em especial porque desconsiderou completamente o homem regional e sua realidade, bem como a força da pujança da natureza amazônica, maior que o ser humano.

No presente capítulo, estudam-se tais políticas colonizadoras à luz da legislação de regência.

11.1. ESCORÇO HISTÓRICO E CONCEITUAÇÃO

A Era Vargas, preocupada com a imigração e a colonização no Brasil, editou o Decreto-Lei n. 6.117, de 16 de dezembro de 1943, que trouxe a discussão sobre colonização ao definir núcleo colonial como uma reunião de lotes medidos e demarcados, formando um grupo de pequenas propriedades rurais (art. 1º).

Nessas pequenas propriedades, além das casas destinadas à residência do pessoal técnico, administrativo e operário, nos termos do art. 7º, deveriam ter: um campo de demonstração destinado às culturas próprias da região ou de outras economicamente aconselháveis; escolas para ensino rural de acordo com os programas estabelecidos pela Superintendência do Ensino Agrícola; pequenas oficinas para o trabalho do ferro e da madeira; serviço médico e farmacêutico; e cooperativas de venda, consumo e crédito (art. 7º).

Ademais, o núcleo colonial ainda poderia manter: estações de monta, com reprodutores selecionados e aconselhados à região; instalação para beneficiamento dos produtos agrícolas; posto meteoro-agrários; animais de trabalho; máquinas, instrumentos e utensílios agrícolas, sementes, adubos, inseticidas e fungicidas, para venda aos colonos, pelo preço do custo (art. 8º).

Nessa seara, colono poderia ser tanto o nacional quanto o estrangeiro, agricultor[1].

Todavia, somente pouco mais tarde Vargas editaria o primeiro diploma legal a tratar de colonização, juntamente com o problema da imigração. Trata-se do Decreto-Lei n. 7.967, de 18 de setembro de 1945, que conceituou colonizar como promover a fixação do elemento humano ao solo, o aproveitamento econômico da região e a elevação do nível de vida, saúde, instrução e preparo técnico dos habitantes das zonas rurais (art. 46).

Ainda desse mesmo diploma normativo, considerou-se a colonização como de utilidade pública, cabendo à União e aos Estados desenvolvê-la oficialmente, bem como fomentar e facilitar a de iniciativa privada (art. 47).

Quatro anos após, em 1949, em Goiânia-GO, na I Conferência Brasileira de Imigração de Colonização, propôs-se um conceito mais singelo, apesar de abrangente, passando a entendê-la como "toda ação pública ou privada que vise à utilização da terra por uma classe de pequenos proprietários"[2].

---

1 TENÓRIO, Igor. **Manual de direito agrário brasileiro.** 2. ed. São Paulo: Resenha Universitária, 1978, p. 91.

2 AREZZO, Dryden Castro de. **Curso de direito agrário.** Brasília: Fundação Petrônio Portella. 1982, v. 7, p. 9.

Em 5 de janeiro de 1954, editou-se a Lei n. 2.163, responsável pela criação do Instituto Nacional de Imigração e Colonização (INIC), mas pouco tratou sobre colonização, limitando-se a dispor sobre as atribuições daquela entidade, a saber: (i) assistir e encaminhar os trabalhadores nacionais imigrantes de uma para outra região; (ii) orientar e promover a seleção, entrada, distribuição e fixação de imigrantes; e (iii) traçar e executar, direta e indiretamente, o programa nacional de colonização, tendo em vista a fixação de imigrantes e o maior acesso aos nacionais da pequena propriedade agrícola.

Com o advento do Estatuto da Terra, em 30 de novembro de 1964, considerou-se colonização como toda a atividade oficial ou particular que se destine a promover o aproveitamento econômico da terra, pela sua divisão em propriedade familiar ou através de Cooperativas (art. 4º, IX, do Estatuto da Terra).

O Estatuto da Terra passou a considerar explicitamente a colonização como instrumento a ser utilizado pelo Estado na implementação da política de desenvolvimento agrícola brasileiro.

Com o Decreto n. 59.428, de 27 de outubro de 1966, houve a ampliação do entendimento sobre o que seria colonização, definindo-a como toda atividade oficial ou particular destinada a dar acesso à propriedade da terra e a promover seu aproveitamento econômico, mediante o exercício de atividades agrícolas, pecuárias e agroindustriais, através da divisão em lotes ou parcelas, dimensionados de acordo com as regiões definidas na regulamentação do Estatuto da Terra, ou através das cooperativas de produção nela previstas (art. 5º).

A partir das palavras da lei, verifica-se que a política de acesso à propriedade rural através da colonização tem por objetivo primordial não só promover medidas destinadas a melhorar a estrutura agrária do país, como também vincular à propriedade, quem trabalha a terra agrícola, satisfazendo normas sociofundiárias que mais se ajustem à dignificação da pessoa humana.

Daí, então, não confundir colonização com povoamento, este constitui-se na simples ocupação de uma área vazia demograficamente, sem um projeto prévio, sem a implantação da necessária infraestrutura e dos serviços básicos[3]. Mas pode-se dizer que esse tipo de povoamento é colonização espontânea, muito comum no Brasil, como país novo que é.

Colonização diferencia-se, por outro lado, de reforma agrária. Colonização e reforma agrária são políticas agrárias bastante diferentes, com objetivos e procedimentos específicos a cada uma, mas não se excluem, pelo contrário, complementam-se. Além dos projetos de colonização implementados oficial ou particularmente, para expansão da fronteira agrícola, no processo de reforma agrária, a colonização é uma de suas etapas, e como tal a complementa, tanto que nos assentamentos rurais em projetos de reforma agrária, "as parcelas do Assentamento são destinadas aos beneficiários que atendam aos requisitos legais e constitucionais que regem a matéria, de modo que a transmissão das parcelas de assentamentos sem observância das obrigações legais (art. 72, do Decreto n. 59.428/66) e contratuais (cláusulas contidas no contrato de colonização), assumidas pelo beneficiário originário, enseja a caracterização de situação de irregularidade e a conseguinte rescisão contratual, com a consequente retomada da parcela pela Autarquia"[4].

Didática e basicamente, pode-se dizer que reforma agrária é redistribuição de terra, com modificação da estrutura de propriedade agrária previamente existente, a partir de desapropriação por interesse social para fins de reforma agrária; colonização implica desbravamento de novas terras ou processo a ser aplicado em áreas deprimidas em termos de infraestrutura agrária.

---

3 LIMA, Rafael Augusto de Mendonça. **Direito agrário.** 2. ed. atual. e ampl. Rio de Janeiro: Renovar, 1977, p. 407.

4 Vejam-se as decisões: PROCESSUAL. CIVIL. POSSESSÓRIA. ASSENTAMENTO. REFORMA AGRÁRIA. OCUPAÇÃO IRREGULAR. COMPROVAÇÃO PELO Incra. ESBULHO CONFIGURADO. HONORÁRIOS MAJORADOS. (...) (TRF-3 - ApCiv: 00021417720124036005 MS, rel. Des. Federal Helio Egydio de Matos Nogueira, julgado em 22-8-2022, 1ª Turma, publicado em 23-8-2022. Disponível em: https://www.jusbrasil.com.br/jurisprudencia/trf-3/1711216378; de igual sentido: TRF-3 - Ap: 00006839420154036142 SP, rel. Des. Federal Hélio Nogueira, julgado em 10-4-2018, Primeira Turma, *e-DJF3* Judicial 16-4-2018. Disponível em: https://www.jusbrasil.com.br/jurisprudencia/trf-3/567049824; TRF-1 – AC: 00150905520104013000, rel. Des. Federal Daniel Paes Ribeiro, julgado em 18-7-2022, 6ª Turma, *PJe* 18-7-2022, PJe 18-7-2022. Disponível em: https://www.jusbrasil.com.br/jurisprudencia/trf-1/1663076351. Acessos em: 21 set. 2023.)

A colonização é executada em terras demarcadas e legalizadas, cujos títulos permitam a transferência jurídica de domínio e posse dos lotes (estes, chamados parcelas) a serem cedidos aos beneficiários (chamados parceleiros), para fins de exploração da terra sob as formas de propriedade familiar, de empresa rural e de cooperativa, visando à integração e ao progresso econômico-social do parceleiro, à conservação dos recursos naturais, à recuperação social e econômica de determinadas áreas e à racionalização do trabalho agrícola (art. 15 do Decreto 59.428/1966).

A colonização – espontânea ou dirigida, oficial ou particular – historicamente se constitui no principal processo utilizado para a expansão da fronteira agrícola brasileira, avançando em novas áreas rurais.

11.2. TIPOS DE COLONIZAÇÃO RURAL

No mercado de terras no Brasil, pode-se ter quatro modelos operacionais de colonização[5]:

a) Colonização oficial dirigida – implementada pelo poder público, dirigida a uma demanda formada por trabalhadores e precaristas, geralmente de baixo nível de capacitação, sem experiência no trato da terra, acompanhada de paternalismo institucional.

b) Colonização particular – promovida por empresas privadas de colonização ou de simples loteamento rural. Na maioria das vezes, as empresas detêm terras devolutas doadas pelo Estado, prometendo, sobre aqueles territórios, o cumprimento de cláusulas contratuais por parte dos eventuais futuros promitentes compradores dos lotes, que são, em geral, pequenos proprietários, arrendatários e parceiros provindos de áreas em que se está verificando competição pelo uso do solo (ex.: agriculturas de exportação *versus* agricultura para consumo interno; áreas com excessiva fragmentação da propriedade etc.).

c) Imigração dirigida – constituída da participação de grandes empresas estrangeiras credenciadas pelos governos de sua origem, que mantêm com o Brasil acordos de imigração, devendo agir com precaução na escolha dos beneficiários e na seleção dos territórios para seus projetos. A cliente, em regra, é formada por imigrantes de alto nível empresarial, com nível financeiro em destaque, com recebimento de incentivos por parte de seus Estados de origem.

---

5 AREZZO, Dryden Castro de. Op. cit., p. 25-26.

d) Colonização empresarial – promovida pelo próprio Incra e busca, através de licitação pública, imprimir maior celeridade à distribuição de terras devolutas com finalidades agropecuárias, criando condições de maior desenvolvimento agrícola. Esse modelo de colonização constitui instrumento do Estado para efetiva ocupação de grandes áreas de terra, tendo sido utilizado como política de colonização ao longo das estradas construídas pelo governo federal militar, na Amazônia Legal[6].

Todavia, os modelos previstos pelo Estatuto da Terra são dois:

a) Colonização oficial – aquela em que o poder público – federal, estadual ou municipal – toma a iniciativa de recrutar e selecionar pessoas ou famílias, dentro ou fora do território nacional, reunindo-as em núcleos agrícolas ou agroindustriais, podendo encarregar-se de seu transporte, recepção, hospedagem e encaminhamento, até a sua colocação e integração nos respectivos núcleos.

b) Colonização particular – a promovida pela iniciativa privada. Para a finalidade dos princípios do direito agroambiental, o Estatuto da Terra considerou empresa particular de colonização não apenas

---

6 Na década de 1970 do século XX, no regime militar, precisamente no governo do General Emilio Garrastazu Medici, decidiu mandar construir a Transamazônica, terminada em 1974, e que fazia parte de um conjunto de outras rodovias federais pioneiras que integrariam a Amazônia ao restante do país, por meio de 15.000 km de extensão, formando o que o governo militar denominou Programa de Integração Nacional (PIN). Com o objetivo de realizar uma colonização dirigida ao longo dessas rodovias, o governo federal, por meio do Decreto n. 1.164/71, desapropriou a zona de 100 km de largura, de ambos os lados das rodovias pioneiras. O ambicioso projeto de colonização, a cargo do Incra, apresenta o modelo de assentamento baseado em *agrovilas, agrópolis e rurópolis,* cuja meta primitiva era de assentar 100.000 famílias até 1986. O padrão de assentamento é predominantemente da *agrovila,* uma comunidade construída pelo governo, com 48 a 66 casas, localizadas a 10 km, na rodovia principal e estradas vicinais. Cada *agrovila,* disposta em uma praça principal, está projetada para abrigar um posto médico, uma escola primária, uma venda de artigos de consumo geral, dirigida pelo governo, por escritórios de representação agrícola e pelo Incra. Os colonos são animados a construir suas próprias igrejas ecumênicas e Centros Sociais. A *agrópolis,* uma comunidade para até 100 famílias vem a seguir, na hierarquia do urbanismo-rural. As *agrópolis,* construídas a cada 100 km, são projetadas como centros administrativos intermediários, equipados com uma escola secundária, um hospital, indústrias leves e depósitos. A *rurópolis,* o vértice da hierarquia rural-urbana, é para servir de sede administrativa, num raio de 200 km. As *rurópolis* abrigam até 20.000 habitantes cada uma, oferecendo serviços ampliados, como escolas técnicas, bancos, hotéis e um aeroporto.

pessoas jurídicas, constituídas e sediadas no País, mas também pessoas físicas, nacionais ou estrangeiras, residentes ou domiciliadas no Brasil, que tiverem por finalidade executar programa de valorização de área ou distribuição de terras.

11.2.1. Colonização oficial

Como o próprio nome pressupõe, a colonização oficial é promovida pelo poder público, em sendo terras públicas federais, é promovida pelo Incra, que toma a iniciativa de recrutar e selecionar pessoas ou famílias, dentro ou fora do território nacional, reunindo-as em núcleos agrícolas ou agroindustriais, podendo encarregar-se de seu transporte, recepção, hospedagem e encaminhamento, até sua colocação e integração nos respectivos núcleos.

O Incra implementa a política de colonização em terras federais, utilizando metodologia própria fixada em diferentes atos normativos, e lança mão de vários instrumentos, quais sejam: (a) seleção e utilização de áreas onde se faça necessária a colonização, obedecida a regionalização estabelecida em lei; (b) implantação de núcleos de colonização agrícola ou agroindustrial em terras que estejam incorporadas ou em processo de incorporação ao patrimônio público ou particular; (c) recrutamento e seleção de indivíduos ou famílias, dentro ou fora do território nacional, incluindo, quando for o caso, seu transporte, recepção, hospedagem e encaminhamento para colocação e definitiva integração nos núcleos de colonização; (d) assistência e estímulo ao parceleiro rural; e (e) mobilização de recursos financeiros.

Um dos fatores de fracasso da colonização oficial no Brasil é a má escolha da área, norteada quase sempre por motivação política (interesses locais e regionais) em detrimento das condições agrológicas e proximidades de mercados consumidores. Cioso desta realidade, o Estatuto da Terra estabelece a ordem de preferência na escolha da área: (a) ociosas ou de aproveitamento inadequado; (b) próximas a grandes centros urbanos e de mercados de fácil acesso, tendo em vista os problemas de abastecimento; (c) de êxodo, em locais de fácil acesso e comunicação, de acordo com os planos nacionais e regionais de vias de transporte; (d) de colonização predominantemente estrangeira, tendo em mira facilitar o processo de interculturação; e (e) de desbravamento ao longo dos eixos viários, para ampliar a fronteira econômica do país (art. 56).

Em qualquer hipótese, é essencial que sejam verificadas as seguintes condições: existência de estudos básicos de avaliação dos recursos naturais, existência de mercados internos ou de centros de exportação a distâncias econômicas, condições de salubridade e saneamento, existência de fluxo migratório natural, e existência de precárias relações de trabalho e baixa produção (art. 17 do Decreto n. 59.428/66).

Na esteira deste raciocínio, nos termos do art. 57 estatutário, correspondem a objetivos dos programas de colonização, além daqueles já especificados: (a) a integração e o progresso social e econômico do parceleiro, assim denominado tecnicamente aquele que tenha adquirido lotes ou parcelas em áreas destinadas à reforma agrária ou à colonização pública ou particular (art. 10 do Decreto n. 59.428/66); (b) o levantamento do nível de vida do trabalhador rural; (c) a conservação dos recursos naturais e a recuperação social e econômica de determinadas áreas; e (d) o aumento da produção e da produtividade no setor primário.

Ao Incra compete legalmente proporcionar condições de boa convivência e harmonia social nos assentamentos do projeto de colonização, sob pena de que se instale o caos, impossibilitando-se a consecução do objetivo da regular e proveitosa exploração da terra pelos assentados, pois não se pode permitir que, entre os assentados, haja elementos que inviabilizem o convívio pacífico e harmonioso[7]. A boa convivência social é básica a ponto de ser lícita a exclusão de parceleiro do projeto de assentamento, se for motivo de perturbação da paz na comunidade, passando a ser considerado irregular no projeto[8].

Outro objetivo, em que pese não esteja expresso na legislação específica, é dar assistência ao trabalhador que não tem condições de adquirir um imóvel rural, e, muito menos, administrá-lo[9].

---

7 ADMINISTRATIVO E CIVIL. APELAÇÃO. REINTEGRAÇÃO DE POSSE. REFORMA AGRÁRIA. ASSENTAMENTO. CONDUTA VIOLENTA. INADAPTAÇÃO À VIDA COMUNITÁRIA. ART. 77, F, DO DECRETO N. 59.428/1966. BENFEITORIAS. RESSARCIMENTO. RECURSO PROVIDO EM PARTE (...). (TRF-5 - AC: 08000040320184058308, rel. Roberto Wanderley Nogueira, julgado 22-6-2023, 1ª Turma. Disponível em: https://www.jusbrasil.com.br/jurisprudencia/trf-5/1952181169/inteiro-teor-1952181173. Acesso em: 16 set. 2023.

8 Cf. TRF-3 - RI: 00001995520194036331 SP, Relator: JUIZ(A) FEDERAL CIRO BRANDANI FONSECA, Data de Julgamento: 10/03/2020, 6ª TURMA RECURSAL DE SÃO PAULO. Publicação: e-DJF3 Judicial, em 16/03/2020. Disponível em: https://www.jusbrasil.com.br/jurisprudencia/trf-3/821729319/inteiro-teor-821729413. Acesso em: 12 set. 2023.

9 LIMA, Rafael Augusto de Mendonça. Op. cit., p. 410.

Em áreas prioritárias, a colonização tem por objetivo promover o aproveitamento econômico da terra, preferencialmente pela sua divisão em propriedades familiares, congregados os parceleiros em cooperativas ou mediante formação de cooperativas de colonização de tipo coletivo (§ 1º do art. 5º do Decreto n. 59.428/66).

Já a colonização com fins de povoamento e defesa nacional tem caráter pioneiro, devendo a área das parcelas ajustar-se, sempre que possível, às características da pequena e média empresas rurais, devendo permitir a livre participação em seu capital dos respectivos parceleiros (§ 2º do art. 5º do Decreto n. 59.428/66).

A colonização desenhada pelo Estatuto da Terra tem diferentes modelos de organização, dependendo do zoneamento estabelecido. Assim, pode assumir os seguintes modos:

a) Nas áreas prioritárias de reforma agrária, que são regiões críticas onde se evidenciam tensões sociais, exigindo o processo reformista, com progressiva eliminação dos minifúndios e dos latifúndios, a organização das unidades de colonização se faz pela divisão da terra, preferencialmente em propriedades familiares, congregando os parceleiros em cooperativas ou mediante a formação de cooperativas de colonização de tipo coletivo.

b) Nas regiões ainda em fase de ocupação econômica e carentes de programas de desbravamento, a colonização tem como finalidade o povoamento e a defesa nacional, de características nitidamente pioneiras, organizada, sempre que possível, em torno das dimensões das pequenas e médias empresas rurais, para fins de expansão da fronteira agrícola.

c) Nas regiões em estágio mais avançado de desenvolvimento social e econômico e naquelas já economicamente ocupadas, nas quais predomina uma economia de subsistência adequada, a colonização tem múltiplas finalidades, a saber: o aproveitamento de áreas cuja exploração seja inadequada e acarrete o uso predatório dos recursos naturais, ou cujos proprietários não disponham de meios para adoção de práticas conservacionistas; o aproveitamento de áreas incluídas em planos preferenciais de implantação de grandes obras de infraestruturas; o aproveitamento de áreas situadas nas bacias de imigração de açudes públicos ou particulares; o aproveitamento de áreas de bacias hidrográficas que possibilitem o uso múltiplo de suas águas; e, a fixação de imigrantes ao longo dos eixos viários.

d) Na faixa de 150 quilômetros ao longo da fronteira do país, considerada zona indispensável à defesa do território, os projetos de colonização devem obedecer a programas especiais estabelecidos pelo Incra e aprovados pelo Conselho de Defesa Nacional.

11.2.1.1. *Estrutura organizacional*

A fim de garantir melhores condições de fixação do homem à terra e seu progresso social e econômico, os programas de colonização são elaborados prevendo-se os grupamentos de lotes em núcleos de colonização, e destes em distritos, e associação dos parceleiros em cooperativas.

O núcleo de colonização é unidade básica e se caracteriza por um conjunto de parcelas integradas por uma sede administrativa e serviços comunitários.

Assim, os núcleos congregam os lotes rurais, que são, na linguagem técnico-agroambiental, as parcelas destinadas ao trabalho agrícola do parceleiro e de sua família cuja moradia, quando não for no próprio local, há de ser no centro da comunidade a que elas correspondam[10].

A interligação de três ou mais núcleos forma o Distrito Federal de Colonização, subordinado a uma única chefia, integrado por serviços gerais, administrativos e comunitários (art. 70 do Estatuto da Terra).

Os núcleos de colonização devem dispor de setores, como administrativo, de organização comunitária, de capacitação dos parceleiros e assistência técnica etc.

O núcleo ou distrito de colonização federal será administrado por profissional qualificado que, devidamente credenciado, representará o poder público na área do projeto, sendo o responsável, também, pela execução de cada etapa do projeto, quando da implantação do empreendimento, obedecido o cronograma oficial.

O núcleo ou o distrito deve contar com equipes interdisciplinares que, sob a coordenação do administrador, são responsáveis pela implantação e consolidação do projeto e dos serviços nele previstos, até sua definitiva transferência à cooperativa.

---

10 Art. 67, parágrafo único, do Estatuto da Terra: "O número de parcelas de um núcleo será condicionado essencialmente pela possibilidade de conhecimento mútuo entre os parceleiros e de sua identificação pelo administrador, em função das dimensões adequadas a cada região".

As cooperativas e associações de parceleiros existentes na área, ou a serem organizadas, devem integrar-se progressivamente à implantação do empreendimento.

O núcleo ou distrito de colonização será considerado:

a) em início de implantação, quando executados os serviços e obras básicos previstos no projeto, incluindo lotes demarcados, estradas, pontes e serviços comunitários;

b) com a implantação consolidada, quando, além de satisfazer as condições anteriores, possuir todas as parcelas efetivamente ocupadas e cultivadas;

c) emancipação, quando no projeto for evidenciado que a comunidade dos parceleiros está economicamente produtiva e diversificada, socialmente organizada e integrada, estando capacitada a assumir responsabilidades; ou, quando houver cooperativa suficientemente aparelhada para que, dirigida por próprio parceleiro, possa assumir os trabalhos de orientação e prestação de serviços à comunidade; ou, por fim, se houver pelo menos 2/3 de parcelas com mais de 5 anos de efetiva ocupação, contados da assinatura dos contratos de promessa de compra e venda, e a comunidade esteja social e economicamente apta a se desenvolver, dispondo de uma organização interna que lhe assegure uma vida administrativa própria (art. 27 do Decreto n. 59.428/66).

A emancipação do núcleo ocorrerá quando este tiver condições de vida autônoma, e será declarada por ato do órgão competente, observados os preceitos legais e regulamentares (art. 68 do Estatuto da Terra).

Os custos operacionais do núcleo ou distrito de colonização serão, na fase de consolidação da implantação, transferidos, progressivamente, aos proprietários das parcelas, através de cooperativas ou outras entidades que os congreguem. E o prazo para essa transferência, nunca superior a cinco anos, contar-se-á: (i) a partir de sua emancipação; ou (ii) desde quando a maioria dos parceleiros já tenha recebido os títulos definitivos, embora o núcleo não tenha adquirido condições de vida autônoma.

O assentamento de parceleiros em projeto de colonização envolve uma série de operações onerosas, por isso, quando da instalação da colonização, aos interessados em participar do núcleo de colonização oficial, uma vez aceitos na seleção, o Incra pode promover-lhes facilidades, tais como: (a) transporte de estação viária, ou porto marítimo ou fluvial até a sede do núcleo de colonização; (b) crédito para alimentação durante a primeira fase da implantação; (c) prioridade no trabalho a salário ou empreitada, em obra ou serviço do núcleo, durante o período de carência, desde que não prejudique a exploração de sua parcela; (d) assistência médica até a consolidação do núcleo; (e) suprimento de mudas, sementes, adubos, inseticidas, fungicidas e utensílios agrícolas, para pagamento a prazo além do período de carência; (f) prestação de serviços gerais de preparação da parcela pelo prazo referente à implantação do núcleo; e (g) implantação de benfeitorias previstas no projeto (art. 75 do Decreto n. 59.428/66)[11].

11.2.1.2. Os parceleiros: escolha, direitos e deveres

O art. 64 do Decreto n. 59.428/66 detalha as exigências legais relativas à escolha das pessoas beneficiárias das parcelas em projetos de colonização federal, a saber: (a) maiores de 21 e menores de 60 anos; (b) não sejam proprietários de terreno rural, proprietários de estabelecimento de indústria ou comércio, funcionários públicos e autárquicos, civis e militares da administração federal, estadual ou municipal; (c) exerçam, ou queiram efetivamente exercer, atividades agrárias e tenham comprovada vocação para seu exercício; (d) comprometam-se a residir com sua família na parcela, explorando-a direta e pessoalmente; (e) possuam boa sanidade física e mental e bons antecedentes; e (f) demonstrem capacidade empresarial para gerência do lote na forma projetada.

Cumpridos todos esses requisitos, as parcelas serão atribuídas de acordo com a seguinte ordem de preferência: (a) ao proprietário do imóvel desapropriado; (b) aos que residirem no imóvel desapropriado, incluindo posseiros, assalariados, arrendatários ou trabalhadores rurais; (c) aos agricultores cujas propriedades não alcançarem a dimensão da propriedade familiar da região; (d) aos agricultores cujas propriedades sejam comprovadamente insuficientes para o sustento próprio e o de sua família; e (e) aos trabalhadores sem-terra que desejem se radicar na exploração da terra.

O processo de alienação dos lotes da colonização se inicia por um contrato preliminar de promessa de compra e venda com as cláusulas especiais de colonização.

---

11 Após a implantação do núcleo, o fornecimento de bens e a prestação de serviços são feitos por intermédio da cooperativa ou entidades dos parceleiros que vierem a organizar na área (art. 76 do Decreto n. 59.428/66).

O custo de cada parcela é calculado em função dos investimentos necessários à implantação do núcleo, nele se incluindo o preço pago pela desapropriação e o das valorizações resultantes das obras de infraestrutura incorporadas no respectivo projeto e das benfeitorias específicas para cada parcela, mas se exclui o valor das obras de caráter público, como estradas não vicinais, pontes e serviços comunitários (art. 67, *caput* e § 1°, do Decreto n. 59.428/66).

Com o assentamento do parceleiro, é assinado contrato de colonização e de promessa de compra e venda da parcela rural, no qual são incluídas obrigatoriamente as seguintes cláusulas: (a) atendimento à orientação técnica com vistas à sua plena capacitação profissional; (b) obrigatoriedade de filiação à Cooperativa Integral de Reforma Agrária (CIRA) que funcione na área, no caso de área prioritária; (c) obrigatoriedade do seguro de renda temporário; (d) faculdade de antecipar a liquidação do débito, sem prejuízo do atendimento à orientação técnica visando à plena capacitação profissional; (e) rescisão do contrato em caso de não demonstrar capacidade profissional durante o período de carência de dois anos, a contar da data de sua localização na parcela; (f) admissão de cláusulas aditivas de novas obrigações resultantes de obras e benfeitorias que venham a ser progressivamente incorporadas às parcelas; (g) pagamento de taxas de melhoria para serviços assistenciais que proporcionem aumento dos índices de produtividade; (h) rescisão contratual por falta continuada do pagamento das amortizações, ressalvados os casos de calamidade e doenças, a critério da Administração do núcleo; (i) proibição de fracionamento do lote, mesmo em caso de sucessão.

Assim, na seleção de interessado para se assumir uma parcela em projeto de colonização, caso não cumpra com os requisitos da chamada pública, será rescindido o contrato respectivo, com a consequente restituição do preço pago e a indenização das benfeitorias, se houver.

Os parceleiros têm o dever de satisfazer as cláusulas contratuais, sob pena de haver rescisão, cujas causas são: (a) deixar de cultivar direta e pessoalmente sua parcela por espaço de três meses, salvo motivo de força maior, a juízo da Administração do núcleo; (b) deixar de residir no local do trabalho ou em área pertencente ao núcleo, salvo justa causa reconhecida pela Administração; (c) desmatar indiscriminadamente, sem imediato aproveitamento agrícola do solo e respectivo reflorestamento, de acordo com diretrizes do projeto elaborado para a área; (d) não observar as diretrizes técnicas, econômicas e sociais definidas no respectivo projeto de colonização, desde que esteja o parceleiro convenientemente assistido e orientado; (e) não dar cumprimento às condições do termo de compromisso e dos contratos de promessa de compra e venda e de colonização; e (f) tornar-se elemento de perturbação para o desenvolvimento dos trabalhos de colonização do núcleo, por má conduta ou inadaptação à vida comunitária (art. 77 do Decreto n. 59.428/66). Não preenchendo os requisitos e as exigências legais, cabível a retomada da parcela[12].

---

12 ADMINISTRATIVO E PROCESSUAL CIVIL. AÇÃO DE REINTEGRAÇÃO DE POSSE. IMÓVEL INTEGRANTE DE PROJETO DE ASSENTAMENTO RURAL. RESIDÊNCIA NÃO VERIFICADA. DESCUMPRIMENTO DO CONTRATO DE ASSENTAMENTO FIRMADO COM O INSTITUTO NACIONAL DE COLONIZAÇÃO E REFORMA AGRÁRIA (Incra). BENEFICIÁRIO FUNCIONÁRIO PÚBLICO FEDERAL APOSENTADO. VEDAÇÃO LEGAL PREVISTA NO ART. 64, INCISO I, ALÍNEA C, DO DECRETO N. 59.428/1966. IMPROCEDÊNCIA DO PEDIDO. APELAÇÃO NÃO PROVIDA. 1. Hipótese em que buscam os autores a reintegração de posse do Lote de Parcelamento n. 653, Estrada Vicinal Novo Amanhecer, Projeto de Assentamento Tarumã-Mirim, ramal da Felicidade, Município de Manaus (AM). 2. O art. 64 do Decreto n. 59.428/1966 estabeleceu diversas condições para que a pessoa pudesse ser beneficiada com uma parcela de terras em projeto de colonização federal, entre elas, a de que os beneficiários não sejam funcionários públicos e autárquicos, civis e militares da administração federal, estadual ou municipal e a de residirem no imóvel e de explorá-lo direta e pessoalmente (incisos I, alínea c e III), constando, ainda, do art. 72, que as parcelas não poderão ser hipotecadas, arrendadas ou alienadas por parceleiros a terceiros, sem que haja prévia anuência do IBRA ou do INDA, sob pena de rescisão contratual, na forma do art. 77, alíneas a e b, da referida norma. 3. No caso dos autos, o próprio autor afirma, na petição inicial, que é servidor público federal aposentado, de maneira que o ato administrativo referente à assinatura do contrato de assentamento, é nulo de pleno direito, por descumprir o que determina o art. 64, inciso I, alínea *c*, do Decreto n. 59.428/1966, dele não emanando nenhum direito, sendo certo que, de acordo com a Súmula 473 do Supremo Tribunal Federal, a Administração pode anular seus próprios atos, quando eivados de vícios que os tornam ilegais, porque deles não se originam direitos; ou revogá-los, por motivo de conveniência ou oportunidade, respeitados os direitos adquiridos, e ressalvada, em todos os casos, a apreciação judicial, o que está de acordo com o art. 53 da Lei n. 9.784/1999. (...). (AC 0000936-87.2005.4.01.3200, Des. Federal Daniel Paes Ribeiro, TRF1 - Sexta Turma, *PJe* 13-7-2023. Disponível em: https://processual.trf1.jus.br/consultaProcessual/processo.php?secao=TRF1&proc=9368720054013200. Acesso em: 6 set. 2023.)

Os beneficiários da colonização não têm direito a hipotecar, arrendar ou alienar suas parcelas a terceiros, sem que haja prévia anuência do Incra (art. 72 do Decreto n. 59.428/66)[13].

As amortizações dos débitos assumidos pelos parceleiros devem ser satisfeitas no prazo máximo de vinte anos, sendo permitido o reajustamento das prestações em condições estabelecidas em lei.

Se o parceleiro liquidar integralmente o valor de seu débito antes do término do período de carência, ser-lhe-á outorgado título definitivo da propriedade, o que não afeta a validade do contrato de colonização previamente assinado (art. 71 do Decreto n. 59.428/66).

Se o parceleiro falecer, tendo assinado o contrato de colonização e de promessa de compra e venda, seus herdeiros por ele recebem a parcela livre de ônus, mediante resgate pelo seguro de renda, mas estão obrigados por outros compromissos assumidos pelo de *cujus,* como não poder dividir o lote[14].

---

13 O parágrafo único do art. 72 do Decreto n. 59.428/66 possibilita ao Incra exercer o direito de preferência a que se referem os §§ 1º e 2º do art. 6º do Estatuto da Terra, se o parceleiro desistir de se fixar à parcela; neste caso, o novo pretendente deve pagar o preço atualizado, acrescido do valor das benfeitorias existentes.

14 E nos termos do § 2º do art. 73 do Decreto n. 59.428/66, fica vedado aos herdeiros ou legatários que adquirirem, por sucessão, o domínio dos lotes ou parcelas, o fracionamento dessas porções de terra. Cf. RECURSO DE AGRAVO DE INSTRUMENTO – ARROLAMENTO SUMÁRIO – REMESSA DO FEITO ÀS VIAS ORDINÁRIAS – POSSIBILIDADE – QUESTÃO DE ALTA INDAGAÇÃO – POSSE DA DE CUJUS – DILAÇÃO PROBATÓRIA – TRANSMISSÃO DO LOTE AOS HERDEIROS – ANÁLISE ATRAVÉS DA VIA ADMINISTRATIVA – DECISÃO MANTIDA – RECURSO DESPROVIDO. I – Os §§ 10 e 11 do art. 18, da Lei n. 8629 de 1993, dispõem que em caso de falecimento de concessionário pertencente ao regime do contrato de concessão de uso (CCU), como é o caso dos autos, os seus herdeiros poderão receber o imóvel, desde que não haja fracionamento, devendo ainda a transferência ser feita pela via administrativa. (...) TJMT. Agravo de Instrumento n. 1000683-13.2018.8.11.0000, Quarta Câmara de Direito Privado, rel. Des. Serly Marcondes Alves, julgado em 21-3-2018, *DJe* 23-3-2018. Disponível em: https://jurisprudencia.tjmt.jus.br/consulta?aba=Acordao&isTelaInicial=false&txtBusca=transmiss%C3%A3o%20do%20lote%20aos%20herdeiros%20an%C3%A1lise%20atrav%C3%A9s%20da%20via%20administrativa&isBasica=true&indice=1&quantidade=5&ordenarPor=DataDecrescente&ordenarDataPor=Julga-

Se herdeiro ou legatário desejar explorar o lote sucedido, o Incra pode diligenciar no sentido de os sucessores obterem financiamento através crédito rural, desde que comprovem a inexistência de recursos próprios.

Ao poder público é proibido ceder, gratuitamente, lotes ou parcelas, com exceção nos casos justificados para a construção de escolas, hospitais, igrejas, cooperativas, clubes sociais, campos recreativos e outras obras de interesse comunitário (art. 70 do Decreto n. 59.428/66).

As parcelas rescindidas revertem ao poder público e podem ser adquiridas por terceiros, desde que estes preencham as condições estabelecidas em lei. Ao parceleiro excluído será entregue importância correspondente ao valor das benfeitorias avaliadas, deduzido seu débito com o núcleo.

O projeto de colonização, ao adquirir autonomia, porque completamente implantado, torna-se emancipado e o Incra se retira da área, fazendo a transferência do patrimônio à organização dos parceleiros.

11.2.2. Colonização particular

A colonização particular é empreendida por empresa privada de colonização, assim entendida a pessoa física ou jurídica de direito privado, que tenha por finalidade promover o acesso à propriedade da terra e o seu aproveitamento econômico, por meio da divisão em propriedades adequadas à região considerada, ou do sistema cooperativo (art. 12 do Decreto n. 59.428/66).

A colonização particular é responsável por complementar e ampliar a ação do poder público na política de facilitar o acesso à propriedade rural através de empresa organizada para sua execução (art. 81 do Decreto n. 59.428/66). Mas é dever do Estado estimular as iniciativas particulares de colonização (art. 60, § 1º, do Estatuto da Terra).

O instrumento que viabiliza a colonização é o projeto técnico. A empresa e o projeto a ser executado por ela carecem ser aprovados e registrados pelo Incra.

As empresas, sejam elas físicas ou jurídicas, deverão se registrar, previamente, no Incra, bem como requerer o registro do projeto de colonização, cujos requisitos para efetivar são: (a) fazer prova de sua

mento&tipoBusca=1&thesaurus=false&fqTermos=&k=dvumod. Acesso em: 18 set. 2023.)

existência legal; (b) seus objetivos como empresa colonizadora; (c) idoneidade técnica e financeira; (d) garantia de assistência técnica aos agricultores até a emancipação da unidade de colonização[15]; e (e) existência de equipe técnica habilitada ao planejamento e execução de programa de colonização (art. 82 do Decreto n. 59.428/66).

Contudo, as empresas interessadas em projetos de colonização destinadas à ocupação e valorização econômica da terra, em que predominem o trabalho assalariado ou contratos de arrendamento e parceria, não gozam dos benefícios previstos no Estatuto da Terra (art. 62 do Estatuto da Terra).

O registro da empresa serve para o Incra analisar a regularidade da organização, o cadastramento e o controle de pessoas de direito privado que se dediquem à exploração.

Urge que a empresa de colonização registre o projeto técnico junto ao Incra a fim de verificar a regularidade dos empreendimentos de colonização e sua adequação aos objetivos de lei, controlando e fiscalizando sua execução. Somente empresa registrada pode pedir o registro de projeto de colonização.

Para se ultimar o registro do projeto, há duas fases administrativas a serem seguidas: apresentação e aprovação de anteprojeto e do projeto.

Devido à complexidade do processo de registro, a fim de economizar administrativamente, a fase preliminar que se presta a apresentar o anteprojeto é para que o Incra aprecie a exposição de motivos do projeto com justificativa, por parte da empresa, do que pretende fazer, explicar a razão da escolha da área de implantação do projeto e fundamentar econômica e socialmente a sua viabilidade. Por isso, a lei exige que a empresa de colonização descreva os aspectos físicos da área, o esboço de organização a ser implementado, as características e justificativas econômicas, sociais e financeiras do projeto[16].

Nesses termos, o anteprojeto, em linhas gerais, deve conter (art. 21 do Decreto n 59.428/66):

(a) Caracterização sumária dos aspectos físicos da área, incluindo: a) denominação e localização; b) topografia, superfície e limites; c)

15 A garantia se refere, principalmente, à idoneidade da empresa, tanto em questões financeiras e econômicas quanto técnicas, situações exigidas, inclusive, para viabilizar o registro no Incra.

16 AREZZO, Dryden Castro de. Op. cit., p. 40.

vias de acesso e comunicações; d) índices climáticos; e) cobertura vegetal; f) solos; e g) hidrologia.

(b) Esquema da organização proposta para a área, incluindo: a) objetivos sociais e econômicos; b) número de unidades e tipos de parcelas, e respectiva exploração econômica, no caso de exploração parcelada; c) indicação das obras de infraestrutura e dos serviços essenciais a serem instalados nos centros comunitários; e d) organização técnico-administrativa prevista para a implantação e administração do conjunto.

(c) Características sociais, econômicas e financeiras, incluindo: a) estrutura da cooperativa ou de outros órgãos de assistência aos parceleiros; b) condições de mercado e possibilidades de comercialização da produção; c) custo provável dos investimentos, seu esquema de aplicação e demonstração da rentabilidade e viabilidade do projeto; d) fontes de financiamento; e e) formas de adjudicação das parcelas.

(d) Justificação econômica e social do projeto, com base na relação entre custos e benefícios, diretos e indiretos.

Uma vez aprovado o anteprojeto, dentro do prazo máximo por ele indicado, não podendo ultrapassar o prazo legal dos 180 dias subsequentes, deve o interessado apresentar o projeto técnico, cujas condições para aprovação e registro são minimamente as seguintes:

(a) levantamento socioeconômico da área;

(b) tipos e unidades de exploração econômica perfeitamente determinados e caracterizados;

(c) valor e modalidade de amortização de cada tipo de lote;

(d) organização territorial da área, por meio de plano de parcelamento ou cooperativo, incluindo locação de estradas de acesso, de penetração e caminhos vicinais, bem assim a divisão em lotes e forma de execução de respectivo piqueteamento;

(e) inclusão, nos núcleos-sede de distritos e colonização, dos seguintes serviços e equipamentos: a) instalações, incluindo residências destinadas ao pessoal técnico-administrativo e aos trabalhadores em geral; b) serviço educacional de níveis elementar e médio; assistência médico-hospitalar, recreativa e religiosa; c) cooperativas mistas agrícolas, incluindo instalações para beneficiamento dos produtos, máquinas, instrumentos e material agrícola em geral para revenda aos parceleiros; d) campos de demonstração, multiplicação e experimentação destinados a culturas ou criações próprias da região ou de outras economicamente aconselháveis, incluindo lotes-padrão segundo orientação contida no projeto;

(f) inclusão nos núcleos, quando agregados a distritos de colonização, de um centro comunitário abrangendo serviço educacional de nível elementar, posto de saúde ou ambulatório, e cooperativa para atendimento aos parceleiros.

Aprovado o projeto, o Incra expede o respectivo certificado de Registro, documento que legitima o projeto e o habilita para obtenção de incentivos governamentais.

Os Cartórios de Registro de Imóveis têm a obrigação legal de comunicar ao Incra os registros efetuados nas respectivas circunscrições, informando o nome do proprietário do imóvel objeto da futura área de colonização, a denominação do imóvel e sua localização, bem como a área, o número de lotes e a data do registro do imóvel no Cartório, tudo com a finalidade de possibilitar o cadastro, o controle e a fiscalização dos loteamentos rurais (art. 61, § 3º, do Estatuto da Terra).

O Estatuto da Terra (art. 61, § 4º) veda a aprovação de projetos de colonização particular para gozar de vantagens legais, se não consignar para a empresa colonizadora as seguintes obrigações mínimas: (a) abertura de estradas de acesso e de penetração à área a ser colonizada; (b) divisão dos lotes e respectivo piqueteamento, obedecendo a divisão, tanto quanto possível, ao critério de acompanhar as vertentes, partindo a sua orientação no sentido do espigão para as águas, de modo a todos os lotes possuírem água própria ou comum; (c) manutenção de uma reserva florestal nos vértices dos espigões e nas nascentes; (d) prestação de assistência médica e técnica aos adquirentes de lotes e aos membros de suas famílias; (e) fomento da produção de uma determinada cultura agrícola já predominante na região ou ecologicamente aconselhada pelos técnicos do Instituto Brasileiro de Reforma Agrária ou do Ministério da Agricultura; (f) entrega de documentação legalizada e em ordem aos adquirentes de lotes.

Há casos em que a empresa se registra com o único objetivo de executar um projeto de colonização em imóvel rural de sua propriedade, extinguindo-se depois da execução. Outras empresas, no entanto, têm como fim social realizar projetos de colonização em imóveis rurais de terceiros, o que pode ser feito mediante prova de realização de contrato entre a empresa colonizadora e o proprietário do imóvel objeto do projeto de colonização.

Para atender aos princípios de direito agroambiental, especialmente a produtividade, o imóvel rural não é divisível em área de dimensão inferior à constitutiva da fração mínima de parcelamento, que é a menor área em que um imóvel rural, num dado município, pode ser desmembrado. A fração mínima de parcelamento corresponde ao módulo de exploração hortigranjeira da Zona Típica de Módulo (ZTM) a que o município pertencer. Ao ser parcelado o imóvel rural, para fins de transmissão a qualquer título, a área remanescente não pode ser a ela inferior (art. 8º da Lei n. 5.868/72).

Os compradores e promitentes compradores de parcelas resultantes de colonização oficial ou particular gozam de isenção legal de pagamento de tributos federais que incidam diretamente sobre o imóvel durante o período de cinco anos, a contar da data da compra ou compromisso, cabendo ao Incra firmar convênios com o fim de obter, para os compradores e promitentes compradores, idênticas isenções de tributos estaduais e municipais (art. 66 do Estatuto da Terra).

Capítulo 12
COOPERATIVISMO RURAL

O cooperativismo tem por fundamento (ético) a solidariedade, e se constitui em elemento que visa a eliminar os desajustes socais. Nessa linha, insere-se o cooperativismo rural como um capítulo na política desenvolvimentista projetada pela Constituição Republicana.

O cooperativismo é extraordinário instrumento não somente de política agrícola, mas também serve de auxílio para o êxito do projeto de reforma agrária. O associativismo em geral é estimulado no Texto Magno brasileiro por ser considerado fator de aceleração e multiplicação do desenvolvimento nacional, com a valorização do cidadão e o incremento da produtividade econômica.

Por meio da sociedade cooperativa, os indivíduos se consorciam em proveito econômico comum, sem fim de lucro, podendo ter por objeto o trabalho, a comercialização de um produto, ou seu escoamento, máquinas e/ou equipamentos agrícolas, ou, ainda, insumos e matérias-primas agrícolas, etc. Pelo cooperativismo, o rurícola tem condições de produzir mais e melhor, de transportar sua produção em melhores condições, maior poder de barganha para comercialização e para aquisição de matéria-prima e maquinário, enfim, através da sociedade cooperativa o rurícola fica mais fortalecido no mercado.

Por isso, o Estado deve fomentar o cooperativismo rural. E seu estudo é basilar para a realização dessa política pública de fomento, eis porque ora se apresenta.

12.1. ORIGEM HISTÓRICA E PREVISÃO LEGAL

Os exemplos mais remotos de cooperativismo situam-se em prisca era da humanidade. Pode ser identificado a partir das associações de mutualidade das caravanas de mercadores, na Palestina, entre os anos 356 e 426, a fim de dar segurança ao gado asinino.

No desenvolvimento da História, o cooperativismo esteve presente em todas as suas fases, passando pela Idade Média até chegar aos movimentos cooperativistas europeus no século XVIII.

O cooperativismo moderno tem seus princípios legados pelos pioneiros de Rochdale, que foram 28 rudes tecelões ingleses que, em novembro de 1843, reuniram-se para enfrentar as dificuldades dos salários aviltantes em face do excesso de mão de obra, resultando na concepção do cooperativismo puro, cujos princípios, em número de sete, são:

- Adesão livre e voluntária – organizações voluntárias, abertas a pessoas aptas a utilizar os seus serviços e assumir as responsabilidades como membros.
- Gestão democrática – organizações democráticas controladas pelo seus membros, que participam ativamente na formulação de suas políticas e na tomada de decisões.
- Participação econômica – os membros contribuem de forma igual para o capital de suas cooperativas, controlando-o democraticamente.
- Autonomia e independência – as cooperativas são organizações autônomas, de ajuda mútua, controladas por seus membros.
- Educação, formação e informação – informam o público em geral, particularmente os jovens e os líderes de opinião, sobre a natureza e as vantagens da cooperação.
- Intercooperação – as cooperativas trabalham em conjunto, através das estruturas locais, regionais nacionais e internacionais.
- Interesse pela comunidade – as cooperativas trabalham para o desenvolvimento sustentado das suas comunidades em que estão inseridas[1].

Essa reação solidária do operariado, baseada na ajuda mútua e sem fins especulativos, representa defesa da categoria contra os excessos de individualismo na economia de mercado, objetivando benefícios econômico-sociais.

A cooperação significa a atuação consciente, voluntária e conjunta de indivíduos entre si que participam não como empregados ou empresários que visam ao lucro, mas como beneficiários de suas próprias atitudes comuns. Assim, a solidariedade social representa o sentimento cooperativista.

---

1 Fonte: Portal do Cooperativismo Financeiro. Disponível em: http://cooperativismodecredito.coop.br/legislacao-cooperativa/os-7-principios-do-cooperativismo/. Acesso em: 11 set. 2023.

No Brasil, embora seja controverso quanto ao pioneirismo do movimento cooperativo, é fato que as primeiras cooperativas surgiram entre o final do século XIX e início do XX.

A primeira lei brasileira a dispor sobre sociedades cooperativas foi a Lei n. 1.637, de 5-1-1907, que autorizou sua constituição sob qualquer forma de sociedade comercial e sendo consideradas forma particular de exercício do comércio.

A Lei n. 1.637 foi revogada em 1932 pelo Decreto n. 22.239, de 19 de dezembro, sendo esta a primeira legislação em território nacional a consagrar os princípios doutrinários do cooperativismo puro, aqueles editados pelos tecelões de Rochdale, em 1843. Desde então, sucessivas leis foram editadas até a promulgação da atual: Lei n. 5.764, de 16 de dezembro de 1971.

A experiência brasileira de cooperativismo passou por sucessivas fases. Inicialmente, a cooperativa podia ser constituída por qualquer forma de sociedade comercial; após, tomou a forma de sociedade *sui generis*, por força do Decreto n. 22.239, de 19-12-1932; depois, as cooperativas foram submetidas ao controle do governo federal por obra do Decreto-Lei n. 59, de 21-11-1966; finalmente, tomou a forma atual de natureza jurídica contratual.

A criação de cooperativas, de acordo com os ditames constitucionais, independe de autorização, sendo vedada a interferência estatal em seu funcionamento (Constituição Federal, art. 5º, XVIII).

Por cláusula constitucional, o Estado deve dar apoio e estimular o cooperativismo e outras formas de associativismo a fim de incrementar a atividade econômica nacional. Como o produto interno bruto brasileiro tem na mineração um expoente fator de produção, o Estado deve favorecer a organização da atividade garimpeira em cooperativas, considerando a proteção do meio ambiente e a promoção econômico-social dos garimpeiros, cujas cooperativas devem ter prioridade na autorização ou concessão para pesquisa e lavra dos recursos e jazidas de minerais garimpáveis, nas áreas onde estejam atuando, bem como naquelas onde a União tem competência para estabelecer as condições para o exercício dessa atividade mineradora (Constituição Federal, art. 174, §§ 2º, 3º e 4º).

A política agrícola deve ser planejada e executada, com a participação efetiva do setor de produção, envolvendo produtores e trabalhadores rurais, como também dos setores de comercialização, de armazenamento e de transportes, levando em conta, especialmente, o cooperativismo, dentre outros instrumentos (Constituição Federal, art. 187, VI). Igualmente, a Lei de Política Agrícola referencia o cooperativismo como uma de suas ações e instrumentos (Lei n. 8.171/91, art. 4º, VIII).

Especificamente no setor agrário, em 1964, o Estatuto da Terra previu o cooperativismo como um dos instrumentos de incentivo da política de desenvolvimento rural. Na política de reforma agrária, o Incra orienta e estimula os assentados a constituírem Cooperativa Integral de Reforma Agrária (CIRA) no respectivo assentamento rural.

12.2. ASPECTOS IMPORTANTES DO CÓDIGO CIVIL E DA LEI N. 5.764/71

A Lei n. 5.764/71, que normatiza as sociedades cooperativas, foi recepcionada pelo Código Civil de 2002 naquilo que a este não contraria. Por seu turno, o art. 1.093 codificado dispõe que as cooperativas são regidas por suas regras, ressalvada a legislação especial, visto que a lei especial derroga a lei geral.

Adverte o Código Civil, art. 1.096, que naquilo que a Lei n. 5.764/71 for omissa, aplicam-se as disposições referentes à sociedade simples, resguardadas as características estabelecidas no art. 1.094 da codificação civil.

As sociedades cooperativas apresentam natureza jurídica de sociedade de pessoas, de cunho civil, não sujeitas a falência, constituídas para prestar serviços aos associados, distinguindo-se das demais sociedades por características que lhe são particulares e estão espelhadas na principiologia *rochdaleana* estabelecida pelos tecelões ingleses.

A partir dessas normas, podem ser elencadas as características das sociedades cooperativas (art. 1.094 do Código Civil):

- variabilidade, ou dispensa do capital social;
- concurso de sócios em número mínimo necessário a compor a administração da sociedade, sem limitação de número máximo;
- limitação do valor da soma de quotas do capital social que cada sócio poderá tomar;
- intransferibilidade das quotas do capital a terceiros estranhos à sociedade, ainda que por herança;

• *quorum*, para a assembleia geral funcionar e deliberar, fundado no número de sócios presentes à reunião, e não no capital social representado;

• direito de cada sócio a um só voto nas deliberações, tenha ou não capital a sociedade, e qualquer que seja o valor de sua participação;

• distribuição dos resultados, proporcionalmente ao valor das operações efetuadas pelo sócio com a sociedade, podendo ser atribuído juro fixo ao capital realizado;

• indivisibilidade do fundo de reserva entre os sócios, ainda que em caso de dissolução da sociedade.

O art. 4º da Lei n. 5.764/71 trata também das características das cooperativas. Todavia, foi derrogado pelas normas e regras do Código Civil, que, por sua vez, estão em harmonia com a principiologia da Constituição Federal. Assim, regras há do art. 4º das lei de cooperativas que estão válidas juridicamente, porque acordes com os novos ares de 1988, como por exemplo, a "neutralidade política e indiscriminação religiosa, racial e social" que deve viger nas sociedades cooperativas, mas é despicienda sua enumeração por motivos que são óbvios no regime constitucional da contemporaneidade brasileira.

Celebram contrato de sociedade cooperativa as pessoas que reciprocamente se obrigam a contribuir com bens ou serviços para o exercício de uma atividade econômica, de proveito comum, sem objetivo de lucro (art. 3º da Lei n. 5.764/71).

Embora sejam sociedade de pessoas, podem ser de responsabilidade limitada ou ilimitada. No primeiro caso, os associados se responsabilizam pelos compromissos sociais até o limite do valor de suas quotas e pelo prejuízo verificado nas operações sociais, guardada a proporção de sua participação nas mesmas operações; no segundo, a responsabilidade é pessoal, solidária e não tem limite pelas obrigações sociais.

Quanto à classificação legal, as cooperativas podem ser (art. 6º da Lei n. 5.764/71):

• singulares: quando constituídas pelo número mínimo de 20 (vinte) pessoas físicas, sendo excepcionalmente permitida a admissão de pessoas jurídicas que tenham por objeto as mesmas ou correlatas atividades econômicas das pessoas físicas ou, ainda, aquelas sem fins lucrativos, e se caracterizam pela prestação direta de serviços aos associados (arts. 6º, I, e 7º da Lei n. 5.764/71);

• centrais ou federações de cooperativas: quando constituídas de, no mínimo, 3 (três) singulares, podendo, excepcionalmente, admitir associados individuais, e objetivam organizar, em comum e em maior escala, os serviços econômicos e assistenciais de interesse das filiadas, integrando e orientando suas atividades, bem como facilitando a utilização recíproca dos serviços. Possibilita a lei, para a prestação de serviços de interesse comum, a constituição de cooperativas centrais, às quais se associem outras cooperativas de objetivo e finalidades diversas (arts. 6º, II, e 8º da Lei n. 5.764/71); e

• confederações de cooperativas: quando constituídas, pelo menos, de 3 (três) federações de cooperativas ou cooperativas centrais, da mesma ou de diferentes modalidades, e têm por objetivo orientar e coordenar as atividades das filiadas, nos casos em que o vulto dos empreendimentos transcender o âmbito de capacidade ou conveniência de atuação das centrais e federações (arts. 6º, III e 9º da Lei n. 5.764/71).

As sociedades cooperativas podem ter como objeto social qualquer gênero de serviço, operação ou atividade, e isso serve como forma de classificação (art. 10 da Lei n. 5.764/71), sendo consideradas mistas as cooperativas que apresentam mais de um objeto social de atividades.

No âmbito dessa classificação, em razão das atividades desenvolvidas, existem as cooperativas agrícolas, as agropecuárias, as de pesca, as de crédito rural e as cooperativas agrícolas mistas.

A lei das cooperativas preocupou-se em definir o que deve ser entendido por ato cooperativo, ao tornar claro que ato cooperativo é o praticado entre as cooperativas e seus associados, entre estes e aquelas e pelas cooperativas ente si, quando associados, para a consecução dos objetivos sociais, sendo que não deve ter feição empresarial por não ser operação de mercado, nem contrato de compra e venda de produto ou mercadoria (art. 79 da Lei n. 5.764/71).

As sociedades cooperativas se constituem por autogestão, com independência de constituição e funcionamento, resultante de deliberação dos associados fundadores, em assembleia geral, constando em ata ou escritura pública, sem interferência do Estado ou necessidade de autorização governamental (Constituição Federal, art. 5º, XVIII), sendo seus atos constitutivos arquivados na Junta Comercial do Estado onde tiver sede, para fins de aquisição de personalidade jurídica, e tem como órgãos a Assembleia Geral, Conselho de Administração e

Conselho Fiscal.

A fiscalização e o controle das sociedades cooperativas rurais são exercidos pelo Incra (art. 92, III, da Lei n. 5.764/71). Assim, as glebas de projeto de assentamento de reforma agrária destinadas aos membros de cooperativa por meio de contrato firmado com o Incra para o desenvolvimento de atividade agrária só podem ser exploradas pelos cooperados que cumpram fielmente as cláusulas daquele contrato entre o ente cooperativo e a autarquia fundiária federal, e obedeçam às normas estatutárias, sob pena de serem expulsos, por deliberação da assembleia geral da cooperativa, e, consequentemente, perderem o direito de posse sobre o lote do assentamento rural. Uma vez excluídos da cooperativa, os assentados perdem o direito de exploração das glebas que lhes foram atribuídas, na medida em que tal é direito restrito aos membros cooperados. O direito de permanecer nos lotes cessa no momento da exclusão dos cooperados[2].

A lei do cooperativismo possibilitou que as cooperativas agropecuárias e de pesca adquiram produtos de não associados, como os agricultores, pecuaristas ou pescadores, para completar lotes destinados ao cumprimento de contratos ou suprir capacidade ociosa de instalações industriais das cooperativas que as possuem, pelo que facilita àquelas entidades operarem além de suas atividades originárias.

As cooperativas de crédito rural também praticam ato cooperativo agrário, mas têm que ter o cuidado de não desvirtuar o objeto social com cobranças, exigências ou atos não cooperativos, pois para realizar operações bancárias com cobrança de taxas e verbas típicas daquelas praticadas por instituição financeira, necessitam de prévia autorização do BACEN. Afinal, "operações de crédito, com cobrança de taxas e verbas diferenciadas são próprias das praticadas por instituições financeiras, sem a prévia e indispensável autorização do Bacen, não se enquadram, em razão da flagrante ilegalidade, no conceito de ato cooperativo previsto no art. 79 da Lei n. 5.764/1971 (Lei das Cooperativas), nem se

2 PROCESSUAL.CIVIL. POSSESSÓRIA. ASSENTAMENTO. REFORMA AGRÁRIA. ESBULHO CONFIGURADO. COMPROVAÇÃO PELO INCRA. HONORÁRIOS MAJORADOS. RECURSO PROVIDO. SUSPENSÃO DA EXECUÇÃO. ARGUIÇÃO DE DESCUMPRIMENTO DE PRECEITO FUNDAMENTAL 828/DF [...]. TRF 3ª Região, 1ª Turma, ApCiv - APELAÇÃO CÍVEL - 0000689-61.2014.4.03.6005, Rel. Desembargador Federal Helio Egydio de Matos Nogueira, julgado em 18-4-2023. Intimação via sistema 19-4-2023. Disponível em: https://web.trf3.jus.br/base-textual/Home/ListaColecao/9?np=2. Acesso em: 20 set. 2023.

sujeitam ao procedimento de rateio de despesas estipulado pelo art. 80 da mesma lei, sobretudo por constituir desvirtuamento da finalidade precípua da cooperativa"[3].

Por terem natureza civil, ou seja, não empresarial, as sociedades cooperativas não estão sujeitas às disposições da lei de recuperação judicial, extrajudicial e falência do empresário e da sociedade empresária (art. 2º, II, da Lei n. 11.101, de 9-5-2005). Por isso, são necessariamente sociedades exercentes de atividades civis, integrantes da categoria das sociedades simples, independentemente da atividade que exploram, mas contanto que seja ato cooperativo.

Extingue-se a sociedade cooperativa pelos mesmos motivos que as sociedades simples e mais os elencados no art. 63 da Lei das Cooperativas, com exceção do inciso VI, porque não recepcionado pelo Código Civil de 2002.

Quando a dissolução da sociedade não for promovida voluntariamente, a medida pode ser tomada judicialmente, a pedido de qualquer associado ou, se houver razão legal suficiente, por iniciativa do Incra.

Indicado pela Assembleia Geral, o liquidante obedece às normas específicas da Lei de Cooperativas no que tange ao procedimento liquidatório, dentro de seus direitos e deveres legais dispostos a partir do art. 65 da Lei n. 5.764/71.

Embora, de fato, não sujeitas à lei de liquidação extrajudicial das sociedades empresárias, as cooperativas rurais podem, contudo, ser

3 É remansosa a jurisprudência do STJ considerando que as cooperativas de crédito que praticam atos não cooperativos, mas verdadeiros atos bancários, são equiparadas às instituições financeiras, aplicando-se-lhes, por isso, o Código de Defesa do Consumidor, nos termos da Súmula n. 297/STJ.CF. CIVIL E PROCESSUAL CIVIL. AGRAVO INTERNO NO AGRAVO EM RECURSO ESPECIAL. FINANCIAMENTO. COBERTURA SECURITÁRIA. CDC. APLICABILIDADE. SÚMULA N. 297/STJ. ACÓRDÃO RECORRIDO EM CONSONÂNCIA COM JURISPRUDÊNCIA DESTA CORTE [...]. 4. No caso concreto, o Tribunal de origem concluiu pela legitimidade passiva da instituição financeira. Entender de modo contrário demandaria nova análise dos demais elementos fáticos dos autos, inviável em recurso especial, ante o óbice da referida súmula. 5. Agravo interno a que se nega provimento. AgInt no AREsp n. 2.286.646/MG, rel. Min. Antonio Carlos Ferreira, Quarta Turma, julgado em 5-6-2023, *DJe* 9-6-2023. Disponível em: https://scon.stj.jus.br/SCON/GetInteiroTeorDoAcordao?num_registro=202300247082&dt_publicacao=09/06/2023. Acesso em: 26 set. 2023.

liquidadas extrajudicialmente de acordo com as regras definidas pela Lei n. 5.764/71, mediante intervenção do Incra, no caso de a sociedade deixar de oferecer condições operacionais, principalmente se for constatada insolvência (art. 75), cabendo à autarquia fundiária federal a designação do liquidante.

Tanto quanto possível, a liquidação extrajudicial deve ser precedida de intervenção na sociedade. Ao interventor, além dos poderes expressamente concedidos no ato de intervenção, são atribuídas funções, prerrogativas e obrigações dos órgãos de administração.

A liquidação das cooperativas de crédito e da seção de crédito das cooperativas agrícolas mistas rege-se pelas normas que são próprias.

12.3. COOPERATIVAS INTEGRAIS DE REFORMA AGRÁRIA (CIRA)

Por obra da Constituição Federal, as ações de política agrícola devem ser compatibilizadas com os programas de reforma agrária e são executadas e planejadas tendo como base, dentre outros, o cooperativismo.

A partir dessa diretriz constitucional, o cooperativismo é adotado como instrumento de desenvolvimento rural nos projetos de assentamento de reforma agrária, visto que o Incra, em política de fomentar o associativismo, orienta a formação das Cooperativas Integrais de Reforma Agrária (CIRA) entre os assentados, a fim de facilitar a produção e comercialização dos produtos do projeto reformista, incrementando a economia local e regional.

As CIRAs são sociedades mistas de natureza civil com a finalidade de industrializar, beneficiar, preparar e padronizar a produção agropecuária (art. 4º, VIII, do Estatuto da Terra).

As CIRAs contam com a contribuição financeira do poder público, através do Incra, durante o período de implantação dos projetos de reforma agrária (art. 79 do Estatuto da Terra).

A contribuição financeira é feita de acordo com o vulto do empreendimento, a possibilidade de obtenção de crédito, empréstimo ou financiamento externo e outras facilidades.

A CIRA tem um delegado indicado pelo Incra, integrante do Conselho de Administração, sem direito a voto, com a função de prestar assistência técnico-administrativa à diretoria e de orientar e fiscalizar a aplicação de recursos que a autarquia fundiária federal tiver destinado à entidade cooperativa.

A participação direta do Incra na constituição, instalação e desenvolvimento da CIRA, quando constituir contribuição financeira, é feita com recursos do Fundo Nacional de Reforma Agrária, na forma de investimentos sem recuperação direta, considerada a finalidade social e econômica desses investimentos. Quando se tratar de assistência creditícia, tal participação será feita por intermédio do Banco Nacional de Crédito Cooperativo, de acordo com normas traçadas pela entidade coordenadora do crédito rural.

Quando o empreendimento resultante do projeto de reforma agrária passa a ter condições de vida autônoma, sua emancipação é declarada pelo Incra, cessando as funções do delegado e incorporando-se ao patrimônio da cooperativa os recursos provenientes do Fundo Nacional de Reforma Agrária.

O Incra promove a expansão do sistema cooperativista, prestando, quando necessário, assistência técnica, financeira e comercial às cooperativas visando à capacidade e ao treinamento dos cooperados para garantir a implantação dos serviços administrativos, técnicos, comerciais e industriais.

Capítulo 13
JUSTIÇA AGROAMBIENTAL

Bandeira defendida há décadas pelos estudiosos do direito agroambiental, a criação da Justiça Agrária, em qualquer país, é uma forma de perseguir a democracia entre os povos, e, assim, minimizar a pobreza e desigualdade social, pois a democracia resta ameaçada nas sociedades em que a pobreza é um mal endêmico.

Na era contemporânea, sabe-se que o problema agrário está umbilicalmente vinculado ao ambiental, pois não há uma causa agrária que não tenha elementos ambientais, por isso, então, mais conveniente e adequado falar em Justiça Agroambiental.

A implantação de uma Justiça Agroambiental que atenda aos lídimos interesses dos necessitados de terras e à proteção ao meio ambiente e recursos naturais vem significar que a democracia está mais próxima da cidadania. O conceito de cidadão revigora-se pela institucionalização de adequada e eficiente justiça agroambiental.

No Brasil, a questão agroambiental tem se revestido em problema fundiário grave e sério, no qual algumas centenas de almas têm sido vítimas da excessiva concentração fundiária em detrimento de enorme massa de homens sem terras corporificados em movimentos sociais de luta, tal como sói acontecer emblematicamente com o Movimento dos Trabalhadores Rurais Sem Terra (MST), ao lado de outros movimentos do campo.

Ao lado dos trabalhadores rurais, há o assassinato de indígenas contra os quais, em 2022, houve intensificação da violência que refletiu ciclo de violações sistemáticas e ataques a seus legítimos direitos fundamentais, com 197 homicídios (dolosos e culposos), segundo o relatório da Violência Contra os Povos Indígenas no Brasil – Dados 2022, publicado pelo Conselho Indígena Missionário (CIMI), edição de levantamento da violência física e pressões que sofrem os povos e territórios indígenas do país[1].

---

1 Disponível em https://cimi.org.br/wp-content/uploads/2023/07/relatorio-violencia-povos-indigenas-2022-cimi.pdf. Acesso em: 30 set. 2023.

Na Amazônia brasileira, a problemática é tanto mais complexa à medida que outros fatores acirram o conflito. A região é palco de luta pela posse da terra entre gananciosos inescrupulosos que correm à procura de minério, principalmente ouro, e da madeira de lei, madeira de boa qualidade, como mogno, cumaru, jatobá, massaranduba, angelim pedra, cedro rosa e andiroba, dentre outras espécies; não raro, também há flagrantes e relatos de pirataria de espécies da biodiversidade animal e vegetal; há décadas a região sofre da cobiça da terra, tanto de nacionais quanto estrangeiros, para do agronegócio exportador; devido a toda essa riqueza, há a ação nefasta dos grileiros que disseminam verdadeira guerra no meio rural, dentre outros fatores que assolam a região. Com isso, a luta pela posse de terras e das riquezas minerais e naturais dinamiza ainda mais o conflito envolvendo ora proprietários e posseiros, ora fazendeiros e indígenas, ora mineradores e indígenas, ora fazendeiros e madeireiros, ora madeireiros e indígenas, ora fazendeiros entre si e posseiros entre um e outro, e assim por diante.

Nesse sentido, a realidade experimentada no meio rural brasileiro, algumas vezes, ou mesmo, muitas vezes, tem sido cruel e implacável, castigando, depredando, danificando a natureza, mormente no que concerne aos recursos naturais da Floresta Amazônica brasileira.

De fato, o homem poluidor/predador, no afã de explorar minérios, madeiras, peixes, aves, mamíferos, répteis, ou a própria terra, extirpa irracionalmente as riquezas, sem se preocupar com o equilíbrio ecológico, ou, pelo menos, com o chamado desenvolvimento sustentável – assim chamada a exploração dos recursos naturais baseada em planos racionais de utilização econômica.

A questão agroambiental brasileira não se esgota nos problemas amazônicos. O Nordeste é castigado pela seca, carecendo de políticas públicas de irrigação e fertilização do solo, o que o torna objeto também de luta pela posse da terra fértil, propícia à atividade agrária. Igualmente, controvérsias sobre contratos agrários regionais (do tipo inominado), questão ambiental, dentre outras causas, justificam a criação de uma Justiça Agroambiental.

As regiões Sudeste, Sul e a parte do Centro-Oeste que não é coberta pelo bioma da floresta amazônica apresentam conflitos em torno de contratos agrários, nominados e inominados, de tributação da terra, ambiental e outros, além de não deixarem de apresentar conflito pela posse da terra, embora menos frequente.

Diante dessa dura realidade brasileira, urge que se institucionalize, no Brasil, a Justiça Agroambiental com jurisdição especializada e principiologia própria.

13.1. ANTECEDENTES NO DIREITO BRASILEIRO

A criação de Justiça Agroambiental no Brasil não é tema de hoje. Desde os albores do século XX, precisamente em 1910, o memorável Rui Barbosa, na plataforma da Campanha Civilista, lida no Politeama baiano, na condição de candidato à presidência da República, ao comentar então recentes leis que tornavam privilegiado o crédito salarial dos trabalhadores rurais, garantindo-lhes direito de preferência sobre os produtos da colheita, disse que, "praticamente, porém, essas reformas, bem assim quantas do mesmo gênero se queiram multiplicar, ainda não acertam no ponto vital. Consiste ele na efetividade vigorosa dessas garantias, isto é, na criação de uma justiça chã e quase gratuita, à mão de cada colono, com um regimento imburlável, improtelável, inchicanável. Toda a formalística, em pendência entre o colono e o patrão, importa em delonga, em incerteza, em prejuízo, em desalento"[2].

Pela primeira vez, levantou-se a ideia de uma Justiça Rural, em 1956, no Instituto dos Advogados do Brasil, por Edgard Teixeira Leite, ao defender a criação de juntas de conciliação rural e tribunais rurais, em primeira e segunda instâncias.

Os agraristas brasileiros são quase unânimes em pregar a Justiça Agroambiental. Órgãos de classe e entidades da sociedade civil também defendem a criação da Justiça Agroambiental. Assim também o Congresso Nacional, por obra de deputados de diversos Estados-membros, em diferentes legislaturas, propuseram variados modelos de Justiça Agroambiental para a realidade brasileira.

Assim, certo é que a temática não é novidade para os juristas brasileiros.

Das propostas encaminhadas ao Congresso Nacional, a mais consistente é a capitaneada por Octávio Mello Alvarenga, que, em 1969, propunha Justiça Agroambiental com jurisdição especializada composta pelos seguintes órgãos: Tribunal Superior Agrário, com jurisdição em todo o território nacional; Tribunais Regionais Agrários,

2 ALVARENGA, Octávio Mello **Política e direito agroambiental:** comentários à nova lei de reforma agrária (Lei n. 8.629, de 25 de fevereiro de 1992). Rio de Janeiro: Forense, 1995, p. 300.

com jurisdição nos Estados-membros; e, juízes agrários monocráticos com competência jurisdicional nas respectivas Comarcas e circunscrições judiciárias[3].

Tal composição de Justiça Agroambiental é conveniente para um país cujo sistema político de Estado é a Federação. Há necessidade de que a Federação exerça sua jurisdição em todo o território nacional, e isso seria feito pelo Tribunal Superior, enquanto os Estados-membros teriam sua autonomia político-administrativa garantida, nesse aspecto, pelos Tribunais Regionais que atuariam dentro das respectivas circunscrições territoriais dos Estados.

Proposta de semelhante conteúdo, dentre outras tantas, de diversas outras formas, foram levadas para o constituinte de 1988. Entre a maioria dos constituintes de 1988, a criação de uma Justiça Agrária era tida como necessária e indispensável[4]. Entretanto, a que vingou na Constituição Federal de 5 de outubro de 1988 foi a mais simples possível.

13.2. A JUSTIÇA AGRÁRIA NA CONSTITUIÇÃO FEDERAL

A partir da sistematização das normas agroambientais no Estatuto da Terra e legislação complementar, a Justiça Agrária passou a ser decorrência natural. A ideia recrudesceu na Constituinte de 1988. Com efeito, cumpre instituir órgãos jurisdicionais especializados para dar eficiência à legislação agroambiental, cujo corpo de magistrados deve ter mentalidade especificamente agrária para formar jurisprudência na particular matéria.

---

3 Idem, **Teoria e prática do direito agrário.** Rio de Janeiro: Consagra/Adcoas, 1979, p. 239-240.

4 Octávio Mello Alvarenga nos relata que, "Para a maioria dos que achavam ser necessária a criação da Justiça Agrária, sua atribuição principal seria a de resolver os conflitos agrários (49,3% das respostas). Foram também indicadas como atribuições a serem exercidas por uma Justiça Agrária no Brasil: julgar as questões relativas à propriedade, posse e uso da terra (5,1%); resolver os problemas de imissão de posse (5,1%); agilizar os processos (5,1%); garantir as desapropriações (5,1%). Apenas 1,4% indicaram como atribuição da Justiça Agrária tratar especificamente as questões fundiárias ou julgar os crimes cometidos por latifundiários contra posseiros" (Idem, **Política e direito agroambiental:** comentários à nova lei de reforma agrária (Lei n. 8.629, de 25 de fevereiro de 1992). Rio de Janeiro: Forense, 1995, p. 297).

Nas discussões e propostas dos diversos setores da sociedade civil organizada, muitas ideias, opiniões e modelos de Justiça especializada para o meio agroambiental passaram pelas mãos do legislador constituinte. A que vingou foi a consagrada no art. 126 de nossa *Lex Mater*, a saber:

> Art. 126. Para dirimir conflitos fundiários, o Tribunal de Justiça designará juízes de entrância especial, com competência exclusiva para questões agrárias.
> Parágrafo único. Sempre que necessário à eficiente prestação jurisdicional, o juiz far-se-á presente no local do litígio.

Múltiplas críticas merece o dispositivo. A um, o legislador, logo, faz alusão a conflito fundiário ao invés de expressar vocábulo mais adequado – conflito agrário. A terminologia *fundiário* (proveniente do latim *fundus*) denota significado relativo à terra, ao território como espaço físico, ao passo que o termo *agrário* (proveniente do latim *ager*) é mais amplo e abrangente, englobando toda a dinâmica de ações econômico-social-culturais da atividade da terra. Daí por que mais técnico seria se o constituinte iniciasse a oração normativa determinando: *Para dirimir o conflito agrário...*

A dois, a Justiça do campo é estruturada dentro dos quadros das organizações judiciárias dos Estados-membros. Os Tribunais de Justiça dos Estados criam, dentro de suas organizações judiciárias, varas de competência exclusiva para as lides agrárias.

Assim, utiliza-se da estrutura da justiça estadual comum para pretender solucionar conflito de interesses extremamente específicos, de contornos próprios e que exigem resposta peculiar, eficaz e, muitas vezes, urgente. Isso tudo impõe a conjugação de diversos fatores para que a prestação jurisdicional seja satisfatória.

Nesse sentido, a implantação de varas agrárias requer que o Poder Judiciário dos Estados seja aparelhado com instrumentos adequados à solução agrária, contando com técnicos específicos, tais como engenheiros florestais, agrimensores, topógrafos, cartógrafos, dentre outros profissionais específicos às lides agroambientais. E a maioria das unidades estaduais não tem recursos financeiros suficientes para implantar um modelo de justiça tão complexa e cara, em virtude de o sistema tributário nacional não ser de matriz descentralizadora de instituição de tributos favoravelmente aos Estados-membros, mas, ao contrário, é concentrador em torno da figura da União.

Estatui a Constituição que "... o Tribunal de Justiça designará juízes de entrância especial ...".

Ora, o que significa entrância especial? Em qualquer organização de justiça dos Estados, as Comarcas de jurisdição dos juízes são divididas em entrância, onde existe uma gradação hierarquicamente superior, para fins de promoção funcional dos magistrados, de sorte que a última entrância da primeira instância sempre é a da Capital do Estado. As Comarcas que perfazem o interior do Estado são de entrância inferior à da Capital. O que significa, então, entrância especial? Se tiver de haver alguma entrância especial, é intuitivo que será a da Capital, a cuja entrância não se refere o legislador constituinte, evidentemente.

Além disso, a norma traz um óbice de ordem funcional cuja equação não pode ser outra senão a que segue: as varas agrárias localizadas em *entrâncias especiais*, para serem preenchidas, devem proporcionar ao juiz algum interesse a mais, algum *plus* que motive o juiz a querer trabalhar nesta vara especializada no interior do Estado. Tal interesse não pode ser outro que não financeiro. Ou seja: o juiz agrário deve ter, na composição de seus vencimentos, uma parcela adicional, a ser criada por lei, por exercer a vara agrária na entrância especial. Diante desse quadro, como ficaria, então, a viabilidade constitucional e legal de o juiz agrário perceber vencimentos maiores que outros juízes que lhe estão em entrância hierarquicamente superior?

Segundo dicção constitucional do parágrafo único, o juiz deve se fazer presente no local do litígio, a fim de que desenvolva eficiente poder jurisdicional.

Essa regra é de difícil, senão impossível, exequibilidade em alguns casos, na medida em que na região amazônica, por exemplo, o espaço constitui-se em labirinto geográfico, de difícil acesso, não raro exigindo que o ser humano, para chegar ao destino, viaje aproximadamente 12, 18, 24 ou, até, 36 horas, de barco, ou por estradas não asfaltadas, ou por caminhos sinuosos, em alguns casos tendo de utilizar mais de um meio de transporte. Sendo assim, havendo um conflito agrário em um longínquo rincão da Amazônia, pode ser que o juiz, quando chegar ao local da lide, já seja tarde demais, tendo havido, inclusive, morte, se for o caso comum de luta pela posse da terra.

Não bastasse todo esse emaranhado torvelinho de óbices e dificuldades para operacionalização da Justiça Agrária nos estritos moldes constitucionais vigentes, há de se verificar que o processo utilizado pelo juiz agrário é o civil, o comum. Isso quer dizer que os procedimentos, os ritos, as fórmulas processuais do processo civil clássico são os utilizados para as lides agrárias, e a experiência forense tem demonstrado que o processo civil é inadequado, ineficiente e ineficaz para as prontas respostas que a questão agroambiental exige.

13.3. A JUSTIÇA AGRÁRIA NOS ESTADOS-MEMBROS

O Estado do Pará, assim como as demais unidades da Federação, em obediência ao mandamento constitucional federal, previu em sua Constituição Estadual, promulgada em 5 de outubro de 1989, no art. 167, a institucionalização da Justiça Agrária. Mencionado dispositivo constitucional estadual teve como um de seus mentores o jurista paraense Otávio Mendonça, que há muito pregava que o juiz agrário deveria decidir sobre matéria cuja competência é arrolada no Texto Constitucional estadual, modificado pela Emenda Constitucional n. 30, de 20 de abril de 2005, de teor seguinte:

> Art. 167. Para dirimir conflitos fundiários, o Tribunal de Justiça proporá a criação de varas especializadas, com competência exclusiva para questões agrárias[5].
>
> § 1° A lei de organização judiciária definirá a competência dos juízes referidos neste artigo que, ressalvada a competência privativa da Justiça Federal, poderá abranger os processos relativos:
>
> *a*) ao Estatuto da Terra, Código Florestal e legislações complementares[6];
>
> *b*) à política agrícola, agrária e fundiária, nos termos previstos pelas Constituições Federal e Estadual[7];

---

5 Artigo alterado pela Emenda Constitucional n. 30, de 20 de abril de 2005. Redação anterior: "Art. 167. O Tribunal de Justiça designará juízes de entrância especial com exclusiva competência para questões agrárias e minerárias".

6 Alínea alterada pela Emenda Constitucional n. 30, de 20 de abril de 2005. Redação anterior: "*a*) ao Estatuto da Terra e Códigos florestal, de mineração, águas, caça, pesca e legislações complementares;"

7 Alínea alterada pela Emenda Constitucional n. 30, de 20 de abril de 2005. Redação anterior:
"*b*) ao meio ambiente e à política agrícola, agrária, fundiária e minerária, nos termos previstos pelas Constituições Federal e Estadual;"

c) aos registros públicos no que se referirem às áreas rurais;

d) revogada[8];

e) ao crédito, à tributação e à previdência rurais.

§ 2° Também competirão aos juízes a que se refere este artigo as matérias ora enumeradas, que sejam de competência da Justiça Federal, não estando a mesma instalada nas respectivas comarcas, e havendo lei permissiva, conforme o art. 109, § 3°, da Constituição Federal.

§ 3° As Varas Agrárias são providas por Juízes de Direito de 2ª Entrância, na forma prevista pelo Código de Organização e Divisão Judiciária do Estado, desde que aprovados em curso de aperfeiçoamento[9].

§ 4° Os Juízes de que trata este artigo deverão residir em regiões judiciárias ou comarcas onde sejam mais graves e sensíveis os conflitos e questões de sua competência, e sempre que necessário à eficiente prestação jurisdicional, far-se-ão presentes no local do litígio.

§ 5° É pressuposto para designação que o Juiz tenha sido aprovado em curso de Aperfeiçoamento de Direito Agrário, organizado pela Escola Superior da Magistratura do Tribunal de Justiça do Estado, preferencialmente com a colaboração das Universidades e da Ordem dos Advogados do Brasil – Seção Pará[10].

Tal modelo não traz a operatividade e eficiência que as lides agroambientais exigem. A institucionalização pela Constituição Estadual já nasceu viciada porque cumpridora do mandamento constitucional maculado. Entretanto, dentro dos limites possíveis de competência legislativa que restaram à Constituição Estadual, esta pretendeu minorar os efeitos inoperantes e ineficazes da fórmula constitucional

---

8 Alínea revogada pela Emenda Constitucional n. 30, de 20 de abril de 2005. Redação anterior: " *d*) aos delitos cuja motivação for predominantemente agrária;"

9 Parágrafo alterado pela Emenda Constitucional n. 30, de 20 de abril de 2005. Redação anterior: "§ 3° Os vencimentos dos Juízes de entrância especial, tratados neste artigo, serão equivalentes aos dos Juízes de terceira entrância" .

10 Parágrafo alterado pela Emenda Constitucional n. 30, de 20 de abril de 2005. Redação anterior: "§ 5° É pressuposto para designação que o Juiz tenha sido aprovado em curso de especialização de Direito Agrário e demais matérias relacionadas com os processos de sua competência, organizado pelo Tribunal de Justiça do Estado, preferencialmente com a colaboração das Universidades e da Ordem dos Advogados do Brasil – Seção do Pará".

federal e estendeu a competência dos juízes agrários a questões vinculadas a atividades agrárias da Amazônia, a exemplo da matéria florestal.

Retratando a preocupação do legislador estadual com a situação fundiária preocupante que vive a região amazônica, e em especial o Estado do Pará, a Carta previu no § 4° que o magistrado deve residir nas Comarcas onde os conflitos agrários sejam mais acirrados e, sempre que possível, esteja presente no local do litígio.

Sobre tal regra, semelhante à constitucional, além de contar com os óbices da realidade local, é de ser lembrado que, não raro, o juiz, quando se defronta com situação fundiária conflitiva de graves proporções, tem sua segurança pessoal ameaçada e deve agir com habilidade para sair ileso do problema, sem, contudo, deixar de cumprir com seu dever constitucional.

Elogiável é a exigência constitucional ímpar e única dentre os Estados, ao juiz de direito de somente exercer as funções agrárias após habilitação em curso de especialização em Direito Agrário e demais matérias, assim entendidas a ambiental, curso esse promovido pelo Tribunal de Justiça do Estado, com a intervenção das Universidades e do órgão de classe do advogado, a Ordem dos Advogados do Brasil/Seção do Pará. A instituição de ensino que promove e realiza o referido curso é a Escola Superior da Magistratura do Pará[11].

---

11 Relação dos Estados-membros e artigos das Constituições estaduais que contemplam a Justiça Agroambiental na estrutura dos respectivos Tribunais de Justiça: *Amapá*, Art. 137. Para dirimir conflitos fundiários, o Tribunal de Justiça proporá a criação de varas especializadas, com competência exclusiva para questões agrárias. (redação dada pela Emenda Constitucional n. 35, de 21-3-2006). Parágrafo único. Sempre que necessário à eficiente prestação jurisdicional, o juiz far-se-á presente no local do litígio. (redação dada pela Emenda Constitucional n. 35, de 21-3-2006); *Amazonas*: Art. 78. Para dirimir conflitos fundiários, o Tribunal de Justiça, designará juízes de entrância especial, com competência exclusiva para questões agrárias. Parágrafo único. Para garantir a prestação jurisdicional, o juiz se fará presente ao local do litígio; *Rondônia*: Art. 91. Para dirimir conflitos fundiários, o Tribunal de Justiça designará Juízes de entrância especial, com competência exclusiva para questões agrárias. Parágrafo único. Sempre que necessário para eficiente prestação jurisdicional, o Juiz far-se-á presente no local do litígio; *Roraima*: Art. 82. Para dirimir conflitos fundiários, o Tribunal de Justiça proporá a criação de Varas especializadas, com competência exclusiva para questões agrárias. (NR) (Emenda Constitucional n. 016, de 19 de outubro de 2005). Parágrafo único. Sempre que necessário à eficiente prestação jurisdicional, o juiz far-se-á presente no local do litígio (Redação dada pela

Emenda Constitucional n. 16, de 19 de outubro de 2005); *Bahia*: Art. 127. O Tribunal de Justiça designará, para conhecer e julgar conflitos fundiários, Juízes de Direito de entrância especial, com competência exclusiva para questões agrárias. Parágrafo único. Sempre que necessário à eficiente prestação jurisdicional, o Juiz far-se-á presente no local do litígio; *Ceará*: Art. 118. Para conhecer e julgar conflitos fundiários, o Tribunal de Justiça, por ato de seu Presidente, designará juízes de entrância final, atribuindo-lhes competência exclusiva para questões agrárias. (Redação dada pela Emenda Constitucional n. 63, de 2 de julho de 2009 – 7-7-2009. Redação anterior: art. 118. Para conhecer e julgar conflitos fundiários, o Tribunal de Justiça, por ato de seu Presidente, designará juízes de entrância especial, atribuindo-lhes competência exclusiva para questões agrárias) § 1º Para o efeito previsto neste artigo, considera-se final a entrância mais alta de primeiro grau (Redação dada pela Emenda Constitucional n. 63, de 2 de julho de 2009 – 7-7-2009. Redação anterior: § 1º Para o efeito previsto neste artigo, considera-se especial a entrância mais alta de primeiro grau, em nível imediatamente inferior ao Tribunal de Alçada). § 2º Sempre que entender necessário à eficiente prestação da tutela jurisdicional, o juiz irá ao local do litígio. Art. 119. O Tribunal de Justiça designará juiz de entrância final, com competência exclusiva para conhecer e julgar danos e crimes ecológicos, lesivos ao meio ambiente. Parágrafo único. Aplica-se a este artigo o disposto nos §§ 1º e 2º do art. 118; *Maranhão*: Art. 89. Para dirimir conflitos fundiários, o Tribunal de Justiça designará Juízes de entrância especial ou de última entrância, com a competência exclusiva para questões agrárias; *Paraíba*: Art. 104. Compete ao Tribunal de Justiça: (...) VII – designar juiz de entrância final para dirimir conflito de natureza fundiária; *Pernambuco*: Art. 45. Lei de iniciativa do Tribunal de Justiça criará: (...) V – Juízes de Direito Agrário, de cargos isolados, integrantes de entrância especial da Capital com jurisdição em todo o território estadual, selecionados mediante concurso público de provas e títulos contendo disciplinas específicas. Art. 50. A magistratura é estruturada em carreira, correspondente aos cargos de Juízes de Direito, e em cargos isolados de Juízes Auditores Militares e Juízes de Direito Agrário, submetidos às normas, prerrogativas e vedações enunciadas na Constituição da República, no Estatuto da Magistratura Nacional, nesta Constituição e no Código de Organização Judiciária; *Piauí*: Art. 127. Para dirimir conflitos fundiários, o Tribunal de Justiça proporá a criação de varas especializadas, com competência exclusiva para questões agrárias (Redação dada pela EC Estadual n. 27, de 17-12-2008. Redação original: Art. 127. Para dirimir conflitos fundiários, o Tribunal de Justiça designará juiz de entrância especial, com competência exclusiva para questões agrárias) Parágrafo único. Sempre que necessário à eficiente prestação jurisdicional, o juiz far-se-á presente no local do litígio); *Rio Grande do Norte*: Art. 79. O Tribunal de Justiça designa Juízes de Direito, de entrância especial, para dirimir conflitos fundiários, com competência exclusiva para questões agrárias; *Sergipe*: Art. 110. Para dirimir conflitos fundiários, o Tribunal de Justiça designará juizes da entrância mais elevada. Parágrafo único. Sempre que necessário à eficiente prestação jurisdicional, o juiz far-se-á presente no local do litígio; *Goiás*: Art. 41 – São órgãos do Poder Judiciário Estadual: (...) § 5º Para dirimir

Por fim, no que concerne à matéria competente para ser processada e julgada no foro agrário e ambiental, entende-se que a

---

conflitos fundiários, o Tribunal de Justiça proporá a criação de varas especializadas, com competência exclusiva para questões agrárias. (Redação dada pela Emenda Constitucional n. 46, de 9-9-2010, D.A. de 9-9-2010); *Mato Grosso*: Art. 102 – Para dirimir conflitos fundiários, o Tribunal de Justiça designará juiz com competência exclusiva para questões agrárias. Parágrafo único: Para o exercício das funções previstas neste artigo, o juiz se deslocará até o local do conflito, sempre que necessário à eficiência da prestação jurisdicional; *Mato Grosso do Sul*: Art. 117 – Para dirimir conflitos fundiários, o Tribunal de Justiça designará juízes de entrância especial, com competência exclusiva para tais questões. Parágrafo único: No exercício da atividade, o Juiz poderá, se reputar necessário a eficiência da prestação jurisdicional, deslocar-se até o local dos conflitos; *Espírito Santo*: Art. 111 – Para dirimir conflitos fundiários, o Tribunal de Justiça designará, na forma da lei, juízes de entrância especial, com competência exclusiva para questões agrárias, sempre que solicitado pelos Poderes Públicos Estadual e Municipal ou por entidades da sociedade civil. Parágrafo único – Para o exercício das funções previstas neste artigo, o juiz comparecerá ao local do conflito sempre que necessário à eficiente prestação jurisdicional; *Minas Gerais*: Art. 114 – O Tribunal de Justiça proporá a criação de varas especializadas, com competência exclusiva para questões agrárias, para dirimir conflitos fundiários. (*Caput* com redação dada pelo art. 32 da Emenda à Constituição n. 84, de 22-12-2010.) Parágrafo único – Sempre que necessário à eficiente prestação jurisdicional, o juiz se fará presente no local do litígio; *Rio de Janeiro*: Art. 165 – Para dirimir conflitos fundiários, o Tribunal de Justiça proporá a criação de varas especializadas, designando juízes de entrância especial, com competência exclusiva para questões agrárias. (Nova redação dada pela Emenda Constitucional n. 37). Parágrafo único – Sempre que necessário à eficiente prestação jurisdicional, o juiz se fará presente no local do litígio; *São Paulo*: Artigo 86 – O Tribunal de Justiça, por meio de seu Órgão Especial, designará juízes de entrância especial com competência exclusiva para questões agrárias. § 1° – A designação prevista neste artigo só pode ser revogada a pedido do juiz ou por deliberação da maioria absoluta do órgão especial. § 2° – No exercício dessa jurisdição, o juiz deverá, sempre que necessário à eficiente prestação jurisdicional, deslocar-se até o local do litígio. § 3° – O Tribunal de Justiça organizará a infraestrutura humana e material necessária ao exercício dessa atividade jurisdicional; *Paraná*: Art. 107 – Para dirimir conflitos fundiários, o Tribunal de Justiça proporá a criação de varas especializadas com competência exclusiva para questões agrárias. § 1° Revogado pela Emenda Constitucional n. 16/2005. § 2° Sempre que entender necessário à eficiente prestação de tutela jurisdicional, o juiz irá ao local do litígio; *Santa Catarina*: Art. 89 – Para dirimir conflitos fundiários, o Tribunal de Justiça proporá a criação de varas especializadas, com competência exclusiva para questões agrárias. Parágrafo único – Sempre que entender necessário a eficiente prestação da tutela jurisdicional, o juiz irá ao local do litígio (Fonte: <http://www4.planalto.gov.br/legislacao/portal-legis/legislacao-estadual/constituicoes-estaduais#content>).

Constituição estadual paraense otimizou o máximo possível os estreitos limites deixados pelo Constituinte federal.

Na estrutura do Poder Judiciário estadual, vários estados, entre eles, Ceará, Minas Gerais e Mato Grosso do Sul, além do Pará, instituíram a Ouvidoria Agrária, que tem como finalidade precípua elaborar e promover uma política estadual de prevenção dos conflitos agrários coletivos, através da conciliação, como forma de elidir as questões agrárias coletivas, zelando pela melhoria da paz no meio rural, bem como agilizar, através de contatos com os representantes do Poder Judiciário e Ministério Público, os processos judiciais de natureza agrária, e os processos administrativos, junto aos órgãos competentes.

A atividade da Ouvidoria é centrada na figura do Ouvidor Agrário, que se desincumbe de suas atribuições elaborando e coordenando política agrária em nível estadual de prevenção dos conflitos fundiários coletivos, bem como desenvolvendo ações com vistas a prevenir e reduzir a violência no campo, mantendo articulação permanente com o Poder Judiciário e o Ministério Público, no tocante à adoção de medidas que visem agilizar a prestação jurisdicional nas demandas de natureza agrária coletiva.

No âmbito do Executivo federal, há a Ouvidoria Agrária Nacional, que tem suas atribuições de mediação da controvérsia agrária coletiva sempre que exigir a presença da União no conflito coletivo.

13.4. A CONVENIÊNCIA DE O JUIZ TRATAR CONJUNTAMENTE A MATÉRIA AGRÁRIA E A AMBIENTAL

As matérias agrária e ambiental constituem uma simbiose jurídica indissociável. Não se pode falar de vinculação do homem ao solo rural, sua produção e produtividade, e seu desenvolvimento sem se cuidar do adequado manejo com os recursos naturais renováveis e do ecossistema ecologicamente equilibrado.

A questão foi percebida pelo legislador fundamental e está contemplada no bojo constitucional brasileiro, de que o proprietário exerce a função social da propriedade se, dentre outros condicionantes, cumprir fielmente com o aproveitamento racional e adequado do solo, utilizar convenientemente os recursos naturais disponíveis e preservar o meio ambiente.

Observe-se que o princípio-mor de direito agrário – a função social da propriedade – é exercido somente se o proprietário obedecer, dentre outras, as normas ambientais que perfazem o conteúdo material daquele princípio.

A norma constitucional está regrada pela Lei n. 8.629, de 25 de fevereiro de 1993, que trata da regulamentação dos dispositivos constitucionais relativos à reforma agrária. O art. 9° e seus parágrafos da referida lei trazem normas explicativas do que seja a utilização adequada dos recursos naturais e preservação ambiental que deve ter o proprietário para bem desempenhar a função social em seu imóvel rural. O Estatuto da Terra (Lei n. 4.504, de 30-11-1964) e toda a legislação complementar e margeante agrária abraçam norma de proteção ambiental.

Por seu turno, a Constituição do Estado do Pará, no Capítulo III, que trata "Da Política Agrícola, Agrária e Fundiária", inserto no Título VIII, que versa sobre a Ordem Econômica e Meio Ambiente, em seu art. 239, VIII, "*c)*", determina que as políticas agrícola, agrária e fundiária devem ser formuladas e executadas com a efetiva participação dos diversos setores de produção, comercialização e consumo, especialmente empresários e trabalhadores rurais representados por suas entidades sindicais, visando à fixação do homem nas zonas rurais, propiciando-lhe melhores condições de vida, justiça social e aumento de produção agropecuária, principalmente da produção de alimentos, através do implemento de tecnologias adequadas às condições regionais, nos termos da lei e levando em conta, preferencialmente, dentre outros fatores, a adoção de política de desenvolvimento agrícola que tenha por objetivo, entre outros, a adequação da atividade agrícola à preservação e recuperação dos recursos naturais renováveis e meio ambiente, à conservação do solo, objetivando manter o fluxo contínuo de benefícios à população.

De fato, de outra forma não podem ser tratadas as matérias. O empreendedor rural deve obedecer a vocação agrícola do solo, quer dizer, explorar atividade agrária propícia ao tipo de solo; deve utilizar produtos preferencialmente orgânicos, todavia se utilizar produtos químicos, deve ter o cuidado de não esgotar os nutrientes da terra; explorá-la, fazendo o pousio e obedecendo o ciclo natural do solo, para evitar a desertificação; não poluir a água, o ar; enfim, não praticar atos que, de uma forma ou de outra, venham a desequilibrar o ecossistema natural e, consequentemente, atentar contra a produção e produtividade rurais.

13.5. MODELO DE JUSTIÇA AGROAMBIENTAL CONTEMPORÂNEA

Nos albores do século XXI, urge que se institucionalize, no Brasil, uma Justiça Agroambiental, com jurisdição especializada, independente da jurisdição comum. O arquétipo desenhado pela vigente Constituição Republicana não satisfaz as exigências do meio agroambiental. Por necessidade de contingência moderna, não basta que a justiça seja apenas agrária, indispensável ser também ambiental, que seja, então, agroambiental.

Assim, a efetiva implantação de uma Justiça Agroambiental, essencial, que, além de ter jurisdição especializada, seja dotada de principiologia própria, de fórmulas processuais, modelos procedimentais e ritos adequados, embasados em processo agroambiental específico.

Em termos de direito material, a experiência estrangeira conhece provimentos extrajudiciais, da espécie administrativa, com força mandamental e executória de plena eficácia e adequada às urgências que o caso agroambiental concreto exija. O direito agroambiental brasileiro desconhece tais provimentos.

Na seara processual, o perfil mais importante a desenvolver no processo agrário é adotar princípios modernos já conhecidos no direito nacional. A principiologia processual agroambiental deve contar com a oralidade para cumprir dupla finalidade: (a) implantar processo mais humanizado para que os sujeitos participantes sejam conhecidos dentro de uma ordem de valores com suas limitações culturais, sociais, econômicas; (b) ser inspecionado e/ou ouvido em seu *habitat*, inserido em sua realidade local.

Nesse propósito, chega-se ao princípio da imediatidade do juiz, que vem a reboque da oralidade, a fim de que o juiz tenha o contato direto com as partes. Outro princípio processual fundamental é o da concentração para que o processo se desenvolva em uma única ou em poucas audiências limitadas a exíguo lapso temporal, facilitando o pronto conhecimento da sentença. Igualmente, a fim de promover maior possibilidade de justiça ao resultado jurisdicional, os poderes do juiz devem ser aumentados, podendo agir de ofício sempre que o objeto da lide for um direito fundamental. Urge que o impulso processual seja dado pelas partes, mas não somente por elas. Afinal, a natureza das normas agroambientais tem amplo espectro social, e, outras, até mesmo, caráter público. Portanto, o princípio inquisitivo assumiria função ativa de cunho social assistencial em face das limitações socioculturais e econômicas da parte mais débil na desigual relação jurídica[12].

Some-se ainda o princípio do *jus postulandi*, pois, se o ordenamento jurídico outorga ao magistrado a inquisitividade processual, a parte mais frágil, terá dele a assistência adequada. E mais os contemporâneos princípios processuais abraçados na atual processualística brasileira com o advento do Código de Processo Civil de 2015, sob o manto dos princípios constitucionais de 1988.

Otávio Mendonça noticia que o jusagrarista J. Paulo Bittencourt traçou com precisão o roteiro da Justiça Agrária, hoje melhor denominada, Justiça Agroambiental: "mínimo de formalidade; oralidade e concentração; maiores poderes instrutórios atribuídos ao órgão julgador; maior uso do princípio de equidade; assistência técnica de agrônomo, veterinário, agrimensor e economista rural; jurisdição, com alçada para apelação; fase prévia conciliatória, processo de execução simplificado e gratuidade para trabalhador, o pequeno empreiteiro e o pequeno proprietário rural"[13].

Nesse sentido, o modelo de Justiça Agroambiental proposto deve ser orientado a seguir os princípios da oralidade, simplicidade, economia processual, gratuidade, celeridade, conciliação, mediação ou arbitragem, imediatidade do juiz, da atuação de ofício do juiz, podendo, em circunstâncias especiais relativas a direitos fundamentais, julgar *ultra petita* ou *extra petita*.

A processualística agroambiental há de ser harmônica ao primado do direito processual contemporâneo brasileiro inaugurado com o novo Código de Processo Civil – Lei n. 13.105, de 16-3-2015 –, posto a viger a partir de 17-3-2016, que contempla as diretrizes do Estado democrático de direito. Assim, o juiz agroambiental, ao aplicar a lei agroambiental, deve atender aos fins sociais e às exigências do

12 CARROZZA, Antonio; ZELEDÓN, Ricardo Zeledón. **Teoría general e institutos de derecho agrario.** Buenos Aires: Editorial Astrea, 1990, p. 396-398.

13 MENDONÇA, Otavio. **Palavras no tempo.** Belém: Grafisa, 1984, p. 143.

bem comum, resguardando e promovendo a dignidade da pessoa humana e observando a proporcionalidade, a razoabilidade, a legalidade, a publicidade e a eficiência, bem como as demais normas do processo civil brasileiro.

Nessa linha, a matéria a ser julgada pelo juiz agroambiental deve dizer respeito aos seguintes pontos: legislação sobre terra, água, caça e pesca; legislação sobre meio ambiente; legislação sobre políticas agrária e ambiental; assentamento rural; colonização rural; cooperativismo rural; registro público de imóveis rurais; crimes e contravenção cujo motivo seja agrário ou ambiental; crédito rural; cadastro rural; tributação rural e ambiental; dissídios individuais e coletivos oriundos de relação trabalhista entre empregado e empregador rural e ambiental; previdência social rural e ambiental.

Os princípios e a estruturação processual especializada requerem, corolariamente, a emissão de um Código Agroambiental e de um Código de Processo Agroambiental próprios. A realidade social no meio agroambiental brasileiro clama, também, por tais diplomas legais especializados.

Para que se possa atingir aquela justiça "imburlável, improtelável, inchicanável" que pregou Rui Barbosa, o modelo pode ser complementado com a criação de juizados especiais agroambientais para dirimir controvérsias de direitos disponíveis. Aliás, tal proposta pode ser hoje mesmo implantada no Brasil, visto que operam em nossa realidade judiciária os juizados especiais[14].

A par da solução de conflitos agrário através do Poder Judiciário, o ordenamento jurídico brasileiro já conta com métodos alternativos para estimular a autocomposição, através da mediação e conciliação[15], que podem ocorrer no curso do processo judicial, ou fora dele, além da arbitragem[16], esta para resolver lide que tenha por objeto direito de natureza patrimonial disponível.

---

14 No Brasil, a Lei n. 9.099, de 26 de setembro de 1995, criou os Juizados Especiais Civis e Criminais e outorgou competência para o juizado especial cível processar e julgar causas cíveis de menor complexidade de valor até 40 (quarenta) salários mínimos (art. 3º, I).

15 Código de Processo Civil, art. 3º, § 3º.

16 Código de Processo Civil, art. 3º, § 1º.

Hoje, a mediação de conflitos agrários tem a possibilidade de ser promovida pela Ouvidoria Agrária Nacional e/ou pelas Ouvidorias Agrárias dos Tribunais de Justiças dos Estados, o que vem a ser reforçado pelo Código de Processo Civil, ao instituir que os Tribunais criarão centros judiciários de solução consensual de conflito, para desafogar o Poder Judiciário. Assim, a controvérsia agroambiental pode ser resolvida por esse meio de autocomposição de conflitos.

A União, os Estados, o Distrito Federal e os Municípios também têm o dever legal de instituir Câmaras de mediação e conciliação, no âmbito administrativo, como forma de meios de composição de conflitos extrajudiciais vinculados a órgãos institucionais, podendo ser realizados por intermédio de profissionais independentes.

Portanto, além da solução jurisdicional, já há meios de autocomposição de resolução de controvérsias que podem ser implementados por especialistas na matéria agroambiental, a fim de contribuir para a governança da justiça, no Estado democrático de direito.

REFERÊNCIAS

ALLEGRETTI, Mary Helena. Reservas extrativistas: uma proposta de desenvolvimento da floresta amazônica. **Pará Desenvolvimento**, Belém, n. 25, jan./dez. 1989.

ALVARENGA, Octávio Mello. **Política e desenvolvimento agroambiental**: comentários à nova lei de reforma agrária (Lei n. 8629, de 25 de fevereiro de 1993). Rio de Janeiro: Forense, 1995.

_____. **Teoria e prática do direito agrário**. Rio de Janeiro: Consagra/ Adcoas, 1979.

AMARAL JR., José Levi Mello do. **Memória jurisprudencial**: Ministro Aliomar Baleeiro. Brasília: Supremo Tribunal Federal, 2006. (Série Memória Jurisprudencial.)

AREZZO, Dryden Castro de. **Curso de direito agrário**. Brasília: Fundação Petrônio Portella. 1982. v. 7.

BENATTI, José Heder. **Direito de propriedade e proteção ambiental no Brasil**: apropriação e uso dos recursos naturais no imóvel rural. Belém: NAEA/UFPA, Tese de Doutorado, 2003.

_____. **Posse agroecológica & manejo florestal**. Curitiba: Juruá, 2003.

_____. Propriedade comum na Amazônia: acesso e uso dos recursos naturais pelas populações tradicionais. In: SAUER, Sérgio; ALMEIDA, Wellington (org.). **Terras e territórios na Amazônia**: demandas, desafios e perspectivas. Brasília: Editora Universidade de Brasília, 2011.

BENJAMIN, Antonio Herman. Função ambiental. In: BENJAMIN, Antonio Herman (org.). **Dano ambiental**: prevenção, reparação e repressão. São Paulo: Revista dos Tribunais, 1993.

BIDART, Adoldo Gelsi. **Estudio del derecho agrario**. Montevideo: Acali, 1977. 2 v.

BORGES, Paulo Torminn. **Institutos básicos do direito agrário**. 2. ed. rec. e atual. São Paulo: Pró-Livro Comércio de Livros Profissionais Ltda, 1977.

BRASIL. Instituto Nacional de Colonização e Reforma Agrária. Procuradoria Federal Especializada junto ao Incra. **Lei n. 8.629/93 comentada por procuradores federais**: uma contribuição da PFE/ Incra para o fortalecimento da reforma agrária e do direito agrário autônomo. Brasília: Incra, 2011.

BREBBIA, Fernando P. **Temas de derecho agrario**. Córdoba: Zeus Editora, 1974.

BRUNO, Regina A. L.; DIAS, Marcelo M. **As políticas públicas de crédito para os assentamentos rurais no Brasil**: Relatório de Consultoria. Rio de Janeiro, 2004.

CANOTILHO, J. J. Gomes. **Direito constitucional**. 5. ed. Coimbra: Almedina, 1992.

CARDOSO, Francisco Malta. **Tratado de direito rural brasileiro**: introdução; parte geral. São Paulo: Saraiva, 1953. v. 1.

CARRERA, Rodolfo Ricardo. El derecho agrario y el desarrollo económico de los pueblos de Latino America. In: **Atti della Seconda Assemblea. Istituto di Diritto Agrario Internazionalee Comparato**. Milano: Giuffrè, 1964.

CARROZZA, Antonio. La noción de lo agrario (agrarietà): fundamento y extension. **Jornadas Ítalo-Españolas de Derecho Agrario**, Valladolid, Universidades de Valladolid y Salamanca, 1976.

CARROZZA, Antonio. **Lezioni di diritto agrario**: elementi di teoria generali. Milano: Giuffrè, 1988. v. I.

_____. **Problemi generali e profile di qualificazione del diritto agrário**. Milano: Giuffrè, 1975. v. I.

_____; ZELEDÓN, Ricardo Zeledón. **Teoría general e institutos de derecho agrario.** Buenos Aires: Editorial Astrea, 1990.

CARVALHO FILHO, José dos Santos. **Manual de direito administrativo**. 27. ed. rev., ampl. e atual. São Paulo: Atlas, 2014.

CASANOVA, Ramon Vicente. **Derecho agrario**. Mérida: Universidad de los Andes. Facultad de Derecho. (Coleccion Justitia et Jus, 18.)

CERRILLO, Francisco; MENDIETA, Lucio. **Derecho agrario**. Barcelona: Bosch, 1952.

COSTA, José Marcelino M. da. Impactos econômico-territoriais do atual padrão de ocupação da Amazônia. In: COSTA, José Marcelino Monteiro da (coord.). **Amazônia**: desenvolvimento ou retrocesso. Belém, CEJUP, 1992. (Coleção Amazônia, 2.)

CRETELLA JR., José. **Bens públicos**. 2. ed. São Paulo: Universitária de Direito, 1975.

DI SEMO, Giorgio. **Corso de diritto agrario**. Florença: Casa Editrice Poligrafica Universitaria del Dott, 1937.

DUQUE CORREDOR, Roman Jose. **Afectación, datación y catastro rural**. Caracas, Oficina de Información y Relaciones, 1971. (Publicaciones de derecho agrario, 1.)

______. La posesión civil y posesión agraria. Encontro Internacional de Jus-agraristas, 1, 1981, Belém. **Tese...** Belém, 1981. (mimeografado.)

FALCÃO, Ismael Marinho. **Direito agrário brasileiro**: doutrina, jurisprudência, legislação e prática. Bauru: Edipro, 1995.

FALCONI, Luiz Carlos. **Desapropriação da propriedade destrutiva**: das áreas de preservação permanente e áreas de reserva legal florestal. Goiânia: Editora da PUC Goiás, 2010.

FAORO, Raimundo. **Os donos do poder**: formação do patronato político brasileiro. 4. ed. Rio de Janeiro: Globo, 1997.

FIDELIS, Junior Divino (coord.). **Lei n. 8.629/1993**: comentada por Procuradores Federais. 2. ed., revisada, atualizada. Instituto Nacional de Colonização e Reforma Agrária - Incra, Procuradoria Federal Especializada junto ao Incra - PFE/Incra. Brasília: Incra, 2018.

FRANÇA, R. Limongi. **A posse no Código Civil**. s. l., s. ed., 1964.

FRANÇA, R. Limongi (org.). **Enciclopédia Saraiva do Direito**. São Paulo: Saraiva, 1978. v. 8.

FREIRE, Gilberto. **Casa grande e senzala**. 20. ed. Rio de Janeiro: Olimpo Editora, INL-MEC, 1980.

GUIMARÃES, Alberto Passos. **Quatro séculos de latifúndio**. 4. ed. Rio de Janeiro: Paz e Terra, 1977.

HAVRENNE, Michel François Drizul. **Regularização fundiária rural**. Curitiba: Juruá, 2018.

HIRONAKA, Giselda Maria Fernandes Novaes. **Atividade agrária e proteção ambiental**: simbiose possível. São Paulo: Cultural Paulista Editora, 1997.

JARQUE, Juan J. Sanz. **Derecho agrario**. Madrid: Publicaciones de la Fundación Juan March. Rioduero, 1975. (Coleccion Compendios.)

JUNQUEIRA, Messias. A discriminação de terras devolutas na Amazônia Legal. **Revista de Direito Agrário**. Brasília, ano 1, n. 1, p. 65-67, 2º trim. 1973.

LARANJEIRA, Raymundo. **Colonização e reforma agrária no Brasil**. Rio de Janeiro: Civilização Brasileira, 1983.

_____. **Direito agrário**: perspectivas críticas. São Paulo: LTr, 1984.

_____. **Propedêutica do direito agrário**. 2. ed. São Paulo: LTr, 1981.

LEUZINGER, Márcia Dieguez. Populações tradicionais e conhecimentos associados aos recursos genéticos: conceitos, características e peculiaridades. In: KISHI, Sanra Akemi Shimada; KLEBA, John Bernhard (coords.). **Dilemas do acesso à biodiversidade e seus conhecimentos tradicionais**: direito, política e sociedade. Belo Horizonte: Fórum, 2009.

LIMA, Raphael Augusto de Mendonça. **Direito agrário**. 2. ed. atual. e ampl. Rio de Janeiro: Renovar, 1997.

LIMA, Ruy Cirne. **Pequena história territorial do Brasil**. 2. ed. Porto Alegre: Sulina, 1954.

LOPES, Wellington dos Mendes; ROSA, Gersino Venâncio da. Crédito agrário. **Revista de Direito Agrário**. Brasília, ano 10, n. 10, p. 77-103, 2º sem. 1983.

_____; _____. **Direito agrário**: leis, decretos e regulamentos. Rio de Janeiro: Ed. Brasília, s.d.

LUNA SERRANO. La formación dogmática del concepto de derecho agrário. **Temas de Derecho Agrario Europeu y Latinoamericano**. San Jose: Editorial de la Fundación Internacional de Derecho Agrario Comparado, 1982.

MACHADO, Paulo Affonso Leme. **Direito ambiental brasileiro**. 7. ed. rev., atual. e ampl. de acordo com as Leis n. 9.433/97 e 9.605/98. São Paulo: Malheiros, 1998.

_____. **Estudos de direito ambiental**. São Paulo: Malheiros, 1994.

MAIA, Altir de Souza. **Discriminação de terras**. Brasília: Fundação Petrônio Portella, 1982. (Curso de Direito Agrário, 6.)

_____. Origem e evolução do direito agrário brasileiro como legislação e como ciência. Congresso Internazionale dell'Unione Mondiale degli Agraristi Universitari, 1, 1990, Pisa. **Anais**... Pisa: Edizione ETS, 1992, p. 371-386.

MARCIAL, Alberto Ballarin. **Derecho agrario**. Madrid, [s.ed.], 1965.

MARQUES, Benedito Ferreira. **Direito agrário brasileiro**. 10. ed. ampl. e atual. São Paulo: Atlas, 2012.

MARTINEZ, Victor. Fuero agrário. **Revista da Associação Latino--Americana de Direito Agrário**, Rio de Janeiro, n. 1, 1969.

MARTINS, Cynthia Carvalho. A afirmação identitária dos grupos étnicos da Amazônia. In: SAUER, Sérgio; ALMEIDA, Wellington (Orgs.). **Terras e territórios na Amazônia**: demandas, desafios e perspectivas. Brasília: Editora Universidade de Brasília, 2011.

MATTOS NETO, Antonio José. A jurisprudência de posse no direito agrário brasileiro: perspectivas críticas. **Revista de Direito Civil, Imobiliário, Agrário e Empresarial**. Revista dos Tribunais, São Paulo, 10 (35)161:180, jan./mar. 1986.

_____. A justiça agrária no Estado do Pará. **Revista de Direito Civil, Imobiliário, Agrário e Empresarial**. Revista dos Tribunais, São Paulo, 15 (57)68:70, jul./set. 1991.

_____. **A posse agrária e suas implicações jurídicas no Brasil**. Belém: CEJUP, 1988.

_____ (org.). **Estado democrático de direito e direitos humanos**. São Paulo: Saraiva, 2010.

_____. O direito agroambiental na Amazônia e o desenvolvimento sustentável. In: SILVEIRA, Domingos Sávio Dresh da; XAVIER, Flávio Sant'Anna (orgs.). **O direito agrário em debate**. Porto Alegre: Livraria do Advogado, 1998.

_____. **O Estado de direito agroambiental brasileiro**. São Paulo: Saraiva, 2010.

_____. Os interesses difusos agrários na Amazônia. **Revista de Direito Civil, Imobiliário, Agrário e Empresarial**. Revista dos Tribunais, São Paulo, 13 (48)81:85, abr./jun. 1989.

_____ (org.). **Sustentabilidade e direitos humanos**: desafios para o desenvolvimento brasileiro no século XXI. Curitiba: Juruá, 2013.

MATTOS NETO, Antonio José; LAMARÃO NETO, Homero; SANTANA, Raimundo Rodrigues. **Direitos humanos e democracia inclusiva**. São Paulo: Saraiva, 2012.

MEGRET, Jean. **Droit agraire**. Paris: Librairies Techniques, 1973. t. 2.

MEIRELLES, Hely Lopes. **Direito administrativo brasileiro**. 34. ed. São Paulo: Malheiros, 2008.

MENDIETA, Lucio; CERRILLO, Francisco. **Derecho agrario**. Barcelona: Bosch, 1952.

MENDONÇA, Otávio. O direito agrário e o desenvolvimento da Amazônia. **Revista do Tribunal Regional do Trabalho da 8ª Região**. Belém: TRT, 15(28), jan./jun. 1982.

_____. **Palavras no tempo**. Belém: Grafisa, 1984.

MENGER, Anton. **L'etat socialiste**. Paris: Societé Nouvelle de Librierie et D'edition, 1904.

MILANI, Francesco. **Lineamenti de diritto agrario**. Bologna: Patron Editore, 1976.

MIRANDA, Francisco Cavalcante Pontes de. **Tratado de direito privado**. 2. ed. Rio de Janeiro: Borsoi, s.d. t. 10.

MIRANDA, Jorge. **Manual de direito constitucional**. 3. ed. rev. e atual. Coimbra: Coimbra Editora. 2000. t. IV.

MOZOS, José Luis de Los. **Estudios de derecho agrario y política agraria**. Madrid: [s.ed.], 1975.

_____. **Estudios de derecho agrario**. Madrid: Tecnos, 1972.

OPITZ, Osvaldo; OPITZ, Silva C. B. **Contratos agrários no Estatuto da Terra**. Rio de Janeiro: Borsoi, 1969.

_____; _____. **Curso completo de direito agrário**. 6. ed. rev. e atual. São Paulo: Saraiva, 2012.

_____; _____. **Direito agrário brasileiro**. São Paulo: Saraiva, 1980.

_____; _____. **Princípios de direito agrário**. Rio de Janeiro, 1970.

_____; _____. **Tratado de direito agrário brasileiro**. São Paulo: Saraiva, 1983. v. 1.

OSÓRIO, Joaquim Luiz. **Direito rural**. Rio de Janeiro: Konfino, 1948.

OST, François. Ecologia e direito: qual o diálogo. In: CASTRO, Edna. (coord.). **Faces do trópico úmido**: conceitos e novas questões sobre desenvolvimento e meio ambiente. Belém: Florense Pinton, 1997.

PINTO JR., Joaquim Modesto; FARIAS, Valdez Adriani. **Função social da propriedade**: dimensões ambiental e trabalhista. Brasília: Núcleo de Estudos Agrários e Desenvolvimento Rural, 2005. (Série Debate Nead, 2.)

PRADO JR., Caio. Contribuição para análise de questão agrária no Brasil. In: PRADO JR., Caio *et alli*. **Agricultura subdesenvolvida**. Petrópolis: Vozes, 1969.

REALE, Miguel. **Teoria e prática do direito**. São Paulo: Saraiva, 1984.

RIBEIRO, Nelson de Figueiredo. A questão ambiental amazônica: caracterização e políticas. In: ARAGÓN, Luis E. (coord.). **A desordem ecológica na Amazônia**. Belém: UNAMAZ/UFPA, 1991. (Série Cooperação Amazônica, 7.)

RIZZARDO, Arnaldo. **Curso de direito agrário**. 2. ed. rev., atual. e ampl. São Paulo: Revista dos Tribunais, 2013.

ROCHA, João Carlos de Carvalho. **Direito ambiental e transgênicos**: princípios ambientais da biossegurança. Belo Horizonte: Del Rey, 2008.

ROCHA, Moacir da Cruz. Apoio ao agronegócio. **Agronegócio**: Pará agromineral. Belém, ano 2, n. 7, p. 7-10, ago. 2017.

SANTILLI, Juliana. **Socioambientalismo e novos direitos**: proteção jurídica à diversidade biologia e cultural. São Paulo: Peirópolis, 2005.

SANZ JARQUE, Juan José. **Derecho agrario**. Madrid: Fundación Juan March, 1975.

SILVA, José Graziano da. **O que é questão agrária**. São Paulo: Brasiliense, 1980.

SILVA, Juary C. **A macrocriminalidade**. São Paulo: Revista dos Tribunais, 1980.

SILVA, Pedro Cordeiro da. **Cadastro e tributação**. Brasília: Fundação Petrônio Portella., 1982. (Curso de direito agrário, 4.)

SILVEIRA, Alípio. **A boa-fé no Código Civil**: doutrina e jurisprudência. São Paulo: s. ed., 1972. v. I.

SIMONSEN, Roberto C. **História econômica do Brasil**: 1500-1820. São Paulo: Companhia Editora Nacional, 1937. t. I.

SODERO, Fernando Pereira. **Direito agrário e reforma agrária**. São Paulo: Livraria Legislação Brasileira, 1968.

_____. **O Estatuto da Terra**. Brasília: Fundação Petrônio Portella, 1982. (Curso de direito agrário, 2.)

STEFANINI, L. Lima. **A propriedade no direito agrário**. São Paulo: Revista dos Tribunais, 1978.

TENÓRIO, Igor. **Manual de direito agrário brasileiro**. 2. ed. São Paulo: Resenha Universitária, 1978.

VALENCIA ZEA, Arturo. **La posessión**. Bogotá: Temis, 1983.

VIVANCO, Antonio C. **Teoría de derecho agrario**. La Plata: Ediciones Libreria Jurídica, 1967. v. 2.

WIEACHER, Franz. **El princípio general de la buena fe**. Trad. Jose Luis Carro. Madrid: Editorial Civitas, 1982.

ZELEDÓN, Ricardo Zeledón; ORLANDO, Pietro Romano. **Derecho agrario y derechos humanos**. Curitiba: Juruá, 2002.

_____; _____. **El renacimiento del derecho agrario**. San Jose: Guayacán, 1998.